U0912264

金融犯罪研究·丛书

The Criminal Law Theory & Practice of Crimes about Insurance

涉保险犯罪刑法理论与实务

杨　俊◎著

上海人民出版社

总　　序

金融是国家经济的命脉，也是现代经济的核心。金融在调节、控制整个国民经济的运作，实现国民经济稳定和发展方面发挥着重大作用，其重要性自不待言。而金融犯罪则是对我国社会主义市场经济秩序的严重危害，其不仅严重侵害了国家对金融的管理秩序，也严重损害了广大投资者的合法权益。所谓金融犯罪，是指发生在金融业务活动领域中的，违反金融管理法律法规及有关规定，危害国家有关货币、银行、信贷、票据、外汇、保险、证券期货等金融管理制度，破坏金融管理秩序，情节严重，依照刑法应受刑罚处罚的行为。作为一种法定犯，它是对既有金融法律、法规的违反；作为一种刑事犯，它是侵害金融管理秩序的毒瘤。金融犯罪问题的日渐突出，正引起各界的广泛关注和普遍重视。

近几年来，我国的金融犯罪形势较为严峻。从法院受理案件的情况看，金融犯罪的数量在逐年增加；涉案金额也越来越大；金融机构工作人员作案和内外勾结共同作案的现象突出；单位犯罪和跨国、跨地区作案增多；犯罪手段趋向专业化、智能化，新类型犯罪不断出现；犯罪分子作案后大肆挥霍、转移赃款或携款外逃的情况经常发生，危害后果越来越严重。因而无论从保护正常的金融秩序出发，还是从惩治和预防金融犯罪的角度考虑，对金融犯罪进行深入研究都具有现实性和必要性。然而，从总体上看，目前我国关于金融犯罪的研究较多地侧重于从犯罪学角度展开，即使刑法学角度的研究也往往偏向于注重对金融犯罪中各具体犯罪的构成特征进行探讨，对于金融犯罪构成中的一些共性问题的探讨研究仍显不足。随着经济全球化和我国金融市场的不断发展，金融领域的犯罪情况变化很大，现有的金融犯罪相关研究已经很难反映出金融犯罪新的特点和趋势，很多新类型金融犯罪案件经常带来法律适用上的困惑和难题。因此，就刑事法学领域看，在总结归纳国内外有关金融犯罪理论和实践的研究基础上，对金融犯罪作进一步系统而深入的研究显得十分必要。

华东政法大学刑法学科是全国较早开展金融犯罪研究的学科基地。早在1998年，本人就出版了专著《金融风险防范与犯罪惩治》，其后又于2005年相继出版了专著《金融犯罪理论专题研究》与《证券期货犯罪理论与实务》(该专著系

2002年度国家社会科学基金项目——“证券犯罪研究”的结项成果并获得第二届全国法学教材与科研成果奖三等奖）。承蒙有关部门和专家的青睐，本人还有幸成功立项2005年度国家社会科学基金项目“金融犯罪研究”（批准号：05BFX040）课题。研究成果以专著《金融犯罪刑法理论与实践》的形式于2008年出版，并荣获第三届全国法学教材与科研成果奖二等奖、上海市哲学社会科学著作类三等奖。该书自面世以来，受到了广大读者的欢迎，很快脱销。后来，鉴于刑事立法与司法解释发生了较大变化，金融犯罪刑法的研究在不断深化，同时为了对《刑法修正案（七）》中增设、修订的罪名予以系统论述，本人又利用再版的机会对该书进行修改、补充，出版了《金融犯罪刑法学专论》。2011年本人获得国家社会科学基金项目“涉信用卡犯罪研究”（批准号：11BFX107）的课题立项。作为对课题研究成果的总结，同时对《刑法修正案（八）》中涉及金融犯罪的规定及相关司法解释的适用问题作出较为全面的分析阐释，专著《金融犯罪刑法学新论》于2014年付梓出版。鉴于近年来本人重点研究涉信息网络金融犯罪的问题，作为首席专家，我于2014年成功获批立项国家社会科学基金重大项目“涉信息网络违法犯罪行为法律规制研究”（批准号：14ZDB147）。除此之外，华东政法大学刑法学科的其他老师也对金融犯罪进行了深入研究并取得了可喜的成绩。卢勤忠教授主持了国家社会科学基金项目“基金犯罪的刑事对策研究”并出版专著《基金犯罪研究》。毛玲玲教授主持国家社会科学基金项目“近年金融领域刑事司法状态的实证研究”，何萍教授主持上海市浦江人才计划课题“洗钱与反洗钱动态研究”。刑法学科老师在各类刊物发表关于金融犯罪论文共三百余篇，其中核心期刊100余篇。

《金融犯罪研究》课程是华政较早开设的一门面向刑法学方向学生的专业课。目前，《金融犯罪研究》不仅发展成为全校性的专业限选课，深受同学们欢迎，也成为刑法学科继《刑法学》课程后又一门获评为上海市精品课程的课程。

随着金融领域的飞速发展，我国金融违法犯罪活动日益增多，犯罪手段也不断更新。时下，在传统形式的金融犯罪案件之外，司法实践中出现了一些疑难复杂案件，为了顺应当前金融犯罪研究趋势的需要，我们决定出版《金融犯罪研究》系列丛书。本系列丛书主要以我国《刑法》第三章“破坏社会主义市场经济秩序罪”中的第四节“破坏金融管理秩序罪”和第五节“金融诈骗罪”中的罪名为研究范围，对金融市场上的犯罪行为进行全方位、多层面的深入研究。

本系列丛书作为《金融犯罪研究》课程的配套书籍，不仅具有较高的教学理论价值，也有着丰富的实践指导意义，相信会受到法学本科学生及研究生的欢迎，也希望能对法学界、经济学界的研究人员以及法律实务工作者的相关工作有所裨益。

本系列丛书具有如下特点：

其一，结构上的“专”。本系列丛书在编排结构上基本采用专题形式，这些专题是对当前金融犯罪存在的问题进行筛选以后确定的，其并不涉及金融犯罪的所有问题和全部罪名，而是有重点地对金融犯罪中最为突出、理论和实践中争议较多的疑难问题和较为常见的犯罪作深入研究。

其二，程度上的“深”。理论研究的深化是学术得以存在和发展的生命力之所在。本系列丛书力求强调理论深度，站在研究前沿，对近年来我国刑法学界关于金融犯罪理论的研究予以深入分析，提出自己的看法，以期能够推动金融犯罪理论研究向纵深发展。

其三，视角上的“新”。在司法实践中，有关金融犯罪的认定和法条适用时遇到的一些新型法律问题，还有待理论上的指导。本系列丛书始终关注当前金融犯罪研究的学术动态和理论前沿，力求以最新的资料，运用最新的法律、法规和司法解释，采用最新的法律观念和刑法理念，研究和解决这些新问题，以期对司法实践有所裨益。

其四，内容上的“难”。本系列丛书所研究的内容侧重于理论和司法实践中争议较大、易生歧见的金融犯罪疑难问题，而对那些容易理解的法律规定则较少涉及。犯罪构成和界限确定是认定金融犯罪时明显突出的难点，而刑罚的适用则相对简便、机械。因此，本系列丛书的重心在于前者，不在于后者。

综上，本系列丛书力求从金融市场的本身特征和对金融犯罪的刑法惩治角度出发，运用刑法的基本原理和基本理念，对金融犯罪开展系统而深入的讨论研究。同时，本系列丛书立足于为我国预防和惩治金融犯罪相关立法及其司法实践提供理论依据，着眼于具体认定金融犯罪的标准探讨，以期为实践部门的定罪量刑活动提供参考。

近些年来，华东政法大学刑法学研究中心（2015 年 4 月更名为刑事法学研究院）所依托的刑法学科成绩斐然。华政刑法学科早在 1981 年就获批设立刑法学专业硕士点，2003 年获批设立刑法学专业博士点和博士后流动站。2001 年及 2007 年刑法学科两次获批为上海市教委重点学科。2008 年刑法学科获批升格为上海市重点学科。2012 年刑法学科又获得上海市高校一流学科（法学）建设计划项目资助。本系列丛书即属上海市重点学科建设项目（学科编号：S30901）以及高水平特色法学学科建设与人才培养工程（085 工程）的阶段性成果。作为华东政法大学刑事法学研究院院长、刑法学科带头人，本人真诚希望本系列丛书的出版能够为我校刑法学科的建设添砖加瓦。

最后，我要说的是，本书的出版离不开上海人民出版社领导和编辑们的精心策划、周密安排和严谨编辑。在此，谨向他们致以深深的谢意！

刘宪权

2015 年 10 月于华政东风楼

目　　录

导　言

在现代社会中，保险正日益成为与人们的生活密切相关的重要活动，因为在人们日常生活中，各种风险可以说是无处不在和无时不有的。尤其是伴随着全球化时代的到来，人类正逐步开始步入风险社会，可以说，与传统的农业社会、工业社会相比，风险社会具有其明显的时代特质和价值驱动。风险社会理论的开创者贝克即指出："工业社会为绝大多数社会成员造就了舒适安逸的生存环境，同时也带来了核危机、生态危机等足以毁灭全人类的巨大风险。工业社会运行机制自20世纪中期以来开始发生微妙变化，一项决策可能毁灭地球上的所有生命，仅此一点就足以说明当今时代与人类历史上的任何时代都有着根本的区别，已经呈现出从工业社会向风险社会过渡的迹象。"①所谓风险社会一般而言主要是指在后工业化时期，随着科学技术的迅猛发展，产生于人类实践活动的各种全球性风险和危机对整个人类生产、生活乃至对人类的生存和发展造成严重威胁，而人类对此又失去掌控的一种状态。②风险社会是一个全新的社会形态，在这样一个社会形态中，充满着种种潜在的可能性和不确定性，从而也呈现出了不同于以往社会的特征：(1)从根源上讲，风险是内生的，伴随着人类的决策与行为，是各种社会制度，尤其是工业制度、法律制度、技术和应用科学等正常运行的共同结果；(2)在影响和后果上，风险是延展性的。其空间影响是全球性的，超越了地理边界和社会文化边界的限制，其时间影响是持续的，可以影响到后代；(3)在特征上，大部分风险后果严重，但发生的可能性低；(4)在应对方法上，现有的风险计算方法、经济补偿方法都难以从根本上解决问题。要通过提高现代性的反思能力来建构应对风险的新机制。③由此可见，生活在现代社会即意味着生活在风险社会之中，这是无从逃避和选择的，事实上，诸如前苏联的核电站爆炸、美国的"9·11"、英国的疯牛病、日本地震所引发的核泄漏、中国的SARS和H7N9、非洲的埃博拉病毒以及世界金融风暴、气候变化、食品

① ［德］乌尔里希·贝克：《从工业社会到风险社会(上篇)——关于人类生存、社会结构和生态启蒙等问题的思考》，王武龙编译，《马克思主义与现实》2003年第3期。

② 陈晓明：《风险刑法的构造及内在危险》，新浪网，http://news.sina.com.cn/o/2009-11-02/083016538661s.shtml。

③ 杨雪冬：《风险社会与秩序重建》，社会科学文献出版社2006年版，第40页。

安全等一系列自然灾难和人为事件都无不充分凸显和印证了全球范围内风险社会的来临。既然如此，科学认识和合理应对风险、积极进行风险治理正日益成为协调社会平衡发展、实现社会和谐所面临的重大课题。这一点正如有学者指出的："如何规避、减少以及分担风险是个人、组织、国家以及社会维持存续与发展必须解决的首要问题。风险的客观存在特征以及行为者对风险的判断、认知、预期以及态度共同决定了它们会选择怎样的工具、方法以及制度安排来应对。"①因此，在风险社会的态势下，人们不必对其心生恐惧，但也不可漠然视之，正确看待风险社会的来临并努力探寻有效的风险治理对策才是应有之义。

在风险社会中，风险的表现形式是多种多样的，如环境和自然风险、经济风险、社会风险、政治风险等等，它几乎影响到人类社会生活的各个方面。同时，现代风险是隐形的，并且具有高度的不确定性和不可预测性，现代风险也不是孤立的，它的影响将波及全社会，而且是以一种"平均化分布"的方式，影响到社会中的所有成员。这样，风险社会就使得每个人都可能成为潜在的被侵害对象，正是由于风险的大量存在，致使人类对于风险的不安感以及由此产生的安全保障的需要比以往任何时候都更为强烈，在此情形下，源于风险防范的保险就应运而生了。正所谓"无风险则无保险"，风险的客观存在是保险产生与发展的自然基础，换言之，保险乃是风险治理中最重要的对策之一，因为就风险治理而言，主要包括风险回避、损失控制、风险转移和风险保留四种基本方法，而其中尤其值得注意的是风险转移，所谓风险转移，是指风险承担主体将自身可能遭遇的损失或不确定性后果转嫁给他人的风险处理方式。②而风险转移通常表现为两种方式：一是通过合同方式的非保险转移，此种风险转移方式是通过签订产品或财产的销售和转让合同，将所有权转让给他人，与之相关的部分或全部风险也就同时转让给他人；二是保险转移方式，这是一种常见的、使用最广泛的且最易于操作的风险转移方式。两相比较，笔者认为更应对后者给予充分的关注，因为保险作为风险转移方法之一，长期以来被人们视为传统的风险处理手段。通过保险，将不能自行承担的集中风险转嫁给保险人，以小额的固定支出换取对巨额风险的经济保障，使保险成为处理风险的有效措施。③诚然，在现代社会中保险已成为经济发展的"助推器"和社会进步的"稳定器"，正是客观存在的各种风险会对经济与社会造成冲击和影响，而保险则可通过有效的风险转

---

① 杨雪冬：《风险社会与秩序重建》，社会科学文献出版社 2006 年版，第 44 页。

② 谢科范：《企业风险防范》，辽宁人民出版社 1996 年版，第 50 页。

③ 刘金章编著：《保险学导论》，清华大学出版社、北京交通大学出版社 2009 年版，第 14 页。

移将此种冲击和影响产生的危害后果降至最低。

首先，在维系经济运行方面，由于保险的经济内容是用过去的物质财富的积累来补偿（给付）现在的短缺，或者是用现在的物质财富积累补偿（给付）未来的短缺，[①]因此保险对经济的维系作用主要是通过经济补偿来实现的。英国学者约翰·T·斯蒂尔就将保险视为是一种机制，通过这种机制，在被保险人遭到损失后，保险人对其进行补偿，以使其恢复到损失前所处的经济状况。[②]申言之，保险的经济补偿功能体现在当保险事故发生时，保险人给予被保险人的经济赔偿恰好填补被保险人因遭受保险事故所造成的经济损失。其中，经济补偿包括两层含义：(1)投保人与保险人订立保险合同后，一旦发生保险事故造成经济损失，被保险人就有权获得全面、充分的赔偿，如果低于保险标的的实际损失，补偿即为不充分的；(2)保险人对被保险人的赔偿恰好能使保险标的恢复到保险事故发生之前的状况，保险赔偿不能高于保险标的的实际损失，补偿超过了实际损失，就使被保险人因保险事故的发生而获得了额外的利益。如果这样，也会给社会带来不良后果。[③]可以说，通过保险的经济补偿功能的发挥，就使人们能够及时抵御风险灾害所造成的损失，并为经济的正常运行和人们的正常生活提供物质保障，消除因自然灾害和意外事故造成经济损失引起生产中断的可能，促进社会再生产的持续运行，从而保证国民经济朝着既定的规划和目标发展。

其次，保险在保障社会稳定方面的功能也是显而易见的，因为各种风险的发生往往使个人、家庭、企业、团体等都遭受损害，从而容易造成利益冲突，激化社会矛盾，成为社会不稳定的因素，而保险恰恰能够因其防灾减损的职能在客观上起到保障社会稳定的作用。对于一些个人和家庭而言，可能因风险事故损失和丧失收入而难以维持基本的生活条件，由此会增加他们对社会的愤懑情绪，出于报复社会或维持自身生活条件需要等目的，他们就有可能采取掠夺其他社会主体生活资源的极端手段，这样显然增加了社会的不安定性，于是，保险就是当社会成员遭遇类似情况时给予适当补偿以保障其维持基本的生活水平，可以说，具有未雨绸缪、有备无患作用的保险，正是通过保障公民个人和家庭的生活稳定，消除以上一些不稳定因素，从而维护社会生活秩序的和谐安定；除了个人和家庭外，企业是社会的基本单位。对于企业而言，可以通过投保企业财

---

① 刘茂山主编：《保险发展学》，中国金融出版社 2005 年版，第 28 页。

② [英]约翰·T·斯蒂尔：《保险的原则与实务》，孟兴国等译，中国金融出版社 1992 年版，第 57—58 页。

③ 刘金章编著：《保险学导论》，清华大学出版社、北京交通大学出版社 2009 年版，第 162 页。

产保险，保障企业在遭受自然灾害和意外事故时能及时获得保险补偿，从而迅速恢复生产。同时，为防止因灾害事故发生而导致营业中断造成预期利润受损，企业还可以购买企业业务中断保险或利润损失保险等险种予以预防，以保障企业的经济生命得到延续，社会生产得以正常进行。此外，企业还可用参加保险的方法，将其对社会公众的责任转嫁给保险人，也可通过雇主责任险或员工意外伤害保险、团体保险等手段，将对雇员的责任转由保险人承担。①另外，保险还在信用环境和信用主体的培育、提高政府管理效率和引导公众遵循社会规则、完善社会保障体系以增长社会福利、支持公益事业以分担社会责任等诸多方面起到积极的作用，这些也完全可以视为保险发挥稳定社会功能的表现。

正是由于保险对于经济发展和社会进步有着巨大的作用，所以世界各国都普遍认识到保险的重要性，并将开展保险业作为本国经济、政治发展中不可或缺的一环。诚然，现代的市场经济是以金融为核心的经济，在各国政府的有意识的推动下，金融领域呈现出一种金融全球化的趋势，并成为当前世界金融体系最鲜明和最重要的特征。而保险业正是金融体系的重要组成部分，因为在现代经济中，保险不仅作为金融体系中独立的子系统而存在，而且保险和其他金融子市场以及金融机构之间的联系也日益频繁和深入。随着社会经济的不断发展，金融体系内部分工合作关系越来越复杂，导致金融体系内部各子系统之间、各层次之间的相互依赖性和相互制约性显著增强，保险作为专业风险处理机制在金融体系中的重要地位也日益突出。②在金融全球化的背景下，保险业也正从过去有限度的对外开放逐步走向全面开放，突出地表现出了一种保险金融化的趋势，如英国于1986年颁布了《金融服务法》，日本也从1994年开始了金融改革，两国率先进行了金融法律制度的改革，随后美国国会又于1999年通过了《金融服务现代化法案》，正式结束了美国银行业、证券业和保险业分业经营的历史，因此，保险业在为大众民生和财物提供保险的过程中，日趋向金融服务业渗透转型，保险与银行、证券严格分业经营的界限逐渐被打破，保险产品与其他金融产品的界限日益模糊，保险业务与银行、证券业务相互渗透和相互融合。③可以说，近十来年的保险金融化趋势有力地推动了世界范围内保险业的新一轮发展。不仅如此，为了规范保险交易行为，保护保险活动当事人的合法权益，维护保险市场的正常秩序，更好地发挥保险的作用，世界各国政府都将保险

---

① 龙卫洋等编著：《保险学》，复旦大学出版社2005年版，第26页。

② 禹钟华编著：《金融功能的扩展与提升——功能观视角下的金融发展》，中国金融出版社2005年版，第213页。

③ 池晶：《论世界保险业的金融化趋势》，《保险研究》2000年第7期。

纳入严格管理的范畴，而法律是各国普遍采用的最重要的管理形式，例如英国在1906年公布并实施了《海上保险法》，该法被世界各国公认为海上保险法的样本，具有国际意义，也是保险法真正成熟和完善的标志。此后英国于1923年和1958年分别制定了《简易保险法》和《保险公司法》，现行英国的保险立法主要有1975年的《保单持有者保护法》，1977年的《保险经纪人法》、1981年的《保险公司管理条例》以及1982年的《保险公司法》等，这些保险立法显然更为完善。可见，英国由于比较早地把保险与商业融合起来，所以也是近代最先发展保险业和保险法制的国家。美国作为世界头号保险大国，其保险业起步却较英国晚，保险立法也与英国有异，它没有全国统一的保险法律，但在19世纪中叶各州都制定了保险法，其中纽约州的保险法最完善。同时美国联邦政府和州政府都通过相应的法规规范保险市场。日本1890年开始在商法中制定有关保险的法规，1900年颁布《保险业法》，1974年又作了修改，1996年实施新修订的《保险法》。法国则从1904年开始拟定保险契约草案，经过近三十年的反复修改，于1930年正式公布实施《保险契约法》，它除了再保险业务外，包括了从总则、损害保险、人身保险到程序方面的全部规定，堪称是一部内容全面、体例比较完备的保险法典，后经多次修改，至今仍在适用。德国亦于1908年开始制定比较完备的《保险合同法》，并于1910年开始实施。这部法律秉承了德国法注重形式、体系性强的传统，同法国一样，虽屡经修改，但仍沿用至今。此外，德国还注重保险业监督方面的专门立法，1995年颁布的《保险企业监督法》就是德国现行最主要的保险业监督法。

以上主要国家的保险业现状和保险立法对我国也颇有启示，就我国而言，实际上也有大力发展保险业的内在需求，因为在全球化和社会经济转轨同步进行的背景下，我国也面临风险社会的挑战，而且在我国风险状况是多样和混杂的，集中表现在如下几个方面：(1)制度转轨风险；(2)以收入差距为核心的社会差距的扩大；(3)代际更替和社会记忆；(4)暴力的滥用和分散化；(5)信息的流动和控制；(6)人员、物质流动带来的环境威胁；(7)金融危机。①既然如此，由于我国正处于全面改革与发展的过程中，可以说正是百业待兴的时期，保险业也将及时地作出回应，积极配合各项改革，其服务经济社会的领域将越来越广，承担的社会责任也越来越大，因此，努力提升保险业应对和防范风险尤其是突发性、系统性风险的能力，促进保险业的长期健康发展，对于我国经济体制和政治体制改革具有重大的意义。

① 杨雪冬等：《风险社会与秩序重建》，社会科学文献出版社2006年版，第264—269页。

事实上，我国的保险业在经过了改革开放三十多年特别是近十多年来的发展，已取得了令人瞩目的成绩，突出表现在保险业务快速增长，服务领域不断拓宽，市场体系日益完善，法律法规逐步健全，监管水平和风险防范能力等不断提高。据此，目前我国保险业发展的总体目标是建设一个市场体系完善、服务领域广泛、经营诚信规范、偿付能力充足、综合竞争力较强，发展速度、质量和效益相统一的现代保险业。[①]然而，应当看到，保险业在我国固然有着广阔的发展前景，但同时必须正视的事实却是我国的保险业由于起步晚、基础差，整体水平不高，与发达国家相比，与经济社会发展的要求相比，还存在较大差距，所以目前仍处于发展的初级阶段，因此，要在我国实现如上保险业发展的总体目标恐怕还有待时日，绝非朝夕之功。我国保险业的特殊性决定了处在初级阶段将是一个长期的过程，在此过程中我国保险业的发展出现波动性和周期性是极其正常的，究其原因，主要是因为存在着诸多制约性的因素，使得我国保险业的进一步发展出现瓶颈，这些因素可以归结为保险代理人制度缺陷、保险产品结构不合理以及保险法制不健全等。[②]其中，令笔者尤其关注的是我国保险法制不健全的问题。对此，即有学者指出，我国的保险法制虽然经历了百年沧桑，但仍滞后于保险业的发展，特别是我国现行保险法律在有效规范保险合同与监理保险事业的功能方面日渐丧失，所以未来我国保险法律的修订应突破现有法律框架之约束，进行大修小改。[③]当然，对于该学着提出的我国目前保险立法中存在的问题症结以及其主张的具体修正方案，笔者不予置评，但从中至少能够说明一点，就是为了促进保险业的长足发展，健全保险业的法制环境是至关重要的，而且保险法制本身也应当是处于不断完善之中的。为此，有必要简单了解一下我国保险立法的沿革状况。

从1949年中国保险公司的成立至1958年，我国先后颁布了一些保险法规，尽管这些保险法规从当时的历史条件看普遍具有强制的性质，因而和现代意义的商业保险相去甚远，但不可否认，这些保险法规的公布与施行开创了我国保险法制的先河。在经过50年代末至“文革”近二十多年全国保险业的挫折和停顿之后，我国保险立法的演进是和改革开放的发展进程相伴相随的，1978年党的十一届三中全会之后，国家经济建设全面恢复，我国的保险事业也获得了新生，1981年第五届全国人民代表大会第四次会议通过了《中华人民共和国

① 刘金章编著：《保险学导论》，清华大学出版社、北京交通大学出版社2009年版，第50页。

② 罗亚玲：《制约我国保险业进一步发展的主要因素及其完善措施》，《社会科学家》2007年第3期。

③ 樊启荣：《中国保险立法之反思与前瞻——为纪念中国保险法制百年而作》，《法商研究》2011年第6期。

经济合同法》(1993 年又进行了修正),由于该法对财产保险合同进行了原则性规定,所以这是新中国成立后第一个真正意义上与保险有关的法律。1983 年国务院又颁布了《中华人民共和国财产保险合同条例》,该条例对财产保险合同作出了详尽的规定,这实际上是保险合同法的雏形,可以说适应了当时保险业的发展,同时,为了加强对保险企业的管理,1985 年国务院还颁布了《保险企业管理暂行条例》,该条例的颁行,使我国的保险业法形成了基本的框架,从制度设计的角度看,可以认为,《财产保险合同条例》和《保险企业管理暂行条例》从纵横两个方面为我国保险法的制定奠定了初步的基础。可以说,我国在保险立法中所采用的先制定子法后制定母法的立法方式有利于经验的积累,使立法的准备工作更加充分。①正是采用如此立法方式,促成了我国的保险立法在进入 20 世纪 90 年代后有了较大的飞跃,1995 年全国人民代表大会第十四次会议上通过了《中华人民共和国保险法》(以下简称《保险法》),这是我国第一次以独立的保险法典的立法形式对保险合同、保险营业和保险监管等商业保险活动进行规范,这不仅标志着我国的保险立法逐步走向完备,也标志着我国的保险业开始进入高速发展阶段。其后,为了适应我国保险业内部结构和外部环境的变化,特别是我国加入 WTO 以后,保险业面临进一步对外开放的新形势,2002 年 10 月 28 日,第九届全国人民代表大会常务委员会第三十次会议通过了《关于修改〈中华人民共和国保险法〉的决定》,对保险法进行了第一次大的修改,主要对涉及保险资金运用、保险经营、保险代理人和保险经纪人、保险业监管等方面的 38 个条文进行了调整与修改,这充分表明我国加入 WTO 后对作为金融服务业之一的保险业给予了充分的重视,并完善和加强了保险立法,在对保险法的修改过程中,注重借鉴与吸收世界保险业发达国家所拥有的法律规范、实施机制、立法制度和立法技术等,推动我国的保险法律与世界保险法律的交流、融合与沟通,加速我国保险立法现代化的进程,并使我国的保险法律努力适应加入 WTO 后对开放的保险市场实施监督管理的需要。我国现行的保险法是在 2009 年 2 月 28 日第十一届全国人民代表大会第七次会议修订并通过的,这次修订是系统而全面的修改,与原来的保险法律相比,现行保险法在保险合同法律规范、保险行业基本制度、保险监管等方面进行了完善,具体来说,一是突出了以人为本,更加注重保护被保险人利益,切实加强对投保人、被保险人和受益人合法权益的保护;二是突出科学发展,完善保险经营规则,进一步规范了保险业务规则;三是突出防范化解风险,强化保险监管;四是突出规范市场秩序,明确法律

① 傅廷中:《保险法论》,清华大学出版社 2011 年版,第 27 页。

责任。①另外，与保险法修订相配套，我国还陆续出台了《保险公司管理规定》、《保险代理机构管理规定》、《保险经纪公司管理规定》、《保险公估机构管理规定》等一系列法规和规章，由此在我国构成了以保险法为核心的保险监管的法律体系。

可以说，经过几十年保险立法的完善与发展，我国的保险法律法规已基本形成体系，并日臻完备。然而，笔者认为，保险业是经营风险的特殊行业，一方面其整个行业的综合实力迅速提升，服务能力显著增强，社会影响力也大幅提高，但另一方面，与之相伴的却是快速发展中积累的深层次问题和矛盾逐步显现，一些短期问题和长期问题相互交织，例如保险有效需求仍显不足、保险机构数量增加但服务质量仍有待提高、保险领域内信誉危机严重以及保险监管力度不够且作用有限等。其中，笔者尤其关注的是保险监管的问题，所谓保险监管主要是指政府对保险业的监督管理，是保险监管机构依法对保险人、保险市场进行监督管理，以确保保险市场的规范运作和保险人的稳健经营，保护被保险人利益，促进保险业健康、有序发展的整个过程。②可以说，在保险市场的运行过程中，也会出现"市场失灵"的情况，为了减少和避免这种情况的发生及所带来的影响，就有必要对保险业进行有效的监管，如果对保险业的监管不到位，则有可能会更为增加社会风险的发生。进一步而言，保险监管的必要性在于如下几个方面：(1)监管权是国家对经济部门的一种主权行使要求；(2)保险业的信息不对称和产品独特性异于其他行业是需要对其严格监管的原因之一；(3)保险监管有利于实现宏观经济调控；(4)保险被认为是"公共利益归属"，因此公共政策要求对保险业实行监管；(5)有效监管有利于保险业的健康发展。③我国现行《保险法》以及相关的法规、规章等虽然对保险监管给予了应有的重视，也逐步形成了结构分明、逻辑严谨的保险监管法律体系，并丰富和完善了保险监管的内涵和外延，为我国保险业快速可持续发展提供重要的制度保障，然而不可否认的是，由于我国保险市场起步晚，保险监管的历史也较短，在立法理念、司法实践等诸多方面与发达国家相比还存在差距，这就不可避免地使得我国的保险监管在功能、目标、内容、技术与模式等诸多方面存在着不少问题，特别是面临着我国保险市场即将全面开放的背景下，保险业自身亦处于不断的转型和发展之中，由此也会带来许多新情况和新问题，保险监管尽管应当在一套严谨而规

① 李玉泉主编：《保险法学——理论与实务》，高等教育出版社2010年版，第26—27页。

② 覃有土、樊启荣：《保险法学》，高等教育出版社2003年版，第376页。

③ 孙祁祥等：《中国保险业：矛盾、挑战与对策》，中国金融出版社2000年版，第220—223页。

范的法律制度下进行，但任何设计好的制度总是无法永远与现实保持一致，法律制度总是具有滞后性。对此，西方学者亦有洞见："制度在一个社会中的主要作用是通过建立一个人们相互作用的稳定的结构而减少不确定性。但是，制度的稳定性丝毫没有否定它们是处于变迁之中的这一事实。"①所以就需要制度的设计者，也就是监管者与立法者不断摸索我国保险市场与保险业的发展状况，针对新出现的情况和问题，探求符合客观发展规律的方法，不断完善我国的保险监管的相关法律制度，进行有效监管。

笔者认为，目前我国的保险监管法律制度仍然存在着一些与保险业发展要求不相适应的漏洞，例如法律法规等对于保险监管的规定仍然过于宏观而缺乏可操作性、保险监管立法层次偏低而导致某些领域出现立法真空、保险监管机制过于单一、信息披露机制不健全、分业监管和混业经营存在矛盾以及对保险机构偿付能力的监管模式不尽成熟等。正是因为这些漏洞的存在，使得保险领域出现了垄断、不正当竞争和保险欺诈等各种违法违规行为，其中尤其是以保险欺诈最为突出。保险欺诈可谓由来已久，它是与保险业的发展相伴相随的，并会成为保险业健康发展的最大威胁之一。正所谓"保险欺诈已被确定为当前对保险业盈利构成威胁最大的部分。"②因为保险欺诈一经实施，便损害了众多善意投保人和被保险人的合法权益，损害了保险的公正性和公平互助性，损害了保险公司的整体利益和社会声誉，进而影响了保险的社会功效，甚至背离了保险创办的宗旨。③一般而言，保险欺诈被认为是投保人方面所实施的欺诈行为，但笔者认为如此界定保险欺诈的外延似乎显得比较狭窄，事实上保险欺诈还应包括保险人的欺诈和保险行为第三方人员的欺诈。据此，保险欺诈不妨被界定为保险当事人双方及与保险行为有关的第三方单独或串通，以骗取保险公司保险金为目的，利用虚构现实中不存在的保险标的、编造夸大保险事故损失程度、故意编造保险事故等手段，使保险公司由于错误认识而向其赔付保险金的行为。可以说，保险欺诈的产生原因是多方面的，但归结起来，对于投保人、被保险人或受益人而言，保险活动存在这样一种可能性，即以较少的投入获得奇高的回报。保险活动的这一内在机制是造成保险欺诈的重要现实基础，加上保险机构内部管理制度上的缺陷、人们对保险欺诈行为的宽恕与怂恿态度以及

---

① ［美］道格拉斯·C·诺斯：《制度、制度变迁与经济绩效》，刘守英译，生活·读书·新知三联书店1994年版，第7页。

② 关浣非译著：《保险欺诈》，中国检察出版社1992年版，第4页。

③ 边文霞：《保险欺诈博弈研究》，首都经济贸易大学出版社2006年版，第1页。

司法机关对保险欺诈打击不力等，对保险欺诈行为的发生起到了推波助澜的作用。①正是多种因素共同作用的结果，才使得保险欺诈行为屡禁不止，屡见不鲜，突出表现在现实生活中各类以假保险机构、假保单、假赔案等为代表的“三假”案件层出不穷。而笔者认为，性质最为严重的保险欺诈莫过于保险领域中出现的犯罪行为。保险领域的犯罪行为主要表现在破坏社会主义市场经济秩序，主要包括非法经营保险业务，强迫交易，损害竞争对手的商业信誉，故意制造、编造保险事故，从事保险诈骗等活动。除此之外，在保险活动和保险监管活动中，保险当事人或者监管机构的工作人员也可能因其他行为而触犯刑律。②可见，保险领域的犯罪行为具有种类多、形式新、涉案面广等特点，而且近年来在我国保险领域内此类犯罪活动也呈逐年上升趋势。因此，为了维护保险市场的正常秩序，规范保险活动的有序进行，进而推动我国保险业的健康发展，就必须努力提升我国的保险监管水平，其中有效惩治和防范保险领域的各类犯罪行为更是重中之重。基于此，笔者拟结合保险欺诈的性质与特点，并以我国现行保险法律法规以及刑法的相关规定等为依据，对保险领域的相关犯罪予以深入的解读。

---

① 李秀芬：《保险欺诈的成因及对策》，《山东大学学报（哲学社会科学版）》2001 年第 6 期。

② 傅廷中：《保险法论》，清华大学出版社 2011 年版，第 312 页。

第一章 涉保险犯罪概述

第一节 涉保险犯罪的概念

所谓“涉”，一般指的是涉及，即有牵扯或关联的意思，亦指涉足，即有进入某种环境或范围的意思。[①]由此可见，涉保险犯罪就是同保险领域有所牵涉或关联的犯罪。而要深入研究涉保险犯罪，就必须首先对涉保险犯罪确立一个科学的概念，从而为后续问题的研究形成铺垫。

一、广义的涉保险犯罪概念

广义的涉保险犯罪，通常是指在保险业运行过程中经常发生的与保险有关的犯罪。简言之，就是保险业领域中出现的各类犯罪。一般来说，保险业领域中的犯罪首先指的是刑法条文中涉及“保险”的犯罪，这一概念或范围是根据刑法的规定而设，目的在于研究立法上的涉保险犯罪。[②]目前，我国立法上的涉保险犯罪主要包括如下 5 个法条，共计 8 个犯罪，即《刑法》第 174 条的擅自设立保险机构犯罪和伪造、变造、转让保险机构经营许可证、批准文件犯罪，《刑法》第 183 条的保险从业人员职务侵占罪和保险从业人员贪污罪，《刑法》第 185 条的保险从业人员挪用资金罪和保险从业人员挪用公款罪，《刑法》第 198 条的保险诈骗罪，《刑法》第 225 条的非法经营保险业务犯罪。可以说，在如上 5 个法条中，有的直接体现了与保险的关联度，如《刑法》第 183 条和《刑法》第 198 条，不仅因为它们在法条表述方面出现了“保险”的有关内容，更重要的还在于从法条的实质内涵来看，它们的确都是专门针对保险领域发生的犯罪行为而设定的，所以很容易判断这两个法条所涉犯罪属于典型的涉保险犯罪。而其他三个法条从涉及的主体、行为、对象以及发生领域等来看，虽然都不是专门针对保险领域的，但不可否认在保险业运行过程中同样也会出现类似问题，即根据对法条的扩张解释，似乎也应该把保险这一特定行业领域囊括进来。所以，这些法

① 中国社会科学院语言研究所编：《现代汉语词典》，商务印书馆 2005 年版，第 1206 页。

② 林荫茂、陆爱勤：《保险违约与保险犯罪》，中国检察出版社 2002 年版，第 122 页。

条所涉及的犯罪相对而言属于较为隐性的涉保险犯罪，亦即这些犯罪虽然在与保险的关联程度上较之前两个犯罪有所弱化，或者说关于这些犯罪具体的定罪量刑可能还需要参照其所归属的上位犯罪来进行处理，但笔者认为，仍然不可否认它们的涉保险犯罪之属性，它们同样属于保险业内部存在着的常见犯罪现象，因此，研究这些犯罪对完善涉保险犯罪的立法也是具有相当重要的意义。

笔者认为，广义的涉保险犯罪除了如上立法所认定的罪名以外，似乎在范围上还应有所扩展。由于保险业同银行业、证券业并列为现代金融的三大支柱，是金融业的重要组成部分，因此保险经营从性质上看也是一种金融活动。因为金融功能的全面提升，正是从风险规避到风险经营的深化、复杂化和主动化的演变过程。①据此亦可表明，保险业的发展是随着人们对各类风险识别及防范程度不断提高而不断深化的产物，所以作为社会经济的“减震器”和“防护网”，保险扮演着危险识别及风险规避专家的重要角色。②随着金融创新的日益发展，保险金融化的趋势愈益明显，保险业同其他金融行业开始出现全面混业经营的态势，在此态势下，各金融机构都注重资产增值和风险防范能力的提高，金融业务不再有明显的轻重、主次之分。③基于此，保险业和金融业之间的相互融合已达到相当的深度。可以说，金融业的整体运行势必对保险业的发展产生重要的影响，相应地，金融犯罪活动也会渗透到保险领域。就金融犯罪而言，主要可以分为破坏金融管理秩序犯罪和金融诈骗犯罪两大类。目前，从立法上的涉保险犯罪来看，由于金融诈骗类犯罪中已有保险诈骗罪的专门罪名，而且该罪名属于最典型的涉保险犯罪当无争议，但在破坏金融管理秩序类犯罪中却鲜有专门涉及保险的罪名，笔者认为，事实上保险经营活动与金融管理秩序可谓息息相关，在金融管理秩序领域内出现的一些犯罪活动实际上很难排除与保险具有关联性，例如背信运用受托财产罪、违法运用资金罪、洗钱罪等。除此之外，在职务犯罪领域，除了《刑法》第183条和第185条所规定的犯罪外，恐怕另有一些犯罪活动与保险领域也有着一定的关联性，例如玩忽职守、滥用职权、徇私舞弊等。综上，笔者认为，从广义上认定涉保险犯罪，其范围似不应限于立法上认可的犯罪，但目前除了立法上的涉保险犯罪外，其他相关犯罪或多或少地被忽视，也许随着保险业的不断深入发展和针对保险违法违规活动的刑事法网进一步严密，涉保险犯罪的罪名将会不断增多，如上文提及的破坏金融管理秩

① 禹钟华编著：《金融功能的扩展与提升——功能观视角下的金融发展》，中国金融出版社2005年版，第7页。

② 江生忠主编：《保险学理论研究》，中国金融出版社2007年版，第370页。

③ 江生忠主编：《保险学理论研究》，中国金融出版社2007年版，第374页。

序犯罪和职务犯罪领域内的一些犯罪可能也会被逐渐纳入涉保险犯罪的范畴。不过，就目前所理解的广义上的涉保险犯罪而言，还是应当以立法所认可的犯罪为准，因为在笔者看来，尽管可以归纳列举出很多与保险领域有所关联的犯罪，但其中关联性的直接程度和紧密程度还是需要注意的。毕竟，在对涉保险犯罪的范围确定上，应当强调必须与此类犯罪本身的属性和特征相符合。

二、狭义的涉保险犯罪概念

狭义的涉保险犯罪，就是指通常所理解的《刑法》第198条规定的保险诈骗罪。由于保险欺诈是发生在保险领域中最常见的和最典型的违法违规行为，而且保险欺诈在许多情况下构成犯罪，就应当追究刑事责任。因此，保险诈骗罪就是我国刑法中专门针对保险欺诈行为所设立的罪名。当然，就保险欺诈而言，本来是一个民法上的概念，即把保险欺诈定性为一种民事侵权行为，因为其满足一般侵权行为的构成要件：(1)必须具有欺诈的故意；(2)必须实施了欺诈的行为；(3)必须有保险人因错误而为意思表示的结果；(4)保险金的赔付与欺诈行为具有因果关系。①但须注意的是，此种定性是同如上对保险欺诈的广义界定相结合的，因为广义上的保险欺诈包含了投保人等（具体包括投保人、被保险人和受益人）、保险人和保险行为第三方人员的欺诈，为此，此种保险欺诈较之保险诈骗罪含义更广。然而，从《刑法》第198条的法条内容来看，显然是针对狭义上的保险欺诈行为也即投保人一方实施的保险欺诈行为而专设的罪名，而对于其他两类主体实施的相关保险欺诈行为，因不符合我国刑法上保险诈骗罪的构成要件，目前只能依其主体属性、侵犯对象和行为特征等分别纳入贪污罪、职务侵占罪、挪用公款（资金）罪、诈骗罪等罪的范畴，②并据其不同的社会危害性予以制裁。

我国刑法中的保险诈骗罪重点规制的是投保人一方的保险欺诈行为，而且是情节、性质最为严重的保险欺诈行为，因为在此种保险欺诈行为中，投保人等与保险人之间往往存在着合法的保险合同关系，其欺诈行为往往被合法的保险合同所掩盖，难以引起社会公众和保险人的怀疑，加之他们实施欺诈行为的时间十分充裕，经过其周密安排和精心策划，极易得逞而不被保险人发现。更为

① 李玉泉主编：《保险欺诈及其法律对策》，人民法院出版社1999年版，第5—6页。

② 投保人一方以外的两类主体实施的保险欺诈行为目前尚不能构成保险诈骗罪，而是要以其他罪名认定，这是囿于《刑法》第198条规定的限制而形成的结论。不过，从学理角度分析，上述保险欺诈行为是否能以保险诈骗罪来认定，以及由此引出的《刑法》第198条本身是否需要修正和完善等问题还是值得考虑的，例如下文中对冒名骗赔行为的定性就是围绕相关问题而展开探讨的。

重要的是，严重的保险欺诈不仅侵犯了保险人的合法权益和整个社会的财产，而且对他人的人身安全也构成了极大的威胁，例如在人身保险中，有的投保人、受益人为了谋取巨额保险金而不惜铤而走险，故意杀害被保险人。[①]因此，此种保险欺诈的社会危害性是其他保险欺诈行为所无法比拟的，不论是手段的恶劣程度，还是骗取的保险金数额，都已远远超出一般的保险违法违规行为所能涵盖的范围。正是基于此原因，刑法将此种保险欺诈行为予以犯罪化并追究刑事责任，这也是保险诈骗罪得以存在的根本理由。可以说，保险诈骗罪在保险领域中内容比较丰富、实践案例较多、所涉刑法理论和实务也较多，因此，言及涉保险犯罪，往往给人第一印象就是同保险诈骗罪画上等号。

两相比较，笔者认为还是应当采纳广义的涉保险犯罪概念，因为研究涉保险犯罪，应当着眼于整个保险业的运行与发展，即凡是可能危及保险业乃至整体金融秩序的健康稳定发展以及危害保险活动各方当事人合法权益的行为，只要达到了严重的社会危害性程度，需要由刑法介入来予以规制，那么这些行为统统可以纳入涉保险犯罪行为的范畴。保险诈骗罪固然是保险领域中最为常见的犯罪，甚至可以说是最典型的涉保险犯罪，但不可忽视的是，对保险业产生威胁的违法犯罪绝不仅仅表现为投保人一方所实施的严重保险欺诈行为这样一种行为方式，与广义的保险欺诈含义相契合，事实上保险人和保险行为第三方人员的严重欺诈行为也与保险诈骗罪在实质危害程度上并无二致，理应成为涉保险犯罪的组成部分之一。另外，在金融管理秩序领域和职务活动领域内有大量的违法违规行为，它们一旦在情节和性质等方面上升到了犯罪的程度，也会冲击着保险业的正常运行，所以不应将其排除出涉保险犯罪的行列。基于此，所谓涉保险犯罪不应该仅局限于保险诈骗罪这一个罪名，而应赋予其更为宽泛和丰富的内容。

第二节 涉保险犯罪的分类

在明确了广义涉保险犯罪概念的基础上，可根据不同的标准对涉保险犯罪作出进一步的分类。其实，对涉保险犯罪进行分类也是很有必要的，因为现代科学都十分重视分类的作用。正像美国学者 M·W·瓦托夫斯基所言："这种分类的意义在于，它比之单纯的识别具有更多的内容；因为在分类中，被识别的

① 范红旗：《保险欺诈的犯罪化及刑事责任》，《上海保险》1999 年第 4 期。

事物间的关系以分类关系的形式得以表示。这就使得有可能发展起一种具有形式体系的一切性质的分类的形式体系，即以如此一种方式阐明观察到的关系并进行鉴认，从而允许按规则进行推理。”①对犯罪进行分类亦是如此，不仅为深入、具体地研究某一类犯罪现象提供了切实的基础，同时对刑事立法与司法工作也有一定的指导作用。依据不同种类的犯罪进行研究，不仅可以加深人们对某一方面犯罪问题的认识，同时还可以通过对这一方面的研究，去廓清各种类型的犯罪之间的界限。基于此，笔者认为，之所以涉保险犯罪也面临着分类的问题，乃是其本身具有复杂性，决定了此类犯罪在类别上的多样性，所以，通过对涉保险犯罪的分类，可以更为细致具体地对其加以研究，从而能实现对此类犯罪更为有效的惩治和预防。

一、根据职务因素的分类

根据涉保险犯罪中是否包含职务因素，或者说以职务因素对此类犯罪的成立是否起到了关键的作用为标准，可区分为职务型涉保险犯罪和非职务型涉保险犯罪两类。

一般而言，职务犯罪行为最明显的特征就是表现为利用职务进行犯罪行为或者亵渎职务犯罪行为。②据此足以表明，职务犯罪行为与犯罪主体的职务必须具有关联性，职务犯罪是行为人利用其职务，也即在一定领域的特定管理权限而实施的违背其职责或者滥用其职权以谋取私利的行为，或者说就是运用职务上所形成的权能以及在一定范围内的管理活动的资格来实施犯罪。如果行为人实施了犯罪行为，但与其职务没有任何关联，就不能称其为职务犯罪。因此，必须对职务犯罪中的所谓“职务”有较为明确的界定。通常认为，研究职务犯罪的“职务”应从职务犯罪的主体出发，而职务犯罪的主体通常被界定为公职人员，即包括国家工作人员或其他从事公务的人员，如此界定的理由是因为公职人员是一个比较清楚、明晰的概念，它恰当地表明了职务犯罪主体所包含的两个相互关联又各不相同的部分——职务与公务。③那么，从如上观点看来，职务应当等同于公务，所以职务犯罪往往被视作是公务犯罪。然而，笔者认为，这对于“职务”的范围界定显然比较狭窄了，因为关于“职务”一词，在《现代汉语词典》中解释为“工作中所担任的事情”。这样一来，似乎“职务”的概念就比较宽

① [美]M·W·瓦托夫斯基：《科学思想的概念基础——科学的哲学导论》，范贷年等译，求实出版社 1982 年版，第 217 页。

② 周其华：《职务犯罪热点、难点问题解析》，中国方正出版社 2007 年版，第 16 页。

③ 孙谦、尹伊君：《国家工作人员职务犯罪论》，《法学研究》1998 年第 4 期。

泛了,即指行为人依法或依章程和合同规定担任的组织、指挥、监督和管理性质的事情。基于此,职务的担当者好像不须有任何身份性质的限制,所谓职务活动也就不仅局限于公职人员的公务活动范畴,还应包括非国有公司、企业、事业单位等单位享有一定的职务的人员利用其职务所从事的活动。由此可见,职务犯罪是有可能发生在社会生活的每一个实现了职业化的领域中的,有了职务和职务活动,就有可能在职务活动中产生职务犯罪的问题。[①]相应地,职务犯罪的主体就应有所扩展,并非限于通常所认定的公职人员,而是包括非国有公司、企业、事业等单位内具备一定职务的人。当然,公职人员和非公职人员所实施的犯罪行为虽然都因利用职务或者亵渎职务而被纳入职务犯罪的范畴,但因其各自的主体身份和行为方式等的差异,所以有可能触犯不同的罪名。笔者认为,在认定职务犯罪方面,主体界定固然重要,但却不是唯一的判断标准,更重要的是判断职务犯罪的行为方式,即利用职务和亵渎职务两个方面,可以说,这两种行为方式是构成职务犯罪的必要要件。所谓利用职务,通常是指行为人利用职务上的地位、机会和方法,实施各种职务犯罪,这种行为方式是职务犯罪的主要表现形式,它的实质是以权谋私或滥用职权,主要有贪污、受贿、挪用公款、挪用特定款物等。[②]而所谓亵渎职务,简称渎职,即不履行职务或不正确履行职务的行为,具体而言,渎职是指行为人出于贪利或其他目的,依仗自己依法特别享有的职权或职务上的地位违背国家法律政策规定的职责要求,不完成或不正确完成职务上应当完成的任务,或者逾越自己职务权限范围,致使国家、单位或他人利益遭受损失的行为,具体表现为以权逐利、以权侵权、以职权或地位滥施影响等。[③]不论利用职务还是亵渎职务,都是同行为人的职务活动密切相关的,或者说职务因素在行为人构成职务犯罪上起了决定性的作用,如果没有职务因素作为依托,就不能成立相关的职务犯罪。因此,利用职务和亵渎职务这两种行为方式是行为人非正当地从事职务活动的突出表现。

可以说,非正当的职务活动在社会生活的各个领域中都可觅其踪影,保险领域亦不例外,其或多或少地也存在着非正当职务活动的现象,这也就意味着在保险领域的犯罪行为中亦有职务犯罪的存在空间,即这些犯罪行为有赖于通过行为人职务活动的运作方能得以实施。具体来看我国立法上的涉保险犯罪罪名,属于职务型涉保险犯罪的是保险从业人员职务侵占罪、保险从业人员贪

---

① 张康之、刘晶:《寻找预防职务犯罪的路径》,《中共浙江省委党校学报》2010 年第 6 期。

② 张穹主编:《职务犯罪概论》,中国检察出版社 1991 年版,第 16 页。

③ 隋光伟:《职务犯罪与刑法实务》,中国检察出版社 2005 年版,第 19 页。

污罪、保险从业人员挪用资金罪和保险从业人员挪用公款罪等四项罪名。从中亦可看出，这四项罪名的犯罪主体均为保险从业人员，而对于保险从业人员的身份界定，下文还有详述，但可以肯定的是，保险从业人员包括了公职人员和非公职人员两种类型，并且他们都担当一定的职务，还能从事相应的职务活动，只是根据其身份所属的不同以及具体职务活动方式的差异，可以分别认定其构成不同的罪名。当然，不可否认，在这四项罪名中，都呈现出了以下特点，即保险从业人员能够凭借自身的工作岗位而熟悉保险业务的操作流程，并且其往往直接与现金、票据、客户保费、账户等打交道，加之他们可以利用保险机构内控制度不健全、管理不到位等漏洞，从而在客观上利用职务、职权之便利条件来实施犯罪，所以这四项罪名在涉保险犯罪中可统一归类为保险从业人员的职务犯罪。此外，其他各个涉保险犯罪却因为对犯罪主体并没有特别的职务上的要求，或者说这些犯罪行为中没有职务因素的介入，不需要行为人依托职务活动来完成犯罪，所以这些犯罪显然应归于非职务型的涉保险犯罪。

二、根据犯罪客体的分类

根据犯罪客体的不同，可对涉保险犯罪作出以下具体分类：(1)破坏金融管理秩序型涉保险犯罪；(2)金融诈骗型涉保险犯罪；(3)侵犯财产型涉保险犯罪；(4)贪污贿赂型涉保险犯罪；(5)扰乱市场秩序型涉保险犯罪。

由于犯罪客体通常是指我国刑法所保护的，而被犯罪行为所侵害或者威胁的社会关系。[①]所以，犯罪客体直接体现了犯罪行为对社会关系的侵害或威胁，而社会关系的性质和范围是不同的，因此犯罪客体也必然会存在差异，申言之，犯罪客体不同，犯罪的性质也就有所不同。如上不同类型的涉保险犯罪正是基于各自犯罪客体的不同而形成的区分，也即具体反映了各种犯罪行为对不同社会关系的侵害或威胁。

须知，犯罪客体对于犯罪的分类有着重要的意义。犯罪客体有直接客体、同类客体和一般客体之分，其中特别是依据同类客体才能对犯罪作出科学的分类，建立严密、科学的刑法分则体系，这是因为同类客体是某一类犯罪的一种共同属性，它是刑法对犯罪分类的基础。易言之，刑法分则各章的分类基础是各类犯罪侵害的社会关系的共同性即它们的同类客体。[②]涉保险犯罪亦是如此，从我国现有的涉保险犯罪罪名来看，由于主要是规制各类在保险领域内发生的犯

---

① 马克昌主编：《犯罪通论》，武汉大学出版社1999年版，第113页。

② 何秉松主编：《刑法教科书》(上卷)，中国法制出版社2000年版，第293页。

罪行为，所以依据它们自身或各自的上位犯罪所侵犯的同类客体的不同，可将这些罪名分别归属于不同的类罪之中。具体而言，破坏金融管理秩序型涉保险犯罪包括擅自设立保险机构犯罪和伪造、变造、转让保险机构经营许可证、批准文件犯罪；金融诈骗型涉保险犯罪即指保险诈骗罪；[①]侵犯财产型涉保险犯罪包括保险从业人员职务侵占罪和保险从业人员挪用资金罪；贪污贿赂型涉保险犯罪包括保险从业人员贪污罪和保险从业人员挪用公款罪；扰乱市场秩序型涉保险犯罪则是指非法经营保险业务犯罪。应当说，如此分类还是较为科学的，因为其能够很好地体现出不同类型涉保险犯罪的内在性质以及行为特征。当然，如前所述，严格地讲，渎职犯罪也有可能会涉及保险领域，因此，从涉保险犯罪未来的发展趋势而言，似乎还应包含渎职型涉保险犯罪。本书虽然是从广义上界定了涉保险犯罪的范围，但目前研究的重点还是放在了现有的涉保险犯罪上，所以对渎职型涉保险犯罪姑且不予以过多关注。

三、根据犯罪主体的分类

此种涉保险犯罪的分类是依据犯罪主体的不同而进行的，具体包括一般主体涉保险犯罪和特殊主体涉保险犯罪。一般主体涉保险犯罪是指其犯罪主体为一般主体，即此类犯罪既可以由自然人构成，也可以由单位构成。从我国立法上的涉保险犯罪的罪名来看，属于典型的一般主体涉保险犯罪的有《刑法》第174条的擅自设立保险机构犯罪和伪造、变造、转让保险机构经营许可证、批准文件犯罪，以及《刑法》第225条的非法经营保险业务犯罪，共计三个犯罪。根据刑法原理，犯罪的一般主体与特殊主体的界分就在于前者要求仅具备犯罪主体基本层次的要件，即达到刑事法定年龄、具有辨认和控制自己行为的能力，便满足了犯罪主体的要件，就可构成犯罪并承担刑事责任，而后者则是指某些犯罪的主体要求在具备犯罪主体的共同要件的基础上，再附加了特殊身份条件，这种以特殊身份作为主体构成要件或者刑罚加减根据的犯罪往往被称为身份犯。身份犯有真正身份犯与不真正身份犯之分，真正身份犯是以特殊身份作为主体要件，无此特殊身份该犯罪则根本不可成立，不真正身份犯是指特殊身份

---

① 在我国刑法中，破坏金融管理秩序犯罪和金融诈骗犯罪共同归属于破坏社会主义市场经济秩序犯罪这一大类罪中，不仅说明金融管理秩序是社会主义市场经济秩序的重要组成部分，而且好像意味着两者侵犯的是同样的同类客体。然而，笔者认为，实际上破坏金融管理秩序犯罪和金融诈骗犯罪的同类客体还是有所差异的，前者是简单客体，即仅仅是金融管理秩序，而后者则是复杂客体，不仅侵犯金融管理秩序，还侵犯到了公私财产的所有权，由此也凸显了此类犯罪的特殊性。基于此，立法上将金融诈骗犯罪在刑法分则体系中独立设节，使之成为与破坏金融管理秩序犯罪相并立的一类犯罪。

不影响定罪但影响量刑的犯罪。[①]不仅自然人犯罪主体中有一般主体和特殊主体之分，单位犯罪亦然，一般单位犯罪主体是指无特别限定的企业、事业单位、机关、团体等，特殊单位犯罪主体则是指特定的企业、事业单位、机关、团体等。[②]在此，笔者理解的所谓"特定"，往往是指这些单位具有特定的所有制性质、职能性质以及义务要求等，否则这些单位就无法实施相关的犯罪行为。如此一来，这些单位犯罪主体就同某些自然人犯罪主体相似，被贴上了"身份标签"，得以区别于其他犯罪主体。可见，不论是自然人犯罪还是单位犯罪，在主体要件上均有一般主体和特殊主体之别，而作为特殊主体的身份犯，其显著特征是以特定身份作为犯罪构成要件或量刑情节，如果某一身份对定罪量刑没有任何影响，即使刑法对其作出规定，也不属于身份犯。[③]因此，行为人的特定身份是认定身份犯的核心标准，换言之，认定犯罪特殊主体的关键也在于行为人的特定身份是否能对定罪量刑产生实质性的影响。那么对照上述三个犯罪，似乎并没有强调需要以行为人的特定身份作为犯罪成立的标志，或者说这三个犯罪并不要求依托行为人特定身份的作用发挥来完成犯罪，同时在这三个犯罪中，似乎也没有所谓行为人的特定身份会对量刑产生实质性的影响，所以这三个犯罪显然不属于身份犯，而是一般主体的犯罪。

然而，在犯罪主体方面稍有争议的是保险诈骗罪这一罪名，根据《刑法》第 198 条的规定，保险诈骗罪的犯罪主体主要包括投保人、被保险人和受益人三类人员。[④]对此三类人员，通说的观点认为他们属于特殊主体，因为保险诈骗罪的基础是保险合同，而保险合同中涉及的就只是保险人与投保人、被保险人或者受益人之间的权利义务关系，诈骗保险人的保险金的行为就只能由投保人、被保险人或者受益人实施，因此，也只有他们才能构成本罪的主体。[⑤]进一步而言，在整个保险活动中，保险合同是核心，保险活动的载体是保险合同关系。并非人人都可以要求保险赔偿金，只有参加到保险合同关系之中，具备相应主体资格，享有了有关权利，才有机会获得保险金作为补偿。而本罪中行为人正是基于已经存在的保险合同关系这一事实进行诈骗的，如果没有保险合同的存在，行为人的行为不可能构成本罪，除非是共犯。[⑥]当然，亦

---

① 赵秉志主编：《刑法新教程》，中国人民大学出版社 2001 年版，第 107 页。

② 张明楷：《刑法学》，法律出版社 2003 年版，第 164 页。

③ 李希慧、杜国强：《身份犯及其相关概念辨析》，《现代法学》2005 年第 2 期。

④ 当然，对于保险诈骗罪的犯罪主体是否还应包括上述三类人员以外的人，学界存在不同的看法，对此，下文将在探讨保险诈骗罪的构成要件时再作详述。

⑤ 李希慧主编：《刑法各论》，武汉大学出版社 2009 年版，第 170 页。

⑥ 张利兆：《保险诈骗罪研究》，中国检察出版社 2007 年版，第 102 页。

有相反的观点则认为保险诈骗罪的犯罪主体应扩展为一般主体，其理由在于保险诈骗必须利用保险合同关系进行，因此，只要是利用保险合同关系诈骗保险金的，不论是什么人实施，其性质都一样，这就意味着对保险合同关系的当事人应作宽泛理解，即保险诈骗似应包括保险人欺骗投保人一方，不具备投保人、被保险人、受益人身份的行为人冒名骗保，单位制造保险事故以及在财产保险中，擅自转让保险标的后，新的财产所有人利用原合同关系诈骗保险金等多种情形。①两相比较，笔者认为目前保险诈骗罪的犯罪主体还是应被界定为特殊主体为宜。诚然，保险诈骗罪的犯罪主体应当依据《刑法》第 198 条的罪状表述来予以确定，因为罪状既是对犯罪具体情况的描述，也是对犯罪构成要件的说明，其中必然包含对犯罪主体范围的说明。尽管上述主张保险诈骗罪为一般主体的观点所列举的诸种情形或许囊括了所有在保险活动中诈骗保险金的应然行为样态，但毕竟其与《刑法》第 198 条的罪状表述不相符合，或者说超出了《刑法》第 198 条罪状表述所涵盖的构成要件范畴，毕竟，从《刑法》第 198 条的罪状来看，其所限定的犯罪主体的确主要为投保人、被保险人、受益人三类人员，超出此范围的其他人所实施的诈骗行为一般不构成保险诈骗罪，而只可能以其他罪名认定。更何况就投保人、被保险人、受益人而言，当他们作为保险合同关系中的当事人时，就具备了一种特殊的资格或身份，这种资格或身份使得他们可以利用保险合同以貌似"合法"的形式进行保险欺诈，详言之，投保人、被保险人、受益人对于保险标的都具有法律上承认的利益，且保险标的一般都由这三类人员掌管和使用，所以在保险期限内，这三类人员就有可能在任何时间以任何方式实施保险欺诈行为。而对保险标的的熟悉和操纵，正是这三类人员以外的人所难以企及的。②基于此，在《刑法》第 198 条的罪状表述未有实质性变化的前提下，保险诈骗罪的犯罪主体还是应视为特殊主体。可见，我国现行刑法对保险诈骗罪采用的是一种特殊主体的立法模式。当然，对于此种特殊主体的立法模式是否合理，以及是否有可能加以改变，下文还将围绕相关问题进行深入探讨。

此外，关于我国立法上的涉保险犯罪中的其他几个犯罪，即保险从业人员的职务犯罪，由于它们的犯罪主体均为保险从业人员，而保险从业人员往往在保险活动中具有特定的职务或特殊的地位，而且他们所实施的犯罪行为大多是利用自身职务之便利，所以保险从业人员完全符合身份犯的特征，那么显而易

---

① 肖乾利:《保险诈骗罪若干问题之审视》,《广西社会科学》2006 年第 4 期。

② 李玉泉主编:《保险欺诈及其法律对策》,人民法院出版社 1999 年版,第 18 页。

见，这几个犯罪应当属于特殊主体的涉保险犯罪。

第三节　涉保险犯罪的特点

在明确了涉保险犯罪的概念和分类之后，笔者认为应该进一步归纳总结涉保险犯罪的特点。不可否认，涉保险犯罪当然有着所有刑事犯罪的许多共性特点，但涉保险犯罪毕竟是独特的犯罪类型，其还具备一些区别于其他刑事犯罪的特点。概括而言，这类犯罪的特点主要呈现为如下几个方面。

一、明显的行业性

涉保险犯罪既然是发生在保险领域的犯罪行为，那么显然是同保险业的运行和发展相附相伴的，因此，涉保险犯罪就凸显出了保险业的行业性特点。就保险业的行业性特点而言，主要体现于如下几点：(1)保障性。保险业是为人们提供风险保障的行业，它通过集中众多投保人的保费建立起保险基金，对其中遭遇约定损失的被保险人或受益人进行补偿或给付；(2)金融性。保险业的金融性体现在“保险是投保人以保险人为金融中介人，以保单为金融资产，运用金融市场机制，相互通融补偿资金，从而使被保险人的资产得到保障的一种特殊金融方式”。因此，保险业的保障性是以风险融资这一金融活动为依托的；(3)服务性。保险产品具有非物质性，它是建立在保险契约基础上的一种服务承诺，因此，保险是以可保风险为依托，在投保人之间进行收入再分配的一种方式，这种收入再分配从本质上讲是为投保人和被保险人提供的一种服务；(4)公共性。保险业的公共性是其保障性和金融性的延伸。保障性产品通过对遭遇灾害或事故的单位或个人进行经济补偿可以减轻经济社会的波动或震荡，对维护正常的社会秩序具有重要作用，同时，保险业作为金融服务业的重要组成部分，无疑直接牵涉到一个国家的金融业乃至整个经济体系的安全，这都使得保险业具有一定的公共性；(5)自然垄断性。保险经营的基本原理就是集中众多个体所面临的风险，然后对其中实际遭受损失的少数进行补偿。保险业的自然垄断性反映的是它的技术特征，这一特征使其与普通的、分散的竞争性行业相区别。①应当说，保险业的如上行业性特点就决定了正当的保险活动应当遵循金融活动的整体规律，正视社会风险的发生与发展，将风险防范作为其切入点，并

① 冯占军：《中国保险业与经济协调发展研究》，武汉大学出版社2007年版，第20—23页。

以服务和保障为其宗旨,维系社会秩序的整体安定,同时还要避免保险行业内的恶意竞争。然而,保险领域的各种犯罪行为恰恰是与正当的保险活动背道而驰的,进而危及了保险业的行业规范和信誉。例如保险诈骗罪因行为人采用虚构事实、隐瞒真相等欺诈手段而获取保险金,由此产生的后果是对保险业诚信度的严重破坏,更是偏离了保险的保障与服务的宗旨。因为保险作为一种科学的保障与服务制度,它的运行机理对于个别投保人或被保险人而言,其交付的保费是很小的一部分,而一旦发生保险事故则可获得众人帮助得到莫大的保险金,所以不可避免地会被某些居心不良的投保人进行恶意利用而谋骗保险金,即会随之出现保险诈骗犯罪。对此,有学者指出,保险本身固有的结构性特点即个人保费支出与高额保险金之间的悬殊性是保险欺诈行为人实施欺诈行为的重要诱发原因。①因此,保险诈骗罪作为最典型的涉保险犯罪,很显然是对保险业的保障性和服务性造成了严重的侵害。另外,正是由于保险业是金融业的重要组成部分,所以各种涉保险犯罪的出现在危及保险业的正常运行和发展的同时也就意味着对整个金融体系的安全造成威胁,由此可以表明涉保险犯罪亦是对保险业的公共性产生负面影响的致害之源。最后,由于保险业的自然垄断性决定了保险业属于特许经营的行业,即保险人除了符合一般公司法人的条件外,还必须经过政府主管部门的特许才能从事保险活动。同时在保险业内还禁止兼营和兼业,这就对保险业的业务经营活动提出了严格的要求,而且也是促使保险业有序竞争的必要保证。②然而,从我国立法上的涉保险犯罪中可以看出,擅自设立保险机构犯罪,伪造、变造、转让保险机构经营许可证、批准文件犯罪以及非法经营保险业务犯罪这三个犯罪显然是对保险业的自然垄断性的直接违背和侵害。

二、利益的驱动性

在保险活动中,保险利益无疑是核心要素之一,因为投保人的投保和保险人的承保都是基于投保人或被保险人对保险标的具有保险利益。《保险法》第12条第6款规定:“保险利益是指投保人或者被保险人对保险标的具有的法律上承认的利益。”一般来说,保险利益是在财产保险中得以存在的,即在财产保险合同上,投保人或被保险人对保险标的因保险事故的发生以致保险标的的不安全而受到的损害的利害关系,或者因保险事故的不发生而免受损害的利害关

① 李玉泉主编:《保险欺诈及其法律对策》,人民法院出版社1999年版,第143页。

② 方乐华:《保险与保险法》,北京大学出版社2009年版,第375页。

系，均可成立保险利益。[①]而在人身保险中有学者主张不应有保险利益，因为在人身保险中，保险标的为被保险人的身体或生命，但身体或生命的无价性决定了人身保险利益的无限性，所以人身保险利益既无法定性也无法定量，更不足以防范道德危险的发生。同时，保险金额的高低多少亦与人身保险利益无关。[②]但另有观点却主张人身保险中亦有保险利益的存在，如我国台湾地区的学者郑玉波就认为，谓保险利益为保险契约乃至于整个保险法的基本要素与原则要求，故于财产保险和人身保险皆有适用。[③]两相比较，笔者认为保险利益可同时适用于财产保险和人身保险，其中人身保险的特点在于保险关系成立后，保险无法保障人的身体或生命不发生保险事故，而是主体（主要是被保险人或受益人）与发生保险事故的人身之间的利益关系在保险事故发生受到损害后能得到保险金或其他形式的补偿。因此保险保障的对象即保险标的是保险利益，是主体与特定人身之间的利益关系。如此一来，人身保险的特殊之处并非是所谓保险标的是人的身体或生命不能定性或定量，而是因为人身保险的保险利益具有某种特殊性。同时，由于保险利益是保险标的的实质内容，所以人身保险中当然也要求保险利益存在，特定主体从保险人处取得保险金的依据就是其因为特定人身发生保险事故而受到损失。然而，之所以会对人身保险利益产生如此的争议，主要是因为人身保险利益本身的性质似乎不甚明了，一般而言，财产保险利益属于经济上的利益当无异议，因为财产保险利益一般是可以用货币、金钱计算和估价的利益，其范围比较广泛，具体可包括所有权、担保物权和债权等，它们都可能产生经济上的利益是显而易见的。而对于人身保险利益，有学者否定其为经济上的利益，因为人身保险的保险标的是自然人的身体或生命，不能用金钱来衡量，人与人之间的亲属关系和信赖关系也不能用金钱予以衡量，所以要将人身保险利益从经济利益中解放出来，将之限定为投保人和被保险人之间的人身依附关系或者信赖关系。[④]笔者认为，如此观点看似有理，实际上还是比较牵强的，须知，人身保险中的投保人之所以对被保险人具有保险利益，是因为其与被保险人有着经济上的利害关系。[⑤]申言之，虽然人身保险的成立是基于投保人和被保险人之间的人身依附关系或身份关系，如婚姻、血缘、亲属关系等，但这些关系并不当然成为保险利益，其只有反映在经济上才能成为保险利

---

① 覃有土、樊启荣：《保险法学》，高等教育出版社 2003 年版，第 79 页。

② 张秀全：《人身保险利益质疑》，《郑州大学学报（社会科学版）》2000 年第 6 期。

③ 郑玉波：《保险法论》，台北三民书局 1994 年版，第 62 页。

④ 许崇苗、李利：《最新保险法适用与案例精解》，法律出版社 2009 年版，第 75 页。

⑤ 方乐华：《保险与保险法》，北京大学出版社 2009 年版，第 283 页。

益。另外，从保险制度本身来看，保险是一种经济补偿制度，其目的就是在被保险人发生自然灾害或意外事故遭受损失时给予经济补偿，因此经济补偿是保险的基本职能。从保险利益的法律属性上看，“利益”一词又显然是指经济范畴内的物质利益关系。作为人身保险法律关系，是保险事故的发生对保险标的——被保险人所致人身损害间接引起的经济上的损失给予保障，所以其中涉及的是对被保险人、受益人的一种经济上的利害关系。除此之外，人身保险利益除了上述基于投保人和被保险人之间的人身依附关系或身份关系产生的保险利益外，还应包括投保人对其具有经济关系的人具有的保险利益，这些经济关系包括雇用关系、债权债务关系、合伙关系等。①所以，笔者认为，人身保险利益从一定程度而言也具有经济利益的属性。

基于上述分析，既然财产保险和人身保险中都存在着保险利益，而且保险利益被定性为经济上的利益，那么就意味着在保险活动中，保险利益有着被肆意追逐或滥用的可能。须知，人类的全部社会活动都莫不与利益和人对利益的追逐相关，人们之间的一切社会关系都无不是建立在利益关系基础之上的。利益问题是涉及到人、群体存在和发展的根本性问题。正如马克思所说的：“人们奋斗所争取的一切，都同他们的利益有关。”②当然，人都有自利的本性，所以人们对利益的正当追逐是无可厚非的，然而，人的自利本性如果恶意膨胀，就有可能会异化为对利益尤其是经济利益的盲目和非正当的追逐。“金钱、权力、名望等因为与利益相关，才成为人们追求的对象。有些对象本来是工具，并且假如不是取得其他对象的工具，它就是无足轻重的；但这些对象与它的目的联结起来以后，人就为它自身起见而欲望它，并且热烈地欲望它。”③诚哉斯言，由于现存的每种社会关系都是在利益的实践活动中经历了从无到有、从低级到高级、从简单到复杂的历史发展过程，从而形成了今天严密浩繁的社会关系之网，所以在社会生活的各个领域内都存在着人们对利益的追逐活动，其中也就当然包括了对经济利益的不正当追逐。保险领域亦不例外，由于保险利益属于经济利益，对于投保人等一方来说，保险利益的存在是其转移风险、实现保险合同目的的前提，但不能排除在保险活动中一些投保人会利用保险利益具有的转嫁风险和补偿损失的功能而从中牟利，因为根据保险利益原则，保险利益具有限制赔偿程度之作用，即当损害事故发生时，投保人或被保险人等请求的损害赔偿额，

---

① 刘平编著：《保险学原理与应用》，清华大学出版社 2009 年版，第 96 页。

② 《马克思恩格斯全集》（第 1 卷），人民出版社 1956 年版，第 82 页。

③ [英]约翰·密尔：《功用主义》，唐钺译，商务印书馆 1936 年版，第 39 页。

不得超过保险利益之金额或价值。[①]然而，当投保人等意图获得与其所受损失不相称的高额赔偿时，就会想方设法通过故意制造保险事故、夸大保险损失、投保时不如实告知、重复购买保险以及投保不具有保险利益的保险标的等行为来骗取保险金，这些行为均可视为是对保险利益的不当追逐或恶意滥用，也由此衍生了形形色色的保险诈骗犯罪行为。此外，有学者指出，就目前我国保险法律制度而言，在保险利益的认定方面，保险人一方处于绝对优势地位却没有相应的法律制度来抑制、平衡，这样就导致保险人一方承保投保人不具有保险利益的投保，甚至有的保险人以占有保险费为目的，明知投保人没有保险利益，恶意承保，在保险事故发生时再以保险利益缺乏为抗辩理由拒赔，实施欺诈。如此一来，保险利益原则在防止投保人欺诈的同时，却变成了保险人实施欺诈的手段。[②]可以说，保险人的恶意承保亦是变相地滥用保险利益的行为，从我国涉保险犯罪的罪名上看，一些保险从业人员的职务犯罪行为往往就是恶意承保的明显体现。综上，笔者认为，所有的涉保险犯罪的行为人之所以会实施相关的犯罪行为，无不是受到来自于保险利益之巨大诱惑，所以利益的驱动性正是涉保险犯罪的明显特征。可以说，对保险利益的追逐或滥用乃是涉保险犯罪行为人的犯罪动因，而保险利益的经济利益属性就决定了涉保险犯罪应当归属于经济犯罪的范畴，理由在于在市场经济条件下，必然表现出市场经济活动参与者以自身特殊利益作为参与市场经济活动的出发点和归宿点，必然导致每一个市场经济活动参与者对自身利益的极度关心，这种自私和利己的心理动机经常会反映在损人利己的行为中。为了个人的一己私利，不惜牺牲他人利益和社会公众利益，这是经济犯罪的集中体现，也是经济犯罪的内在特性。[③]由此可见，涉保险犯罪以恶意攫取经济利益为根本目的，这正是与经济犯罪的内在特性完全契合的。

三、犯罪的高端性

犯罪的高端性可以说是涉保险犯罪的又一重要特点，因为涉保险犯罪都是发生在保险业这一特定行业领域内的犯罪，所以保险业的行业属性也会影响到此类犯罪的生成特点。须知，保险业应属于一种高端行业，突出表现在保险活动的专业技术含量高、风险较大且回报较高。

---

① 尹田主编：《中国保险市场的法律调控》，社会科学文献出版社2000年版，第173页。

② 王新红、伍云：《对保险利益法律制度的再审视——从约束保险人的角度》，《广西经济管理干部学院学报》2005年第1期。

③ 杨兴培、李翔：《经济犯罪和经济刑法研究》，北京大学出版社2009年版，第64页。

一般而言，保险活动的开展是以保险合同为载体的，因为保险合同是保险经济关系建立的法律协议，是联系保险人与投保人及被保险人、受益人之间权利义务关系的纽带。各国保险制度都是依靠保险合同这一法律形式运转起来的。[①]由于保险合同涉及的经济利益较为重大或特别重大，且合同内容较为复杂，[②]同时保险合同订立的程序和形式也有着严格的要求，所以说，保险合同从订立到生效再到履行，都是具有高度专业技术含量的活动，其显然要求保险合同的双方当事人对保险业务的运行规律有所了解，特别是作为保险人一方的主体中，其成员大多为保险从业人员，正是由于保险活动的特殊性和保险合同的复杂性，决定了保险从业人员应该由那些掌握丰富的保险专业知识和具有较高职业素质及服务水平的人来担当，即保险业的特殊经营方式产生了对展业、精算、承保、投资、理赔等特殊人才的需求，所以说，保险从业人员应当属于高端性的人才，他们能够基于合同的诚实信用，运用自身从事保险业务的丰富经验和专门知识，就保险合同的条款内容、保险行为和保险术语的含义及法律效果等向投保人一方作出必要而详尽的解释和说明，有效地为投保人一方服务，从而确保保险合同得以全面正确的履行。然而，不能排除在实践中一些保险从业人员出于自身利益的考虑，利用保险交易过程中的信息不对称和保险合同存在的漏洞，以及他们相比投保人、被保险人和受益人具备更多的保险专门知识这一优势等，通过其职务上的便利，采用误导、欺骗投保人一方以及对本单位隐瞒重要信息等手段从中获利，从而导致投保人、被保险人和受益人的风险增加或利益损失。此种情形是保险活动中较为常见的保险从业人员的道德风险，而且这种道德风险往往具有隐蔽性、普遍性和传递性的特点。[③]可以说，保险从业人员的道德风险严重危害到保险业的健康稳定发展，不仅损害了投保人一方的利益，而且给保险人一方的内部风险管理增加了难度，如果让这种道德风险肆意扩张，势必会衍生出形形色色的保险从业人员的职务犯罪。

在保险活动中，道德风险同样也会存在于投保人一方中，其主要是指投保人、被保险人和受益人因知道有保险合同上规定的赔偿或给付利益可图而故意

---

① 刘金章编著:《保险学导论》,清华大学出版社、北京交通大学出版社 2009 年版,第 117 页。

② 保险合同一般包括当事人的姓名及住所、保险标的及保险金额、保险费、保险责任、保险期限、违约责任等等,其中每一项条款,对于保险合同关系的确定均有重要意义。此外,保险合同的当事人还需要在保险合同中设置特别条款。这都说明了保险合同与一般的民事合同相比,在结构、原则、订立方式、条款设置以及法律效力等方面都有所不同,也更为复杂。

③ 何国华、肖兰华:《保险中的道德风险及其防范》,《武汉大学学报(哲学社会科学版)》2007 年第 2 期。

违反道德规范，甚至故意犯罪，从而引发扩大或漠视保险事故的行为所引起的风险。[①]可以说，投保人一方道德风险的发生和发展的直接恶果就是促成保险诈骗犯罪的产生。由于保险本身是不确定的，保险人所承保的风险往往是巨大的，而且保险标的发生危险事故也是很难确定的，对有些险种来说，投保人一方购买保险仅仅支付了较少的保费，当保险标的发生危险事故时，他们所能获得的赔偿或给付金额将是保费的数十倍，如此高的回报率使得有些投保人、被保险人和受益人出于自身贪婪逐利的本性，企图通过参加保险达到"一本万利"的目的，甚至不择手段地通过实施保险诈骗犯罪的方法实现如上目的。正像有学者所指出的，保户在投保保险之日，也就是其企图获取廉价的保险保障或在其他花费上得到不公平好处之时。[②]保险诈骗犯罪的行为人可采用的诈骗手段有很多，例如虚构保险标的、故意制造保险事故、故意违反如实告知和保证的义务、故意编造未曾发生的保险事故、故意扩大损失的程度等。当然，因为保险活动具有高度的专业化和技术化特征，加之保险合同的严密性和复杂性程度较高，所以保险诈骗犯罪的行为人要利用保险合同的疏漏去实施犯罪并从中获利并非能轻易得手，所以行为人往往要采用更为高明的犯罪手段。具体而言，保险诈骗犯罪的行为人往往是以保险合同作为犯罪之工具，其打着合法保险合同的幌子而制造假象（如虚构保险标的或故意制造、编造保险事故等），从中骗取高额保险金，这使得保险诈骗犯罪的专业化和隐蔽化的程度越来越高，由此带来的后果是这类犯罪的犯罪黑数很高，[③]对其有效查处的难度也日益加大。可以说，与其他相关诈骗犯罪相比，保险诈骗犯罪的黑数是最高的，究其原因，除了其本身具有极强的隐蔽性，在短时间内难以受到司法机关的追究外，主要是许多人并不认为欺诈是一种严重的犯罪。一些人认为欺诈保险公司只是一种"公众游戏"，似乎是可以原谅的。而在保险诈骗犯罪的行为人看来，这只是一种"扯平账务"的方式。此外，作为金融诈骗中的一种，保险诈骗犯罪也具有智能性犯罪的特点，即实施保险诈骗的行为人一般具有较高的智商，否则难以作案。但是，保险业的特殊性使得行为人仅凭高智商很难真正骗到保险金。这就需要行为人有时必须将智能和凶残结合起来，如行为人经过策划后，先办理保险，然后以凶残的手段将被保险人杀害，并以此骗取保险

① 何国华、肖兰华：《保险中的道德风险及其防范》，《武汉大学学报（哲学社会科学版）》2007年第2期。

② 关浣非译著：《保险欺诈》，中国检察出版社1992年版，第11页。

③ 所谓犯罪黑数，指客观存在的犯罪活动中，没有被揭露或没有受到司法机关查处的案件与全部案件的比数。

金。可以说，此种行为人智能与凶残相结合的特点，不仅容易引发其他相关犯罪行为，更增加了保险诈骗行为的社会危害性以及侦破保险诈骗案件的难度。[①]综上可见，保险诈骗犯罪亦具备犯罪高端性的特点，因此完全可以将其归于高端性的犯罪之列。

① 刘宪权：《金融犯罪刑法理论与实践》，北京大学出版社2008年版，第520—521页。

第二章　保险诈骗罪的概念与构成特征

如前所述，涉保险犯罪囊括了当前保险活动领域中出现的各类犯罪行为，所以立法上的涉保险犯罪总共包含了八项罪名，而并非通常所理解的仅指保险诈骗罪。但不可否认，保险诈骗罪又的确是涉保险犯罪的典型“代表”，这是因为保险诈骗不仅仅是危及保险业的基本秩序，更兼有广泛的社会危害性，因为其犯罪手段往往还会涉及财产、人身、生产、生活各个领域。可以说，保险诈骗与保险相伴而生，并随着保险业的发展而日渐猖獗，以至于保险公司不得不将其对保险业所构成的威胁当作首害加以认识并作为头号敌人来打击。[①]可见，在涉保险犯罪中，无论是社会危害性严重程度还是实际发案数量等，保险诈骗罪都是“冠绝于首”的，所以应当对保险诈骗罪作出重点研究。基于此，笔者拟对保险诈骗罪这一罪名在理论上以及实务上所涉及的诸多问题予以深入的解读和探讨。

第一节　保险诈骗罪的概念

一、保险诈骗罪的刑事立法

保险诈骗罪在 1979 年《刑法》中未作单独的罪名规定，当时在司法实践中一般是将保险诈骗行为归于诈骗罪的行列。但随着保险业的不断发展，保险诈骗犯罪行为日益显现出与一般诈骗犯罪的不同之处，特别是在主体、对象、行为方式和侵害法益等方面有着自己的特殊性，突出表现在如下几点：(1)一般诈骗犯罪是为了保护个人法益而设立的，因此诈骗罪属于侵犯财产类的犯罪，而保险诈骗罪除侵犯财产利益外，还严重破坏保险管理秩序。所以如果对保险诈骗犯罪行为依诈骗罪论处，难以准确地界定和反映该犯罪的罪质和社会危害性；(2)较之一般诈骗犯罪，保险诈骗犯罪危害的利益、危害的范围，其所产生的消极影响，是一般诈骗犯罪所无可比拟的。而如果对保险诈骗犯罪以一般诈骗论

① 赵秉志主编：《金融诈骗罪新论》，人民法院出版社 2001 年版，第 584—585 页。

处，就会使保险诈骗犯罪区别于其他诈骗犯罪之特殊构成要件得不到明确规定，从而不利于充分发挥刑法在遏止保险诈骗犯罪方面的功效；(3)对保险诈骗犯罪以一般诈骗犯罪论处，不利于提高人们对保险诈骗罪的鉴识和自我保护能力。①可见，由于一般诈骗犯罪的罪刑规范难以对保险诈骗犯罪完全包容，所以保险诈骗犯罪的罪名独立化也就势所必然了。有鉴于此，随着《保险法》的颁布施行，作为法律配套，1995 年 6 月 30 日全国人大常委会通过了《关于惩治破坏金融秩序犯罪的决定》，在其第 16 条首次确立了保险诈骗罪这一罪名，随后，1996 年 12 月 6 日《最高人民法院关于审理诈骗案件具体应用法律的若干问题的解释》的第 8 条又对保险诈骗罪的罪状和法定刑作出了详细的规定。1997 年《刑法》在对《保险法》和上述相关法律规范的基本内容进行吸纳、修改和补充之后，明确设立了保险诈骗罪这一罪名，并将之归于金融诈骗犯罪这一类罪之中。具体规定见于《刑法》第 198 条。②可以说，在当时的刑法修正中，出于追求罪行明确化的考虑，在保留诈骗罪的同时，保险诈骗罪和其他金融诈骗犯罪一同被规定在刑法典之中。这种保险诈骗罪的刑事立法方式虽然好像有过于烦琐之嫌，但从强调经济诈骗犯罪的特殊性以及体现区别对待的刑事政策的角度说，这种做法是具有自身的价值并符合我国的国情的。③笔者亦认为，《刑法》第 198 条是通过叙明罪状而对保险诈骗罪作出详尽而具体的规定的，尽管今后保险欺诈会产生新的变化和发展，以及整个社会对于保险诈骗的认识趋向成熟，《刑法》第 198 条的规定本身肯定也尚有需要完善之处，然而不可否认，我国对保险诈骗罪采用了罪名独立化的立法方式，并在法条中以叙明罪状进行描述，无疑适合了我国特有的国情，也有利于认清、预防和遏制保险诈骗罪。

---

① 张利兆：《保险诈骗罪研究》，中国检察出版社 2007 年版，第 44—45 页。

② 《刑法》第 198 条规定："有下列情形之一，进行保险诈骗活动，数额较大的，处五年以下有期徒刑或者拘役，并处 1 万元以上 10 万元以下罚金；数额巨大或者有其他严重情节的，处五年以上十年以下有期徒刑，并处 2 万元以上 20 万元以下罚金；数额特别巨大或者有其他特别严重情节的，处十年以上有期徒刑，并处 2 万元以上 20 万元以下罚金或者没收财产：(一)投保人故意虚构保险标的，骗取保险金的；(二)投保人、被保险人或者受益人对发生的保险事故编造虚假的原因或者夸大损失的程度，骗取保险金的；(三)投保人、被保险人或者受益人编造未曾发生的保险事故，骗取保险金的；(四)投保人、被保险人故意造成财产损失的保险事故，骗取保险金的；(五)投保人、受益人故意造成被保险人死亡、伤残或者疾病，骗取保险金的。有前款第四项、第五项所列行为，同时构成其他犯罪的，依照数罪并罚的规定处罚。单位犯第一款罪的，对单位判处罚金，并对其直接负责的主管人员和其他直接责任人员，处五年以下有期徒刑或者拘役；数额巨大或者有其他严重情节的，处五年以上十年以下有期徒刑；数额特别巨大或者有其他特别严重情节的，处十年以上有期徒刑。保险事故的鉴定人、证明人、财产评估人故意提供虚假的证明文件，为他人诈骗提供条件的，以保险诈骗的共犯论处。"

③ 陆中俊、莫开勤、邹志宏：《保险诈骗犯罪立法比较研究——兼评我国保险诈骗罪的立法规定》，载高铭暄、赵秉志主编：《21 世纪刑法学新问题研讨》，中国人民公安大学出版社 2001 年版，第 646 页。

二、保险诈骗罪的概念界定

依据《刑法》第198条之法条规定，首先就有必要明确保险诈骗罪的概念，因为犯罪概念是刑法学理论的内容和基础，刑法学的各具体理论都是为了说明犯罪的有无、轻重及其法律后果，离开了犯罪概念这一核心内容，刑法学就成为空洞的、没有实际意义的理论。同时，犯罪概念理论对刑法学的体系结构，尤其是对犯罪论的体系结构具有决定意义。①所以研究刑法中任何一个罪名也都不能回避对其概念的明确，须知，罪名概念是刑法规定的反映犯罪行为特有属性或本质属性的思维形式，它是刑法中最重要的概念，是衡量一种行为是否犯罪、犯什么罪的具体标准。②保险诈骗罪亦不例外，也需要有一明确的概念，因为这关系到刑事立法和刑事司法介入保险诈骗领域的必要性和可行性，是研究保险诈骗罪的基本前提。

当然，围绕保险诈骗罪的概念，可谓观点纷纭，莫衷一是，笔者大致归纳总结如下：(1)有观点认为保险诈骗罪是指投保人、被保险人、受益人等，违反保险法的规定，以非法获取保险金为目的，采用虚构保险标的、保险事故及事故原因、夸大损失程度或者故意制造保险事故的方法，骗取保险金数额较大的行为；③(2)有观点认为保险诈骗罪是指投保人、被保险人或者受益人违反保险法规，用虚构事实、隐瞒真相等方法，骗取数额较大保险金的行为；④(3)有观点认为保险诈骗罪是指行为人故意虚构保险标的、对发生的保险事故编造虚假的原因或者夸大损失的程度、编造未曾发生的保险事故、故意造成财产损失的保险事故，或者造成被保险人死亡、伤残或者疾病，骗取数额较大保险金的行为；⑤(4)有观点认为保险诈骗罪是指以非法占有为目的，进行保险诈骗活动，数额较大的行为；⑥(5)有观点认为保险诈骗罪是指行为人以非法占有为目的，用虚构事实或隐瞒真相的方法，使与其保险交易地位相对的保险公司陷于认识错误或持续认识错误，因而自动地向行为人或其指定的第三人支付数额较大的保险金，从而主要侵犯了保险市场秩序并同时侵犯了公私财产的所有权，触犯刑法并应当负刑事责任的行为；⑦(6)有观点认为保险诈骗罪是指通过订立

---

① 李居全：《犯罪概念论》，中国社会科学出版社2000年版，第5页。

② 官爵明：《罪名概念与罪状间关系新探》，《深圳大学学报(哲学社会科学版)》2003年第5期。

③ 李邦友、高艳东：《金融诈骗罪研究》，人民法院出版社2003年版，第438页。

④ 刘宪权：《金融犯罪刑法理论与实践》，北京大学出版社2008年版，第519页。

⑤ 叶高峰、王俊平：《保险诈骗罪比较研究》，《郑州大学学报(哲学社会科学版)》2001年第5期。

⑥ 王作富主编：《刑法分则实务研究(中)》，中国方正出版社2010年版，第608页。

⑦ 刘远：《金融诈骗罪研究》，中国检察出版社2002年版，第449页。

保险合同进行的诈骗犯罪，是投保人、被保险人或受益人诈骗保险公司，骗取保险金，并且数额较大的行为。而且保险诈骗罪是只能发生在商业保险领域的犯罪。①

如上林林总总的观点尽管从不同的角度试图为保险诈骗罪确立一个科学而周延的概念，并且详略有别，但笔者认为，在界定罪名概念方面必须遵循准确性和概括性的原则。因此，保险诈骗罪的概念表述既不应过于简略而无法体现出该罪的罪质特征，也不应过于繁琐，即没有必要把一些无助于提炼该罪罪质特征的罪状内容统统罗列于概念表述之中，这些内容完全可以被简练地予以包容或概括，从而准确地表达出该罪名概念的核心内涵。笔者主张，对于保险诈骗罪的概念确定，应当以《保险法》等涉及保险的法律法规为依据，否则无法体现出保险活动的安全性、经济性和保障性等特点，尤其是保险诈骗罪作为一种最严重的违规保险活动，也不妨被认为是保险欺诈的极端表现形式，所以其更应同保险欺诈的内在特点相吻合。除此之外，还应当依据刑法原理，即在罪名概念的确定方面首先要以犯罪的本质特征为核心确定罪名，诚然，确定罪名是以罪状为前提的，而罪状又是对犯罪构成特征的描述，因而条文所规定的诸犯罪构成特征对于确定罪名都具有一定的意义。但是，它们对于确定罪名的意义又是轻重有别、主次不同的，其中最能反映犯罪的本质的构成特征即犯罪的本质特征才是确定罪名所应依据的核心。同时，在确定罪名概念时，应以其中能够决定犯罪本质的基本要素如犯罪行为、主体等为根据，而诸如犯罪的手段、情节等要素不宜轻易作为罪名确定的直接根据。当然，罪名概念还要全面反映犯罪的外延，即准确反映犯罪内容，不得涵盖非罪行为，同时发挥罪名的概括功能，将条文规定的全部犯罪行为概括于内。此外，罪名概念还应具有识别功能，即准确反映此罪与彼罪的界限。最后，罪名的概念表述当然还要力求简短和通俗，这意味着罪名既然是罪状的高度概括，就不能使罪名的表述与罪状完全相同，一般应使罪名比罪状更为简短。而且罪名的表述应当通俗易懂、易记，避免生涩和费解。②基于如上标准，笔者认为保险诈骗罪的概念应该作出如下界定，即指投保人、被保险人或受益人违反保险法规，以非法占有为目的，利用保险合同关系，采用故意虚构保险标的、编造保险事故及其原因、夸大损失程度、制造保险事故等方法，骗取数额较大保险金的行为。

笔者认为上述保险诈骗罪的概念之所以较为可取，是因为其遵循了罪名概

① 魏迎宁：《保险诈骗罪研究》，《保险研究》2010 年第 9 期。

② 刘艳红：《罪名研究》，中国方正出版社 2000 年版，第 126—139 页。

念确定的基本要求，即提炼出能够决定犯罪本质的基本要素，换言之，就是能够基本反映出保险诈骗罪的犯罪构成特征。

首先，该概念明确指出了保险诈骗罪的主体范围，如前所述，目前保险诈骗罪的犯罪主体应为特殊主体，即便按照《刑法》第 198 条的法条规定来看，还存在着保险事故的鉴定人、证明人、财产评估人等成为该罪之犯罪主体的可能性，即涉及到保险诈骗罪的共犯问题（此问题将在下文探讨保险诈骗罪犯罪主体时予以详述），也无从否定保险诈骗罪的犯罪主体应为特殊主体的定性，因为保险事故的鉴定人、证明人、财产评估人等本身也都是需要以特定的身份才能充当的人员，符合身份犯的特征。所以，在保险诈骗罪的概念表述中，如果在犯罪主体方面采用笼统的“行为人”这一称谓，难免会给人形成这样的误解，即保险诈骗罪的犯罪主体有可能是一般主体。①

其次，在该概念中，强调非法占有目的是保险诈骗罪的必备主观要件也是很重要的，其直接表明了该罪的犯罪目的，也就由此说明了该罪属于故意犯罪，因为过失犯罪是不可能存在犯罪目的的。当然，关于非法占有目的在包括保险诈骗罪在内的金融诈骗犯罪中所处的构成要件地位，笔者拟在下文中结合刑法理论中的目的犯理论对其予以详细探讨。

再次，该概念的核心在于阐明了保险诈骗罪的客观行为方式，虽然保险诈骗罪是我国刑法分则第三章第五节金融诈骗犯罪这一类罪的重要组成部分，而且金融诈骗犯罪是脱胎于一般诈骗犯罪的，所以其行为方式上肯定具有和一般诈骗犯罪相同的“虚构事实、隐瞒真相”的欺骗方法。但是，值得注意的是，保险诈骗罪毕竟已经独立成罪，这就决定了实施保险欺诈的行为不能认定为成立一般的诈骗罪，如果仅援用“虚构事实、隐瞒真相”的表述，则恐怕难以表现出其真实面貌。毕竟，《刑法》第 198 条对保险诈骗罪规定了五种详细列举的犯罪行为方法，除此之外的其他行为尚不能构成本罪，这无疑凸显了保险诈骗罪在行为方式上的特殊性，也是同保险欺诈的本质特征相契合的。而“虚构事实、隐瞒真相”所包含的范围过于宽泛，因此为了既保证概念的概括性，又不失准确性，应当对其行为方式在概念中予以明确归纳说明。

此外，该概念还着重强调了保险诈骗犯罪是行为人利用保险合同关系得以实施的，须知，保险合同关系是保险活动最重要的载体，因为为了规范保险市场和各种保险活动，世界各国均将调整保险经济关系的准则上升为法律规范，从而使得保险活动法律化。从法律角度分析，保险是依据法律规定和当

① 显然，基于《刑法》第 198 条之规定，目前自然不能认可保险诈骗罪的犯罪主体是一般主体。

事人双方订立的保险合同，由投保人承担向保险人支付约定的保险费的义务，以换取保险人对其因意外事故或特定事件的出现所导致的损失负责经济补偿或给付权利的法律关系。因此，在保险活动中，投保人和保险人通过保险合同这一载体在两者之间形成了具有法律效力的权利义务关系，处于保险合同双方的投保人与保险人都必须履行法律和保险合同所规定的义务，否则双方就根本不可能形成一定的业缘关系。[①]正因如此，保险诈骗罪很重要的特点就是以保险合同为媒介来实现非法获取保险金的犯罪目的。可以说，保险诈骗罪之所以具有极大的隐蔽性，正是由于这种犯罪是在保险合同关系掩盖下进行的，一般来说，保险诈骗罪是发生于保险理赔阶段，而理赔的基础就是有保险合同关系的存在。同保险人没有保险合同关系的人不可能成为保险诈骗犯罪人（除共犯以外）。所以，保险合同关系的存在是保险诈骗罪的前提和基础条件。[②]基于此，笔者认为，在对保险诈骗罪的概念表述中，不可忽略保险合同关系这一载体在其中的重要位置，否则的话，就难以准确揭示保险诈骗罪的核心罪质。

最后，该概念也遵循了罪名概念确定的简洁性要求，因为罪名概念的内涵符合犯罪构成的确是其科学性最基本的表现，但这并非意味着罪名概念必须要把所有犯罪构成要件逐一列明。其实就犯罪构成要件而言，在具体的立法规定上也会详略有别，这是由于有些犯罪构成要件的要素如不作出明确详细的规定，则有可能不易把握此罪与彼罪的区分，不利于准确认定犯罪，而有些犯罪的构成要件要素在立法者看来是属于内含其中且不言自明的，在概念表述时对其予以包容或概括、不专门列明是出于立法技术灵活性与适应性的考虑，不会影响到准确认定犯罪，更不会违背刑法明确性的要求。正如有学者指出的："对于那些不言自明的犯罪构成要件内容，没有必要作详细规定，因为法律不是教科书，立法讲求明确具体，但亦要避免繁琐臃肿。"[③]所以，犯罪构成要件中的某些要素在某些罪名中就可能属于内含要素，当然这并非意味着成立这些罪名不需要这些要素，而是它们没有必要在罪名概念的表述中刻意出现。保险诈骗罪的概念确定亦存在此种情况，在以上诸种观点中，有的观点就在概念表述中包含了并非揭示该罪本质属性的内容，这些内容完全属于构成要件要素中的内含要素，将其列明不但无法起到罪名概念的识别功能，而且显得没有必要和过于繁

---

① 王新：《金融刑法导论》，北京大学出版社 1998 年版，第 230 页。

② 林荫茂、陆爱勤：《保险违约与保险犯罪》，中国检察出版社 2002 年版，第 124 页。

③ 肖中华：《犯罪构成及其关系论》，中国人民大学出版社 2000 年版，第 100 页。

琐，因而殊不可取。

第二节　保险诈骗罪的构成特征

一、关于犯罪构成之争论

众所周知，犯罪构成乃是犯罪论以及整个刑法学理论体系中的基石、核心与灵魂。因为犯罪学说中的一切问题——关于犯罪行为及其结果的问题、关于应受惩罚的行为的范围及其组成因素的问题——都是同犯罪构成这个总的问题的解决密不可分地联系着的。①可见，犯罪构成是廓清犯罪成立条件、追究犯罪人刑事责任的基础，同时也是指导司法实践中正确区分罪与非罪、此罪与彼罪的重要标准，因此加强对犯罪构成的研究是丰富和发展现代刑法理论与实践的题中应有之义。

近年来，我国刑法学界围绕犯罪构成问题展开了激烈的争论，争论的缘起是大陆法系的三阶层递进式的犯罪构成体系对长期以来居于我国刑法理论中通说地位的四要件平面耦合式的犯罪构成体系形成了挑战。简言之，三阶层递进式的犯罪构成体系就是主张以构成要件该当性、违法性、有责性三个要素作为犯罪成立的判断依据。我国有很多学者对该体系予以极力主张，如认为在犯罪的认定上必须采取排除法，构成要件的该当性、违法性和有责性之间，应环环相扣，层层递进，各要件之间的逻辑关系必须明确。根据这种递进式结构，在将某一行为认定为犯罪时，须进行三次评价：构成要件该当性是事实评价，为犯罪提供行为事实的基础。违法性是法律评价，排除正当防卫等违法性阻却事由。有责性是主观评价，为追究刑事责任提供主观根据。以上三个要件，形成一个过滤机制，各构成要件之间具有递进关系，形成独特的定罪模式。②在此基础上，对我国的四要件平面耦合式的犯罪构成体系提出了批判，认为该体系存在着如下四个难以克服的根本性缺陷：(1)没有构成要件的犯罪构成；(2)没有出罪事由的犯罪构成；(3)没有归责的犯罪构成；(4)没有阶层的犯罪构成。与之相似的观点亦认为，犯罪构成由四个部分组成，如果每一部分不能满足，犯罪构成整

---

①　[前苏联]特拉伊宁：《犯罪构成的一般学说》，薛秉忠等译，中国人民大学出版社 1958 年版，第 2 页。

②　陈兴良主编：《刑法学》(第 2 版)，复旦大学出版社 2009 年版，第 39 页。

体就无法实现，部分得不到说明和印证，整体也就不存在。所谓全面、联系的观点，强调的是一致性与共存性。落实到犯罪构成体系，强调的是四要件同时存在性，认定犯罪时的同时考量性，体现的是“整体等于部分的总和”这一哲学命题。但这一哲学命题答案根本就没有回答何为有机统一中的有机性。对于犯罪的认定而言，只有具备内在特定机理的构成系统才能称之为具有有机性，仅仅只是共存性与一致性显然不能说是主客观四要件的有机统一。所以，以客观主义为立场、以明确界分客观与主观要素为内容、以阶层化的体系为方向的犯罪论体系，应该是今后我国犯罪论体系的探讨方向。①如此看来，似乎大陆法系三阶层递进式犯罪构成体系的优越性至为明显，大有取代我国四要件平面耦合式的犯罪构成体系之势。然而，在我国刑法学界，另有学者却发出了不同的声音，他们坚决主张四要件平面耦合式的犯罪构成体系目前在我国仍是最为合理和切实可行的，因此有必要对通说观点予以维护。例如，有学者认为虽然与三阶层犯罪构成体系相比，我国的犯罪构成体系并非尽善尽美，存在着犯罪构成要件之间的层次关系不明朗，容易导致定罪上的主观主义以及犯罪概念唯一，出现刑事处罚上的空档等问题，但这些问题并非与生俱来、不可克服的顽疾，或者说这些问题并未对现有的犯罪构成体系形成致命威胁，完全可以通过改良或者重新理解来加以解决。况且三阶层犯罪构成体系亦存在着体系上前后冲突、现状和初衷背离、唯体系论的倾向偏离现实的司法实践等问题。因此，在各国目前关于如何判断犯罪均无绝好的方法的现状下，针对我国现有犯罪构成体系的不足，可以进行一些温和的改良，而没有必要对现有的犯罪构成体系大动干戈，推倒重来。②又如，也有学者认为四要件犯罪构成理论的形成是一种历史性的选择，具有历史合理性，同时它符合中国的国情，具有明显的现实合理性。另外，四要件犯罪构成理论具有逻辑严密、契合认识规律、符合犯罪本质特征等内在的合理性，可以说，要素组成要件，要件耦合而成整体，整个四要件犯罪构成理论内部逻辑极为严密，层次界分相当清晰，恰当地实现了对一个犯罪行为从粗到精、由表及里以及从整体到部分、由部分回归整体的剖析，这样也较为符合人们的认识规律。最后，四要件犯罪构成理论与三阶层递进式的犯罪论体系相比，在稳定性和体系内部统一性方面具有相对合理性，而且这一理论符合诉讼规律，可以说非常方便实用。③

---

① 刘艳红：《犯罪构成体系平面化之批判》，《法学研究》2011年第5期。

② 黎宏：《我国犯罪构成体系不必重构》，《法学研究》2006年第1期。

③ 高铭暄：《论四要件犯罪构成理论的合理性暨对中国刑法学体系的坚持》，《中国法学》2009年第2期。

综观上述争论，笔者认为，犯罪构成体系实际上就是对于如何认识犯罪成立的各种要素进行描述的一种方法，这种方法本身并无所谓对错的问题，更不应该有所谓的优劣之分。其实，犯罪构成体系的不同选择与一国的法律传统和法律文化等都有着密切的关系。由于不同国家、不同民族的政治、经济、历史、文化等诸多因素的差异，使得两种犯罪论体系适合于不同的具体国情和法治环境，所以不能片面地断言孰优孰劣。从前述的文化模式的差异即可看出我国与西方大陆法系国家在犯罪构成体系上的不同选择，即大陆法系国家在其机械唯物论的文化模式影响下，在犯罪构成体系的构建上，各个构成要件被形象地比喻成一台机器完整的组成部分，能够完全拆卸下来并能够依据一定的规则组合起来，而各个"部件"并不因为脱离"母体"而丧失应有功能，仍然可以单独完成对事物的评价，这就表明受自身的逻辑结构、阶层体系的特征决定，三阶层递进式的犯罪构成体系各个要件在评价犯罪成立方面都具有自己独立的地位和功能。但是，这种犯罪构成体系如果直接移植到我国恐怕并不合适，因为我国的机体文化模式决定了在我国是将犯罪构成视为一种"有机体"，各要件之间具有内在的、有机的、不可分割的联系，通过相互作用形成协调一致、不可分割、相互制约、"荣辱"与共的有机体，并非各要件的"总和"与"耦合"。在机体的犯罪构成中，任何犯罪要件脱离犯罪这个"母体"将不再具有实质意义，各要件虽然有自己的内容和界限，却均为有机体不可分割的组成部分，不能单独完成对事物的评价，只有整合在一起才能完成认定犯罪的强大功能。基于此，只有强调机体性与整合性的四要件平面耦合式的犯罪构成体系才比较充分地体现了我国的民族伦理与社会思潮，从而适合我国的文化土壤。①可以说，上述以文化模式的差异来论证犯罪构成体系的不同理论基础的观点虽然比较抽象，但不失为一种很好的思路和视角，从中亦不乏启示，即犯罪构成体系的构建不能无视一国的法律传统、民族心理、文化观念和价值诉求等，盲目引进和移植的后果只能是造成"水土不服"。正如有学者认为："犯罪构成体系的全面改革并非一个简单的修正提法、借鉴技术性方法的问题，而是从根本上改变我们东方民族几千年所形成的思维方式的漫长过程——要求所有司法者在头脑中能自觉地将事实判断与价值判断分离开来，并按这种分离的思路去认识犯罪。"②诚然，就我国而言，四要件平面耦合式的犯罪构成体系长期居于通说地位，不仅被刑事立法所认可，而且指导着司法实践，并非没有道理，理由在于该体系强调四个要件环环

① 赵秉志、彭文华：《文化模式与犯罪构成模式》，《法学研究》2011 年第 5 期。

② 冯亚东：《理性主义与刑法模式》，中国政法大学出版社 1999 年版，第 182 页。

相扣、密不可分，并非完全没有逻辑性可言，而且相对简单、清晰和明了，与我国刑事案件的侦查程序和诉讼模式极为吻合，因此便于司法实践的操作，较为适合我国的具体国情，而三阶层递进式的犯罪构成体系理论上有深度、内涵丰富、逻辑严密固然是有其可取之处，但是否能为我国刑法学界甚至大众百姓所接受和认可则不无疑问，毕竟四要件平面耦合式的犯罪构成体系是立基于我国传统的文化思维表达方式所形成的，可谓广为传播、深入人心，业已为我国数以百万计的法律人所普遍接受和熟练运用，如果无视这一点，"强行"推行基于不同语境下的三阶层递进式的犯罪构成体系，难免会导致我国刑法理论界和实务界的无所适从。这也像有学者所指出的，关于"构成要件"、"违法性"、"有责性"三者的关系也从来没有定论，构成要件的概念复杂性、把握的困难性达到了令人苦恼的程度。之所以有争论、有探索，就是因为该理论体系存在体系上或实用上的缺陷。①另外，从我国刑事司法实践的角度来看，我国司法人员大体已经能够熟练地运用该体系的理论来解决刑事司法实践中的许多疑难案件，虽不能说完全没有问题，但还是具有很强的实践适用性的。试想如果引进三阶层递进式的犯罪构成体系来指导我国的刑事司法实践，恐怕由此产生的问题亦会有增无减。基于此，笔者认为，全盘照搬大陆法系三阶层递进式的犯罪构成体系来取代目前我国的四要件平面耦合式的犯罪构成体系是不合适的，而是应当在维护通说的前提下，尽可能对三阶层递进式的犯罪构成体系的优势之处予以吸纳和借鉴，从而对我国的犯罪构成体系加以渐进式的完善和改进，唯有如此，才是较为科学合理和切实可行的方案。

基于如上分析，笔者将在下文中仍然遵循通说的四要件平面耦合式的犯罪构成体系对保险诈骗罪的犯罪构成作出分析，即按照犯罪客体、犯罪客观方面、犯罪主体、犯罪主观方面的顺序来进行。②

二、保险诈骗罪的客体

犯罪客体被认为是一项重要的犯罪构成要件，尤其在我国的四要件平面耦合式的犯罪构成体系中，犯罪客体更是显得不可或缺，因为犯罪客体的理论意

---

① 肖中华：《我国现行犯罪构成（成立）理论总置评——为我国现行犯罪构成（成立）理论的辩护》，载刘宪权主编：《刑法学研究》（第4卷），北京大学出版社2007年版，第108页。

② 在我国刑法学界，对于四要件平面耦合式犯罪构成体系的内部四个要件的排列顺序，也可谓观点纷纭、争论不休，限于篇幅，笔者无意对这些争论性的观点展开置评。笔者按照如上顺序对四个要件所进行的排列，也只是从笔者自身所认为的逻辑符合性与自洽性的角度去考虑的，可能会与一些论著中对四个要件的排列顺序有所不同，因此其合理性尚待检验。

义与实践意义在于：(1)认识犯罪的本质，防止犯罪圈的过度扩张；(2)划分犯罪类型，建立科学的分则体系；(3)区分此罪与彼罪，实现犯罪构成的定罪机能；(4)准确量刑，实现罪责刑相适应原则。①基于此，犯罪客体的重要性似乎不言而喻。然而，亦有不少学者对犯罪客体的犯罪构成要件地位提出质疑，如认为所谓客体要件并非真正的构成要件，“客体要件”的区别，是在判断行为成立犯罪、成立何罪的基础上即犯罪已经定性后得出的结论。所以把犯罪客体作为犯罪构成的一个必备要件，存在着显而易见的逻辑矛盾。②又如认为犯罪客体在犯罪构成中的定位出现以下两个弊端：一是我国传统的犯罪客体理论首先把犯罪客体视为是一定的社会关系，但认识社会关系必须要使得人的行为与一定人或物发生接触或者联系，刑事法律关系的首要前提必须是犯罪行为与一定的人或物发生接触或联系，进而进入到刑法的评价领域。把犯罪客体说成是犯罪行为侵犯的社会关系，必然是把犯罪行为看成可以跳越一定的人或物直接与他人之间已存的社会关系发生接触或者联系。这样，传统的犯罪客体观念一开始就给人一种无边无沿，无法把握的感觉；二是传统的犯罪客体理论把犯罪客体解释为一定的社会关系，不仅混淆了犯罪的本质特征与作为犯罪构成内容的犯罪客体之间的区别，而且也无助于确定犯罪的具体性质。③再如认为犯罪构成可以分为罪体、罪责和罪量这样三个要件：罪体要件相当于客观违法的构成要件，罪责要件相当于主观责任的构成要件。在罪体中又分为罪体构成要素与罪体排除要素。在罪体排除要素中对罪体构成要素进行实质判断，从而起到出罪作用，以此取代犯罪客体的功能。这样，犯罪客体应从犯罪成立条件中去除，这也是犯罪客体的去魅过程。④如上各个否定性的观点似乎都认为将犯罪客体作为犯罪构成要件难以产生逻辑上的自洽性，而且与犯罪构成的体系性不相适应。对此，笔者认为，上述观点虽然各自都有一定道理，但目前在我国仍然遵循着四要件平面耦合式的犯罪构成体系这一通说的前提下，犯罪客体的犯罪构成要件地位尚不可轻易否定，毕竟犯罪客体在认定犯罪成立方面的独立功能是不可忽视的，也是其他构成要件所不可取代的。事实上，我国犯罪构成理论中的犯罪客体就相当于大陆法系犯罪构成理论中的违法性要件，因为大陆法系的违法性要件所揭示的是犯罪的实质，即犯罪在实质上必须是侵犯法益的行为，这也是一种价值评价。值得注意的是，违法性的价值评价与规范评价是完全一致的，因

① 于志刚、孙万怀、梅传强：《刑法总论》，高等教育出版社2011年版，第116—118页。

② 高铭暄、赵秉志主编：《犯罪总论比较研究》，北京大学出版社2008年版，第36页。

③ 杨兴培：《论我国传统犯罪客体理论的缺陷》，《华东政法学院学报》1999年第1期。

④ 陈兴良：《犯罪客体的去魅——一个学术史的考察》，《政治与法律》2009年第12期。

为法益就是由法规范体现出来的利益，本来也是一个规范上的概念。虽然我国的犯罪构成体系中没有将作为规范评价的违法性作为一个要件单列，但是犯罪客观要件方面本身是完全意义上的违法类型。由于犯罪客体是“质”与“量”的统一，因此，对于虽然破坏法律关系但没有达到相应程度的行为，不认为具备犯罪客体要件。①基于此，笔者认为，犯罪客体这一要件在犯罪构成体系中仍然是居有一席之地的。

保险诈骗罪作为一个具体犯罪，侵犯的当然是直接客体，但其究竟属于简单客体还是复杂客体，却稍有争议。有的观点主张保险诈骗罪的犯罪客体是简单客体，即保险制度下的保险秩序，具体就是保险合同关系或保险合同利益，理由在于虽然保险诈骗罪的犯罪对象是保险金，但保险金体现的主要是合同关系而不是财产所有权关系，离开保险合同的诈骗就不是诈骗保险金，而是诈骗一般财产了。显然保险金与保险人的财产是不同的，所以不能认为保险诈骗罪侵犯了保险人的财产权。②但其他大多观点都认为保险诈骗罪的犯罪客体被界定为简单客体是非常片面的，特别是对上述观点中保险金的定性提出了反驳，即认为保险诈骗行为人采取种种欺诈手段，最终无非是想骗取本不应得的保险金，而保险金来源于投保人向保险人交纳的保险费，保险费原本属于投保人所有，但保险费由众多的投保人交付给保险人成为保险基金后，这些款项即属保险人所有，由保险人完全支配，投保人在与保险人签订保险合同后，只有发生保险责任范围内的保险事故，被保险人或受益人才能得到保险人从保险基金中合理赔偿或者给付的保险金，因此行为人以欺骗方法非法获取保险金，无疑直接侵犯了保险人的财产权。③基于此，保险诈骗罪的犯罪客体应当为复杂客体，即包括国家的保险制度和保险人的财产权，这也是目前关于保险诈骗罪犯罪客体界定方面的通说观点。当然，亦有观点虽然也认可保险诈骗罪侵犯的是复杂客体，但其内容却与通说不尽相同，例如认为保险诈骗罪的主要客体是保险运作制度，与其他金融诈骗罪的保护客体——金融机构的财产权不同，保险得以用一种精巧的机制，使保险机构的欺诈风险化解于投保人身上，而刑法要保护的，恰是这种精巧机制不为欺诈行为所破坏，这种机制就称为保险运作制度。而保险诈骗罪的次要客体是诚信制度，这是由于诚实信用原则在保险法中已被内在地规定，所以法律对保险活动诚信要求的程度远远大于其他民事活动，保险制度的立

① 李希慧、童伟华：《“犯罪客体不要说”之检讨——从比较法的视角考察》，《法商研究》2005 年第 4 期。

② 林荫茂、陆爱勤：《保险违约与保险犯罪》，中国检察出版社 2002 年版，第 168—173 页。

③ 赵秉志主编：《金融诈骗罪新论》，人民法院出版社 2001 年版，第 612—613 页。

命之本就在于绝对的诚信，因此，保护了诚信制度，也就保护了保险业和保险人的利益。①又有观点认为保险诈骗罪的客体除了国家的保险制度和保险人的财产权外，还包括广大投保人的合法权益。②甚至还有观点主张保险诈骗罪的客体具有多重性和可变性，不仅侵犯国家对保险事业的监督和管理制度以及保险人的财产权，还可能侵犯不特定多数人或他人的财产权利、健康权利或生命权利。③

比较上述的观点纷争，笔者认为，把保险诈骗罪的犯罪客体界定为复杂客体是妥当的，毕竟保险诈骗罪是保险业内出现的犯罪，从其发生的领域看，它属于金融犯罪的范畴，但从另一角度看它仍然属于诈骗罪的一部分，尽管它已从传统的诈骗罪中独立出来的，可它们的共性依旧很突出，故而保险诈骗罪是金融犯罪与诈骗犯罪相结合的产物，它应当兼具二者的特征。另外，由于诈骗罪从犯罪类别上讲是属于财产犯罪的范畴，因为诈骗罪是行为人采用欺骗手段使他人产生错误认识，从而交付财物给行为人，这是利用被害人的瑕疵意思而取得财物的情形，因此诈骗罪是对他人财产法益构成侵害的犯罪。④所以保险诈骗罪在一定程度上也具有财产犯罪的属性。基于此，保险诈骗罪的犯罪客体如果是简单客体的话，就无从全面、周延地体现出保险诈骗罪的犯罪本质。

对于保险诈骗罪犯罪客体的具体内容，在笔者看来，应包括保险活动的管理秩序和保险人的财产权两个方面。就通说所言的国家的保险制度，笔者认为其与保险活动的管理秩序相比，虽然在实质含义上可能差别不大，但在表述上始终不如后者确切，因为制度是一种静态的存在，而秩序是指基于制度的实现而达到一种有条不紊的状态，故“秩序”比“制度”更生动、贴切。所以说，制度不是客体，只有遵守制度而形成的秩序才是犯罪客体。⑤诚然，保险制度是为了确保经济生活的安定，对特定危险事故的发生所导致的损失，运用社会和集体的力量共同建立基金以补偿或给付的经济制度，具有共济互助和经济补偿性质。所以，为了防止保险制度出现异化，就要求保险活动必须在规范有序的保险市场内得以开展，这也是促进保险业发展的动力，因此，形成有效的保险活动管理秩序正是保险制度功能得以发挥的必要保障，也是最重要的落脚点。从此意义上说，保险诈骗行为直接干扰和破坏的就是正常的保险活动管理秩序。此外，如上观点中提及的保险运作制度和诚信制度，笔者认为将它们概括为保险诈骗

① 李邦友、高艳东：《金融诈骗罪研究》，人民法院出版社2003年版，第439—441页。
② 王新：《金融刑法导论》，北京大学出版社1998年版，第227页。
③ 赵秉志、杨诚主编：《金融犯罪比较研究》，法律出版社2004年版，第314页。
④ 刘明祥：《财产罪比较研究》，中国政法大学出版社2001年版，第4页。
⑤ 张利兆：《保险诈骗罪研究》，中国检察出版社2007年版，第63页。

罪的犯罪客体似有不妥，首先保险运作制度似乎涵盖面过于宽泛，因为保险运作机制中包含着独立而特殊的资金运作机制，行为人难以通过保险合同并在理赔环节破坏该机制的运作，所以难以被保险诈骗犯罪行为所直接侵害。①如果一定要对之加以认定，就有可能不符合对社会关系的最直接侵害性这一犯罪客体的界定标准了。至于诚信制度，笔者认为其在犯罪的同类客体界定中或许没有问题，但却不宜作为保险诈骗罪的直接客体。在上述观点中，似乎还主张将投保人的财产权也作为保险诈骗罪的客体，之所以如此认为，是由于考虑到保险诈骗罪的直接受害人是保险人，间接受害人是诚实的投保人，他们因保费的提高实际承担了保险欺诈造成的损失。②但从更进一步的分析就可看出，保险诈骗的存在表面上也是侵犯投保人的财产利益，实质却是扰乱了保险业的运行秩序和正常发展，而对投保人的财产权益的侵犯只能说是浅层次的和次要的，这大概也是立法者之所以将保险诈骗罪规定在刑法分则第三章中的主要原因。③所以投保人的财产权不宜单独作为保险诈骗罪的犯罪客体。最后，对于认为保险诈骗罪还可能侵犯不特定多数人或他人的财产权利、健康权利或生命权利的观点，有可能是针对保险诈骗罪的第四种和第五种行为方式而言的，这两种行为方式都是故意制造保险事故，其结果不仅构成保险诈骗罪，也可能同时构成其他犯罪，所以应数罪并罚。但须注意的是，不特定多数人或他人的财产权利、健康权利或生命权利实际上并非是由保险诈骗行为所侵害，而是与之有牵连关系的其他犯罪行为的侵害对象，所以这些权利不妨视为是其他相关犯罪的客体，而不应该作为保险诈骗罪的犯罪客体。

在保险诈骗罪的复杂客体中，究竟谁为主要客体，谁为次要客体，这也是需要加以研究的。对此问题，对照主要客体和次要客体的内涵及其相互关系的界定，主要就要看立法者设立保险诈骗罪侧重于保护什么样的社会关系。一般而言，各国由于立法传统不同，对不同法益保护的侧重点也不同，因而同样的罪名在不同国家的刑法典中可能会分属于不同的类罪。我国现行刑法典既然将保险诈骗罪纳入到金融诈骗犯罪而不是侵犯财产犯罪中，同时金融诈骗犯罪的所属类罪又是刑法分则第三章破坏社会主义市场经济秩序犯罪，所以表明我国刑事立法保护的重点是保险活动的管理秩序，而非保险人的财产权。④这可以说是目前大多数学者所主张的观点，其主要是从保险诈骗罪在刑法分则中所处位置

① 张利兆：《保险诈骗罪研究》，中国检察出版社 2007 年版，第 65 页。
② 顾肖荣、倪瑞平主编：《金融犯罪惩治规制国际化研究》，法律出版社 2005 年版，第 184 页。
③ 薛瑞麟主编：《金融犯罪再研究》，中国政法大学出版社 2007 年版，第 401 页。
④ 李文燕主编：《金融诈骗犯罪研究》，中国人民公安大学出版社 2002 年版，第 370 页。

的考察而得出的结论。但亦有相反的观点认为,金融诈骗犯罪归根结底是一种诈骗犯罪,行为人最终的犯罪目标是公私财产,对金融秩序的破坏也是通过使金融资本流失,公私财产所有权受到严重侵害得以体现的,所以公私财产的所有权可以作为金融诈骗犯罪的主要客体。由于保险诈骗罪是金融诈骗犯罪中的一个具体罪名,而保险人的财产权从性质上讲自然也属于公私财产的所有权,两相对照,保险人的财产权应当作为保险诈骗罪的主要客体。①对比这两种观点,笔者认为,首先需要了解,主要客体与次要客体的划分,是由它们在刑法分则体系中的地位决定的。主要客体是属于同类客体范围内的具体法益,它与同类客体具有某种共同性,或者是同类客体的"表现形式"。次要客体也许具有很高的价值,但因为它与同类客体缺乏这种关系,就只能屈居于次要地位。主要客体与次要客体在刑法分则体系中的位置设定,是多种因素合力作用的结果,如行为侵犯的特点、价值取向、立法传统等,不完全取决于它们自身的价值。②依据此理,再来看一下保险诈骗罪,就其所属的同类客体来说,实际上与保险活动的管理秩序关系度更高,③正常的管理秩序是维系保险活动有效开展的核心所在,也是保险业整体良性运行的根本保证,试想如果保险活动的管理秩序受到破坏的话,其后果很可能就是危及整个保险体系的稳定安全和协调发展,进而会动摇保险业运行的根基。特别在市场经济条件下,保险活动的管理秩序的重要性要大于作为公私财产所有权的保险人的财产权,这一点正如台湾学者林山田所说的:"从整个经济生活的安定秩序与经济结构的安全来看,则经济犯罪所造成的非物质的损害性与危险性,似乎是高于物质方面的损害性与危害性,因为经济犯罪对于整个经济制度与经济秩序产生极为恶劣的不良后果,诸如经济道德的堕落、破坏经济社会赖以生存的诚实信用原则及彼此相互的信任,而造成经济活动中相互的不信任等,终至干扰经济生活的安宁秩序,进而危及整个经济结构的安全。"④或许正是基于这样的考虑,立法者就把包括保险诈骗罪在内的金融诈骗犯罪归于刑法分则第三章中,显然是认为保险活动管理秩序与其同类客体的关系最紧密,因而可以作为主要客体。当然,从《刑法》第198条的法条表述来看,好像保险诈骗罪的首要行为对象是保险金,而保险金是特定的资金,从性质上说又属于保险人的财产,因此容易给人这样的印象,保险诈

① 单晓华:《金融诈骗罪基本问题研究》,中国法制出版社2007年版,第32页。

② 薛瑞麟:《犯罪客体论》,中国政法大学出版社2008年版,第212页。

③ 保险活动的管理秩序可以说是金融管理秩序的重要组成部分,而金融管理秩序更可以被纳入广义的社会主义市场经济秩序之中。

④ 林山田:《经济犯罪与经济刑法》,台北三民书局1981年版,第46—47页。

骗罪首要侵犯的就是保险人的财产权，将其界定为主要客体更多的是为了说明保险诈骗罪直接侵害了保险人的个体利益，因而更易为保险人所直接感受到，相对而言，其对保险活动管理秩序的侵害是一种无形的、潜在的侵害，虽然也十分严重，但却不易为保险人个体直接感受，所以立法上设立保险诈骗罪，首要保护的应该是受到犯罪直接侵害的保险人的财产权，其次才应该强调对受犯罪附随侵害的保险活动管理秩序的保护。但笔者认为，如此理解是很牵强的，因为行为人对保险金的侵害，表面上看是对保险人财产权的侵犯，但从终极意义上讲却不仅如此，而是对其他不特定投保人之间诚信互助这一保险根基、保险秩序的破坏。①诚哉斯言，保险金虽属于保险人的财产，但它是以保险人所掌管的保险基金的形式存在的。值得注意的是，保险业最本质的社会功能是为了应付特定的灾害事故或意外事件给人们带来的经济损失和人身伤害，正所谓“一人为大家，大家为一人”，互相保障，分散由于灾害带来的风险和降低这种风险的程度。②因此保险业的这一本质特征决定了保险人的保险基金应当主要用于经济补偿方面，也可以说，经济补偿性是保险基金的主要职能。由于保险业自身发展的客观需要以及为了更好地履行保险业的各项社会职能，有效运用好保险基金就具有很重要的意义。而从保险基金的来源和运用方面可以看到，保险基金必须在一种相对安全和稳定的状态中才能更好地发挥保险业的经济补偿功能。由此可见，良好的保险活动管理秩序正是保险基金这种安全和稳定状态的根本保证，一旦保险活动管理秩序受到侵害，保险基金的有效运用就无从谈起。因此，为了使保险金免遭侵害，有效保障保险活动的管理秩序就成为必要的前提。从此意义上说，保险活动的管理秩序应当是保险诈骗罪的主要客体，而保险人的财产权则是保险诈骗罪的次要客体。

三、保险诈骗罪的客观方面

保险诈骗罪在客观方面主要表现为行为人违反保险法规，利用保险合同，采用欺诈的方法骗取保险金的行为。具体来看，《刑法》第198条规定了五种行为方式，可以说，这五种行为方式尽管表现形式各异，但都基本遵循了“行为人对保险人实施欺诈行为→保险人因欺诈行为而陷入错误认识→保险人基于错误的认识而‘自愿’支付保险金→行为人非法获取保险金”这一保险诈骗罪的衍生规律。③

① 张利兆：《保险诈骗罪研究》，中国检察出版社2007年版，第67页。
② 江生忠主编：《保险学理论研究》，中国金融出版社2007年版，第19页。
③ 刘士心：《保险诈骗罪新探》，《当代法学》2002年第3期。

然而,实践中就保险诈骗罪五种行为方式的具体认定而言其实还是颇为复杂的,学者们对其解释也可谓是宽严有别。基于此,笔者拟在下文中结合《刑法》第198条的规定以及相关的保险法律法规,对此五种行为方式分而述之,予以详尽的厘清和解读。

(一) 投保人故意虚构保险标的的行为

《保险法》第12条第3款规定:"人身保险是以人的寿命和身体为保险标的的保险。"第4款亦规定:"财产保险是以财产及其有关利益为保险标的的保险。"可见,保险标的是保险法律关系中当事人权利和义务所指向的对象,又称被保险的对象或客体,乃是保险合同的核心,因此,保险当事人无不是围绕着保险标的而开展保险活动的。如前所述,由于保险标的是保险利益的重要载体,所以保险标的可以成为判断投保人对其是否具有可保利益的依据,也可以根据其实际价值或存在状况确定保险金额,更可以根据保险标的的危险程度和损失程度来厘定保险费率和计算赔付数额。总之,保险利益只有通过保险标的才能付诸实现。而对保险利益的获取正是投保人等进行保险活动的内在驱动,这就意味着投保人希望通过对保险标的所显现出的经济利害关系的不当利用来实现其从中牟利的目的。须知,基于保险标的的特殊性,保险人对保险标的的了解往往是通过投保人的说明或者相关机构的证明,加之保险标的始终处于投保人的控制之下,投保人拥有关于保险标的的信息优势,因此,这种保险活动中信息的不对称性会加强投保人的道德风险,并增加其实施保险欺诈的可能。①不可否认,投保人往往会将保险标的作为特定的对象而"大做文章",其中,故意虚构保险标的即为其常用的诈骗手段。《保险法》第5条规定:"保险活动当事人行使权利、履行义务应当遵循诚实信用原则。"同时,《保险法》第16条亦详细规定了投保人的如实告知义务,其中即包含了在订立保险合同时投保人有义务向保险人如实告知保险标的的有关情况。②从这两个法条即可看出,诚实信用原则乃

① 江生忠主编:《保险学理论研究》,中国金融出版社2007年版,第124页。

② 《保险法》第16条规定:"订立保险合同,保险人就保险标的或者被保险人的有关情况提出询问的,投保人应当如实告知。投保人故意或者因重大过失未履行前款规定的如实告知义务,足以影响保险人决定是否同意承保或者提高保险费率的,保险人有权解除合同。前款规定的合同解除权,自保险人知道有解除事由之日起,超过三十日不行使而消灭。自合同成立之日起超过二年的,保险人不得解除合同;发生保险事故的,保险人应当承担赔偿或者给付保险金的责任。投保人故意不履行如实告知义务的,保险人对于合同解除前发生的保险事故,不承担赔偿或者给付保险金的责任,并不退还保险费。投保人因重大过失未履行如实告知义务,对保险事故的发生有严重影响的,保险人对于合同解除前发生的保险事故,不承担赔偿或者给付保险金的责任,但应当退还保险费。保险人在合同订立时已经知道投保人未如实告知的情况的,保险人不得解除合同;发生保险事故的,保险人应当承担赔偿或者给付保险金的责任。保险事故是指保险合同约定的保险责任范围内的事故。"

是保险当事人订立保险合同及开展保险活动所必须遵循的一项原则，可以说，法律之所以在保险领域提出较高的诚信要求，就保险人一方而言，其在保险标的信息获得和控制上处于恒弱状态：保险人决定承保或费率，通常仅靠投保人提供的资料或一面之词；同时，虽然危险由保险人承担，但可能发生危险的保险标的却完全不在自己掌握之中。因此，其缔约意思表示建立在投保人诚信告知的基础上；风险控制建立在投保人善意管理和诚信通报的基础上。①据此，投保人故意虚构保险标的的行为不仅违背了其如实告知的义务，更是对诚实信用原则的极大破坏。

一般而言，投保人为了骗取高额的保险金，在与保险人订立保险合同时，故意在保险对象上虚构事实或隐瞒真相，其典型的行为方式是虚构一个根本不存在的保险标的与保险人订立保险合同，并据此保险合同向保险人索要保险金。②虚构根本不存在的保险标的实施骗赔在现实生活中是较为常见的，例如投保人根本没有购买汽车，却伪造购车发票、车照等单证，投保盗窃险，随后伪报车辆失窃，从而骗取保险金。应当说，此类故意虚构保险标的的行为还是比较容易认定的。然而，对于所谓的虚构保险标的，是否仅仅是从字面上理解法条的内涵，即仅限于无中生有、凭空捏造地虚构一个根本不存在的保险标的这样一种情况呢？其实，《保险法》第 31 条第 3 款规定："订立合同时，投保人对被保险人不具有保险利益的，合同无效。"另外，《保险法》第 55 条第 1 款规定："投保人和保险人约定保险标的的保险价值并在合同中载明的，保险标的发生损失时，以约定的保险价值为赔偿计算标准。"第 3 款亦规定："保险金额不得超过保险价值。超过保险价值的，超过部分无效，保险人应当退还相应的保险费。"可见，无论在人身保险还是财产保险中，保险人都会根据保险标的本身的具体情况来决定是否承保以及决定保险金的赔付数额等，换言之，保险标的若不为保险人所实际认可，就很可能影响到保险法律关系的成立。因此，保险标的的瑕疵似乎不仅是指保险标的本身的不存在，还应包括保险标的本身存在、但与保险标的有关的事实或情况出现瑕疵的情形。基于此，笔者认为，对于虚构保险标的中所言之"虚构"的理解似应更为宽泛，而不应机械地拘泥于法条上的字面含义。对此，有学者主张，对保险标的的价值、属性等作虚假描述或隐瞒保险标的的缺陷，足以使保险人陷入误解的，也是虚构保险标的。采用隐瞒保险标的瑕疵的

① 方乐华：《保险与保险法》，北京大学出版社 2009 年版，第 256 页。
② 李玉泉主编：《保险欺诈及其法律对策》，人民法院出版社 1999 年版，第 27 页。

方法虚构保险标的的行为是以不作为的方式实施保险诈骗的情形。[①]诚然，投保人出于骗取保险金的目的，很可能在开始投保时就针对现实存在的保险标的暗地里做手脚，其所采用的诸种虚构保险标的手段较之无中生有式的虚构方法更具欺骗性和隐蔽性，因而危害性也更大。具体而言，虚构保险标的的行为方式还可能包括如下几种：(1)恶意超额投保，骗取保险金。即投保人在投保时故意抬高保险标的的价值，以图在保险事故发生后能够骗取比保险标的实际价值大得多的保险金；(2)重复投保，骗取保险金。即投保人对于同一保险标的、同一保险利益、同一保险事故分别向二个以上的保险人投保，同时投保人还对保险人刻意隐瞒了此种重复投保的情况，意在保险事故发生后能获得超过保险标的价值的多重保险赔偿金；(3)瑕疵投保，骗取保险金。即以不合格的保险标的冒充合格的保险标的进行投保，通常表现为投保人在订立保险合同时向保险人故意隐瞒保险标的缺陷的行为。应当说，上述行为由于都违背了保险标的的特定性、单一性等特征，在法解释学上都可将之解释为虚构保险标的的行为。[②]

然而，对于投保人故意虚构保险标的行为之内涵理解上，还有两种特殊情形在认定上较为困惑，即这两种情形是否应当被纳入"虚构保险标的"之列尚值得考虑，一是事后投保行为，二是"冒名顶替"、"移花接木"式的骗取保险金行为。

首先是事后投保行为。该行为主要表现为先出险后投保，即投保人原先并未就某一项财产或人身利益与保险人订立保险合同，然而当特定事故发生后，为了转嫁事故所造成的损失，投保人隐瞒事故真相向保险人投保，意图骗取保险金。应当说，事后投保行为在保险活动中也是比较常见的。如：2011 年 3 月 15 日，李某在刚拿到新车、还没有拿到临时牌照及购买任何车辆保险的情况下，就开着自己的爱车上了路，由于速度过快，与一辆轿车发生追尾，造成三车追尾事故，严重影响了车辆通行。眼见全新的爱车瞬间撞破了"头"，李某心痛之余进行了维修询价，得知维修费用要近 10 万元，为减少损失，3 月 15 日下午 15 时左右，李某向某保险公司进行了投保。投保后，3 月 16 日晚 19 时左右，李某又串通其他几名被追尾车司机在没有任何监控条件的一个乡下路口伪造了一个"事故现场"，并在 3 月 17 日早上向保险公司报案，称车子在 16 日傍晚发生了交通事故，现在修理厂维修，需要查勘。然而天网恢恢，疏而不漏。令李某没想到的是，通过一系列的调查，保险公司很快就查破了这起骗保案，随即对李某作

① 周光权：《刑法各论》，中国人民大学出版社 2008 年版，第 305 页。
② 赵秉志：《刑法分则问题专论》，法律出版社 2004 年版，第 207 页。

出了拒赔的决定，并向公安机关报案，声称李某的行为违反了《刑法》和《保险法》等多项法律规定。可以说，事后投保行为无疑属于较为严重的保险诈骗行为，但对于这种事后投保行为的性质，争议的焦点却在于其究竟属于针对保险标的的欺诈行为还是针对保险事故的欺诈行为。对此，有学者认为，从保险法的角度而言，保险人只对保险合同成立以后发生的保险事故承担赔偿责任，对保险合同成立前发生的事故不承担赔偿责任。无论从民商法的角度还是从刑法的角度，考察行为人行为属性的起始界线为其和保险人订立保险合同之时。保险合同成立后，行为人弄虚作假将合同成立前的事故说成保险合同成立后的事故，其实质就是编造了一个保险合同成立后未曾发生的事故。①结合上述案例，笔者认为，对事后投保行为还是应当认定为属于一种虚构保险标的的行为为宜，因为所谓的"编造未曾发生的保险事故"应是指事实上根本就没有发生过保险事故，但行为人为了骗取保险金，虚构事实，谎称发生了保险事故，以求取得保险人保险金的行为。显然，在"编造未曾发生的保险事故"中，事故是根本就没有发生的，而事后投保则是事故已经发生，行为人再行投保，并将该事故编造成保险期限内的事故以行骗赔，很显然两种行为方式是不同的，因此，将事后投保作为"编造未曾发生的保险事故"来处理是不妥当的。②诚然，在"编造未曾发生的保险事故"的情形中，所谓的保险事故本身是子虚乌有，或者说是根本不存在的，而在上述案例中所反映出的事后投保行为中，所谓的"事后"即意指保险事故本身是存在的，只不过其发生时间是在投保之前，行为人只是隐瞒了事故实际发生时间这一事实，而并没有编造未曾发生的事故。假设该案中李某从一开始就具有骗取保险金的目的，并在此目的支配下故意伪造"事故现场"，然后再行投保并以此实施骗保，或许其行为不妨可以认定为"编造未曾发生的保险事故"，但从如上案情来看，李某确实是在其车辆发生碰撞追尾致损之后才想到去投保，尽管其在投保后设法去伪造"事故现场"，但不可否认该事故的确是客观发生的，而并非李某完全虚构和编造的，显然李某的行为更适合认定为虚构保险标的的行为。须知，虚构保险标的骗取保险金的本质特征是对保险标的的虚构，而这一虚构是以没有客观存在的保险标的或与客观存在的保险标的内容不符合为基础的。③在该案中，李某的车辆实际上已发生损坏，但他以该车辆作为保险标的投保，而且其投保时肯定以该车辆的价值或使用价值没有瑕疵为

---

① 肖晚祥：《保险诈骗罪的若干问题研究》，《政治与法律》2010 年第 1 期。
② 韩玲：《保险诈骗罪中几种特殊行为方式的司法认定》，《政治与法律》2005 年第 4 期。
③ 刘宪权：《金融犯罪刑法理论与实践》，北京大学出版社 2008 年版，第 528 页。

由作为保险标的的条件，但事实却是在投保时向保险人隐瞒了保险标的已经发生事故的实际情况，也即投保的保险标的与实际存在的标的并不完全一致。据此，笔者认为，事后投保行为与前述的瑕疵投保虽不可说是完全等同，但确有相似之处，所以不可排除这种行为属于虚构保险标的的行为方式之一。更有学者进一步指出了事后投保的实质就是将并不存在的保险标的虚构为已经存在的保险标的，这与事前投保时故意虚构保险标的并无二致，两者都是无中生有地虚构事实。因而，在事后投保引申出的无中生有与故意虚构保险标的与引申出的无中生有之间的交叉点上的内容出现了重合与同一，故应将两者作同类的理解与解释。①

其次是“冒名顶替”、“移花接木”式的骗取保险金行为。该行为主要表现在投保人以非保险标的冒充保险标的，以实现其骗取保险金的目的。实践中此种方式的保险诈骗行为屡见不鲜，如行为人将一投保汽车的车牌摘下挂在未投保的出险汽车上，冒名顶替。又如在医疗保险中，有的医院因患者付不起医药费而与患者串通，写上已保险的他人姓名。再如在财产保险中，甲房屋着火未保险，报案时却说是已保险的乙房屋，如此种种，不一而足。然而，对于此种行为之属性，同样存在着其究竟是针对保险标的还是针对保险事故所实施的犯罪行为的争议，如属前者，自然可将该行为归于“虚构保险标的”之列，如属后者，可认定为属于“编造未曾发生的保险事故”的行为。笔者认为后者还是拘泥于虚构保险标的行为的时间和阶段，从而对虚构保险标的作出了狭义的理解，事实上，虚构保险标的的行为完全可以从广义上理解，即可以包括将并不符合保险合同的保险标的虚构为符合保险合同的保险标的，进而骗取保险金的行为，而“冒名顶替”、“移花接木”式的骗取保险金行为当属此列。须知，保险标的应该是特定的、单一的，即保险人只对保险合同约定的保险标的发生损害后予以赔偿，而这种冒名顶替的所谓保险标的显然是不存在于保险合同中的，是虚构的。此种行为归根结底还是行为人利用“名不副实”的保险标的作为实施犯罪的“媒介”，而保险事故的发生却是客观真实的，并非行为人刻意制造的，所以亦不存在所谓的“编造未曾发生的保险事故”的情形。所以，在这种行为方式中，被虚构的对象是保险标的而非保险事故，或者说行为人乃是凭借保险标的的瑕疵实现其保险诈骗的目的，这样一来，此种行为方式与前述的瑕疵投保似有如出一辙之效。基于此，“冒名顶替”、“移花接木”式的骗取保险金行为理应属于广义的投保人故意虚构保险标的行为中的一种特殊行为方式。

① 郭庆茂、顾尧：《事后投保骗取保险金构成保险诈骗罪》，《人民司法》2008年第22期。

(二)投保人、被保险人或受益人对发生的保险事故编造虚假原因或者夸大损失程度的行为

须知,在保险活动中,保险人并不是对任何事故都承保的,也不是对无论什么原因的事故都承保的。《保险法》第 16 条第 7 款即规定:"保险事故是指保险合同约定的保险责任范围内的事故。"因此,在保险合同上的保险责任条款中,对保险责任的范围约定应该是明确的。可以说,虽然发生了合同约定的保险事故,但如果不是合同约定的事故原因引起的,保险人是可以不支付保险金的。为此,在现实生活中,就经常发生投保人、被保险人或受益人(即投保人一方)对发生的保险事故编造虚假原因骗取保险金的犯罪行为。尽管保险事故的发生是客观真实的,但引起事故发生的原因往往是相当复杂的,有的是单一因果关系,有的是多因一果关系,其中多因可以是同时发生,也可以是连续发生,还可以是间断发生,如此复杂的因果关系必然给认定保险事故的责任带来不小的难度,也由此容易被犯罪人所利用。《保险法》第 22 条第 1 款规定:"保险事故发生后,按照保险合同请求保险人赔偿或者给付保险金时,投保人、被保险人或者受益人应当向保险人提供其所能提供的与确认保险事故的性质、原因、损失程度等有关的证明和资料。"然而,投保人一方为了骗取保险金,往往会想方设法对保险事故的发生原因作出虚假陈述或隐瞒真实情况,把保险人的除外责任转化为保险责任,从而使保险人承担不应承担的赔付责任。①具体而言,包括如下三类行为:(1)将自己的过错行为导致的财产损失编造为自然原因所导致;(2)将他人过错行为所导致的自己之损失编造为自己过错行为所导致的他人之损失;(3)其他将非保险损失编造为保险损失的情况。②可见,投保人一方对保险事故编造虚假原因的行为,本身在性质上就属于一种道德风险,因而可归于保险人的除外责任范畴。然而,在保险活动中,保险人在对保险事故真实情况尤其是发生原因的了解和掌握方面,显然与投保人一方相比存在着信息方面的不对称,而且投保人一方的这种保险欺诈行为又带有极强的迷惑性,非常容易让保险人陷入认识错误之中而使欺诈行为得逞,因此,对保险人而言,在理赔过程

---

① 在保险合同订立时,一般均需载明保险责任和除外责任。保险责任是保险人按照保险合同的约定,对保险事故发生时所承担的赔偿或给付保险金的责任,其中保险事故由保险合同约定,可以为任何导致保险人对被保险人或受益人承担赔偿或给付保险金责任的各种法律事实,包括不可抗力、意外事故、第三人的行为以及被保险人在保险期间内发生死亡、伤残、疾病或者达到合同约定的年龄、期限等。而除外责任是指保险人对下列事故造成的损害不承担赔偿或给付保险金的责任:(1)不可保危险所致损害;(2)投保人一方因道德危险而为的故意行为所导致的损害;(3)保险标的的自身属性或瑕疵所致损害;(4)间接损失。(参见许崇苗、李利:《最新保险法适用与案例精解》,法律出版社 2009 年版,第 208—210 页。)

② 刘远:《金融诈骗罪研究》,中国检察出版社 2002 年版,第 452 页。

中针对保险事故发生的复杂原因作出准确判断是极其重要的，这样可避免投保人一方有可乘之机。当然，保险人在具体认定保险事故发生的真正原因方面可能会存在一定的难度，对此，笔者认为，不妨考虑采用近因原则，所谓近因，是指导致损失的最直接、最有效、起决定性作用的原因。在保险事故的发生原因中，应当查明近因如属被保风险，保险人就应负赔偿责任，而近因如属除外风险或未保风险，则保险人不负赔偿责任。特别是投保人一方故意编造的保险事故发生的虚假原因，因其不可能对保险事故发生起到主要的和决定性的作用，自然被排除于近因之列。所以说，近因原则的采用可确保保险事故的原因认定的准确性和可靠性。

所谓投保人一方夸大损失程度骗取保险金的行为，指的是投保人一方对于发生的保险事故，故意夸大由于保险事故造成保险标的损失的程度，从而向保险人骗取超过其应得赔付数额的保险金的行为。应当说，保险事故引起的损失大小，是决定保险人赔偿数额的大小或给付保险金数额多少的依据之一。而投保人一方夸大损失程度以骗取更多的保险金，是从量上骗取保险金的常用手法。①实践中也多有类似案例出现，例如，2008 年 10 月 7 日，广东东莞某电子厂仓库发生火灾，致使该厂电子原材料、纸皮、胶纸废品等一批财物被火烧毁，由该厂财务经理龚某负责火灾的报损和索赔工作。在火灾发生后，仓库工作人员将部分已退港处理的货物(并未烧毁)也算在损失内，报告给龚某。龚某向该厂总经理刘某汇报，最终没有修改索赔资料，一并报给了平安保险东莞分公司索赔，最终平安公司赔付 1 804 万元保险金。然而，经查明，该电子厂在 2008 年 10 月 7 日的火灾中实际损失仅为 593.5 万元，而其索赔数额远远超过实际损失，即向平安公司诈骗的保险金为 1 210.5 万元，最终，检察机关以保险诈骗罪起诉该电子厂及直接责任人员龚某。该案可谓是一起典型的夸大损失程度骗取保险金的案例，从此类案件中即可了解到，在保险活动中，投保人一方往往利用保险标的已经灭失、证据难以查找或部分损害但保险事故发生确凿的情况下，对损失程度予以夸大。夸大的手段是多种多样的，如伪造或涂改相关的票据凭证以提高保险标的价值、虚增修复损失费用、虚报损失程度等。此外，对于保险标的发生的损失，既可以从数额上进行夸大，通常表现在财产保险中夸大受损标的的财产保险利益，即以少报多，体现为数额上的量化标准，同时也可以从损失程度上进行夸大，通常是表现在人身保险中夸大被保险人人身保险利益的受损程度，例如在医疗保险中，被保险人身为患者，本来所患只是轻微疾病，并不对其健康

① 林荫茂、陆爱勤：《保险违约与保险犯罪》，中国检察出版社 2002 年版，第 161 页。

和生命构成严重威胁，但投保人为了骗取高额的医疗保险金，谎称被保险人患有重大疾病，从而多开、虚开医疗费用。可以说，投保人一方夸大损失程度的保险诈骗行为虽然从性质上讲是针对保险事故所实施的犯罪行为，但不可否认，其往往还是围绕保险标的做手脚的，而如前述，投保人一方拥有关于保险标的的信息优势，所以对于投保人一方对保险标的损失的夸大往往很难清晰识别，为此，在保险活动中对于保险人的核保与核赔工作就提出了较高的要求，须知，核保是保险人降低逆选择和道德风险，严把风险入口的第一道关，核赔是对核保风险控制的监督和检验，也是保险人控制业务风险的最后关口。[①]具体而言，保险人在核保与核赔方面应充分注重严格核保与核赔的流程，推行责任管理，最大限度地减少承保和理赔的风险，同时还要强调核保与核赔工作的专门化和职业化，即核保核赔工作人员需要具备专门的技术以及实践经验，精通查勘、定损、理算等各项技术环节后方能胜任此项工作，同时还要求其具有较强的风险管控和审慎调查的意识，唯其如此，才能够既避免保险人因陷于错误理赔而遭受不当损失，又防止对投保人一方所实施的保险诈骗犯罪行为予以宽纵。

应当说，对于投保人一方在保险事故业已发生的情况下通过夸大保险标的损失程度来骗取保险金的行为在定性上似乎比较明确，然而，在实践中，还会出现另一种特殊情形，即投保人一方故意扩大保险事故的行为。《保险法》第57条第1款规定："保险事故发生时，被保险人应当尽力采取必要的措施，防止或者减少损失。"而此行为却是对该法条的公然违背，因为在有些保险事故中，保险标的已经发生损失，但可能其影响范围有限，如果投保人一方积极施救，完全能够避免损失的扩大，然而，投保人一方为了多得赔付的保险金，可能对之采取听之任之的态度，坐视损失的发生与发展，甚至顺势增加一些加害行为，从而导致损失程度的继续增加。应当说，认定此种行为构成保险诈骗罪自然没有异议，但对于其定性却颇富争议，由于该行为方式在《刑法》第198条中没有单列，那么究竟应当归属于法条规定的五种行为方式中的哪一种为妥呢？对此，有学者认为，投保人一方应当维护保险标的的安全，正在发生保险事故时，他们具有采取必要合理措施防止、减少财产损失的义务。因此，行为人面临财产的危险时，故意不采取必要措施防止事故发生，或者在发生事故时故意不采取必要措施防止、减少财产损失，以（多）骗取保险金的，依然属于"故意造成财产损失的保险事故，骗取保险金。"[②]与之持有相似观点的学者亦认为，故意

---

① 岳书锋：《核保核赔，保险企业发展的"双核引擎"》，《上海保险》2007年第4期。

② 张明楷：《诈骗罪与金融诈骗罪研究》，清华大学出版社2006年版，第760页。

扩大保险事故的行为应属于故意造成财产损失的保险事故的行为，且是以不作为方式实现的。①但另有观点却认为，这种行为与夸大损失程度骗取保险金的行为如出一辙，因为行为人意图得到更多的保险金而没有采取相关措施导致保险标的损失的扩大，其实质就是先夸大损失然后索赔，其中多余的损失完全可以认为是行为人自己造成的。②还有学者主张此种行为应归属于"对发生的保险事故编造虚假的原因"，理由在于这种行为方式的核心是在保险事故方面大做文章，即编造虚假的事故原因，而将"扩大损失"发生的真实原因予以掩盖，因而将其归类于"编造虚假的事故原因"之中才是与其基本特征相符的。③与之相似观点亦认为，行为人采取了编造虚假原因的手法，即将导致损失扩大部分的原因也说成是导致保险事故发生但还没有扩大时的原因，把本应属于保险除外责任的情况转化为保险责任范围内的情况以骗取保险金，因此，应将"故意扩大保险事故"的不法行为纳入到第二种法定行为方式中的"对发生的保险事故编造虚假的原因"加以规制。④

对比如上几种观点，笔者认为，首先，故意扩大保险事故的行为与夸大损失程度骗取保险金的行为不尽相符，毕竟两者具有不同的事实基础，行为性质也明显不同，前者所扩大的保险标的的损失是真实而客观地存在着的，而后者所夸大的那部分损失则是行为人虚构出来的，并非实际存在的保险标的的损失。此外，两者在行为性质上的差异主要表现在夸大损失程度的行为只能是指索赔时在证明材料上弄虚作假，以小说大，而行为人对事故本身并无人为影响，但在故意扩大保险事故的行为中，行为人主要是以影响、改变保险状态骗赔的，在索赔材料中并不像夸大损失程度那样，使事故损失与证明材料不相符，而是主要利用对事故状态的人为改变完成的。⑤由此可见，就这两种行为方式而言，前者的行为直接作用于保险事故，是使保险事故本身状态发生改变，而后者只是对保险标的的损失作虚假描述，但对保险事故本身状态却并无影响，所以两者不可等而视之；其次，对于故意扩大保险事故的行为能否认定为是一种对保险事故编造虚假原因的行为，有学者对此予以否定，即认为在其行为构造中，"对发生的保险事故编造虚假的原因"只是附随行为，而非体现行为本质的核心行为。也就是说，要考察某一行为究竟属于哪种行为方式，关键要看体现其本质的核

① 李邦友、高艳东：《金融诈骗罪研究》，人民法院出版社 2003 年版，第 453 页。
② 罗长斌：《保险诈骗罪》，武汉大学 1997 年硕士学位论文，第 36 页。
③ 赵秉志主编：《金融诈骗罪新论》，人民法院出版社 2001 年版，第 607 页。
④ 韩玲：《保险诈骗罪中几种特殊行为方式的司法认定》，《政治与法律》2005 年第 4 期。
⑤ 刘宪权：《金融犯罪刑法理论与实践》，北京大学出版社 2008 年版，第 532 页。

心行为的性质。在故意扩大保险事故的行为方式中，对于保险事故的扩大是核心，决定了该行为的性质，引发了后续虚构原因行为的实施，因此，将故意扩大保险事故的行为认定为“对发生的保险事故编造虚假的原因”并不合适；[①]再次，对于把故意扩大保险事故的行为定性为一种故意造成财产损失的保险事故的行为的观点，有学者也提出了异议，如认为保险事故应该是指保险责任范围内的事故，在保险事故发生后，非故意扩大部分的损失仍属于保险责任的范围之内，但对扩大部分的损失，如果行为人主观上持故意态度，则该部分损失不属于保险责任范围之内。所以，对于保险诈骗罪中第四种法定行为方式，该情形下的事故是行为人一手制造的，严格地讲，不属于保险事故，因为该种情形下所造成的损失已被完全排除在保险责任之外。[②]综上可见，或许正是因为故意扩大保险事故的行为并没有作为保险诈骗罪中单独的一种行为方式，所以从《刑法》第198条的罪状表述中好像很难找着其应有的“位置”，但这种行为显然也对保险活动造成了直接的侵害，因此不可对其置之不顾而不予惩治。

在笔者看来，对于故意扩大保险事故行为的定性，恐怕还需要分析具体的情况，不可一概而论。实际上，此种行为并非仅仅表现为不作为的方式，也可能包括行为人故意采用人为的手段扩大保险事故而加重保险标的损失的情形，这显然是一种积极作为的行为方式。对于作为型的故意扩大保险事故行为，由于被扩大的那部分损失完全是由行为人的人为原因所造成的，所以同故意造成财产损失的保险事故的行为并无二致，在此，需要说明的是，对于《刑法》第198条规定的保险诈骗罪的第四种法定行为方式应作出较为宽泛的理解，即所谓的“故意造成财产损失”既可能包括保险事故没有发生的情况下行为人故意制造财产损失的保险事故的情形，此种情形中的保险标的的损失可谓“从无到有”；也可能包括保险事故已发生的情况下原本仅造成保险责任范围内的财产损失，但行为人却在此基础上故意实施加害行为，致使损失程度扩大到属于保险除外责任之范围的情形，此种情形中的保险标的的损失可谓“从小到大”。可以说，作为型的故意扩大保险事故行为就明显属于后一种情形，所以完全符合保险诈骗罪的第四种法定行为方式内容，只是保险事故中有一部分本身属于正常保险事故的范围而已，就是说其中包含了保险责任范围的损失，这并不影响将扩大部分的损失归入“故意造成财产损失的保险事故”之中。[③]至于不作为型的故意

---

① 郑成强：《保险诈骗罪法定行为类型及其适用》，中国政法大学2009年硕士学位论文，第22页。

② 张利兆：《保险诈骗罪研究》，中国检察出版社2007年版，第94页。

③ 刘宪权：《金融犯罪刑法理论与实践》，北京大学出版社2008年版，第533页。

扩大保险事故行为，尽管很多观点都认为这也属于故意造成财产损失的保险事故的行为，但笔者认为不妨将其归于“对发生的保险事故编造虚假的原因”之列，理由在于此种情形中保险标的的损失（包括扩大部分的损失）毕竟不是行为人积极而人为地造成的，虽然保险事故的最终结果中可能含有因行为人的放任而扩大的因素，却也不能以偏概全地说保险事故是行为人故意制造的。可以说，行为人的这种不作为方式只是利用了保险事故发生过程的自然连续性，将保险事故引起的全部损失（即包括属于保险责任范围内的损失和属于保险除外责任范围的扩大部分损失）视为一体，共同作为保险标的的损失来进行骗赔。因此，行为人在此过程中主要是对导致扩大部分损失发生的直接原因即其不作为的放任行为予以了掩盖或隐瞒，这显然是同前述“对发生的保险事故编造虚假的原因”中提及的将非保险损失编造为保险损失的情况极为吻合，因此把不作为型的故意扩大保险事故行为归于保险诈骗罪的第二种行为方式是比较恰当的。基于如上分析，笔者认为，正是由于投保人一方故意扩大保险事故的行为有着作为和不作为的区分，所以其能够分别被《刑法》第 198 条的法定行为方式所涵盖，①这也就是此种行为方式没有必要在法条中予以单列的内在理由。

（三）投保人、被保险人或受益人编造未曾发生的保险事故的行为

所谓投保人一方编造未曾发生的保险事故的行为，是指投保人一方在与保险人签订保险合同后，在没有发生保险事故的情况下，虚构事实，伪造证据，谎称发生保险事故，骗取保险金的行为。这种行为方式的基本表现形式为无中生有，即原本没有发生保险事故，但行为人却谎称发生保险事故。②《保险法》第 27 条第 1 款规定：“未发生保险事故，被保险人或者受益人谎称发生了保险事故，向保险人提出赔偿或者给付保险金请求的，保险人有权解除合同，并不退还保险费。”这充分表明保险事故是产生保险赔付关系的法律事实，是保险人赔偿或给付保险金的前提条件。正因如此，在没有发生保险事故的情形下，投保人一方往往无从获取保险利益，反而需要向保险人交纳保险费以维续保险法律关系，这样一来，投保人一方可能会产生某种心理失衡，这种心理失衡很容易诱发投保人一方实施编造保险事故的行为，以此实现骗取保险金的目的。应当说，这一针对保险事故所实施的保险诈骗行为在实践中还是较为多发的，而且通常行为人编造的保险事故针对的对象具有易流动性、易隐藏性、种类物较多且价

① 作为型的故意扩大保险事故行为可归于《刑法》第 198 条中第四种法定行为方式“故意造成财产损失的保险事故”；不作为型的故意扩大保险事故行为则可归于《刑法》第 198 条中第二种法定行为方式“对发生的保险事故编造虚假的原因。”

② 张明楷：《诈骗罪与金融诈骗罪研究》，清华大学出版社 2006 年版，第 760 页。

值较高等特点，如家庭财产、交通工具、生产资料等，而且编造的事故原因多是保险标的因被盗而灭失，使保险人和公安机关难以调查取证，便于行为人骗赔的得逞。[①]另外，在人身保险中也常有行为人编造未曾发生的保险事故的情形，例如，某日，江苏昆山市交巡警大队接到报警，王某驾驶黑色大众轿车，在昆山市某影剧院门口撞了一名老人，导致老人右大腿骨折。交警前往调查，对车辆信息、驾驶员信息、伤者信息进行了进一步了解，发现这辆肇事车虽然挂靠在苏州某货运公司，但该车保险单被保险人为曾某，而曾某不仅是驾驶员王某的朋友，同时还是伤者的儿子。两天后，交警再次依法传唤驾驶员王某及曾某，终于弄清了事情的原委，原来曾某的父亲是在晨练时不小心摔了一跤，到医院一查是大腿骨折，想到要自行负担高昂的治疗费用，自作聪明的曾某便将自己的车子开到事发地点伪造现场，然后由王某报警，企图骗保。该案中，行为人曾某伪造虚假的车祸进行骗保，当然属于一种编造未曾发生的保险事故的行为。

值得注意的是，此种行为方式中所谓的保险事故的"未曾发生"，意味着保险事故自始至终都是并不真实存在的，即行为人所编造的保险事故完全是虚构的，是行为人弄虚作假的结果，这显然同上述虚构保险标的的行为有所区别，因为虚构保险标的的行为只是对保险标的进行虚构或利用保险标的本身的瑕疵进行保险诈骗，而保险事故却是真实发生的，并非行为人所虚构。此外，此种行为方式还易于同保险诈骗罪的第二种法定行为方式即投保人一方对发生的保险事故编造虚假原因有所混淆。不可否认，这两种行为方式的共性在于都采用了隐瞒真相、刻意编造、弄虚作假的犯罪手段，例如伪造、变造保险事故的证明材料等，但须注意的是，两者编造的对象却是迥然不同的，前者是行为人对保险事故本身进行编造，换言之，此种保险诈骗行为是在根本不存在任何保险事故的前提下进行的，而后者则是行为人针对保险事故的发生原因进行编造，也即此种情形下保险事故发生的原因是不真实的，但保险事故本身却是的的确确发生的，并无虚构之可能。因此，在实践中亦须对两种行为方式的差别作出明确判断。基于如上分析，笔者认为，投保人一方编造未曾发生的保险事故的行为较之前述的几种保险诈骗罪的法定行为方式而言，在行为性质上更显恶劣，毕竟，前几种行为方式中保险事故是真实发生的，投保人一方即使骗取了保险金，但自己还是有损失的，但在编造未曾发生的保险事故的情况中，却是投保人一方无本万利，没有任何实际损失地骗取相当数量的保险金，其犯罪成本显然更低。[②]正

① 李文燕主编：《金融诈骗犯罪研究》，中国人民公安大学出版社2002年版，第374页。

② 庄洪胜、刘志新主编：《保险欺诈骗赔特征与对策》，人民法院出版社1999年版，第10页。

如有学者指出的，假如保户(即投保人一方)对根本未发生的损失提出索赔，这就是众所周知的伪造，这是一流的保险欺诈形式。①因此，对于此种保险诈骗行为一定要做到准确识别和认定，从重从严处罚。

对于投保人一方编造未曾发生的保险事故行为的具体表现形式，如前所述，最为典型的情形莫过于实际上没有发生任何保险事故，但行为人故意制造假象、无中生有地谎称发生保险事故，此种情形在定性上相对较为明确。然而，还有不少观点认为应将“冒名顶替”、“移花接木”式的骗取保险金行为也归于此类行为方式之中，如把发生了事故的、和保险标的属于同种类物的对象谎称为保险合同指向的保险标的，以假乱真，骗取保险金。②但笔者在前文中已有充分理由认为此种情形理应归于行为人虚构保险标的的行为，所以不再赘述。但在此行为方式中，另有一种特殊情形需要加以关注，即行为人篡改保险事故发生时间，以保险期届满后发生的事故冒充保险期内的事故，向保险人索赔骗取保险金。可以说，此种情形与前述的事后投保行为极易发生混淆，因为两者的共同点在于它们的事故都是发生于保险期之外，为了获得保险赔偿，行为人的行为实质都是将保险期之外的事故通过虚假手段转变成保险期内的事故，并且两种情况中都存在过曾经有效的保险合同。③既然事后投保行为被界定为一种虚构保险标的的行为，那么这种以保险期满后的事故冒充保险期内事故的行为似乎也可以如此认定。然而，笔者经过仔细考察，发现两者还是有着以下实质性的区别：(1)行为对象不同。前者的行为对象是事故，具体来说是事故发生的时间，行为人是通过篡改该事故发生时间的证明材料来达到诈骗目的；后者行为指向的是保险标的本身，行为人则是通过将不符合要求的保险标的虚构成符合要求的保险标的来实施保险诈骗；(2)骗保的合同依据不同。前者中不存在事故发生之后的投保行为，骗取保险金的依据是投保人与保险人之前合法订立的但已经因保险期届满而失效的保险合同，而后者中，必然有投保人在事故发生后再行投保的行为，即该种情况下的骗保行为是基于后来新订立的保险合同；(3)对合同中保险标的的陈述情况不同。前者是在已失效合同中，行为人对于保险标的本身的情况陈述无虚假成分，而后者中行为人恰恰是通过对保险标的的虚假陈述来达到投保的目的，新的保险合同中，保险标的因为行为人的虚假陈述而存在瑕疵；(4)前者在合同存续期间，由于不存在欺诈因素，合同当然有

① 关浣非译著：《保险欺诈》，中国检察出版社 1992 年版，第 13 页。
② 李文燕主编：《金融诈骗犯罪研究》，中国人民公安大学出版社 2002 年版，第 375 页。
③ 郑成强：《保险诈骗罪法定行为类型及其适用》，中国政法大学 2009 年硕士学位论文，第 18 页。

效，而后者中行为人在新订的合同中存在欺诈性的虚假陈述，《保险法》赋予了保险人在该种情况下的合同解除权，该保险合同也将随之归于无效；(5)行为主体不同。前者的行为主体既可以是投保人，也可以是被保险人和保险受益人，而后者的行为主体只能是投保人。基于如上几点不同，笔者主张，行为人这种编造事故发生真实时间的行为，实际上就是把保险期以外的事故编造为保险期以内的事故，而这种保险期以外的事故并不属于保险合同约定的需由保险人承担保险责任之范围内的事故，所以不宜再被认为是保险事故，当行为人对事故发生时间进行篡改后，该事故实际上就成为了一种虚假的保险事故，因为在保险期内实际上根本就不曾有真实的事故发生。为此，这种情形显然与投保人一方编造未曾发生的保险事故的行为并无二致，将其归入保险诈骗罪的第三种法定行为方式无可厚非。

（四）投保人、被保险人故意造成财产损失的保险事故的行为

这是最为常见的一种保险诈骗犯罪手段。本来，保险合同约定的由保险人承担保险责任的范围通常是以发生自然灾害或由投保人、被保险人意外原因的保险事故为前提。[①]然而，保险事故的发生却是具有不确定性的，即有可能发生也可能不发生，这也是保险制度赖以存在的前提条件。当保险事故不发生时，投保人一方因需维续保险法律关系而必须向保险人交纳保险费，但却无从在保险人那里获取保险金，如此一来，对投保人一方而言似乎就意味着他们存在“损失”。因此，投保人一方为了消弭这种“损失”并使自身获利，往往就会采取人为地改变保险事故不确定状态的极端做法，即在没有发生保险事故的情况下故意制造保险事故。特别在财产保险中，当保险标的的价值小于保险金数额时，行为人不惜以故意造成财产损失为代价，骗取高额的保险赔偿金。实践中，行为人故意造成财产损失的保险事故的行为可谓不胜枚举，尤其多见于火灾保险、车辆保险等。

在火灾保险的欺诈中，行为人通常采用的是故意人为纵火的犯罪方法，即多是通过用火烧毁一些与索赔金额相差较大或巨大的、自身价值较小的“私有”财产，以达到从保险人处骗取多量保险金的目的。[②]现实生活中类似案例并不鲜见，以下试举两例。

案例一，某年 1 月 10 日，李某在当地的一家保险公司投保了家庭财产保险，保额为 1 万元，保险标的为其房屋及其房屋内的物品，保险期限为 2 月 10

① 钱小平、魏昌东：《保险诈骗罪疑难问题探析》，《云南大学学报（法学版）》2006 年第 3 期。

② 庄洪胜、刘志新主编：《保险欺诈骗赔特征与对策》，人民法院出版社 1999 年版，第 226 页。

日至次年2月9日。李某的房屋在投保前为他人所有，转让手续到2月9日才办完。投保当年的2月15日，李某的房屋连续发生两起火灾，保险标的损失8千元。保险公司接到李某的报案后，立即前往现场，对保险事故发生的原因进行调查，并核损检验。通过调查，保险公司发现李某的投保有些反常。因为之前李某所在单位的领导多次宣传保险知识，要求职工参加保险，但李某对此漠不关心，而这一次他却为尚未办完转让手续的房屋提前买了保险。他多次在同事中宣称，他对旧房看不上眼，准备在买到后进行翻修。并且，李某在购买该房屋的同时，就开始积极准备各种建筑材料。李某一边为其所购房屋投保，一边准备建房材料，其行为动机值得怀疑。通过现场勘验，李某所提供的损失清单与火灾现场遗留的残迹不符，有多报损失骗赔的嫌疑。李某声称，他们家的所有财物都搬到被保险的房屋内，在火灾中全被烧毁了。保险公司经现场勘察，并由其同事指引，到李某原来居住的房屋进行检查，发现其声称烧毁了的财物都完好无损地存放在李某的原房内。2月15日晚，连续发生两起火灾，时间间隔约两小时。火灾发生后，李某没有积极参加抢救，其做法违反常理。保险公司将上述情况通报了当地公安机关。公安机关立即对这起火灾事故立案侦查，并假设了许多可能引起失火的因素，但经过仔细分析和科学验证，被一一排除。最后认定为故意纵火。经公安机关审讯，李某承认为了弃旧房换新房，故意纵火烧毁房子，企图达到向保险公司骗取保险金的事实。

案例二，某年9月16日，投保人郑某用电话向保险公司报案称，其投保的海绵厂于9月16日凌晨1时28分发生火灾，造成该厂车间房屋倒塌及财产烧毁事故。接到报案后，保险公司及时派人到现场勘察，发现许多疑点。第一，该厂于当年8月22日投保，保险金额55万多元，投保不到一个月即发生火灾事故。第二，根据现场勘察核损，保险金额大大超过实际价值。第三，据投保人自述，事故发生时他本人在车间里睡觉。但根据火灾现场分析，人不可能在车间里睡觉。为此，保险公司经理及业务人员进行了认真的分析，认为有可能是人为的火灾事故，并将此看法向消防大队及检察机关汇报，同时将案情上报市分公司，要求协助查清火灾原因。9月16日下午，保险公司会同消防人员又一次深入火灾现场进行勘察，对现场的唯一当事人进行认真的询问。郑某一口咬定发生火灾时他正在车间里睡觉，发现时才逃离现场。询问为何发生火灾，郑某推说可能是自燃引起的。次日，以消防大队为主，成立了“9·16”火灾协查小组。经过对郑某进行法律、法规的教育，郑某否定了16日的全部说法，称当晚1时20分左右烧香后发生了火灾，并承认发生火灾时他本人不在车间里睡觉。为此，协查小组对此案做了进一步的分析研究，认为该起火灾很有可能是人为纵火，但究竟是当事人的故意行为还是过失行为，还需要进一步调查。当晚，消防大队干警连夜对郑某进行审讯。在法律教育的攻势下，郑某终于如实供认，因企业不景气，试制产品不合格，资金困难，为了骗取保险赔款，才故意纵火烧毁了全部财产。[①]诸如此类的案例还有很多，恕不列举。

可以说，在火灾保险欺诈中，那些意在通过人为纵火进行保险诈骗的行为人绝不会主动请保险人进行现场实地检查其投保的财产，而保险人也常常会忽视对保险标的的价值评估，这也是一定程度上行为人纵火骗保行为较为多发且易于得逞的原因所在。

机动车辆保险领域也是近年来保险诈骗的"高发地带"，通常而言，在该领域中行为人故意造成财产损失的保险事故的行为主要是体现在机动车辆撞损欺诈骗赔这一行为方式上，即行为人故意制造机动车辆的碰撞事故，致使机动车辆遭受人为的损害。须知，机动车辆保险业务是保险公司的第一大骨干险种，"碰撞"又是机动车辆保险条款诸多险别中所列举的头条首项保险责任。而机动车辆在人、车、路和交通运输环境等综合因素影响下所发生的各种意外事故多与碰撞直接相关。长期以来，碰撞事故一直以其出险频繁、形式变幻、后果莫测而位居各类机动车辆事故数量之首。碰撞事故不仅会造成机动车辆财物的巨大损失，而且会导致人身伤亡的严重后果，因此这类事故历来是保险公司车险理赔业务的重中之重。[②]正因如此，机动车辆保险也就拥有了巨大的市场价值和社会价值，而行为人正是窥得机动车辆保险这一可资利用的作案契机，往往蓄意制造各种机动车辆的碰撞事故以骗取保险金，具体包括故意撞车、翻车或以车撞墙、撞护栏等，所以，机动车辆撞损欺诈骗赔就成为该领域中保险诈骗最为频繁和最为普遍的情况。笔者特别注意到，在近年来的机动车辆撞损欺诈骗赔中，竟悄然出现了许多"代撞"骗保的情形，即机动车辆出了小问题需要维修，本该送到汽修厂处理，维修费用由车主自理或由保险公司支付，然而，某些车主却与汽修厂串通一气，由汽修厂出面将该车"代撞"，如此一来，导致修理费用大增，但车主不一定花钱，保险公司却有可能需要付出更多的赔偿，此外，汽修厂还可能借此获得较高利润。例如，周某手头有一辆二手车，并为该车购买了第三责任不计免赔险、交强险、车辆损失险等险种，该车开了半年左右，周某打算将其转让出售，于是找到做二手车交易的朋友李某咨询，李某认为该车卖不出好价钱，于是建议给该车车身喷漆，但喷漆费用较高，周某犹豫起来，李某

① 李虹、廖中新主编：《保险欺诈与陷阱案例汇编》，西南财经大学出版社2007年版，第50—52页。

② 庄洪胜、刘志新主编：《保险欺诈骗赔特征与对策》，人民法院出版社1999年版，第205页。

出主意说可以联系一家汽修厂帮忙制造一个假事故，然后将理赔得来的钱作为喷漆费用。周某欣然接受这个办法，于是联系了一家熟悉的汽修厂，找到该厂老板刘某，说明自己的意图，委托刘某帮忙制造虚假事故，刘某亦应允。随后，刘某又找到另一家汽修厂老板王某说起此事，王某说正好他有一客户也想给汽车做个全身喷漆，但那辆车只有交强险，两辆车子正好一起制造事故，于是，刘某和王某一拍即合。隔了一天，王某将手头的车辆开到刘某的汽修厂，让他“做事故”。当晚八点左右，刘某将王某的车子停在空地上，自己驾驶周某的二手车飞速撞过去，最后王某车子的车头凹进去一大块，连发动机也掉在地上，而周某二手车的右前侧的车头也撞坏了，然后刘某又在附近某一路段找到一处与撞车现场有些相像的路面，一边拍下了“事故现场”，一边报警并通知保险公司。之后，通过精心的伪造，二人成功骗得交警部门出具的事故责任鉴定书，刘某负这起事故的全部责任，随后保险公司的定损、理赔，一切看起来理所应当，王某也如愿到保险公司领到了足够两辆车喷漆费用的保险金。一周以后，被修复的二手车被重新喷漆后交到周某手上，周某不用支付任何喷漆费用，并将该车出售。又过了几个月后，保险公司通过核查发现，该公司理赔的一起交通事故存在疑点，两车碰撞痕迹不符，有可能是当事人伪造事故骗保，遂向警方报案，请求协助调查。后来，刘某和王某听说公安机关正在调查此事件，考虑再三，两人做贼心虚，最终选择投案自首，在公安机关的传唤下，周某也交代了自己的犯罪事实，并向保险公司退回相关涉案财产。最终经法院审理查明，周某、刘某、王某的行为均已构成保险诈骗罪，分别判处三名被告人拘役五个月，缓刑五个月，并处罚金一万元。

据笔者所知，与上述案例同类的机动车辆车主与汽修厂合谋“代撞”骗保的案件并不在少数，几乎每年发生的数量成倍增长，甚至已成为行业内“公开的秘密”。由此可见，“代撞”骗保是一种新型的保险诈骗方式，而且这类案件的作案特点普遍具有团伙化、专业化的趋势，如有专人负责策划、专人负责制造“事故”、专人负责索赔等，所以对这种骗保行为的识别和防范也有着不小的难度。为此，保险公司应当及时做好前期调研取证工作，为保险理赔提供可靠翔实的第一手资料，并要求其工作人员严格规范操作，完善规章制度，坚持执行查勘现场拍摄照片规定等，从而堵塞漏洞，消除隐患。与此同时，还要举一反三，延伸防范，对可能存在机动车辆保险造假的重点区域严加防控，遇到此类地点的报案时需提高警惕。最后，一旦发现确有机动车辆车主与汽修厂合谋“代撞”骗保行为的，一定要与公安司法机关密切配合，采取有效措施，进一步加大打击力度，绝不姑息纵容，惟其如此，才能有效地遏制“代撞”骗保行为的发生。

综上所述，不论火灾保险、机动车辆保险抑或其他各种财产保险中，行为人故意造成财产损失的保险事故的行为可谓花样百出、形式各异，但归结起来都是属于典型的故意制造保险事故的行为，这种行为方式乃是较为严重的保险诈骗行为，理应受到法律的严厉制裁，因为其不仅是对保险法规和刑法的公然违背，更是对保险制度的一种巨大破坏。须知，保险制度的存在是建立在保险事故发生的偶然性或可能性的基础上的，如果行为人故意制造保险事故，将保险事故的发生人为地由偶然变为必然，由可能变为现实，就必然动摇保险制度存在的基石。[①]值得注意的是，行为人在此种故意制造保险事故的过程中，因其行为手段的不同，不仅可能构成保险诈骗罪，而且可能同时构成故意毁坏财物罪、破坏生产经营罪、放火罪、爆炸罪、决水罪及其他犯罪，对此，按照刑法理论，属于牵连犯，应按数罪予以并罚。[②]当然，对于保险诈骗罪中牵连犯的认定，殊为复杂，笔者拟在下文中对之详作探讨。

（五）投保人、受益人故意造成被保险人死亡、伤残或疾病的行为

这种保险诈骗行为方式通常出现在以自然人的生命以及身体可能发生事故或者出现事件为保险内容的人身保险中。须知，人身保险合同属于非补偿性定额保险合同，只要发生责任范围内的保险事故或者生存保险约定的保险期届满，不论被保险人是否有损失，保险人都应按照保险合同的约定履行给付责任。所以，这类保险除个别的具有“两全”储蓄的险种外，一般都是以被保险人的死亡、伤害或者发生疾病为赔偿条件的。在这种情况下，有些投保人、受益人为了取得保险金，就会千方百计地促成赔偿条件的实现。[③]须知，在人身保险中，虽然被保险人伤残或者疾病是保险人履行保险金给付义务的条件，但这是以保险事故的出现为前提的，而且保险事故的出现必须同时具备“三性”，即非本意性、外来性和突然性，否则保险人就不承担责任。所谓“非本意性”是指保险事故发生的原因和结果是不可预料的；“外来性”是指保险事故由被保险人自身以外的原因所造成；“突然性”则指意外伤害的直接原因是突然出现的而不是早已存在的。[④]基于此，在现实生活中投保人、受益人采取杀害、伤害、虐待、遗弃、爆炸、放火、投毒以及其他方法故意制造人身保险事故，致使被保险人死亡、伤残或疾病，并且隐瞒保险事故的“三性”，谎称是自然事故或不可抗力的原因，从而骗取保险金的案件不胜枚举，而且从实践中发生的案例看，既有发生在夫妻之间、父

① 张利兆：《保险诈骗罪研究》，中国检察出版社 2007 年版，第 80 页。

② 宣炳昭主编：《刑法各罪的法理与实用》，中国政法大学出版社 2002 年版，第 139 页。

③ 孙军工：《金融诈骗罪》，中国人民公安大学出版社 2003 年版，第 212 页。

④ 鲜铁可：《金融犯罪的定罪与量刑》，人民法院出版社 1999 年版，第 404 页。

子母子之间为谋取保险金的谋害，也有发生在兄弟姐妹之间的谋害，还有彼此皆有必须保险利益的人之间的谋害，因为这些人对保险标的具有较大保险利益。可以说，这种故意制造保险事故的行为不仅使行为人因欺诈获得高额的保险金，侵犯了财产权利，更因为这种行为方式严重侵害了被保险人的生命和健康，是对人身权利的侵犯，而且行为人往往作案手段极其隐秘和凶残，因此这种行为方式可以说是性质最为恶劣、危害最为严重的一种保险诈骗犯罪行为。另外，值得注意的是，在实践中此种行为方式之所以较为常见，是因为人身保险本身的特性使然，人身保险由于投保人和被保险人可以分离，一些不法分子就可以瞒着被保险人投保以死亡、伤残或者疾病为给付条件的人寿险、意外伤害险、健康险等，同时又由于人身保险不会构成重复保险，保险公司要就每份合同各自履行规定的责任，不法分子会更青睐人身险，乘机多头高额投保，谋骗巨额保险金。[①]这也是行为人往往乐于选择在人身保险领域内实施诈骗的主要原因。我国《保险法》第 43 条第 1 款规定："投保人故意造成被保险人死亡、伤残或者疾病的，保险人不承担给付保险金的责任。投保人已交足二年以上保险费的，保险人应当按照合同约定向其他权利人退还保险单的现金价值"。第 2 款亦规定："受益人故意造成被保险人死亡或者伤残的，或者故意杀害被保险人未遂的，丧失受益权。"可以说，保险法上述关于除外责任的规定，既表明了民事法律对此种行为的否定评价，也为刑事法律对行为人的制裁提供了依据。

当然，对于投保人、受益人故意造成被保险人死亡、伤残或疾病的行为在定性上是较为明确的，即其属于《刑法》第 198 条规定的第五种法定行为方式，在此情形中，犯罪主体是投保人和受益人，而被保险人显然属于被害人。然而，在实践中往往还会发生由被保险人通过自损方式实施的故意制造人身保险事故并骗取保险金的行为，对于这种特殊的行为方式，似乎并无明确的法条规范作为定性依据，或许这也正是保险诈骗罪在立法上所存在的一处遗漏，正因如此，也引起了理论界与实务界的很多争论。为此，笔者拟在下文中将其作为保险诈骗罪中的一项特殊问题再行探讨。

四、保险诈骗罪的主体

按照《刑法》第 198 条的法条规定，保险诈骗罪的犯罪主体主要是投保人、被保险人和受益人，此三类人员应属于特殊主体。需要指出的是，并非在任何情形下这三类人员都可以成为保险诈骗罪的犯罪主体，而是要有所区分，因为

---

① 刘远：《金融诈骗罪研究》，中国检察出版社 2002 年版，第 454 页。

《刑法》第198条第1款对保险诈骗罪规定的五种具体行为方式是根据保险活动不同阶段的特点来确立的。而从法条内容上来看，显然不同的行为方式是由不同的适格主体来实施的:《刑法》第198条第1款第1项所规定的故意虚构保险标的的行为，只列举了投保人为犯罪主体，这是因为这类犯罪行为发生在保险活动的开始，一般只能由投保人单独实施;《刑法》第198条第1款第2项和第3项所规定的对发生保险事故编造虚假的原因或夸大损失的程度以及编造未曾发生的保险事故的行为却是三类人员都能实施的，所以他们都可能成为犯罪主体;《刑法》第198条第1款第4项所规定的故意制造保险事故的行为是仅对财产保险而言的，因为此处骗取的保险金是财产保险合同下的保险金，而财产保险合同中并无所谓的受益人，或者说被保险人就是受益人，因此只有投保人和被保险人才能是这类行为的犯罪主体;《刑法》第198条第1款第5项规定的故意造成被保险人死亡、伤残或疾病的情形中，由于被保险人是行为对象，因而是受害人，这就决定了被保险人不可能与加害他的人共同参与骗保，因此这类行为的犯罪主体只能是投保人或受益人。①由此可见，从《刑法》第198条第1款来看，尽管不是在任何情形下投保人、被保险人和受益人都能充当保险诈骗罪的犯罪主体，但似乎也不会超出这三类人员的范围了。如果仅以此观之，那么对于保险诈骗罪的犯罪主体好像就没有什么探讨的空间了。然而，关于保险诈骗罪犯罪主体的界定远非那么简单，因为考察《刑法》第198条第3款和第4款的内容后发现，实际上这两项法条同保险诈骗罪犯罪主体的界定是息息相关的，其中涉及了两方面的问题:一是保险诈骗罪中单位犯罪主体的问题，二是保险诈骗罪的共犯问题。

(一) 单位能否成为保险诈骗罪的主体

对此问题，《刑法》第198条第3款似乎已经有了肯定的回答，因为在现实生活中，保险诈骗的实施主体不仅局限于个人，而是愈加呈现出群体性诈骗的特点，也即投保人、被保险人以及受益人并不一定仅指自然人，单位同样也有可能成为这些主体，例如一些企业因经营不善，连年亏损，往往想铤而走险，试图通过骗取保险金来扭转被动局面。于是，在为本企业投保之后，企业负责人带领职工故意制造保险事故，然后向保险公司索取巨额保险金。可以说，实践中类似案例并不少见，其行为特征完全符合典型的保险诈骗，如不予以有效规制，恐难以发挥刑法的社会保护功能。有鉴于此，《刑法》第198条第3款专门规定了单位可以成为保险诈骗罪的犯罪主体。那么单位实施保险诈骗的刑事责任

① 陈兴良主编:《罪名指南》(上册)，中国政法大学出版社2000年版，第473页。

应如何承担,就是一个至关重要的问题。

就单位犯罪的刑事责任而言,是与单位犯罪的本质属性分不开的,因为单位犯罪的本质属性在于其双重性,首先是主体的双重性,即包括单位和单位内部的自然人主体。其次是犯罪行为能力的双重性。一方面,单位具有实施法律行为,承担法律责任的资格;另一方面,单位的行为能力要通过具有行为能力的自然人以单位名义去行使。第三是罪过的双重性,单位在实施犯罪行为时,不但单位本身对该行为所造成的危害结果持有故意或者过失的心理态度,其内部相关人员在以单位名义实施犯罪行为时,其自身对这一行为也有罪过。①相应地,单位犯罪中的刑事责任也具有双重性,一方面,它是单位这一社会有机体整体的责任。另一方面,它又是单位中的自然人主体的责任。这两种责任重合在一起,就构成了单位犯罪的刑事责任的全部内容。基于此,单位犯罪刑事责任的双重性就决定了对单位犯罪应当采用双罚制的处罚原则。双罚制处罚原则具有相当的科学性,因为单位是一个具有整体性和组织性的主体,它应当对其意志支配下的犯罪活动承担刑事责任,所以作为刑事责任必然后果的刑罚也就应当加诸单位本身。同时,作为自然人的直接负责主管人员和直接责任人员能够有权代表单位作出决定、决策并具体实施犯罪行为,应视为单位意志的表现,对他们进行处罚,实际上是由自然人承担的单位的刑事责任。由此可见,双罚制是同一刑事责任根据单位成员在犯罪中所处的地位和作用不同而作的不同分担,是对单位的犯罪行为的综合性的全面处罚。②正是由于双罚制有如上科学性,所以正被许多国家的立法所采用,例如 1954 年日本《防止不正当竞争法》第 5 条规定:“法人代表或法人和个人的代理人、雇佣人或其他工作人员,在有关该法人或个人的业务上实施了前条的违法行为时,除了应当处罚行为人以外,对该法人或个人也应处同条所规定的罚金刑。”又如 1994 年颁布的《法国刑法典》第 121 条规定:“当法人行为构成犯罪时,刑罚就不仅对法人组织适用,而且同时对法人组织中的有关自然人适用。”我国也不例外,目前对单位犯罪也是以双罚制为处罚的一般原则的,即《刑法》第 31 条规定:“单位犯罪的,对单位判处罚金,并对直接负责的主管人员和其他直接责任人员判处刑罚。本法分则和其他法律另有规定的,依照规定。”此外,从刑法分则对单位犯罪的具体刑罚来看,绝大多数罪名也是实行双罚制的。

保险诈骗罪亦是如此,即从《刑法》第 198 条第 3 款来看,当单位实施保险

---

① 陈丽天:《单位犯罪刑事责任研究》,中国法制出版社 2010 年版,第 70 页。

② 陈兴良:《刑法适用总论》(上卷),法律出版社 1999 年版,第 625 页。

诈骗行为时，既要对单位以保险诈骗罪加以认定，并对其判处罚金，同时也要追究单位内部的直接负责主管人员和直接责任人员的刑事责任，对他们判处相应的刑罚，这是完全符合双罚制处罚原则的。对此，有学者指出，单位犯保险诈骗罪是单位整体犯罪，是体现单位整体意志而不是其成员个人意志，是单位整体行为而不是其成员个人行为的犯罪。①基于此，笔者认为需要仔细甄别其中的特殊情形，即结合 1999 年最高人民法院《关于审理单位犯罪案件具体应用法律有关问题的解释》之相关规定，②明确单位内部的自然人必须是以单位的名义或者是出于为单位谋取非法利益的目的实施保险诈骗行为时，也就是这些自然人的行为是在单位整体意志支配下进行的，才能认定这些自然人的行为归属于单位犯罪，否则，就应视为是自然人的个人犯罪行为，如果不加区分地一概认定为是单位犯罪的话，就是一种刑事责任的不合理转嫁，是不符合法理要求的。除此之外，从《刑法》第 198 条中亦不难发现另一个重要问题，就是该法条第 2 款是关于保险诈骗罪数罪并罚情形的规定，但问题在于这种数罪并罚情形是针对《刑法》第 198 条第 1 款中第 4 项和第 5 项所列行为而设定的，而经过考察，如上行为大多表现为行为人通过故意杀人、故意伤害、故意毁坏财物、放火、爆炸、破坏交通工具、虐待等以骗取保险金，所以行为人分别触犯了上述不同的罪名，但是根据我国刑法的规定，单位是不能成为这些罪名的犯罪主体的，这样一来，就出现了两难境地了，如果对单位实行并罚，那么数罪如何成立。如果不对单位实行并罚，则又好像同《刑法》第 198 条第 2 款规定相违背。对此，有学者的观点认为，对于在实践中有些为了单位利益，经集体研究决定以故意杀人、故意伤害、故意毁坏财物、放火、爆炸、破坏交通工具、虐待等犯罪手段制造保险事故骗取保险金的情况，只能对单位认定保险诈骗罪，但对作为自然人的单位直接负责主管人员和直接责任人员应当以其行为构成的相应罪名和保险诈骗罪实行并罚。③依此观点，似乎关于保险诈骗罪中数罪并罚的情形仅适用于自然人，而不及于单位。如此处理方式可以说既能实行数罪并罚，使单位中的自然人实施

---

① 张利兆：《保险诈骗罪研究》，中国检察出版社 2007 年版，第 106 页。

② 1999 年最高人民法院《关于审理单位犯罪案件具体应用法律有关问题的解释》规定："为依法惩治单位犯罪活动，根据刑法的有关规定，现对审理单位犯罪案件具体应用法律的有关问题解释如下：第一条　刑法第三十条规定的公司、企业、事业单位，既包括国有、集体所有的公司、企业、事业单位，也包括依法设立的合资经营、合作经营企业和具有法人资格的独资、私营等公司、企业、事业单位。第二条　个人为进行违法犯罪活动而设立的公司、企业、事业单位实施犯罪的，或者公司、企业、事业单位设立后，以实施犯罪为主要活动的，不以单位犯罪论处。第三条　盗用单位名义实施犯罪，违法所得由实施犯罪的个人私分的，依照刑法有关自然人犯罪的规定定罪处罚。"

③ 赵秉志：《刑法分则问题专论》，法律出版社 2004 年版，第 206 页。

相关犯罪行为后不至于逃脱刑事制裁，并且不放弃追究单位的刑事责任，同时也强调了对罪刑法定原则的严格遵守，就是使单位成为刑法明文规定其可以构成之罪名即保险诈骗罪的适格主体。当然，也有学者针对如上法律适用上的矛盾，提出了一个更为理想的解决方案，即完善保险诈骗罪的立法，在目前立法的基础上进行以下结构性调整：(1)为了充分贯彻立法意图，将所列举的五种行为作为一体性的保险诈骗罪的实行行为要件。尤其对第 4、第 5 种行为而言，将这两种行为方式可能构成的各种犯罪等包容于保险诈骗罪中；(2)取消第 2 款关于数罪并罚的规定，同时相应提高这两种行为的法定刑幅度，注意与上述相关行为的法定刑幅度协调，以做到罪责刑相适应。在这种情况下，保险诈骗罪实际包容了其他犯罪行为，从而与这些罪形成包容竞合的法条竞合关系。①此种方案尽管在理论上具有一定的合理性，但却未必符合目前司法操作的实际状况，而且该方案主张取消数罪并罚的规定，显然对《刑法》第 198 条法条修正的动作太大，并有可能对保险诈骗罪内部罪刑关系的定型结构产生影响，其可行性就不无疑问了。因此，从便利于司法操作的角度出发，目前对单位实施保险诈骗还是不以数罪并罚为宜。况且，即便如此亦不影响单位作为保险诈骗罪主体的成立，毕竟，保险诈骗罪中的数罪并罚情形针对的是单位内部的自然人，是为了说明这些自然人的犯罪行为既可构成保险诈骗罪，也可构成其他相关的犯罪，涉及到的也仅是这些自然人刑事责任承担的问题，至于单位本身，不论在什么情况下，其成为保险诈骗罪的犯罪主体都是没有异议的。

（二）关于保险诈骗罪的共犯问题

保险诈骗罪的共犯问题亦是研究保险诈骗罪犯罪主体中一个非常重要的问题。《刑法》第 198 条第 4 款规定："保险事故的鉴定人、证明人、财产评估人故意提供虚假的证明文件，为他人诈骗提供条件的，以保险诈骗的共犯论处。"这就是保险诈骗罪中有关共同犯罪情形的规定，意在对保险事故的鉴定人、证明人、财产评估人(以下简称"鉴定人等")故意提供虚假证明文件的行为予以惩处，进而预防保险诈骗行为的发生。

在现实生活中，投保人、被保险人或受益人在进行理赔的时候，需要提供相关的证明文件，如保单、出险证明、财产损失鉴定等，而这些文件往往是由保险事故的鉴定人等作出的，可以说这些证明文件对于保险人是否理赔具有重要的影响。值得注意的是，能够担当鉴定人等的人员既可以是保险公司的工作人员，也可以是承担资产评估、验资、会计、法律服务等职责的中介组织的人员。

① 杨毓显：《保险诈骗罪疑难问题研究》，《学术探索》2004 年第 8 期。

在此，需重点关注的是后一类身份的人员，因为他们从性质上讲属于中介组织人员，而当其故意提供虚假证明文件，为他人保险诈骗提供条件，且情节严重的，是否应按照《刑法》第198条第4款以保险诈骗罪的共犯论处呢？对此问题似乎还存有疑问，那是因为《刑法》第229条专门规定了提供虚假证明文件罪这一罪名。[①]从该罪的罪状表述看，其犯罪主体亦要求是中介组织人员，那么从鉴定人等的特定身份属性考虑，他们的行为似乎可以构成提供虚假证明文件罪，而不一定认定为保险诈骗罪的共犯。对此，亦有学者从想象竞合犯的角度予以考虑，认为鉴定人等的行为同时触犯了提供虚假证明文件罪和保险诈骗罪（帮助犯），属于一行为触犯数罪名，符合想象竞合犯的特征，应按"从一重罪处断"原则对鉴定人等的行为以保险诈骗罪的共犯予以论处。[②]但上述观点要认定鉴定人等的行为构成保险诈骗罪的共犯，以想象竞合犯的观点来加以论证是很牵强的。须知，想象竞合犯的主要特征如下：(1)想象竞合犯是一个行为，外观上触犯数罪名，犯罪本身是形式上的数罪；(2)想象竞合犯是一行为同时符合数个犯罪构成，触犯数个罪名的竞合；(3)想象竞合犯的数法规之间，仅有行为的同一，在竞合罪名法条的构成要件内容上不存在必然的重合或交叉关系；(4)想象竞合犯主观上可以是数个罪过；(5)想象竞合犯是裁判上的一罪，应就其触犯的数罪名中，从一重处断。[③]那么对照《刑法》第229条和《刑法》第198条第4款的相互关系来看，鉴定人等的行为是否符合想象竞合犯的处断原则呢？笔者对此是予以否定的，因为鉴定人等的行为很难肯定是基于主观上数个罪过支配下所实施的，即其故意提供虚假证明文件这一行为的最终目的是为了保险诈骗的顺利实现，即便是他人在鉴定人等提供了如此便利条件后由于其他原因未能实施保险诈骗行为，那也可能属于保险诈骗罪的未遂问题，而并非另外构成提供虚假证明文件罪这一罪名，这样的话，也显然不符合想象竞合犯中一行为符合数个犯罪构成、触犯数个罪名的特征。当然，另有学者提出将鉴定人等的行为认定为保险诈骗罪的共犯，是因为他们与保险诈骗行为人事先有诈骗保险金的同谋，这时他们故意提供虚假证明文件的行为是保险诈骗行为的一部分，而与提供虚假证明文件罪构成法条竞合的关系，因为鉴定人等虽然有提供虚假文件的故意，却是以诈骗保险金为目的，显然《刑法》第198条第4款的规定更为适合评价鉴定人等的行为，且以《刑法》第198条第4款的规定来评价已经足够，符

---

① 《刑法》第229条规定："承担资产评估、验资、验证、会计、审计、法律服务等职责的中介组织的人员故意提供虚假证明文件，情节严重的，处五年以下有期徒刑或者拘役，并处罚金。"

② 王作富主编：《刑法分则实务研究(中)》，中国方正出版社2010年版，第614页。

③ 林亚刚：《论想象竞合犯的若干问题》，《法律科学(西北政法学院学报)》2004年第1期。

合法条竞合的特征。①但上述观点只是片面地考虑到了典型的保险诈骗罪的共犯情形，而当鉴定人等与保险诈骗行为人之间并未就诈骗保险金形成同谋，可能出于其他原因故意提供虚假证明文件时，以法条竞合来说明鉴定人等的行为构成保险诈骗罪共犯是有所偏颇的，在这种情形中，鉴定人等的行为由于并不一定以骗取保险金为目的，所以不宜以《刑法》第 198 条第 4 款的规定来进行评价，这样也就无法形成法条竞合关系。况且，就《刑法》第 229 条和《刑法》第 198 条第 4 款的关系而言，另有学者还提出了更为充分的理由否定其为法条竞合关系，即法条竞合是由于立法者基于复杂社会关系而予以刑法保护的复杂性、多层面性而作出的错综复杂之规定，反映了刑法对具体社会关系保护侧重点的不同，从而这种法条竞合往往发生在刑法分则条文之间。而《刑法》第 229 条和《刑法》第 198 条第 4 款的关系实质上并非刑法分则条文之间的关系，因为《刑法》第 198 条第 4 款之规定实质上是刑法总则性内容的规定，而法条竞合犯所触犯的数个罪名必须是刑法分则条文规定的，可见不符合法条竞合的特征。②

既然想象竞合与法条竞合均不足以成为坚实理由，那么对鉴定人等的行为以保险诈骗罪共犯论处的内在根据究竟为何呢？对此，有学者主张《刑法》第 198 条第 4 款的规定从性质上讲属于一种注意规定，即在刑法已有相关规定的前提下，提示司法人员注意，以免司法人员忽略。根据刑法总则关于共同犯罪的规定，完全可以得出"一般主体与特殊主体共同故意实施以特殊身份为要件的犯罪的，均应认定为共犯"的结论。所以，把《刑法》第 198 条第 4 款理解为注意规定，旨在引起司法人员注意：对于鉴定人等故意提供虚假证明文件的行为，虽然也可能符合《刑法》第 229 条的规定，但由于有了刑法总则关于共同犯罪的规定作为法律适用根据，加之又有注意规定的特别提示，所以必须以保险诈骗罪的共犯论处，而不要按照《刑法》第 229 条的提供虚假证明文件罪来处理。③但是，《刑法》第 198 条第 4 款被理解为注意规定，难免会带来这样一个问题，就是无法解释当鉴定人等与保险诈骗行为人没有就诈骗保险金形成通谋即两者间没有共同故意的情形下为何仍然认定鉴定人等的行为构成保险诈骗罪共犯，这显然与刑法总则所要求的只有在具有共同故意时才成立共犯的原理有所不符。《刑法》第 198 条第 4 款的规定实际上应当被理解为是一种有关保险诈骗罪共

① 薛瑞麟主编：《金融犯罪再研究》，中国政法大学出版社 2007 年版，第 415 页。

② 赵秉志：《刑法分则问题专论》，法律出版社 2004 年版，第 215 页。

③ 张明楷：《诈骗罪与金融诈骗罪研究》，清华大学出版社 2006 年版，第 782—784 页。

犯的特别规定，所谓特别规定，就是立法者基于特别理由将并不符合某种规定的情形（行为）赋予该规定的法律效果，并且该规定修正或补充了相关普通规定或基本规定的内容。①从《刑法》第 198 条第 4 款的规定内容来看，似乎同刑法关于共犯成立的基本规定（即《刑法》第 25 条）不尽相符，但立法上仍然承认此种情形构成共犯，说明该规定显然是对《刑法》第 25 条的相关内容作出了一定的修正或补充。

既然肯定了《刑法》第 198 条第 4 款是一种特别规定，那么尤为重要的是要考察该条款所蕴含的共犯形态，应当说，从表述上看，其固然包括鉴定人等与保险诈骗行为人就诈骗保险金形成通谋后故意提供虚假证明文件的情形，这种情形属于典型的共犯当无异议，然而，另一方面应特别注意的是该法条中“为他人诈骗提供条件的”这一表述，其显然意在表明当鉴定人等只具有单方面故意的情况下也有成立共犯之可能性，而且此处所成立之共犯应当属于片面共犯，因为从“为他人诈骗提供条件的”的含义上理解，鉴定人等构成保险诈骗罪的共犯必须以明知投保人、被保险人或受益人欲利用其所提供的有关证明文件进行保险诈骗为已足，并不需要二者有通谋。②当然，就片面共犯是否属于共犯形态，这在我国刑法理论上亦有争议，否定片面共犯的观点认为片面共犯所说的情形只存在单方面的一厢情愿的“共同”犯罪意图，没有双方的意思联络，没有形成真正的共同犯罪意思（包括共同的认识因素和共同的意志因素），因而不符合共同犯罪的主观条件。此外，不承认片面共犯不会影响对行为人的定罪，而承认片面共犯无助于犯罪人刑事责任的合理解决。③如上否定性的观点还是囿于现有的立法规定对共犯形态所作出的理解，因为从《刑法》第 25 条的法条内容上看，好像成立共犯所要求的行为人主观上的共同故意必须被要求为彼此间共同的意志或完全一致的意思联络。然而，以此种所谓共同的意志或完全一致的意思联络来限定共同故意实际上是对共同故意的一种曲解。须知，全面共同故意与片面共同意志之间并不是主观联系有无的区别，而只是主观联系方式的区别。或者说，全面共犯和片面共犯在共同犯罪故意的内容上只有量的差别，没有质的差别。④由此可见，片面共犯是行为人参与共同犯罪的一种特殊方式，而在行为人之间并非没有共同犯罪故意的意思联络，只是这种意思联络的形式是一种

① 张明楷：《诈骗罪与金融诈骗罪研究》，清华大学出版社 2006 年版，第 98 页。

② 肖晚祥：《保险诈骗罪的若干问题研究》，《政治与法律》2010 年第 1 期。

③ 赵秉志：《“片面共犯”不能构成共同犯罪——解析应否承认片面共犯之争》，《检察日报》2004 年 7 月 8 日。

④ 陈兴良：《共同犯罪论》，中国社会科学出版社 1992 年版，第 116 页。

单方的意思联络，较之一般共犯（或称全面共犯，与片面共犯相对应）的双方意思联络，这种单方意思联络的形式的确比较特殊，但不能因其特殊而妄加否定之。事实上，在司法实践中，许多犯罪的最终实现正是有赖于在这种单方的共同犯罪故意的意思联络支配下所产生的协力加功行为所起的作用，简言之，单方共同犯罪故意的意思联络确实是许多犯罪得以实现的原因力所在。笔者考虑到，这种具有单方共同犯罪故意的意思联络的片面共犯，其社会危害性实际上并不亚于具有双方共同犯罪故意的意思联络的全面共犯，甚至在许多情形下，由于片面共犯的一方行为人的暗中协助行为具有相当的隐蔽性，协助性程度也更高，使得对犯罪行为的顺利实行助力更大，所以有时片面共犯的社会危害性反而更为严重。试想对社会危害性相当的犯罪行为却在刑法上予以不同的认定处理，甚至对危害性严重的犯罪行为由于法律规定的缺位而不加追究，这实在是于理不符的。虽然我国刑法似乎对片面共犯尚未作出明确的规定，但不可否认在司法实践中片面共犯的现象并不鲜见，如不适时加以应对，确实将使某些犯罪分子容易逃脱刑事追究，由此也很难有效打击相关犯罪。基于此，应当意识到，共同犯罪是一种复杂的犯罪现象，对共同犯罪的研究虽然应当依据现行刑事立法，但决不能完全受现行刑事立法的束缚而不作出任何改进，尤其不能固守现行的共同犯罪概念而一成不变，对片面共犯这样的共同犯罪中所出现的特殊情形不予重视。

在肯定片面共犯得以成立的前提下，从《刑法》第 198 条第 4 款中"为他人诈骗提供条件的"的表述即可表明鉴定人等的行为在此种情形下应当属于片面共犯中片面帮助犯。片面帮助犯是比较典型的片面共犯，也是引发片面共犯理论的事实根源。[①]诚然，就帮助犯而言，主要是指在共同犯罪中，基于帮助的故意，以非实行行为加功于犯罪，使犯罪易于实施或完成的犯罪参与形态。[②]从帮助犯的这一定义可以揭示出帮助犯的特点在于行为人实施帮助行为只是出于助成他人犯罪实现而非出于自身犯罪的意思，并且表现为在他人实行犯罪之前或实行犯罪过程中给予帮助，使他人易于实行犯罪或易于完成犯罪。至于行为人帮助行为的具体方式则似乎没有明确限制，既可以有基于双方共同意思联络形成的明示的帮助行为，亦可以有基于单方意思联络形成的暗中的帮助行为。不论怎样，只要其行为能够从实质上符合对他人实行犯罪行为的促进，即能为他人犯罪行为的实行创造便利条件进而使行为更容易实行，那么就可以认定为

① 姜伟：《犯罪形态通论》，法律出版社 1994 年版，第 248 页。
② 刘凌梅：《帮助犯研究》，武汉大学出版社 2003 年版，第 7 页。

帮助犯的帮助行为。其中，所谓暗中的帮助行为就是典型的片面帮助犯情形，因为片面帮助犯就是指在实行犯并不知情的情况下，暗中为其实行犯罪提供便利条件的帮助犯。①应当说，片面帮助犯的立法例在许多国家和地区中亦有所见，例如我国台湾地区“刑法”第 30 条规定：“帮助他人犯罪者，为从犯。虽他人不知之情者，亦同。”很显然，我国台湾地区的刑事立法是肯定片面从犯(帮助犯)的成立的。②又如我国澳门地区“刑法”第 26 条第 1 项规定：“对他人故意作出之事实，故意以任何方式提供物质上或精神上之帮助者，以从犯处罚之。”根据这一规定，构成从犯并不以被帮助者知情为前提条件。再如《泰国刑法》第 86 条规定：“与他人犯罪前或犯罪时，以任何方法帮助或便利其犯罪者，为从犯，依该罪法定刑三分之二罚之。犯罪人不知帮助或便利之情者，亦同。”如上国家和地区的刑事立法颇值得借鉴，在我国刑法中虽然未对任何形式的片面共犯加以规定，但片面帮助犯的成立决定于社会上存在着的共同犯罪现象以及处理共同犯罪的司法实践的客观要求。③有学者分析了片面帮助犯的成立要件，即是从主观方面看，片面帮助犯必须具有帮助的故意，该种帮助故意在认识因素和意志因素上均具有双重性，即在认识因素上，帮助人对他人所实行的是犯罪行为并且其犯罪行为能够导致危害结果发生这一事实是明知的，同时还须认识到自己的暗中帮助行为只是对他人犯罪行为的实施或完成提供便利条件，并非自己亲自去实施犯罪行为。而在意志因素上，帮助人是希望或放任自己的暗中帮助行为能为他人犯罪行为的实施或完成提供便利条件，同时希望或放任通过自己的暗中帮助能够使实行犯所实施的犯罪行为造成危害后果；从客观方面看，片面帮助行为是非实行的行为，即指对实行行为起制约、补充和从属作用的危害行为，并且片面帮助行为对于犯罪的实施或完成必须具有实际的影响力。此外，更为重要的是，片面帮助犯必须是在被帮助人不知道帮助人的帮助行为的情形下方可成立，如果被帮助人对帮助人的帮助行为已经有所了解，那么就无片面性可言，只是双方达成一种互动的犯罪合意，应以一般共同犯罪论处为宜。④这

① 田鹏辉：《片面共犯研究》，中国检察出版社 2005 年版，第 133 页。

② 我国台湾地区刑法中在对共同犯罪人的划分上，帮助犯是等同于从犯的，这可见之于台湾刑法论著中对从犯概念的界定：“从犯，系指在正犯实施犯罪前或实施犯罪中，予以助力，而使正犯易于实施，或易于完成其犯罪行为也。从犯又称帮助犯，系共犯形态中之一种，但因其仅帮助他人犯罪，故在共犯中，其可罚性最为轻微，且在共犯之中，若认为不能成立共同正犯或教唆犯，有时亦可认定其成立从犯。所谓帮助者，乃指给予一切便利或援助之行为而言。此等帮助之行为，包括物质的、精神的、积极的、消极的，仅须对于犯罪者予以便利或援助，即构成从犯。”(参见高仰止：《刑法概要》，台北五南图书出版公司 1999 年版，第 120 页。)

③④ 韩广道：《论片面帮助犯的成立要件》，《中国刑事法杂志》2002 年第 1 期。

是对片面帮助犯的构成特征的高度概括。因此,片面帮助犯不仅在现实生活中较为常见,而且是能够被接受的一种理论观点,其在我国既有理论依据,也有实践基础,以其来指导司法实践更是大有裨益的。

《刑法》第198条第4款所规定的片面帮助犯形态在司法实践中也是存在的,即鉴定人等未与保险诈骗行为人相互勾结,只是偶然得知保险诈骗行为人准备骗赔后,出于种种原因,故意向其出具虚假的证明文件,从而为其实施诈骗提供条件,的确符合片面帮助犯的成立要件。①当然,司法实践中要证明鉴定人等与保险诈骗行为人未曾通谋,但却在知道其要骗赔后暗中提供虚假证明文件助其骗赔确实有一定困难,但不能因此否定这种可能性。②所以,就鉴定人等而言,只要有证据表明其明知所提供的证明文件用于或可能用于骗取保险金,却故意出具这些证明文件,而保险诈骗行为人又确实利用这些证明文件实施骗赔而构成保险诈骗罪的,对鉴定人等就应以保险诈骗罪共犯论处。如果对鉴定人等仅以提供虚假证明文件罪论处,无疑有宽纵其实施保险诈骗犯罪行为之嫌。实际上,司法实践中不乏类似的案例出现。例如王某购买了一辆二手别克车,并为该车辆投保了财产损失险,某次出行时发生了碰撞事故,致使该车辆受损,王某为了向保险公司主张额外的保险金,就故意夸大了别克车的损失程度,保险公司为了核准该车辆损失的规模,就委托专业人员李某前往对该项财产损失进行鉴定。极其巧合的是,李某恰是王某的中学同学且平时关系亲密,但此时王某并不知道保险公司委托的鉴定人是李某。李某经过考察、核定,明知王某故意夸大了损失程度,且虚假部分数额较大,足以构成保险诈骗罪,却出具了"损失属实"的鉴定结论,使王某的保险诈骗行为得以既遂,而后案发。在该案中,王某在实施保险诈骗行为时因没有与李某形成共同的犯罪故意,所以单独构成保险诈骗罪,而作为鉴定人的李某因在实施帮助行为时具有共同犯罪的故意,所以成立保险诈骗罪的片面共犯,而不能对其以提供虚假证明文件罪来加以认定。

综上可见,就保险诈骗罪的主体而言,固然主要是指投保人、被保险人和受益人三类人员,但并非绝对地限定在此范围内,即在特殊情形下尤其是存在共犯形态的时候,保险诈骗罪的主体范围可有所扩大,鉴定人等无疑属于如上三类人员以外的人,但他们却也可以成为保险诈骗罪的主体。

---

① 需要说明的是,鉴定人等必须对保险诈骗行为人将要实施的骗赔行为是明知的,如果不是明知的,就不符合片面帮助犯中帮助故意的内涵,因而难以成立片面帮助犯。如果鉴定人等是在不明知的情形下由于过失等其他原因提供虚假证明文件的,只能以其行为触犯的其他罪名定罪量刑。

② 杜国强:《保险诈骗罪共犯问题研究》,《人民检察》2005年第1期。

五、保险诈骗罪的主观方面

任何犯罪都是行为人基于一定的主观罪过而实施的，保险诈骗罪也不例外。主观方面是犯罪构成的必备要件，也是确认罪与非罪、此罪与彼罪的主观基础。

关于保险诈骗罪的主观方面，主要涉及的是非法占有目的是否为该罪必备要件的问题。因为保险诈骗罪是金融诈骗犯罪中的一项罪名，而在金融诈骗犯罪所涉及的八项罪名中，只有第 192 条的集资诈骗罪和第 193 条的贷款诈骗罪以及第 196 条的信用卡诈骗罪中恶意透支的情形是明文规定“以非法占有为目的”的，而其他罪名却在法条中未见明示，那么这是否意味着保险诈骗罪不需要以非法占有目的为必备要件呢？笔者认为，这是一个亟需予以澄清的问题。对此，首先就需要以刑法理论中的目的犯理论为基点，探讨非法占有目的在包括保险诈骗罪在内的金融诈骗犯罪中所处的构成要件地位。

目的犯是一种特殊的犯罪形态，在刑法理论上对目的犯的认定是比较困难和复杂的。然而，目的犯却有着其存在的价值，之所以强调目的犯中的犯罪目的，是因为就其在构成要件中的地位以及功能方面而言，具有犯罪类型化的作用，即特定的犯罪目的能够正确区分罪与非罪、此罪与彼罪，具体可表现为表明犯罪构成的客观要素以及影响违法性或有责性。①由此可见，目的犯中的特定目的有时决定着犯罪是否成立或者成立何种犯罪，而且特定目的的实现与否还有可能决定着对犯罪给予何种处罚。

因此有必要对目的犯进行合理的定义，并由该定义揭示出目的犯中目的的确切涵义。所谓目的犯，主要是指一种以故意以外的特定犯罪目的作为主观构成要件要素的犯罪类型。②该定义虽言简意赅，但却道出了目的犯的实质，而且尤其需要在此定义的基础上对目的犯中的目的进行深入的解读。一般而言，在直接故意犯罪中是存在犯罪目的的，因为在直接故意犯罪中，行为人正是在此犯罪目的的支配下实施犯罪行为的，行为人的犯罪目的和其犯罪直接故意是完全一致的，也即犯罪目的的内容完全包含于行为人的主观意志因素中，并且在直接故意犯罪中，行为人所实施的客观危害行为以及造成的客观危害结果都体现了对犯罪目的的实现，在此种情形下，主观意志因素和客观行为因素是基本对应的，因此，有学者认为这是一种直接的目的犯，并认为直接的目的犯也符合目

---

① 欧阳本祺：《目的犯研究》，中国人民公安大学出版社 2009 年版，第 82—84 页。

② 王志祥、姚兵：《论目的犯目的的本质》，《刑法论丛》2008 年第 1 期，第 293 页。

的犯的定义要求，即主观目的超越客观要素，只不过在直接目的犯中，此种超越较少，其目的可以通过构成要件的行为加以实现。[①]但是，除了直接目的犯外，在某些犯罪中还存在着间接的犯罪目的，间接的犯罪目的不能从犯罪构成中的客观行为要素直接推断出来，而是需要通过行为人所追求的超出直接故意意志因素的最终结果得以实现来证明的，即行为人通过实现行为的直接危害结果后进一步追求的某种非法利益或结果，它不是直接故意的内容，而是比直接目的犯的目的更为深刻的目的。[②]其实，间接的犯罪目的并不鲜见，例如《刑法》第 363 条第 1 款规定的制作、复制、出版、贩卖、传播淫秽物品牟利罪，该罪名要求必须以牟利为目的方能成立，因此属于典型的目的犯，但行为人针对淫秽物品无论实施如上的何种行为，都不可避免地会对社会管理秩序造成侵害，然而，危害社会管理秩序并非行为人的最终希望和追求，行为人实施这些行为，其最终目的无非是为了牟利，可以说，在实现牟利这一最终目的过程中，行为人实施的行为直接产生了危害社会管理秩序的后果。可见，该罪名中的牟利目的恰好属于一种间接的犯罪目的；又如《刑法》第 385 条规定的受贿罪中，所谓的受贿行为实际上包含了行为人利用职务上的便利主动索取他人财物和被动收受他人财物两方面内容，同时行为人又具有为他人谋取利益这一主观意图。然而，在行为人索取他人财物的情形中，不论是否为他人谋取利益，行为人均可构成受贿罪。可见，当行为人实施了索贿行为即意味着受贿罪的构成要件行为已经完成，并不要求其主观上为他人谋取利益之意图一定要付诸实施，若要实现这一意图，行为人恐怕还需进一步实施其他行为，而并非单纯的索贿行为所能涵盖。从此意义上说，受贿罪亦是一种目的犯，而其中的为他人谋取利益之主观意图不妨视作是一种间接的犯罪目的。诸如此类的间接犯罪目的的立法例还有很多，恕不列举。由此亦可表明，间接的犯罪目的属于一种特定的犯罪目的，这种特定犯罪目的并不要求一定要有与之完全对应的客观事实，而是只存在于行为人复杂的犯罪心理结构中。然而，此种特定犯罪目的的重要性却不言而喻，因为就某些犯罪来说，除了行为人的主观故意外，在认定犯罪成立的主观要件方面还要求必须有特定的犯罪目的存在，而且在某些情况下，间接的犯罪目的更是区分此罪与彼罪的重要因素。同时，对照目的犯的定义，似乎间接的犯罪目的与之更为契合，而在直接目的犯中，由于行为人的犯罪目的同其实施的危害行为以及危害结果是高度一致、相互重合的，所以，所谓直接目的犯其实不应属于严

① 陈兴良：《目的犯的法理探究》，《法学研究》2004 年第 3 期。

② 张明楷：《刑法学》，法律出版社 2003 年版，第 250 页。

格的目的犯的范畴。基于此,结合前述对目的犯所下的定义,本书重点关注的应当是间接的犯罪目的,也即在特定的语境之下,间接的犯罪目的才属于严格意义上的目的犯的目的。

通过如上界定,目的犯的目的既然是一种故意以外的特定犯罪目的,就应当进一步明确其与犯罪故意的关系,以摆正其在犯罪构成体系中的地位。首先应当承认目的犯的目的亦属于一种犯罪主观要件,这一点和犯罪故意具有同样的特性,但从上述目的犯的定义来看,目的犯的目的并非包含于犯罪故意之中,而是一种独立的主观要素,这种独立性表现在目的犯的目的是超过客观要件的规定范围的,通常而言,犯罪故意的认识内容限定了客观要件的规定范围,也即行为人所实施的危害行为可以被视为是犯罪故意在现实中的客观展开,而目的犯的目的则与之不同,由于它并没有与之对应的客观表现,所以目的犯的目的是一种单纯的主观要素,甚至可以说是一种和犯罪故意并列的主观要素。此种主观要素的实质通常表现为一种单纯的心理动因,这种心理动因是以构成要件的危害结果以外的其他结果作为主观追求的目标的。①正因如此,从整部刑法对犯罪构成的规定来看,目的犯的目的无疑是处于选择性构成要件要素的地位。作为选择性构成要件要素,目的犯的目的往往并不是在所有的故意犯罪中都存在的,只有当某些行为在犯罪故意的支配下得以实施却不足以判定犯罪成立时,需要目的犯的目的予以介入才能衍生出犯罪性,这时目的犯的目的是作为区分罪与非罪的界限而得以存在的,另外,当从犯罪故意本身即可判定行为具有犯罪性时,如果行为人同时具备了特定的犯罪目的,那么其行为有可能构成与前罪不同的另一罪名,这时目的犯的目的显然是作为区分此罪与彼罪的界限而得以存在的。由此可见,目的犯的目的是外在于犯罪故意而独立承担构成要件要素的功能的,并且显然和犯罪故意是所有故意犯罪必备的主观要素迥然有别,其往往需要依赖于刑法在具体犯罪构成中作出的特别规定。这一点正如我国台湾地区学者所言:“惟刑法中却有不少所谓意图犯的规定,②例如财产犯罪中大部分的犯罪类型……此类犯罪类型中除‘故意’之主观要件外,尚有所谓‘意图’的主观要件存在,也就是在同一犯罪构成要件中同时含有两个主观要件。”③综上所述,笔者认为,虽然目的犯的目的只是在某些犯罪中存在,但却不可否认其独立的主观要素地位。

---

① 董玉庭:《主观超过因素新论》,《法学研究》2005年第3期。

② 意图犯与目的犯实质上表达的是同一含义,均有愿望、意愿的意思,只是不同的立法语境中的具体称谓有所不同而已。

③ 柯耀程:《变动中的刑法思想》,中国政法大学出版社2003年版,第242页。

既然肯定了目的犯的目的是和犯罪故意并列的一种独立的主观要素，那么这种主观要素是否必须以刑法的明文规定为必要，即是否存在非法定的目的犯，这亦是一个不容回避的问题。有学者认为："刑法分则明文规定某些犯罪以具备特定目的为要件，如果行为人主观上不具有这种特定目的，则不构成犯罪或者只能构成其他犯罪。这种以特定目的作为构成要件的犯罪，称为目的犯。"①此观点显然是将目的犯仅限于法定的范畴之内，从而否定非法定目的犯的存在空间。但是，笔者认为，目的犯作为一种特殊的犯罪类型，其存在应当取决于自身特殊的构成结构，而非刑法的明文规定。换言之，正如前述，目的犯的目的主要是具有认定犯罪成立的功能，即该目的之有无影响到行为是有罪还是无罪，是此罪还是彼罪，只要具备如此功能，不论刑法是否作出明文规定，均应认定为是目的犯的目的，而且都应被认为是成立犯罪所必不可少的主观构成要素。对此，正如苏联刑法学者特拉伊宁所言："犯罪目的在法律中可能有规定，但也可能没有规定，从表面上看，要在那些法律根本没有提到目的或动机因素的犯罪构成中去寻找它们是没有根据的。然而实际上却并不如此，在许多场合——而且这一点对于审判实践具有巨大意义——法律上虽然没有谈到目的或动机，但是，如果对相应的构成要件进行深刻的或比较深刻的分析，就必须承认，法律上没有直接规定的一定的目的，仍然是这些构成的必要因素。"②因此，应当充分肯定非法定目的犯的存在。当然，非法定的目的犯由于没有法律的明文规定，容易产生理解上的歧义，也可能会对司法实践中准确认定相关犯罪带来影响，所以有学者主张不妨通过司法上的限制解释对非法定目的犯作出规定，以便实现非法定目的犯的法定化。③这不失为探究刑法没有规定之特定犯罪目的的一种较好的方法，当然，亦有观点认为非法定目的犯的存在实际上体现了立法技术的问题，也就是在刑法规定保持相对明确性的同时，没有必要将构成要件的所有内容在立法上全部予以列明，而没有列明的构成要件要素恰恰可以视为是法律漏洞。④而非法定目的犯就可归于法律漏洞的范畴，因为目的犯作为必须具备某种特定目的才能成立的犯罪，其犯罪行为在刑法规范中已作了明

① 张明楷：《刑法学》，法律出版社 2003 年版，第 214 页。

② [前苏联]特拉伊宁：《犯罪构成的一般学说》，薛秉忠等译，中国人民大学出版社 1958 年版，第 188 页。

③ 陈兴良：《目的犯的法理探究》，《法学研究》2004 年第 3 期。

④ 在此所谓的法律漏洞，并非是指法律存在空白或错漏，而是像德国学者拉伦兹所说的，法律漏洞是法律对其规整范围内的特定案件类型缺乏适当的规则，或者立法者有意保持沉默，对应该规定的规则不予规定，或者依规则的意义及目的，其不宜适用于某具体案例，而导致法律的不完全性。（参见[德]卡尔·拉伦兹著：《法学方法论》，陈爱娥译，商务印书馆 2003 年版，第 281 页。）

确的规定，法条所欠缺的只是对犯罪目的的明确规定。因此，就目的犯来说，并非刑法未作任何规定，只是说刑法的规定不完全，有所欠缺——欠缺特定的目的规则。而该目的如果不经法官的补充加入，则不能适用于具体案件事实。基于此，对于非法定目的犯的适用，需要由法官通过目的性限缩的方法来进行补充适用，亦即法官根据犯罪的一般理论或者具体犯罪的成立特性等因素加以补充适用，在刑法明文规定的构成要件之外附加行为人的类型性目的，以此判定特定犯罪目的的成立。①或许这正是对非法定目的犯适用方法的合理表述，由此也说明了非法定目的犯存在的必要性。不可否认，目的犯的确表现为法定与非法定两种形式，尤其是非法定目的犯虽然在具体认定上较为困难，但却不可无视其存在，甚至可以说，在属于目的犯的诸多罪名中，非法定目的犯还具有相当的比例，较为典型的例如伪造货币罪，虚开增值税专用发票用于骗取出口退税、抵扣税款发票罪等。②笔者认为，对此应给予应有的正视。当然，非法定目的犯的特定犯罪目的往往具有隐含性和抽象性的特点，在司法实践中探寻和证明此种目的殊非易事，所以就决定了在承认立法有限理性以及非法定目的犯概念本身的前提下，正确甄别非法定目的犯还是需要非常慎重的。日本刑法学者大塚仁指出："在补充构成要件时持正确而且严格的解释态度。"③诚哉斯言，这显然就要求在遵循刑法相对明确性的前提下，应尽量避免非法定目的犯在认定时的困难和随意。

以上对目的犯理论进行了详细的阐述，在此基础上，笔者进一步认为，保险诈骗罪理应属于如上所言的非法定目的犯的范畴，因为虽然《刑法》第 198 条没有对非法占有目的作出明确规定，但却不能否认保险诈骗罪的行为人是以非法占有保险金为目的实施诈骗行为的，如果行为人虽然在客观上有毁损、灭失保险标的的行为，但在主观上没有这一目的，并且没有借此向保险公司骗赔的话，那么就不能认定行为人构成保险诈骗罪。而且，如前所述，保险诈骗罪是以保险合同作为载体的，所以保险诈骗行为人的手段具有的一个共同特点就是利用了一个形式上完全合法的保险合同，而且行为人本身就是合同的当事人或者冒充当事人或者与当事人相勾结，故而极易与保险合同当事人之间的合同纠纷相混淆，因此，考察行为人的主观心理状态是否具有非法占有保险金的目的无疑

① 刘艳红：《论非法定目的犯的构成要件构造及其适用》，《法律科学（西北政法大学学报）》2002 年第 5 期。

② 陈兴良：《目的犯的法理探究》，《法学研究》2004 年第 3 期。

③ [日]大塚仁著：《刑法概说》（总论），冯军译，中国人民大学出版社 2003 年版，第 119 页。

是区分罪与非罪的重要标志。①可见，非法占有保险金的犯罪目的在认定保险诈骗罪的成立方面有着至关重要的作用。事实上，绝大多数国家对保险诈骗犯罪都要求特定的目的，如美国认定保险犯罪必须证明被告人有进行保险欺诈的特定意图，德国刑法要求保险欺诈以“使自己或第三人从保险中获得好处”为目的，意大利刑法规定保险欺诈“以为自己或其他人获取意外事故保险赔偿为目的。”②当然，我国刑法法条中未对保险诈骗罪明文规定非法占有保险金这一犯罪目的，实际上乃是出于法条简练和立法技术的要求，因为该犯罪目的在法条内容中已经有所隐含，而且是不言而喻、众所周知的，这显然符合了非法定目的犯的特征。从《刑法》第198条中“进行保险诈骗活动”的表述来看，实际上其中所谓的“诈骗活动”本身就内在地包含了“以非法占有为目的”的意思，通过“诈骗活动”的行为方式完全可以推断出其背后蕴涵或潜藏着的非法占有目的，这是一目了然、不言自明的，所以不需要再刻意加以强调，否则的话反而显得累赘，有悖于立法简洁性的要求。这一点，正如有学者所指出的，从形式上说，刑法分则条文不可能将所有犯罪的构成要件要素都完整地规定下来，有一些众所周知的要素，立法者为了实现简短的目的，而有意不作规定。换言之，在通过对其他构成要件要素的分析和对相关条文的比较，完全可以得知哪些是构成要件的要素的情况下，刑法可能有意省略对这种构成要件要素的规定。③显然，非法定目的犯即属此种情况，而属于非法法定目的犯范畴的保险诈骗罪亦应如此，即《刑法》第198条没有明文规定非法占有目的，并不代表保险诈骗罪没有这一必备的主观要件，也并不是立法上的疏漏或瑕疵，而恰恰可以视作是一种立法技术的合理运用。

由于保险诈骗罪主观上要求具有非法占有保险金的目的，所以保险诈骗罪应当属于故意犯罪，这一点当无异议，因为过失犯罪是不存在犯罪目的的。至于保险诈骗罪的主观故意的内容应如何确定，这也是需要考虑的。一般而言，由于保险诈骗罪的行为人是基于积极追求犯罪目的的罪过心理，实施骗取保险金的行为，而“骗取”是一种积极的、主动的行为，“骗”的行为和“取得保险金”的结果具有直接性，更何况保险诈骗罪的故意是骗取保险金的故意，是对骗取保险金的认知和决意，而不是对实施保险诈骗的手段行为和结果的认知和决意。④如此看来，保险诈骗罪的主观故意内容好像只是直接故意，这也是由保险诈骗

① 孙文红：《保险诈骗罪若干问题研究》，《国家检察官学院学报》2003年第3期。
② 顾肖荣、倪瑞平主编：《金融犯罪惩治规制国际化研究》，法律出版社2005年版，第183页。
③ 张利兆：《保险诈骗罪研究》，中国检察出版社2007年版，第120页。
④ 林荫茂、陆爱勤：《保险违约与保险犯罪》，中国检察出版社2002年版，第185页。

罪的目的犯属性所决定的，毕竟，目前我国刑法理论的通说认为间接故意犯罪是不存在目的犯的。①因此，不宜对通说观点随意突破，原则上保险诈骗罪的主观罪过是直接故意，但也不排除有例外情形的存在，此种情形即是前述的保险诈骗罪的共同犯罪形式。共同犯罪故意是一种复杂的犯罪故意，各共同犯罪人之间心理沟通也是表现各异的，直接故意与间接故意虽然存在区别，但在明知故犯这一点上是共同的。在这一共同的前提下，对犯罪的结果持希望或放任的态度都是有可能的，因而断然否定这种形式的共同犯罪的存在，是没有根据的。②在保险诈骗罪中，作为共犯的鉴定人等或许在对骗取保险金这一犯罪目的的积极追求方面不如投保人等保险诈骗行为人那样直接和强烈，但他们很可能基于后者的请求或其他原因，明知自己的行为可能导致行为人骗取保险金的结果发生，却仍然为其提供虚假证明，从而对这一结果持放任的态度，听之任之的心理状态极有可能存在。据此，笔者认为，在保险诈骗罪共犯的情形下，就有可能出现直接故意和间接故意并存的情况。

---

① 有关间接故意犯罪中是否存在目的犯，主流观点认为是不存在的，但也有些学者可能主张间接故意犯罪与过失犯罪相比，并不是绝对地不存在犯罪目的的，只不过相对于直接故意犯罪而言存在不确定的犯罪目的。(参见高铭暄主编：《新中国刑法学研究综述(1949—1985)》，河南人民出版社 1986 年版，第 262—263 页)此观点虽然对何为不确定的犯罪目的没有作进一步的深入说明，因而显得缺乏有力的论据，但其毕竟提出了与通说不同的见解，值得思考。至于该观点能否成立，可能还有待于理论上的深入讨论。

② 赵秉志主编：《金融诈骗罪新论》，人民法院出版社 2001 年版，第 603 页。

第三章　保险诈骗罪的司法认定

刑法中规定的任何罪名不仅应当在立法上加以明确,更重要的是应当在司法上能够得到准确认定,并加以合理适用。无论何种罪名,只要作为一个统一的罪名,其必然具有内在的规定性。这种规定性的内涵之确定,一般说来,依据立法意图是可以有较为统一的把握的,而且这种把握,只要不是特殊的情形,也并不是困难的,但对于这种规定性的外延来说,不通过具体事件的分析,是难以进行的,因而在判决中针对具体事件的分析并解释其适用具体法条的理由,应该成为解释法律的基本形式。[①]保险诈骗罪亦不例外,尽管对该罪在法律文本上已做到明确、详尽和具体,但在司法实践中具体处理保险诈骗犯罪案件时仍然存在着诸多疑难问题与困惑,不可避免地会出现立法意图与司法结果之间的偏差,因此,在不断细化保险诈骗罪立法规定的同时,亦须对保险诈骗罪的司法认定问题予以充分关注。

第一节　保险诈骗罪的罪与非罪的界限

对于保险诈骗罪是否成立的认定,尤其要注重其与一般的保险欺诈行为的区分,也即涉及到保险诈骗罪的罪与非罪的界限应当如何具体把握的问题。对此,除了前文论及的必须符合《刑法》第 198 条规定的保险诈骗罪的构成特征之外,还需要从以下两方面进行考察和判断。

一、保险诈骗罪中“非法占有保险金”目的的认定

通过前文对保险诈骗罪的犯罪主观方面要件的探讨,已经明确了保险诈骗罪属于目的犯的范畴,因此非法占有保险金的目的乃是保险诈骗罪的必备要件,而且在此目的支配下,保险诈骗罪的行为人在犯罪故意上通常是一种直接故意(在共犯情形下可能有例外),对此当无异议。

需要强调的是,行为人主观上具有非法占有保险金的目的对于正确认定保

① 李洁:《论罪刑法定的实现》,清华大学出版社 2006 年版,第 376 页。

险诈骗罪是否成立的重要性。由于保险属于高端领域，决定了保险业具有较强的专业性和复杂性，这就不可排除在保险活动的开展过程中，有的投保人、被保险人或受益人对于保险法律以及保险运行规则不甚了解或熟悉，以及可能对保险事故的认识不确切或对保险合同内容的理解发生偏差，因而可能出现错误投保或理赔的状况，而对于错误投保或理赔，一定要与保险诈骗的犯罪行为严格区分开来。例如，因不知道财产保险不可以重复保险而重复保险的，不能认为是保险诈骗犯罪中的故意虚构保险标的行为，因事故性质本身难以认定而误报事故原因的，不能认为是保险诈骗犯罪中的故意编造保险事故的虚假原因的行为，因事故损失程度计算失误而夸大了损失程度的，不能认为是保险诈骗犯罪中的故意夸大事故损失程度的行为等。[①]由此可见，行为人主观上是否具有非法占有保险金的目的，是区别保险诈骗犯罪行为与错误投保或理赔的界限之一。同理，还有学者指出，在犯罪预备阶段，有无非法占有保险金的犯罪目的也是区分罪与非罪的界限。如投保后故意制造保险事故的行为，并非都是保险诈骗罪的预备行为，只有在诈骗保险金的犯罪目的支配下故意制造保险事故的行为，是其犯罪的预备行为，否则只能构成其他犯罪或者是一般的自毁财产，根本不构成保险诈骗罪。[②]当然，在实践中不排除有的行为人可能会利用保险活动的运作机理掩盖自身的犯罪目的，一旦其诈骗行为暴露，就会以不懂保险为借口逃脱罪责，这样就会使得有时对行为人在保险活动中获取不合理的保险金的行为难以作出准确区分，毕竟认定行为人的主观目的确实具有一定的困难，但不可就此因噎废食，在具体的保险活动中结合具体情况对行为人的主观真实目的加以识别和考察还是必不可少的，如此才能够避免混淆罪与非罪的界限。其实，行为人非法占有保险金的目的还是可以从一些外化的行为表现中得见端倪的，因为任何行为总有其目的和实现方式，行为的目的是行为的灵魂，它给行为以价值规定，并贯穿行为的全过程。可以说，目的选择行为，行为体现目的价值。[③]据此，有学者就认为，在司法实践中，判断行为人主观上是否具有骗取保险金的目的，主要是看行为人是否采取了刑法所规定的欺诈手段，凡是有意使用了刑法所规定的欺诈手段，原则上应认定为具有此目的，但也要综合其他情节予以考虑。[④]对于其中提到的行为人使用欺诈手段就不妨看作是一种外化的行为表现，当然这样表述还是比较笼统的，笔者认为，具体地看，由于保险诈骗罪属于

① 林荫茂、陆爱勤：《保险违约与保险犯罪》，中国检察出版社2002年版，第213页。
② 孙文红：《保险诈骗罪若干问题研究》，《国家检察官学院学报》2003年第3期。
③ 曾钊新、李建华等：《道德心理学》，中南大学出版社2002年版，第253页。
④ 赵秉志主编：《金融诈骗罪新论》，人民法院出版社2001年版，第618页。

故意犯罪，而故意犯罪大多都有一个预谋、预备和着手实施的过程，所以行为人通常就会为了实施欺诈而在预备阶段进行精心谋划，刻意制作虚假的理赔材料，或者对虚构事实、隐瞒真相的行为表现出积极主动的态度，以及明知其提出的理赔依据带有欺诈性内容，依然积极予以追求等。因此，保险人在承保、理赔等诸项环节中必须要增强相应的识别能力和判断能力，尽可能地通过行为人的如上行为表现揭示出其背后的非法占有目的。毕竟，非法占有目的虽然是一种主观上的心理活动，但它并非是脱离客观外在活动而存在的。因此，可通过客观行为推定其主观上的非法占有目的，当然，司法推定具有高度的盖然性，在多数情况下是符合事实的，但不能保证任何时候均符合客观事实，非法占有目的与骗取保险金之间并不存在完全的一一对应关系，因此，只有在根据客观行为推出的主观心理状态是惟一的情况下，适用司法推定才是可行的。①正因如此，当通过行为人的行为表现无法推定出是由于非法占有目的的支配所致，那么行为人的相关行为很可能会归于错误投保或理赔以及一般的保险欺诈行为之列。

二、保险诈骗罪中“数额较大”的认定

保险诈骗罪的诈骗数额也是区分其罪与非罪的一个根本标准，因为无论是反映货币多少的“数额”还是反映物品数量多少或者体积、重量的“数额”，也无论是实行数额还是结果数额，在一些犯罪中都能直接反映出行为的规模及其社会危害性的程度，同时也反映着行为人主观恶性的大小。在这类犯罪中，有一个共同的特点，就是犯罪行为对犯罪客体的侵害具备可以计量的特征。对于社会危害性和主观恶性等抽象的概念，在这里似乎变得简单而易于理解，所以，“数额”介入刑法因其显而易见也就顺理成章了，并在这类犯罪中起着举足轻重的作用。②由此可见，犯罪数额是与犯罪行为相关联并以货币形式表示的经济利益数量，它对我国刑法中许多罪名的定罪量刑都有十分重要的意义，即凡是那些涉及以犯罪数额作为犯罪构成定量标准的罪名在刑法理论上统称为数额犯。在数额犯中，犯罪数额是其核心内容，它能够起到征表行为的客观危害程度和行为人的主观恶性大小的作用，同时它也是我国刑事立法和刑法理论强调犯罪是定性和定量相结合的最明显体现。③所以，立法上规定数额犯在某些特定领域就具有合理界定犯罪圈、以利于司法操作之功效。

---

① 肖乾利：《保险诈骗罪若干问题之审视》，《广西社会科学》2006年第4期。
② 赵威：《数额犯研究》，辽宁大学出版社2010年版，第9页。
③ 童伟华：《数额犯若干问题研究》，《华侨大学学报（人文社会科学版）》2001年第4期。

保险诈骗罪也属于一种典型的数额犯，因为从《刑法》第198条的法条表述看，保险诈骗罪的构成要件之一就是要求其诈骗数额必须达到“数额较大”。之所以如此规定，主要是考虑到保险诈骗的行为人以刑法规定的方法向保险人诈骗保险金，必然破坏保险活动的管理秩序，但保险诈骗行为对于保险活动管理秩序的破坏这一结果是无形的，而诈骗数额较大的保险金这一结果是有形的。与保险活动管理秩序遭到破坏相比，骗取数额较大的保险金这一事实是容易认定的构成要件，刑法规定数额较大这一危害结果显然是为了限制处罚范围，因为任何保险诈骗行为都要破坏保险活动管理秩序，但是程度不同，而规定数额较大，则能够将诈骗保险金数额较小或没有骗取保险金的行为排除在犯罪之外，可以起到限制处罚范围的作用。[①]的确，在刑法分则条文中，有很多条文规定了“既定性又定量”的犯罪构成模式，即除了规定行为方式或手段外，同时规定了行为危害程度的要求，如“数额较大”，以此表明行为之脱逸社会相当性的程度对犯罪成立的决定性作用，以区分刑事犯罪与一般违法行为的界限。[②]保险诈骗罪的法条规定显然就属于此种情况。对于保险诈骗罪“数额较大”的标准，其实在1996年《最高人民法院关于审理诈骗案件具体应用法律的若干问题的解释》中就有规定，即个人进行保险诈骗数额在1万元以上的属于“数额较大”，单位保险诈骗数额在5万元以上的属于“数额较大”。同时，在2001年《最高人民检察院、公安部关于经济犯罪案件追诉标准的规定》中亦有相同规定：“进行保险诈骗活动，涉嫌下列情形之一的，应予追诉：(1)个人进行保险诈骗，数额在1万元以上的；(2)单位进行保险诈骗，数额在5万元以上的。”这样，保险诈骗罪中“数额较大”的标准应该是非常明确了，也就是说，如果个人和单位的诈骗结果分别在1万元和5万元以下的，不构成保险诈骗罪，可能仅是一般的保险欺诈行为。如此看来，在保险诈骗罪数额标准的认定上似乎没有过多的争议了。然而，实际上其中还涉及如下一个需要探讨的问题，在保险诈骗罪的法定行为方式中，有投保人一方夸大损失程度骗取保险金的行为，其实该种行为就与保险诈骗罪的诈骗数额有着密切的关系，也就是说，对于保险诈骗罪中的“数额较大”的理解，究竟应该是保险标的真实损失部分的保险金赔付数额，还是指夸大损失后虚报部分的保险金赔付数额，抑或是两部分数额相加之和。对此，笔者认为，《保险法》第27条第3款明确规定：“保险事故发生后，投保人、被保险人或者受益人以伪造、变造的有关证明、资料或者其他证据，编造虚假的事故原因

① 李文燕主编：《金融诈骗犯罪研究》，中国人民公安大学出版社2002年版，第382页。

② 于改之：《刑民分界论》，中国人民公安大学出版社2007年版，第323页。

或者夸大损失程度的，保险人对其虚报的部分不承担赔偿或者给付保险金的责任。”该规定表明，保险人对于投保人一方非虚报的部分仍然要承担赔偿或给付保险金的责任，也即非虚报部分的确是投保人一方所真实遭受的损失，并非其通过欺诈手段意图获取的犯罪所得，因此他们获得赔付有着合理的法定依据。同时，从保险诈骗罪的立法意图来看，其对保险人财产权的保护也主要针对的是保险人的实际损失，此种实际损失显然来自于投保人一方夸大损失所虚报的部分。所以，以投保人一方虚报部分所相应的保险金赔付数额是否较大来认定保险诈骗罪是否“数额较大”是较为合适的，因为这样理解能达到行政立法和刑事立法的协调统一，也使诈骗犯罪给被害人造成的损失与被害人的实际损失相一致，使犯罪与刑事责任相一致。①因此，如上个人和单位分别的诈骗数额 1 万元和 5 万元应当是指行为人夸大损失程度后虚报的那部分保险金赔付数额，并且应当同遭受真实损失后应当获得的正当保险金赔付数额区分开来。

第二节　保险诈骗罪的此罪与彼罪的区分

一、保险诈骗罪与诈骗罪的区分

如前所述，保险诈骗罪是从诈骗罪中独立出来的一项罪名，说明两者间存在着密切的关联，主要表现为特别规定和一般规定的竞合关系，也就是说诈骗罪的规定属于诈欺型犯罪的一般性规定，而保险诈骗罪是该类犯罪的例外，即特别规定。②但是，应予充分注意的是，特别规定的适用以符合一般规定为前提，所以只有符合一般诈骗犯罪构成要件的行为，才可能因为具备其他特别要素而成立金融诈骗犯罪（包括保险诈骗罪）。③基于如此理解，保险诈骗罪就是特定领域（主要是保险领域）发生的诈骗罪，它与诈骗罪具有一定的相容性，主要体现在两者的构成要件上存在着包容或竞合，例如在主观上都强调必须具有非法占有目的，客观上都实施了“虚构事实、隐瞒真相”的诈骗行为等。然而，尽管具有以上的相容性，但由于保险诈骗罪已经实现了罪名独立化，足以说明该罪与诈骗罪在构成要件上的差异更为明显。诚然，保险诈骗罪与诈骗罪是特别规定和

① 吴忆萍：《金融诈骗罪新论》，西南师范大学出版社 2005 年版，第 342 页。

② 赵秉志主编：《金融诈骗罪新论》，人民法院出版社 2001 年版，第 619 页。

③ 张明楷：《诈骗罪与金融诈骗罪研究》，清华大学出版社 2006 年版，第 3 页。

一般规定的关系，在某一行为同时可以适用这两项罪名予以规制时，就行为的具体认定而言，应当根据特别法优于一般法的原则，适用特别法的规定，即以保险诈骗罪处断。但是，在实践中正确厘清两者在构成要件上的差异有时却并非易事，笔者以为，不妨从以下几方面加以考虑。

（一）两者侵犯的客体和对象不同

前文在分析保险诈骗罪犯罪客体时已有定论，即该罪侵犯的是复杂客体，主要客体是保险活动的管理秩序，次要客体是保险人的财产权，这是着眼于维护保险业的整体良性运行所作出的界定，同时也更能凸显出保险诈骗罪具有金融犯罪的特性。但诈骗罪就不同了，由于其并非发生于金融领域，所以属于传统的财产犯罪，须知，诈骗罪是基于被害人有瑕疵的意思而转移财产的犯罪，可见诈骗罪的本质要素就是使被害人受到财产上的损害。①由此即可推断，诈骗罪侵犯的是简单客体，就是公私财产的所有权。由于《民法通则》第 71 条规定："财产所有权是指所有人依法对自己的财产享有占有、使用、收益和处分的权利。"所以，作为侵犯财产犯罪的诈骗罪就是对公私财产所有权全部权能的侵犯，即由于犯罪人的犯罪行为使财产所有人在事实上永久、完全地丧失对财产占有、使用、收益和处分的可能性。②当然，也有学者主张诈骗罪侵犯的是复杂客体，即在商品经济已经相当发达的今天，诈骗犯罪已不仅仅只是造成被害人财产的损失，而且还会使其生产经营受到影响，甚至导致企业或公司破产等危害结果的发生，严重破坏金融、投资、商品生产和销售等社会主义市场经济秩序。③对此观点，笔者不尽苟同，因为所谓的侵犯社会主义市场经济秩序仅仅是诈骗罪所造成的间接后果，而且社会主义市场经济秩序的范畴非常宽泛，从某种意义上说，几乎所有犯罪的客体都可以是市场经济秩序。另外，将市场经济秩序作为诈骗罪的客体，会使诈骗罪丧失其作为侵犯财产犯罪组成部分的本质，也将使得诈骗罪的范围会无限扩大。对此，日本刑法学者大塚仁的观点颇值得肯定，其认为维持财产交易上的诚实信义或这方面的社会秩序，只是处罚诈骗罪的一种反射效果，不能理解为诈骗罪的直接保护法益。④因此，诈骗罪的犯罪客体应当是简单客体。另有学者则从广义诈骗犯罪的角度去理解，认为传统类型的诈骗犯罪是简单客体即公私财产所有权，而新型诈骗犯罪的客体是复杂客体，除了侵犯财产所有权之外，还同时侵犯社会主义市场经济秩序。所谓新型

① 张明楷：《诈骗罪与金融诈骗罪研究》，清华大学出版社 2006 年版，第 2 页。

② 赵秉志主编：《侵犯财产罪疑难问题司法对策》，吉林人民出版社 2000 年版，第 11 页。

③ 赵秉志主编：《侵犯财产罪研究》，中国法制出版社 1998 年版，第 240 页。

④ ［日］大塚仁：《刑法概说》（总论），冯军译，中国人民大学出版社 2003 年版，第 233 页。

诈骗犯罪，除独立成罪的金融诈骗、合同诈骗等之外，还包括利用新的科学技术进行诈骗而刑法尚未将其独立成罪的情形。[①]在此笔者正是为了比较诈骗罪与保险诈骗罪在犯罪客体上的不同，保险诈骗罪是归于新型诈骗犯罪之中的，所以其犯罪客体是复杂客体当无问题，而此处所言的诈骗罪则是从狭义上去理解的那种属于传统类型的诈骗犯罪，所以它被刑法规定在侵犯财产罪一章中，其犯罪客体自然是一种简单客体。

除了犯罪客体外，保险诈骗罪与诈骗罪各自的犯罪对象也有不同，保险诈骗罪的犯罪对象是保险金，保险金是保险合同约定当保险事故发生时，保险人所承担的合同责任，这个责任表现为支付合同约定的金额。所以，保险金一定是货币形式，而且一定是保险人的保险金。[②]那么显而易见，作为该罪犯罪对象的保险金就属于财物的范畴。而诈骗罪的犯罪对象似乎就复杂多样了，其不仅包括财物，还应当包括各种财产性利益，例如在日本刑法中对于诈骗罪就作出如下规定，欺骗他人并使之交付财物的，处十年以下惩役（第 246 条第 1 项）。以前项方法，取得财产性不法利益，或者使他人取得该利益的，与前项同（第 246 条第 2 项）。处罚其未遂（第 250 条）。[③]这样的立法例无疑是可以借鉴的。的确，诈骗罪属于侵犯财产的犯罪，那么财物作为其犯罪对象自然是不言而喻的，而对于财产性利益是否作为诈骗罪的犯罪对象则需要加以考虑。所谓财产性利益，主要是指财物以外的有财产价值的利益。这种利益既可能是永久的利益，也可能是一时的利益；既可能是积极利益，也可能是消极利益。积极利益是指取得权利之类的含有积极增加财产意义的利益，消极利益是指免除债务之类的不消极减少财产而产生的利益。[④]当然，有学者依据诈骗罪犯罪客体的内容，认为诈骗罪侵犯的对象仅限于具体的公私财物，所以财产性利益被排除在外。[⑤]但笔者认为，如此理解过于狭隘，因为诈骗罪是归于刑法分则第五章侵犯财产罪中的，侵犯财产罪所保护的法益就是财产权。事实上，现代社会对财产的衡量，已由对实物的占有让位于主体实际享有利益的多寡，财产权表现为庞大的权利系统，并可抽象为具有财产性质的利益，所以对于财产的表现形式，应当理解为财物与财物以外的具有财产价值的能够满足人的需要的利益。同时，从刑

---

① 刘明祥：《财产罪比较研究》，中国政法大学出版社 2001 年版，第 210 页。

② 林荫茂、陆爱勤：《保险违约与保险犯罪》，中国检察出版社 2002 年版，第 214 页。

③ ［日］西田典之：《日本刑法各论》（第 3 版），刘明祥、王昭武译，中国人民大学出版社 2007 年版，第 147 页。

④ 刘明祥：《财产罪比较研究》，中国政法大学出版社 2001 年版，第 38 页。

⑤ 杨春洗、杨敦先主编：《中国刑法论》，北京大学出版社 1998 年版，第 906 页。

法与民法的关系来考察，在财产关系极为复杂的当今社会，认为完全可以通过民法补救被害人的债权、财产性利益的损害，也是不现实的，所以，当民法不足以保护债权及其他财产性利益时，由刑法予以保护实属理所当然。①基于如上分析就可看出，把财产性利益视为诈骗罪的犯罪对象完全具有合目的性与具体的妥当性。由此亦见，诈骗罪的犯罪对象由于包含了财物和财产性利益，显然要比保险诈骗罪的犯罪对象更为宽泛。

（二）两者的行为方式不同

保险诈骗罪中行为人主要是利用保险合同关系实施诈骗的，因为从保险诈骗罪的五种法定行为方式来看，它们始终都没有脱离保险合同关系，譬如第一种故意虚构保险标的的行为是行为人为了诈骗而有意设置保险合同关系，后四种行为方式则既可能是行为人为了诈骗而有意设置保险合同关系，也可能是在依法建立保险合同关系之后才决意诈骗保险金。②不管怎样，正是由于保险合同关系的存在，决定了保险诈骗的行为人采用的是特定的行为手段，具有极强的隐蔽性，这主要是因为：(1)保险诈骗已完全被合法的保险合同所掩盖，方式上用不着制造假象，因而难以引起被骗者的怀疑；(2)保险人的经营对象较为广泛，难以对每个投保人均作出防备；(3)行为人在合同有效期内，任何时候均可以实施诈骗行为，在时间上具有相当大的可选择性，从而可以作出周密的安排和精心的策划。正是由于保险诈骗具有极强的隐蔽性，所以给行为人带来了一定的成功率。③如此看来，保险诈骗罪无疑是发生在保险合同关系的履行过程之中的，因此它是保险活动这一特定领域内的犯罪行为。诈骗罪则与之不同，因为诈骗罪发生的领域极其广泛，举凡日常的生活、生产、消费、流通等各个领域中都可能出现诈骗犯罪行为，这就决定了诈骗罪的行为方式是复杂多样的，常见的有：编造谎言，假冒身份，骗取财物；伪造、涂改单据，冒领财物；伪造公文证件，骗取钱财；以帮助看管、提拿东西为名，骗走财物；以恋爱、结婚、介绍工作等名义骗取他人财物，等等。④总之，诈骗罪采取的是一般的虚构事实和隐瞒真相的方法，使被害人陷入错误，从而“自愿”地把财物等交给行为人。⑤可以说，只要行为人的具体行为手段符合了如上特征，均可归于诈骗罪的行为之列。很显然，诈骗罪的行为方式比保险诈骗罪宽泛得多，保险诈骗罪虽然客观上也是采

① 张明楷：《财产性利益是诈骗罪的对象》，《法律科学(西北政法学院学报)》2005 年第 3 期。

② 刘远：《金融诈骗罪研究》，中国检察出版社 2002 年版，第 454 页。

③ 刘宪权：《金融风险防范与犯罪惩治》，立信会计出版社 1998 年版，第 233 页。

④ 王晨：《诈骗犯罪研究》，人民法院出版社 2003 年版，第 2 页。

⑤ 赵秉志主编：《金融诈骗罪新论》，人民法院出版社 2001 年版，第 619 页。

用的虚构事实和隐瞒真相的方法，但其毕竟是非常特定的，只能是利用保险合同关系，即围绕保险合同的内容，针对保险标的和保险事故进行，并且囿于《刑法》第198条之规定，只能是以法定的几种特定行为方式予以实施。由此可见，当两者在主客观方面极为相似的情况下，主要的区分就是看行为人是否利用了保险合同关系进行诈骗。

（三）两者的犯罪主体不同

对此似乎是较为明确的，因为鉴于《刑法》第198条已经有了明确规定，所以目前保险诈骗罪的犯罪主体应当还是特殊主体。①而诈骗罪的犯罪主体则是一般主体，即任何人都可构成诈骗罪。不过，笔者始终认为，对保险诈骗罪的犯罪主体仍有讨论之余地，②假设今后经过相应的立法完善，保险诈骗罪的犯罪主体为一般主体能够得到认可，那么显然两者在犯罪主体方面的这一区别就不复存在了。当然，由于目前立法规定未作任何改变，自然还需承认这两项罪名在犯罪主体上依然有着显著不同。此外，如前所述，依照《刑法》第198条第3款，单位可以成为保险诈骗罪的犯罪主体，所以单位和自然人均能实施保险诈骗犯罪行为，而诈骗罪的犯罪主体显然只能是自然人，这一点的差别也是需要注意的。

二、保险诈骗罪与合同诈骗罪的区分

（一）两者的行为方式不同

相对于诈骗罪而言，保险诈骗罪与合同诈骗罪之间似乎更难区分，因为两者也表现为特别规定与一般规定的法条竞合关系，而且其竞合方式属于一种包容竞合的情形，包容竞合也称为全部竞合，表现为一个罪名概念的外延是另一罪名概念的外延的一部分，但犯罪构成的内容已超出外延窄的罪名概念的情形。在包容竞合的情况下，两个法条之间具有整体与部分的从属关系，即当犯罪人实施某一犯罪行为，完全符合整体法规定的构成要件时，其行为的一部分必然也同时符合部分法规定的构成要件，从而形成法条竞合。③那么对照保险诈骗罪与合同诈骗罪的关系来看，由于保险诈骗罪需要以保险合同来体现，其行为的实施也发生在保险合同的签订、履行过程之中，而这种以合同为表现形式

---

① 依照前述分析，在保险法律关系中，投保人一方和鉴定人等都应视为是特殊主体。

② 下文中笔者将冒名骗赔行为的定性作为保险诈骗罪中的一个特殊问题，主要就是大胆地提出改变现有的保险诈骗特殊主体立法模式并确立一般主体立法模式的设想，进而主张对《刑法》第198条应该加以完善。

③ 陈兴良主编：《刑法各论的一般理论》，内蒙古大学出版社1992年版，第407页。

的诈骗犯罪，在犯罪构成上是完全符合合同诈骗罪的构成条件的。在这种意义上，合同诈骗罪的规定包容了保险诈骗罪的规定，从而可以称为一般规定，而保险诈骗罪的规定就是特别规定，所以当发生适用罪名上的冲突时，对此应适用特别规定，即以保险诈骗罪定性。之所以如此定性，其内在根据在于：特别规定已经被包含于一般规定之中，触犯特别规定的行为必然同时触犯一般规定，当立法机关在已经作出了一般规定用以对行为人的犯罪行为进行刑法评价的情况下，又同时规定了特别规定，说明立法者认为适用一般规定不足以对行为人进行全面、恰当的评价，故需要适用特别规定对行为人的行为进行特别评价。因此，在此情况下，一般应适用特别规定对行为人定罪处罚。否则，必将使特别规定处于虚置，这显然不符合立法本意。①然而，需要注意的是，保险诈骗罪虽然是利用合同的形式进行诈骗，但其利用的仅仅是保险合同，保险合同作为一种金融合同有本身的特殊性，故与此相对应，其实现犯罪目标的手段即行为方式有独特之处，这是保险诈骗罪与合同诈骗罪之间最大的区别所在。②由此可见，作为保险诈骗行为“媒介”的保险合同与合同诈骗罪中所谓的一般合同相比，固然存在着一定的种属关系，但亦有其自身的特殊之处，概而言之，主要表现为以下几点：(1)保险合同是最大诚信合同。由于保险合同双方当事人对保险标的情况拥有的信息不对称，法律要求投保人和被保险人尽最大的诚实信用以维护公平；(2)保险合同是射幸合同。射幸合同就是以将来不确定事件是否发生作为当事人是否给付一定金钱或其他利益的合同。在保险合同有效期内，若发生保险事故，投保人一方则会获得远远大于所支付的保险费的利益，若没有保险事故的发生，则付出保险费而无任何利益可得。所以，保险合同的射幸性是基于保险事故发生的偶然性产生的；(3)保险合同是附合合同。在订立保险合同时，投保人一方只能被动地接受或拒绝保险方提出的条件，所以具有较强的附合性。为了保护投保人一方的利益，法律要求保险合同条款的确立应符合平等、公平的基本原则，订立合同时保险人要对其责任条款予以明确说明，此外，对保险合同的解释应采取有利于被保险人的原则。③正是基于保险合同以上的几点特殊性，决定了围绕保险合同所进行的保险诈骗犯罪行为有着自身特定的行为方式，也即保险诈骗犯罪的行为人往往根据保险合同的特点，通过故意虚构保险标的或保险事故、制造保险事故等，想方设法使保险合同条款的订立及

---

① 于同志：《刑法热点裁判与规则适用》，人民法院出版社 2008 年版，第 130 页。

② 赵秉志主编：《金融诈骗罪新论》，人民法院出版社 2001 年版，第 621 页。

③ 刘平编著：《保险学原理与应用》，清华大学出版社 2009 年版，第 58—59 页。

其解释能够有利于自身获利的需要，而这都无不需要借助保险合同这一形式进行，因此，基于保险合同关系，保险诈骗罪似乎也就局限于《刑法》第198条所设定的五种法定的行为方式了，而通过其他行为方式好像很难达成诈骗保险金的目的。相比之下，合同诈骗罪则并不局限于某几种特定的行为方式，这是因为合同诈骗罪中所涉及的“合同”本身在内涵上是极其宽泛的，即凡是能够被犯罪行为人利用以骗取他人财物并扰乱市场秩序的各种民事合同、行政合同、劳动合同等均可以属于合同诈骗罪中的合同范围之列。[①]由于上述各种合同的运作方式不同，所以就合同诈骗罪的行为方式而言，既包括了虚构合同主体事实和合同担保事实的行为，又包括了隐瞒不能继续履行合同真相和逃匿真相的行为，更重要的是，其还包括了以其他方法骗取对方当事人财物的行为，这显然属于一种“堵截条款”之规定，因为其中既可能有虚构事实的合同诈骗行为，也可能有隐瞒真相的合同诈骗行为。[②]或许正是因为合同诈骗罪具有保险诈骗罪所不具备的“堵截条款”规定，使得合同诈骗罪在行为方式方面显然比保险诈骗罪更为灵活多样，形式广泛。

（二）两者的犯罪主体不同

除了上述行为方式上的差异外，保险诈骗罪的犯罪主体也不同于合同诈骗罪，即基于《刑法》第198条的规定，保险诈骗罪的犯罪主体一般只是作为保险合同关系之主体的投保人一方，即便在出现共犯情形时鉴定人等能够成为保险诈骗罪的主体，也须明白，鉴定人等始终不是保险合同关系的主体，而真正作为保险合同关系之一方主体的保险人所实施的欺诈行为目前只能以其他罪名来认定，不宜定性为保险诈骗罪，至于在特殊情况下保险人是否有可能构成保险诈骗罪之共犯，还需斟酌（例如内外勾结型的保险诈骗罪共犯问题等，对此笔者拟另外撰文探讨），而合同诈骗罪则不然，其合同双方的当事人均可单独成为该罪之犯罪主体，由此表明合同诈骗罪的犯罪主体乃是一般主体，因为刑法无论从哪个意义上，都不应将契约关系形成的地位、状态作为“身份”的一种情况。因此，纯粹民事意义上“身份”，原则上不宜成为刑法中特殊主体的依据。在合同诈骗罪中，犯罪主体是合同关系当事人一方，但由于在纯粹民事合同中，合同主体的地位全凭当事人自己的意志而定，且合同的主体这一“身份”并无确定、特定的权利、义务内容，它往往要看双方签订的合同内容而定，所以，合同主体

① 沙君俊：《合同诈骗罪研究》，人民法院出版社2004年版，第59—65页。

② 沙君俊：《合同诈骗罪研究》，人民法院出版社2004年版，第102页。

这一纯私法意义上的“身份”构不成该罪是特殊主体的理由。[①]既然如此，就意味着合同双方当事人均可利用合同来实施相应的欺诈行为，而并无身份上的特殊限定或要求，这显然就同保险诈骗罪的犯罪主体是特殊主体迥然有别了。

第三节　保险诈骗罪犯罪形态的认定

认定保险诈骗罪的犯罪形态也是司法实践中准确适用该项罪名所不可回避的一个问题。由于保险诈骗罪的五种法定行为方式形态各异，所以使得保险诈骗罪的犯罪形态问题显得较为复杂，尤其是对于保险诈骗罪本身的犯罪类型究竟是行为犯抑或结果犯，是否存在未遂形态及其与既遂形态的区分，以及涉及该罪未遂与预备两种形态界分的“着手”标准应如何判断等一系列问题，刑法学界始终存在着不同的认识，以下笔者尝试对这些问题展开讨论。

一、保险诈骗罪既遂与未遂的认定

（一）保险诈骗罪的行为犯和结果犯之辩

对于保险诈骗罪既遂与未遂的认定，主要就涉及保险诈骗罪究竟是行为犯还是结果犯这一前提的明确。虽然在某些德国刑法学者看来，行为犯和结果犯的区分没有必要，[②]但是在现代刑法理论中，这两者的区分是被普遍承认的，关键问题在于两者应如何界定。所谓行为犯，是指只要具有作为构成要件的行为的人的外部态度就成立，而不要求发生一定结果的犯罪。[③]这就表明行为犯的既遂以行为人只要将犯罪的实行行为实施完毕为全部内容，并不要求产生特定的犯罪结果或者具有该犯罪结果发生的法定危险。如此看来，行为犯的犯罪结果就存在着或然性，也就是在具体犯罪中犯罪结果不发生的概率较高，其原因就在于行为犯一般是国家出于有效避免使其保护的社会关系遭受某种实际侵害而提前介入、旨在扼制该行为进一步延伸导致其发生所规定的一类犯罪，具体行为与特定结果之间的紧密度、迫切性相对较弱。[④]而结果犯则不然，它是以

---

① 李邦友、高艳东：《金融诈骗罪研究》，人民法院出版社2003年版，第457页。

② 例如德国刑法学者李斯特认为，任何一种犯罪均以某种结果为前提，在刑事不法中区分结果犯和纯粹的不以结果为前提的行为犯是不正确的。（参见[德]弗兰茨·冯·李斯特：《德国刑法教科书》，徐久生译，法律出版社2000年版，第180页。）

③ [日]大谷实：《刑法讲义总论》，黎宏译，中国人民大学出版社2008年版，第94页。

④ 史卫忠：《行为犯研究》，中国方正出版社2002年版，第153页。

发生犯罪的基本结果(即立法所要防止的法益实害或者危险结果)作为刑罚完整化根据的犯罪,所以在结果犯中,犯罪结果是认定犯罪既遂的标准或者犯罪成立的要件。①由此可见,就行为犯与结果犯各自的犯罪形态而言,对于行为犯,确定实行行为的完成只需要审查行为人的行为本身是否存在就够了,因此行为犯是不存在犯罪既遂与未遂之分的,而结果犯构成要件的完成还需要结果的单独出现,换句话说,只有结果犯才处罚未遂。②

对照如上行为犯与结果犯的含义以及对犯罪形态的内在要求来看,保险诈骗罪究竟属于哪种犯罪类型还是颇费思量的,有观点认为,保险诈骗罪是行为犯,因为保险诈骗罪属于金融诈骗犯罪,而金融诈骗犯罪中各条所说的"数额较大",并不是指行为人已经骗取的财物数额,而是指行为人实施金融诈骗活动,意图骗取的财物数额。因此,行为人是否达到了犯罪目的,即其骗取财物是否达到数额较大,并不影响本罪的成立。③从此观点看来,似乎行为人只要实施了保险诈骗行为,无论是否骗取到保险金,均可视为犯罪既遂。对此,有学者进一步加以肯定,即认为它着眼于对法益的更提前的保护乃至预防本罪的真正发生,从犯罪人角度讲也是有利的,因为一经实施欺诈行为即定罪可以及早地挽救罪犯迈向深渊,且此时因危害不甚严重,可采用轻罪的立法模式,实现刑罚的轻缓化,而采用结果犯则无疑使罪犯在骗得保险金之前毫无刑法阻拦地进一步实施本罪,而此种结果实现增大了社会危害性,故刑罚较重,给人以重刑主义的印象。④另外,从有的国家和地区的立法模式看,对于保险诈骗罪采用的也是行为犯的立法技术,例如《德国刑法典》第 265 条、美国《加利福尼亚州刑法典》第 450 条和我国澳门地区《刑法》第 212 条第 1 款中规定的保险诈骗犯罪都是如此。之所以会有这样的立法例,可能是考虑到在这种模式的保险诈骗犯罪中,行为方式会造成一定损害,如特定财产之焚毁等,但这种损害相对保险诈骗犯罪的行为结构来说,仍属于行为犯之行为的范畴,而不是行为的结果。⑤但是,笔者认为,对于保险诈骗罪犯罪类型的确定始终不能脱离本国金融诈骗犯罪在刑法典中的具体归类以及刑事立法的导向,更不可忽视本国刑法中既有法条规定的实质内涵。就上述主张保险诈骗罪是行为犯的理由而言,其主要是认为对于

① 刘之雄:《刑罚根据完整化上的犯罪分类——侵害犯、危险犯、结果犯、行为犯的关系论纲》,《中国法学》2005 年第 5 期。

② [德]克劳斯·罗克辛:《德国刑法学总论》(第 1 卷),王世洲译,法律出版社 2005 年版,第 217 页。

③ 高西江主编:《中华人民共和国刑法修订与适用》,中国方正出版社 1997 年版,第 472 页。

④ 李邦友、高艳东:《金融诈骗罪研究》,人民法院出版社 2003 年版,第 473 页。

⑤ 王仲兴主编:《经济犯罪形态与对策研究》,广东人民出版社 2006 年版,第 345 页。

保险欺诈可以依据行为来定罪，同时对该罪的规制不妨通过轻罪的立法模式来进行。轻罪的立法模式在国外尤其是大陆法系国家的刑事立法中是普遍存在的，例如法国、德国、瑞士、奥地利等，在刑罚观念、刑罚效益以及惩治效果等方面有一定的积极意义，但是轻罪的立法模式移植到我国还会面临刑事实体、诉讼程序以及刑事政策等各个方面的调整和适应，并非一蹴而就，所以目前我国尚未确立轻罪的立法模式。①在此前提下，轻易将保险诈骗罪归于轻罪之列并不可取，况且通过刑罚轻缓化是否就一定能够有效遏制保险诈骗犯罪行为也不无疑问。反而言之，将保险诈骗罪认定为行为犯，以行为实施作为该罪既遂的标准，就意味着刑罚权的提前介入，这样就过于功利地拓展了犯罪圈，导致刑事法网的不当扩张，这样一来，以提前保护法益为名将行为人的行为作犯罪既遂处理，对行为人来说无论如何也是产生不了有利影响的。而且，在同等条件下，行为犯构成犯罪既遂的时点先于结果犯，这表明，以抽象的危害行为就构成犯罪既遂的立法大大拓展了行为人负刑事责任的范围从而表明了立法者严厉打击保险诈骗犯罪的决心。而将犯罪既遂的时点限定在发生危害结果方面则大大地缩小了行为人负刑事责任的范围从而体现了刑事立法谦抑性的要求。②诚然，以行为犯认定保险诈骗罪必然同刑法的谦抑性要求有所违背，须知，“刑法是社会控制的最后手段”是被刑法学界反复强调的信条，它正是刑法谦抑性的核心内涵。刑法的谦抑性乃是现代刑事法治所不可或缺的价值蕴涵之一，有学者对刑法的谦抑性作出如下精辟的概括：“立法者应当力求以最小的支出——少用甚至不用刑罚（而用其他刑罚替代措施），获取最大的社会效益——有效地预防和控制犯罪。”③日本刑法学者平野龙一更是将刑法的谦抑性解释为刑法的补充性，是指“即使有关市民安全的事项，只有在其他手段如习惯的、道德的制裁即地域社会的非正式的控制或民事的规制不充分时，才能动用刑法。”④由此可见，刑法的谦抑性表明刑法实际上是一种保障法，是法律规范体系中的最后手段，对于某种危害社会的行为，国家只有在适用民事的、行政的等法律手段和措施仍不能抗制时才通过刑事立法将其规定为犯罪，也即刑罚权不到非运用不可的时候不可轻易发动，因为刑罚权的存在固然是为惩治犯罪、维护社会秩序而服务的，但调控社会的手段是多元化的，无论是从经济成本上，还是从刑法的破坏

---

① 卢建平、叶良芳：《重罪轻罪的划分及其意义》，《法学杂志》2005年第5期。

② 叶高峰、王俊平：《保险诈骗罪比较研究》，《郑州大学学报（哲学社会科学版）》2001年第5期。

③ 陈兴良：《本体刑法学》，商务印书馆2001年版，第76页。

④ ［日］平野龙一：《刑法总论》，有斐阁1972年版，第7页。

性上，对刑罚权的启动都要放在最后。[①]基于此，对于危害性还没有达到严重程度的危害行为就予以犯罪化，强化刑罚权的提前介入其实是极不可取的。而在保险诈骗罪犯罪类型的确定上就面临着如此状况，也即通过对保险诈骗罪采用行为犯的立法模式来对经济不轨行为进行提前的刑事干预，未必是预防此类犯罪之良策。[②]另外，如上所述，虽然一些国家和地区对保险诈骗罪采用的是行为犯的立法模式，但其毕竟只是少数，而且这样的做法本身的合理性尚待争议，例如有学者在评价德国的刑事立法时就指出："刑法在经济领域中是不是过于匆忙地投入使用了，是不是在刑法之外就不存在可以首先考虑使用的解决办法了，是不是不应当首先在刑法之外寻找解决办法，刑法作为社会控制的最后法律手段这个基本原理在德国经济刑法中时不时被忽略了。"[③]所以先进的立法经验固然值得学习，但是对于本身存在争议的立法模式却也不宜盲目引入或照搬。

基于以上分析，将保险诈骗罪认定为结果犯较为妥当，而且也有着以下非常充分的理由。

首先，从《刑法》第 198 条的法条规定来看，其所规定的五种法定行为方式中都附加了"骗取保险金的"这样的表述，如果该表述是没有构成要件意义的话，就没有必要在罪状中专门列出了。须知，罪状虽然是指具体犯罪的状况，但并非对犯罪各种状况的描述，而只是对犯罪构成具有决定意义的状况即犯罪构成要件的描述。而且罪状是对具体犯罪构成中的特有内容要件的描述，这些特有内容绝大多数表现在客观方面中。[④]因此，骗取数额较大的保险金体现了保险诈骗罪中特有的罪质内容，并非是可有可无的，所以应当成为该罪客观方面的构成要件之一，由此也印证了如前所言的保险诈骗罪是一种数额犯的定论。而在数额犯中，一定的犯罪数额就是对犯罪结果严重程度进行衡量的一个数量概念，是反映某个犯罪行为所指向的目标或者所导致后果的相关数目，不仅包括直接指向的犯罪对象的损失和危害，而且包括间接导致的损失和危害。[⑤]具体到保险诈骗罪亦是如此，法律对该罪客观方面的行为与结果都有要求，也就说明骗取数额较大的保险金正是保险诈骗罪既遂状态下的犯罪结果，这样的结果不妨看作是行为人通过保险诈骗行为对犯罪对象发生作用进而给犯罪的客体所

① 潘庸鲁：《论刑罚权适用的有限性》，《广西社会科学》2008 年第 8 期。
② 张利兆：《保险诈骗罪研究》，中国检察出版社 2007 年版，第 134 页。
③ 王世洲：《德国经济犯罪与经济刑法研究》，北京大学出版社 1999 年版，第 147 页。
④ 陈明华主编：《刑法学》，中国政法大学出版社 1999 年版，第 355—356 页。
⑤ 张伟：《数额犯若干问题研究》，《中国刑事法杂志》2010 年第 3 期。

造成的物质性的、可以具体测量确定的、有形的损害结果。同时，此种犯罪结果也是体现保险诈骗罪社会危害性程度的重要标准之一，可见保险诈骗罪是符合结果犯的特征的。

其次，认定保险诈骗罪属于结果犯还有一个重要理由就是该罪是脱胎于诈骗罪而产生的一个罪名，尽管如前所述，保险诈骗罪与诈骗罪在构成要件上有很多不同，但不可否认，两者的共性在于都属于诈骗类的犯罪，而从前述分析可知，诈骗类犯罪主要侵害的客体是公私财产的所有权，所以诈骗类犯罪显然属于侵犯财产的犯罪。一般而言，刑法分则规定的故意犯罪的有关罪名中，大多是以结果犯作为犯罪的完成形态的，尤以侵财型犯罪的所有罪名均属此列。①诈骗罪亦是如此，因为诈骗罪作为一种财产犯，其本质是侵害财产的价值，因而要求有财产的损害发生。虽然《刑法》第266条没有明文把财产的损害作为诈骗罪的成立要件，但由于法条中把“数额较大”作为它的成立要件，一般认为，“数额较大”也就是对被害人造成了数额较大的财产损失，因此，财产的损害自然是诈骗罪必不可少的要件。②所以诈骗罪作为结果犯已是刑法学界的共识，那么同属诈骗类犯罪的保险诈骗罪亦与之同理，其和诈骗罪在具体行为方式上的差异并不影响两者在侵害他人财产这一犯罪结果的要求上具有共同性。更何况虽然保险诈骗罪侵害的主要客体是保险活动的管理秩序，但不能否认保险人的财产权也是该罪的另一项犯罪客体，有学者即指出，保险诈骗犯罪行为对保险活动管理秩序侵害所造成的结果是一种无形的结果，而对保险人财产权侵害所造成的结果则是一种有形的结果。由于无形的结果很难有具体的判断标准，而有形的结果则可以具体以“数额”加以衡量，因此，刑法以有形的结果作为定罪量刑的依据是有充分道理的。事实上，保险诈骗犯罪对于保险人财产权的侵害必然会同时造成对保险活动管理秩序的侵害，而且从某种角度分析，在保险领域中对财产权的侵害程度也必然反映出对保险活动管理秩序的侵害程度，即行为人占有财物数额越大，对保险活动管理秩序的侵害也就越大。③因此，骗取数额较大的保险金这一犯罪结果在保险诈骗罪成立的认定上同样不可或缺。

再次，将保险诈骗罪认定为结果犯，是从我国的保险业现状出发的。由于我国保险业发展迅猛，投保人数、保险的种类和项目日渐增多，使得在实践中保险人对投保人一方的投保申请一般并不严格审查，只有在发生保险事故，投保

① 赵秉志主编：《侵犯财产罪疑难问题司法对策》，吉林人民出版社2000年版，第100页。

② 刘明祥：《财产罪比较研究》，中国政法大学出版社2001年版，第239页。

③ 刘宪权：《金融犯罪刑法理论与实践》，北京大学出版社2008年版，第538页。

人一方提出赔偿申请后，保险人才会对保险标的的真实状况、实际价值、发生事故的原因和性质以及造成的损失等情况作全面审查。也正因为这样，保险诈骗往往是在保险人理赔过程中甚至在理赔后被发觉，在此之前很难觉察投保人一方的诈骗意图。①

（二）保险诈骗罪既遂与未遂的具体认定

在肯定保险诈骗罪是结果犯的前提下，首先就应当认可其存在着犯罪未遂形态，因为一般而言，在结果犯中是能够出现未遂形态的，结果犯的未遂是指犯罪完成形态的成立以实害结果的发生为必备条件，换言之，实害结果的不出现则只成立未完成形态，不存在结果犯，通常情况下行为一经完成，结果也就相继发生，行为尚未完成则结果不发生。②其实，对于认可保险诈骗罪的未遂形态还是有着充分的法定依据的，即 1998 年最高人民检察院《关于保险诈骗未遂能否按犯罪处理问题的答复》中指出："行为人已经着手实施保险诈骗行为，但由于其意志以外的原因未能获得保险赔偿的，是诈骗未遂，情节严重的，应依法追究刑事责任。"尽管有此法定依据，但在司法实践中应当如何来具体认定保险诈骗罪的未遂形态，以及其与既遂形态究竟应当怎样区分呢？对此，需要加以明确的是，由于结果犯是以法定实害结果作为构成要件要素的犯罪，所以其犯罪未遂形态就是较犯罪既遂形态缺少了法定的实害结果。③既然从保险诈骗罪的数额犯特性中可知骗取数额较大的保险金就可视为是该罪的法定实害结果，那么区分保险诈骗罪既遂和未遂的标准就在于行为人是否实际取得了保险金，如果取得就为既遂，反之，如果没有取得就是未遂。但是，实际情况却并非如此简单，因为对于行为人取得保险金这一结果的发生如何作出判断，其实还是有着不同的看法：一种是"占有说"，即认为区分保险诈骗罪既遂与未遂的标准在于保险金是否被行为人非法占有，如果行为人已经取得其本欲占有的保险金就是该罪的既遂，否则就是未遂。"占有说"主要是基于认定保险诈骗罪是一种目的犯，因而特别强调行为人主观上的非法占有目的；④另一种是"交付说"，即认为应以犯罪对象是否被实际交付作为判断保险诈骗罪既遂与未遂的标准，这意味着保险诈骗罪的未遂就是行为人已经着手实行保险诈骗行为，作为被害人的保险人由于行为人意志以外的原因而未实际交付数额较大保险金的犯罪形态。⑤

---

① 刘宪权：《金融犯罪刑法理论与实践》，北京大学出版社 2008 年版，第 537 页。

② 冯亚东、胡东飞：《犯罪既遂标准新论——以刑法目的为视角的剖析》，《法学》2002 年第 9 期。

③ 肖中华：《犯罪构成及其关系论》，中国人民大学出版社 2000 年版，第 290 页。

④ 赵秉志主编：《侵犯财产罪研究》，中国法制出版社 1998 年版，第 260 页。

⑤ 刘远：《金融诈骗罪研究》，中国检察出版社 2002 年版，第 393 页。

这两种观点都有所不足,“占有说”强调了保险金必须被行为人实际占有才能被认定为既遂,却忽视了如下特殊情形,即保险金已经脱离保险人的控制并已转移至行为人控制范围之下,只不过行为人由于某些原因暂时将保险金隐匿或以其他方式作出处理等,此类情形中行为人对保险金并不能说是实际占有,但也可以说是一种取得的状态,如果对这种取得状态予以否认的话,有可能成为行为人加以利用的脱罪理由,因此,“占有说”一概以行为人实际占有保险金作为既遂的标准,显然过于重视诈骗行为的形式,而轻视了诈骗行为的本质。①“交付说”认为只要保险人已经交付数额较大的保险金,就当然认为保险金已经脱离了保险人的控制范围,由此即可视为保险诈骗罪的既遂,而对于行为人是否已经实际取得保险金,也即行为人的犯罪目的是否实现则在所不问。该观点在保险诈骗罪既遂的认定标准上又失之过宽,其仅仅是论及了保险金所有权关系转移的一个侧面,而否认行为人对保险金的非法占有是成立保险诈骗既遂要件的必要性。②因此对于保险诈骗罪既遂与未遂的区分应当坚持“控制加损失说”较为妥当,这是通过同为财产犯罪的盗窃罪既遂标准的认定中得到的启示,就盗窃罪而言,通常就是以行为人对财物的占有状态和被害人对财物的损失等因素对既遂与未遂的区分作出双重判断的,由此提出了“失控加控制说”,该说就认为应当以被盗财物是否脱离权利人的控制并且实际置于盗窃行为人的控制为标准。被盗财物已脱离权利人控制并且已实际置于行为人控制之下的为盗窃罪既遂,否则就为盗窃未遂。③有学者进一步指出了此种“失控加控制说”的合理性,即该说真正揭示了财物所有人(或占有人)失去了对财物的实际控制而行为人对财物的实际占有这一盗窃罪犯罪构成的精神实质。同时,该说还把握了行为人主观上的非法占有,客观上的秘密窃取这一盗窃罪的本质特征,因为非法占有财物结果的发生,表明财物已脱离了所有人(或占有人)的控制而为行为人所控制。此外,该说还表明了盗窃罪的法律特征,也即划分盗窃罪既遂与未遂界限还要以盗窃行为是否得逞为宗旨,而盗窃罪的得逞与未得逞,在于行为人是否实现对盗窃财物的非法占有以及财物所有人(或占有人)是否失去了对财物的控制。④与其同理,“控制加损失说”亦与“失控加控制说”有着不谋而同之效果。一方面,“控制”无疑表明了行为人对保险金的一种取得状态,实际上对此应作宽泛的理解,虽然保险诈骗罪的主观要件中强调了行为人的非法占有目

---

① 于改之:《保险诈骗罪的司法认定》,《法律适用》2003 年第 7 期。

② 张利兆:《保险诈骗罪研究》,中国检察出版社 2007 年版,第 142 页。

③ 董玉庭:《论盗窃罪既遂标准的实践把握》,《国家检察官学院学报》2004 年第 2 期。

④ 吴访非、赵双娟:《盗窃罪既遂与未遂界限研究》,《社会科学辑刊》2006 年第 4 期。

的，但此时所谓的“占有”并不代表着“控制”的全部，也即并不仅指行为人对保险金的实际占有，而应当理解为行为人能对保险金进行有效的支配，例如日本学者对“占有”就理解为是一种行为人对财物的事实上的支配状态，也就是说，处于某人的事实性支配领域之内的财物，即便并未被持有或守护，也属于该人所有。①凡是行为人能够实际支配保险金的场合即可视为其对保险金的一种控制，而支配的方式是多种多样的，既包括将保险金置于自己或第三人的占有之下，也包括将保险金转移至其他场所或隐藏于不容易被人发现的场所等情形。②对于行为人来说，强调“控制”就更加真实地体现出他们对保险金的取得状态，因而显然比“占有说”更为全面和周延；另一方面，从作为被害人的保险人的角度考虑，仅仅强调“交付”与保险人失去对保险金的控制以及和行为人取得保险金未必是统一的。在此情形下，若以“交付说”作为保险诈骗罪既遂的标准则往往造成司法实践中既遂标准认定的不统一。③这就说明保险人交付保险金并不当然地被看成是保险人对保险金的失去控制，实际上，还应结合行为人对保险金的实际取得状态进行考察，因为在保险诈骗罪的实施过程中，行为人往往在保险人交付保险金后距离对这些保险金的真正占有还有相当的一段时间，并且往往还要付出很大努力，进行许多欺诈活动方可实现对保险人交付的保险金的实际取得。换言之，在这种情形下，保险人对于保险金仍有可能处于实际的支配状态之中，所以，对保险人而言，“交付”未必意味着“失控”。如此一来，虽然保险人表面上看来已经交付出保险金，但由于行为人可能尚未实际取得这些保险金，所以保险人实际上并未遭受真正的损失，在某些情况下，保险人还是有可能预防潜在的财产损失发生的。正如有学者指出：“对被害人来说，一起得逞的加害并不意味着一定带来财产损失，同样，带来财产损失的加害，也可能及时发现，也可能没有及时发现。如果加害不仅得逞而且造成了财产损失，但被害人及时发现了被害，就为积极有效地制止加害、控制损失扩大创造了条件。如果被害人没有及时发现已然的被害损失，那么，损失的挽回则希望渺茫。”④由此看来，只有当保险人交付保险金且行为人已实际取得这些保险金时，才可认定为保险人脱离对保险金的实际支配状态，这样才对保险人而言是真正遭受到财产的损失。因此，只有“失控”才真正贴切地表达了“损失”的内涵。进而言之，以“控制加损失说”作为保险诈骗罪未遂形态的认定标准，是从行为人和保险人的

① [日]西田典之：《日本刑法各论》，刘明祥、王昭武译，中国人民大学出版社 2007 年版，第 113 页。
② 刘明祥：《财产罪比较研究》，中国政法大学出版社 2001 年版，第 190 页。
③ 于改之：《保险诈骗罪的司法认定》，《法律适用》2003 年第 7 期。
④ 白建军主编：《金融犯罪研究》，法律出版社 2000 年版，第 84 页。

双重角度加以考虑的，其克服了“占有说”和“支付说”的单一性和片面性的缺陷，显然更为科学和合理。因此，基于“控制加损失说”，只有当行为人通过保险诈骗行为将保险金完全处于自己控制之下且当保险人确实遭受了实质性的财产损失时，方可认定行为人实际取得了保险金，也即其行为达到了既遂状态，否则，行为人之行为依然属于未遂状态。

二、保险诈骗罪未遂与预备的界分

以上确定了保险诈骗罪具有未遂形态，而且其与既遂形态相对较易区分。但是，在保险诈骗罪的犯罪形态方面还存在着另一个争议较大的问题，就是其犯罪未遂和犯罪预备应当如何界分。依据刑法原理，在任何犯罪中，都是通过判断行为人是否已经开始着手实施符合犯罪构成的危害行为来明确两者的界限的。对此，有学者就指出，在既处罚犯罪未遂行为也处罚犯罪预备行为的国家，“着手实行犯罪”是区分犯罪未遂和犯罪预备的标志，在只处罚犯罪未遂行为而不处罚犯罪预备行为的国家，它又是区分应罚的犯罪未遂与不罚的预备行为的界限，因而对犯罪“着手”如何理解与认定，就成为刑法理论研究的热点与难点之一。[①]保险诈骗罪也不例外，对其两种犯罪形态的界分主要也是围绕“着手”的判断而展开的。

(一)“着手”含义的分析

“着手”不仅是一个复杂的理论命题，而且也具有现实的实践意义。尤其在我国刑法中对犯罪预备也要进行处罚的情形下，正确判断“着手”在一定程度上影响着行为人具体行为的定性以及刑事责任的程度。关于“着手”，实际上它是实行行为的起点，也是区分犯罪预备行为和犯罪实行行为的标志。日本刑法学者认为：“在学说上，一般将实行着手以后的行为称为实行行为，将之与在此之前的行为即准备犯罪的行为——预备行为区别开来。因此，实行的着手就成为区别预备行为与实行行为的分水岭。”[②]可见，“着手”乃是犯罪实行行为判断的核心问题。的确，犯罪的实行阶段和实行行为当然要有一个起点和过程，如果把犯罪的实行行为比作一条线，则这条线的起点就是犯罪实行行为的开始即实行行为的“着手”，其终点是实行行为的完成。“着手”不是介于犯罪预备阶段和实行阶段之间的一个独立的阶段或点，而是实行阶段和实行行为本身的起点。[③]

---

① 徐逸仁：《故意犯罪阶段形态论》，复旦大学出版社1992年版，第83页。

② [日]西原春夫：《犯罪实行行为论》，戴波、江溯译，北京大学出版社2006年版，第3页。

③ 赵秉志：《犯罪未遂形态研究》，中国人民大学出版社2008年版，第84页。

应当说，认定“着手”本身作为犯罪实行行为的重要组成部分进而确认其属于犯罪构成客观要件方面的内容是没有多少问题的，最大的难点还在于对“着手”含义的理解，也即以何种标准判断“着手”的成立。对此，亦存在着纷繁复杂的观点，概括起来，主要包括客观说、主观说和折中说三种学说。①其中，客观说以行为自身的客观性质为依据确定实行的着手，主观说以行为人主观的犯意为标准来确定实行的着手，折中说则是综合判断行为人的主观方面以及行为侵害法益的危险性的客观方面一起作为标准来确定实行的着手。②那么究竟哪种学说最能确切地表达“着手”的含义，就需要以下依次加以分析。

客观说是日本刑法理论中的通说观点，即主张“实行的着手”并不仅仅是指单纯属于犯罪构成要件行为的着手，而是对之加以若干扩张，认为实行属于犯罪构成要件的行为以及“与之直接密切的行为”是实行的着手。③客观说的观点却遭到主观说之批驳，主要在于以下两点：一是客观说主张“着手”是开始实施符合犯罪构成要件的行为，但其对所谓的“符合犯罪构成要件的行为”是从纯客观的角度去理解的，这样就有可能会导致客观归罪。二是客观说在对行为侵害法益的现实危险性的判断上也是不考虑行为人主观方面的因素的。客观说在判断所谓的现实危险性上仅考虑客观要素而不考虑主观要素是存在着片面性的缺陷的。

主观说是在反对客观说的基础上形成的观点，该观点在英美法系国家刑法中体现得尤为明显，例如以美国《模范刑法典》为代表的现代法典，在着手问题（未遂犯的犯行要求）上关心的是行为人主观上想要做什么，认识到什么，而不是其行为是否具有导致危害结果出现的现实危险。④我国亦有学者在“着手”的认定上也积极倡导主观说，即认为犯罪的着手是在犯罪意志支配下的一种自觉的有目的的行为，而不是无意识的身体动作和脱离感情色彩的纯粹客观的法律事实。着手不仅使犯罪意图外化为犯罪行为，而且使犯意向着更深更高的层次发展。即在行为人的主观意图中，已经确立了明确具体的犯罪目的，并且在这一目的的支配下，把犯罪急切地推进到能够直接完成犯罪甚至导致犯罪结果发

① 在此三种学说内部，又有着复杂的分类，例如客观说可以分为形式的客观说和实质的客观说等，主观说又可分为极端的主观说和变通的主观说等。（参见马克昌主编：《犯罪通论》，武汉大学出版社1999年版，第440页。）笔者认为，这些观点尽管侧重点有所不同，但在各自所属范畴中作为认定“着手”的标准上可谓一脉相通，所以无需对它们逐一展开置评，否则就显得观点过于庞杂和混淆，反而无助于对“着手”的清楚认识。

② 张永江：《未遂犯研究》，法律出版社2008年版，第84—89页。

③ ［日］西原春夫：《犯罪实行行为论》，戴波、江溯译，北京大学出版社2006年版，第186页。

④ 劳东燕：《论实行的着手与不法的成立根据》，《中外法学》2011年第6期。

生的阶段。[①]主观说正视了客观说在“着手”的认定方面只是注重纯客观的法律事实而完全脱离行为人的主观心理状态的片面性，因而提出了以行为人主观的犯意作为判断“着手”的标准。但是，主观说却是把这种犯意的有无作为认定“着手”的唯一标准，完全否认或抛弃了犯罪实行行为着手的客观标准，也就是完全脱离了犯罪构成的要求来探讨“着手”。坚持主观说中的犯意标准，就混淆了犯罪预备和犯罪未遂的界限，其必然的后果就是以行为人的危险性格作为未遂犯的处罚根据或对象，导致扩大处罚范围，有侵犯人权之虞。[②]因此，主观说在判断“着手”方面亦非绝对科学合理的标准。

客观说和主观说都有失偏颇，折中说主张将两者加以调和。折中说是从主观主义的未遂论出发，但又以客观的标准限制主观说的未遂范围，所以，根据折中说，未遂犯的处罚根据存在于违背行为规范及其所表现的意思。这样看来，折中说是注意从行为的主观和客观两方面的要素来说明未遂犯的处罚根据的。与客观说和主观说相比较，显然折中说更为全面和周延。[③]折中说综合考虑行为人的主观方面和客观行为无疑是正确的，然而，值得注意的是，折中说还只能说是将客观说和主观说机械地混同与调和，并不是真正强调主客观两方面的有机统一，因为在折中说的观点中，其强调的犯罪实行行为着手的判断标准包含了“对法益构成直接危险”、“犯罪意图被明确表明”、“法益侵害的危险已迫切”等要素，但是这些要素的含义却是较为模糊且不甚明确的，因此，对这些要素的认识仍然避免不了法官的主观臆断和随意性，也就是说，折中说还是要把表明主观犯意的一定程度的危险行为视为犯罪的着手，如此看来，在“着手”的认定上，主观犯意的判断仍然是起着主导作用的，可见，折中说仍然容易混淆犯罪预备和犯罪未遂的界限，该说只不过是主观说的变种而已。[④]笔者认为，虽然不宜全盘采纳折中说的观点，但至少折中说还是有可取之处的，特别是其主张综合考察主观与客观的思路对于构建“着手”认定方面主客观有机统一的标准还是很有启示意义的，为此，笔者很赞同有学者所归纳的对于“着手”含义的一般界定：主观上，行为人的犯罪意向已经从犯罪预备的意图演变为实行犯罪的意志，客观上，行为人已经开始实施刑法分则规定的具体犯罪的客观方面的行为，并且对刑法所保护的客体造成了直接的危险。在有犯罪对象的场合，这种行为已直接逼近犯罪对象，如果不出现行为人意志以外的原因，这种行为就会继续进行

---

① 马克昌主编：《犯罪通论》，武汉大学出版社 1999 年版，第 442 页。

② 赵秉志：《犯罪未遂形态研究》，中国人民大学出版社 2008 年版，第 79 页。

③ 张永江：《未遂犯研究》，法律出版社 2008 年版，第 47—48 页。

④ 徐逸仁：《故意犯罪阶段形态论》，复旦大学出版社 1992 年版，第 87 页。

下去，直到完成犯罪达到既遂状态。在法律规定要求犯罪既遂必须具备犯罪结果的情况下，还会发生法定的犯罪结果。因此，已经着手实行犯罪是行为人客观上实行犯罪行为与主观上实行犯罪意志的有机统一。[①]当然，如此界定是为“着手”的认定提供了一般的和大致的原则性标准，而犯罪现象是纷繁复杂的，具体案件也是千差万别，所以在司法实务中，具体确定某一犯罪是否“着手”，需综合把握法律条文和全面案情，进行具体分析和研判，总之，要立足于具体犯罪的构成要件，做到因罪有异，不能也无法提出一个统一的“着手”标准。

在实务中具体确定“着手”不妨从以下四个方面加以考虑：(1)实行行为是否已有明确的犯意，这是行为人主观方面要素的体现。(2)实行行为是否实际接触或接近犯罪对象。(3)实行行为是否对犯罪的直接客体造成了直接威胁。(4)实行行为是否能够直接引起危害结果的发生。有些犯罪实行的行为虽然还没有直接接触犯罪对象，但只要这种行为能够对犯罪的客体直接引起危害后果的，就应当认为是已经着手实行犯罪。

(二) 保险诈骗罪中“着手”的判断

在分析了“着手”的含义的基础上，重点当然还是要考察保险诈骗罪中的“着手”，也即对“着手”时间点的确定直接影响着保险诈骗罪未遂的成立范围，也是其与保险诈骗罪的预备相区分的主要辨别标准。对此，亦存在着以下几种观点的争论：一是认为应当以行为人开始实施《刑法》第198条所规定的五种法定行为时作为保险诈骗罪的着手；二是认为应当以行为人向保险人提出支付保险金请求时才作为保险诈骗罪的着手；三是认为应当以行为人在非法占有目的支配下开始实施向保险人虚构事实或隐瞒真相的行为时才作为保险诈骗罪的着手。具体地说，就是行为人以非法占有保险金为目的开始把虚假的信息传递给保险人。

如上第一种观点是立足于“着手”判断的客观说立场，将保险诈骗罪理解成是双重实行行为，即包括手段行为和目的行为，而手段行为(具体包括虚构保险标的、编造未曾发生的保险事故、夸大损失程度、制造保险事故等)就是符合犯罪构成要件的行为，因此当行为人开始实施这些手段行为时就可认为是着手。[②]但是，笔者在上文中就认为，客观说本身存在着瑕疵，其片面考虑行为的客观特征而忽略行为人的主观犯意，恐怕并不符合真正意义上犯罪构成要件行为的内在要求。因此，仅仅从行为人所实施的这些手段行为来看，并不能完全推断出

① 李恩慈：《犯罪形态与刑罚适用原理》，中国人民公安大学出版社2003年版，第28—29页。
② 赵秉志、杨诚主编：《金融犯罪比较研究》，法律出版社2004年版，第325页。

他们主观上具有骗取保险金之意图，因为行为人实施虚构保险标的、编造未曾发生的保险事故、故意制造保险事故等行为，并不是“骗取”之意的必然的直接的流露。[①]而“着手”既然是犯罪实行行为的开始阶段，它就应当能够比较明显地反映行为人的犯罪意图，特别值得注意的是，由于保险诈骗罪属于典型的目的犯，所以单纯从行为人实施的手段行为上并不能直接体现出他们非法占有保险金的目的，那么以此作为保险诈骗罪的着手行为，很容易造成实行行为的“着手”标准与未遂犯的处罚根据相脱节，因而有所不妥。况且，第一种观点最令人诟病的地方就是将《刑法》第198条第1款规定的第4项和第5项的故意制造保险事故的行为看成是保险诈骗罪的实行行为，这样行为人制造保险事故时就是着手，但是，由于有《刑法》第198条第2款关于数罪并罚的规定，从该款规定足以看出，立法是倾向于把行为人故意制造保险事故的行为以相应的犯罪论处，而不是将其作为本罪(保险诈骗罪)本身所包含的实行行为而只视为构成本罪。换言之，故意制造保险事故的行为并非本罪的实行行为。如果一定要将故意制造保险事故的行为看成同时符合相应犯罪与保险诈骗罪的构成要件来进行处理，显然有违“禁止重复评价”的刑法基本原则。[②]为此，有学者提出如下解决方案，即从立法上加以改进，不妨删除《刑法》第198条第2款的规定，将第4项和第5项的行为可能构成的犯罪包含于保险诈骗罪中，相应提高其法定刑幅度，使其和原来规定的数罪并罚时的刑罚效果基本相当，这样，可以把故意制造保险事故的行为看作广义的“对发生的保险事故编造虚假原因”的行为，并可以把对发生的保险事故编造虚假原因作为第4项和第5项行为的犯罪的着手，而把行为人实施的杀人、放火、伤害等行为看作保险诈骗罪的预备。如此做法既可以统一五种行为的着手标准，并通过一体的认定标准来突出保险诈骗罪本身的特征，也有利于司法认定和操作，在理论上可以避免上述禁止重复评价的责难。[③]笔者认为，如此观点尽管正视了存在的问题，但其提出的方案却并不可取，因为行为人故意制造保险事故的行为所可能构成的其他犯罪与保险诈骗罪相比，其不仅能够独立成罪，而且还可能属于重罪，法定刑也相对更高，如果一定要将这些行为视作保险诈骗罪的实行行为而直接适用保险诈骗罪，就会破坏罪刑的协调性与均衡性。正因如此，才有了《刑法》第198条第2款关于数罪并罚的规定，笔者认为该款规定是合乎法理的，有其存在的必要，而以便利司法认定

---

① 龙洋：《论保险诈骗罪的着手》，《法学评论》2009年第5期。

② 欧阳竹筠：《保险诈骗罪着手的认定》，《湖北社会科学》2005年第4期。

③ 李文燕主编：《金融诈骗犯罪研究》，中国人民公安大学出版社2002年版，第390—391页。

和操作为理由主张删除该款规定，实际上是十分牵强的，如此做法非但无助于保险诈骗罪“着手”标准的厘清，反而会给保险诈骗罪客观行为的界定带来紊乱。毕竟，《刑法》第198条规定五种法定行为方式并非全无理由和随意为之的，而是在综合考察五种行为方式各自的行为性质和表现特征之后形成如此规定的。尤其不能忽视的是，故意制造保险事故的行为和对发生的保险事故编造虚假原因的行为根本就是两种性质完全不同的行为方式，①所以不能将两者简单地包容或混同。基于此，行为人故意制造保险事故的行为构成其他犯罪，在刑法对这些犯罪另作处理的情况下，为避免出现违反“禁止重复评价”的状况，就不宜对这样的行为认定为是保险诈骗罪的着手行为，否则的话，就会使得保险诈骗罪的着手过于提前，从而扩大了保险诈骗罪的处罚范围。②当然，对于行为人故意制造保险事故的行为，可以说是为行为人骗取保险金创造了前提条件，所以把这样的行为看作是保险诈骗罪的预备行为是比较妥当的。因此，笔者认为，在行为人故意制造保险事故的情形下，实际上是保险诈骗罪的预备行为和其他犯罪的实行行为发生了竞合关系。③而且此种情形下的竞合关系应当理解为是行为人实施的一个行为触犯了数个罪名，因而符合想象竞合的关系。

对于如上第三种观点，或许它是看到保险诈骗罪从犯罪类型上来说属于诈欺型的犯罪，因此认为保险诈骗罪的“着手”应该结合诈欺型犯罪行为本身的构造进行认定，也即保险诈骗罪作为金融诈骗犯罪中的一项罪名，行为人所实施的保险诈骗行为应该是单一的实行行为，就是向被害人虚构事实或隐瞒真相的行为，使被害人陷于认识错误或持续陷于认识错误是这一单一行为的最直接结果。④具体地说，可分为两种情况，一是行为人为骗取保险金而虚构保险标的的，与保险人订立保险合同时即为着手；二是行为人在已经订立了保险合同之后才产生骗取保险金的故意的场合，其着手的标志应当是行为人将虚假信息向保险人传递的行为。应当说，此种观点有一定的道理，因为其试图实质性地回答保

① 通过前文对保险诈骗罪客观行为的探讨即可了解，在《刑法》第198条规定的第4项和第5项法定行为方式中，行为人是通过故意实施相关的犯罪行为，使得保险事故“从无到有”，也就是说，保险事故的发生完全是由行为人一手造成的。而在对发生的保险事故编造虚假原因的情形中，保险事故是客观发生的，且其发生不能归咎于行为人的原因，只不过行为人是利用了已经发生的保险事故去编造虚假原因进而骗保。因此，这两种行为方式在表现形式、主观恶性程度、后果的危害性程度等方面均存在着明显的差异。

② 杨毓显：《保险诈骗罪疑难问题研究》，《学术探索》2004年第8期。

③ 如果行为人故意制造保险事故后继续进行骗保的行为（也即《刑法》第198条中所表述的“骗取保险金的”），就意味着从保险诈骗罪的预备阶段转而进入到着手实行的阶段，那么此时就是保险诈骗罪的实行行为同其他犯罪的实行行为之间形成了牵连关系，适用《刑法》第198条第2款之规定。

④ 刘远：《金融诈骗罪研究》，中国检察出版社2002年版，第296页。

险诈骗罪的“着手”。为此,有学者就认为,一般说来,法条中的“情形”是犯罪手段之意,而手段是用于行骗的,运用手段与实施行骗行为具有共时性。因此,认定保险诈骗罪实行行为的“着手”,应以行为人在非法占有目的的支配下开始实施向保险人虚构事实或隐瞒真相的行为为准。①但笔者认为,此种观点依然有着缺陷,不仅因为它可能造成同一法条内部、行为方式相似的情况下认定着手的时间点出现不统一的局面,更重要的是,仅仅强调所谓的“虚假信息传递”,恐怕很难确定行为人的欺诈行为是否会对被害人造成现实的损害危险,这样,有关实行行为判断的基本立场仍不牢固,毕竟既然是诈骗,显然包含欺骗、使人上当的“诈”与以欺骗手段取得的“骗”缺一不可,惟有如此,才会给刑法保护的法益造成侵害的紧迫危险。否则,将开始传递虚假信息的虚构保险标的行为视为着手,则只能凸显条文中所列举的欺骗手段的“诈”的一面,它虽然没有脱离本罪的立法规定,但却忽视了同样作为一个构成要件内的“骗”的一面。既然是诈骗,少了哪一个,本罪都不能成立。②须知,保险诈骗罪着手的标志不仅是行为人开始把虚假的信息传递给保险人,而且还应使保险人处于陷于错误认识而交出财物的现实危险。③或许这样才能与诈欺型犯罪的客观构成模式中被害人基于错误认识而处分财物的侵害后果相吻合。可以说,行为人虽然将虚假信息向保险人传递,但如果不可能直接引起保险人因错误认识而向其支付保险金的危害后果的发生,那么就说明保险活动的管理秩序和保险人的财产权受到侵害的可能性不大。据此,将行为人传递虚假信息的行为认定为保险诈骗罪的“着手”显然不妥,因为这实际上也是违背诈欺型犯罪本身的构造特征的,理由或许就在于将一般意义上的欺骗行为(不以使被害人陷入处分财产的认识错误为内容)混同于诈骗罪中的“欺骗”行为(以使被害人陷入处分财产的认识错误为内容)。④基于如此分析,笔者认为第三种观点尚有片面性,殊不可取。

对比而言,笔者较为赞同如上第二种观点,即应以行为人向保险人提出支付保险金的请求(即提出索赔)时作为保险诈骗罪“着手”的时间点为妥,理由在于对保险诈骗罪“着手”的判断还是应当对照“着手”的含义而进行,也就是看具体的行为方式是否与“着手”的含义相符合。从前述分析可知,“着手”的认定应遵循主客观有机统一的标准,既要考虑行为人行为的实施是受其主观犯意的支

---

① 周铭川、张泽吾:《保险诈骗行为着手的认定》,载《福建公安高等专科学校学报——社会公共安全研究》2002 年第 6 期。

② 龙洋:《论保险诈骗罪的着手》,《法学评论》2009 年第 5 期。

③ 单晓华:《金融诈骗罪基本问题研究》,中国法制出版社 2007 年版,第 105 页。

④ 张明楷:《诈骗罪与金融诈骗罪研究》,清华大学出版社 2006 年版,第 781 页。

配,又要考虑行为是否接近犯罪对象并可能对犯罪客体具有侵害之危险,甚至是否有可能直接引起危害结果的发生。应当说,在保险诈骗罪中,只有行为人提出索赔的行为才最符合如上几方面的要求。首先,在行为人提出索赔时,直接反映了其骗取保险金的犯罪意图,这是因为行为人实施的诈骗行为目的都是一样的,即从保险人那里骗取不应得到的保险金,而行为人的诈骗故意和非法占有目的产生于事故发生之后,充分表现于向保险人索赔之时。行为人为骗取保险金,必然要按保险人的要求向保险人提供其所能提供的与确认保险事故的性质、原因、损失程度等有关的证明资料,这些证明资料可能是虚假的或以欺诈手段取得的,但还并未对保险人实施欺诈。只有行为人向保险人作虚假陈述或提供虚假证明资料而不予说明,意图诱使保险人认为发生了保险事故或发生了较大损失的保险事故时,才可认为行为人是在欺诈保险人,才是本罪实行行为的着手;[①]其次,只有行为人提出索赔行为才直接指向了犯罪对象——保险金,也即此种行为最能直接引起保险人因认识错误而支付保险金,这就表明提出索赔的行为是最接近保险金这一犯罪对象的,而无论是单纯制造保险事故的行为还是虚构保险标的的行为,由于离保险金被骗取这一结果发生的距离都较远,所以与提出索赔行为相比,其实际接近犯罪对象的机会和可能性都是较小的;再次,有学者主张,实行行为只能是具有侵害法益的紧迫危险性的行为。[②]就保险诈骗罪而言,虚构保险标的、编造保险事故的虚假原因、编造未曾发生的保险事故、故意制造保险事故等行为,其目的都是为骗保制造前提条件,如果行为人在实施这些行为后并未向保险人提出索赔,保险活动的管理秩序与保险人的财产权即本罪的客体受到不法侵害的危险性就低。只有当行为人向保险人提出索赔要求时,才能认为保险诈骗罪的客体受到不法侵害的危险性已经达到了紧迫的程度。之所以如此认为,是因为根据保险理赔的正常程序,保险事故发生后,只有当行为人及时向保险人作出报告,保险人才会派人对事故原因进行调查,如果调查结果表明该事故属于保险责任范围,则应给付保险金,若事故发生的原因有保险诈骗的嫌疑时,即有可能移交有关司法机关处理。由此可见,行为人是否向保险人报告事故的发生并请求支付保险金的行为非常关键。所以,若行为人以骗取保险金的故意实施诸如制造保险事故等行为后却没有向保险人报告并提出索赔请求,则保险人不可能主动启动理赔程序,从而保险活动的

① 周铭川、张泽吾:《保险诈骗行为着手的认定》,《福建公安高等专科学校学报——社会公共安全研究》2002 年第 6 期。

② 张明楷:《法益初论》,中国政法大学出版社 2000 年版,第 360 页。

管理秩序和保险人的财产权也不可能受到不法侵害；最后，如果没有行为人提出索赔，保险人当然不可能主动向其支付保险金，那么也就不可能出现因保险人错误处分保险金而导致的保险人财产权受损这一保险诈骗罪的危害结果了。

综上所述，既然保险诈骗罪的"着手"时间点已得以明确，即行为人向保险人提出索赔。那么笔者认为，根据这一"着手"标准，保险诈骗罪的未遂与预备也就能够界分了，就是当行为人向保险人提出索赔，但最终没有取得保险金的，应视为保险诈骗行为的未遂；而行为人单纯实施《刑法》第 198 条所列的五种行为，却尚未向保险人提出索赔的，可能还应仅仅视为保险诈骗的预备行为为妥。

第四节 保险诈骗罪罪数的认定

一、牵连犯的原理及其处断原则

言及保险诈骗罪的罪数问题，主要涉及了《刑法》第 198 条第 2 款的规定："有前款第四项、第五项所列行为，同时构成其他犯罪的，依照数罪并罚的规定处罚。"实际上，就该款规定的内在关系来看，行为人的行为是与刑法中牵连犯的原理相契合的，牵连犯是以实施某一犯罪为目的，其方法或结果行为又触犯其他罪名的犯罪形态。在牵连犯的内部结构中，存在着本罪与他罪两部分内容，本罪就是基于其犯罪目的而实施的具体犯罪，他罪则是行为人的方法行为或结果行为所构成的犯罪，在刑法理论中，本罪行为通常就称为目的行为，而他罪行为就称为方法行为。值得注意的是，牵连犯的目的行为与方法行为各自具备了不同性质的犯罪构成，因而触犯了刑法上的不同罪名。①据此，行为人只有实施了数个完全具备犯罪构成要件的危害社会行为（也就是能够独立成罪的行为），才可能构成牵连犯，若只实施一个危害社会行为，则因行为之间牵连关系无从谈起而根本不可能构成牵连犯。②很显然，由于行为人所实施的数个行为分别构成了保险诈骗罪和其他相关犯罪，可见它们均是能够独立成罪的行为，于是便满足了成立牵连犯的事实基础。当然，在此还需要对牵连犯中的牵连关系作出进一步的理解。

就牵连关系而言，主要是指行为人实施的数行为之间具有手段与目的或者

---

① 吴振兴：《罪数形态论》，中国检察出版社 2006 年版，第 286—288 页。

② 刘树德：《牵连犯辨正》，中国人民公安大学出版社 2005 年版，第 31 页。

原因与结果的关系。也就是说，行为人的数个行为分别表现为目的行为或原因行为、手段行为或结果行为，并相互依存形成一个有机的整体。[①]基于此，本罪行为与他罪行为本为各自独立的犯罪，但由于它们之间有了某种事实上不可分离的牵连关系，使得两者相互依存并形成一个有机的整体。正如日本刑法学者所言："实行某个犯罪之际，通常预想到把在客观类型上归属于其他犯罪的行为作为手段，或者作为所伴随的结果来加以实施，并且行为者也认识到这点，从刑法规范角度看来，与其说对于各个犯罪加以独立的非难，不如说对于整体进行评价。"[②]那么如何来理解这种所谓的相互依存关系呢，也即牵连关系的实质内涵为何呢，这是牵连犯理论中最为复杂的一个问题。对此，似乎应从行为人的主观意思和行为的客观事实相结合的角度来对牵连关系加以考察，即牵连关系就是以牵连意图为主观形式，以因果关系为客观内容所构成的数个相对独立的犯罪的有机统一体。[③]由于在牵连犯中，行为人实施的数个行为本身看起来都是具备犯罪构成要件的行为，因而它们似乎是各自独立的犯罪行为，为此，刑法理论一般认为牵连犯是实质的数罪就不足为奇了。但是，与普通数罪不同的是，在这些数个犯罪行为之间似乎又有着某种密不可分的关系，进而将它们牵连在一起。之所以如此，乃是因为一方面在牵连犯中行为人是在牵连意图这一主观要素的支配下实施所有的行为的，所谓的牵连意图，就是指行为人追求的犯罪目的只有一个，也就是说牵连犯的数行为统一于一个犯罪目的。另一方面，在牵连犯中，行为人在客观方面所实施的数个行为并非毫不相干，而是有着内在一致的因果联系，这种因果联系表现在行为人是自觉地利用因果关系的规律支配着自己的数行为，实现其所追求的犯罪目的。一行为（他罪行为）之所以能够成为本罪行为的手段或结果行为，归根到底是因为这种行为与本罪行为具有内在的必然因果关系。行为人实施前一种原因行为时，就包含着实施后一种结果行为的现实可能性。在一定条件下，这种可能性转化为现实性。[④]

或许正是因为牵连犯中牵连关系在主客观两方面对行为人的数个犯罪行为起到了紧密联系的作用，所以其内在的特殊性也就直接影响到了对牵连犯的处断，也即目前对牵连犯的处断是以"从一重处断"为原则的。"从一重处断"正是对牵连犯数行为进行包容评价的体现，如若对牵连犯采用数罪并罚，就有可能会将他罪作为本罪的量刑情节，难免会有重复评价的嫌疑，从而导致罪刑不

---

① 陈兴良：《刑法适用总论》（上卷），法律出版社 1999 年版，第 697 页。

② [日]野村稔：《刑法总论》，成文堂 1998 年版，第 459 页。

③ 高铭暄主编：《刑法学原理》（第 2 卷），中国人民大学出版社 1993 年版，第 606 页。

④ 陈兴良：《刑法适用总论》（上卷），法律出版社 1999 年版，第 699 页。

相适应。基于此，有学者就指出，牵连犯概念设立的初衷，应是从社会危害性以及行为与行为之间的关联性角度，将某些刑法没有明文规定，但行为人数行为之间具有牵连关系且具有一个共同的犯罪目的的情况从数罪并罚中分离出来。就此而言，无刑法规定性和不实行并罚性，理所当然应该是牵连犯概念的应有之意和本质特征。①笔者认为，这不妨视作是对牵连犯坚持以"从一重处断"为处断原则的内在根据。

然而，不可忽略的是，尽管对于牵连犯一般应遵循"从一重处断"的原则，但原则之外亦有例外，这在我国的刑事立法上也体现得至为明显，就是并不排除在特殊情形下是以数罪并罚作为补充的。所谓的特殊情形，主要是限于一些在法律上作出了明文规定的情形。②对于牵连犯可采用数罪并罚的处断模式，有不少学者是表示赞同的，例如认为牵连犯中本罪与他罪之间客观存在的牵连关系，并未从实质上改变、也根本不可能改变其符合数个犯罪构成的基本属性，所以无论就形式还是实质而言，牵连犯都是数罪，而非一罪。另外，对牵连犯实行数罪并罚符合罪刑相适应的刑法基本原则。就基本的犯罪构成事实而言，牵连犯中数个相对独立的危害行为，均分别完整地具备某一具体犯罪的全部构成要件，它们与无牵连关系的数个完全独立的一犯罪(罪名与牵连犯相同的犯罪)相比，在本质上并无根本的差异。就修正的犯罪构成事实而论，牵连犯虽属一行为人受牵连意图支配而实施的犯罪，并在形式或表现形态上与行为人分别起意而实施的犯罪有所区别，但是，两者都是一行为人在相应的、独立的犯罪故意支配下实施了数个独立构成犯罪的危害行为，故它们的实质也完全相同。所以犯罪人承担刑事责任和应受刑罚处罚的程度，必须以其行为具备法定的犯罪构成为基准，判断罪数也应以犯罪构成的个数为标准。因此，两罪一罚(如对牵连犯从一重处断)则有悖于罪刑相适应的刑法基本原则。最后，对牵连犯实行数罪并罚也符合我国刑事立法的精神和发展趋势。因为 1988 年全国人大出台的两

---

① 刘宪权：《罪数形态理论正本清源》，《法学研究》2009 年第 4 期。

② 目前，在刑法分则中对属于牵连犯的情形但明确作出数罪并罚规定的主要有如下法条：《刑法》第 157 条第 2 款规定："以暴力、威胁方法抗拒缉私的，以走私罪和本法第二百七十七条规定的阻碍国家机关工作人员依法执行职务罪，依照数罪并罚的规定处罚。"《刑法》第 198 条第 2 款规定："投保人、被保险人故意造成财产损失的保险事故，骗取保险金的；投保人、受益人故意造成被保险人死亡、伤残或者疾病，骗取保险金的，同时构成其他犯罪的，依照数罪并罚的规定处罚。"《刑法》第 241 条第 4 款规定："收买被拐卖的妇女、儿童，并有第 2 款、第 3 款规定的犯罪行为的，依照数罪并罚的规定处罚。"《刑法》第 321 条第 3 款规定："运送他人偷越国(边)境，对被运送人有杀害、伤害、强奸、拐卖等犯罪行为，或者对检查人员有杀害、伤害等犯罪行为的，依照数罪并罚的规定处罚。"当然，根据我国刑法以及相关司法解释，数罪并罚的牵连犯类型的数量肯定还不止以上几项法条的规定，而且随着今后的立法修正和变化，不排除此种类型的牵连犯立法例还有可能增加。

个“补充规定”(《关于惩治走私罪的补充规定》和《关于惩治贪污罪贿赂罪的补充规定》)集中体现了对牵连犯实行数罪并罚的立法精神,这种立法精神应当在我国的刑事立法中作为一项具体制度予以确立。[①]又如认为牵连犯中的数个犯罪行为之间的牵连关系只能从犯罪形态的角度表明数个犯罪之间的联系形式,而不能决定其社会危害性程度。犯罪的社会危害性程度从根本上说是取决于其所构成的犯罪性质、个数和情节等。而且构成牵连犯的数个行为本身就是各自独立的犯罪行为,所以必须承认牵连犯是数罪这一前提,既然如此,对其处罚就应当按照我国《刑法》第 69 条、第 70 条、第 71 条的规定进行并罚,这是因为对于分则条款具有重要的指导与统辖作用的刑法总则条款并没有明确规定其他处罚原则。再者在刑事立法中对牵连犯明确规定从一重处断的国家可谓寥若晨星。[②]该观点是从形式和实质上肯定了牵连犯属于数罪这一前提,而且从社会危害性程度上考察,认定其与无牵连关系的数罪并无差别,故主张应对牵连犯实行数罪并罚。据此,另有学者之所以主张对牵连犯应当以数罪并罚作为处断原则,主要是认为如此做法符合了罪刑相适应原则,并有利于刑罚目的的实现。一方面,既然认定了牵连犯属于数罪,那么其社会危害性当然重于单纯一罪,并与完全独立的数罪没有本质和程度上的差别。若对具有牵连关系的数罪仅按一罪处罚,其结果必然导致“同罪异罚”或“异罪同罚”,从而有违罪刑相适应原则的要求。另一方面,就刑罚目的而言,如此做法能更好地发挥刑法功能。长期以来,“罚当其罪”的道义报应观已深深扎根于人们的思想观念中,并成为人们对刑法产生信赖情结的重要原因。但作为“罚当其罪”的逻辑前提是“有罪必定”。所谓“有罪必定”应理解为在行为人数行为中,凡独立地符合某种罪的犯罪构成,就应当将该行为单独予以定罪量刑。相反将“有罪必定”思想引入牵连犯中,则可有效增强刑法的评价、引导功能,强化对未然犯罪的震慑力,更好地实现一般预防,并可最终实现刑法的终极目标。[③]

如上观点将牵连犯中的数罪关系等同于普通的数罪而不作区分,进而得出对牵连犯应一律以数罪并罚来加以处断的结论。这些观点显然忽视了牵连关系的特殊性,若完全依此的话,牵连犯这一犯罪形态似乎在理论上没有存在的空间了。但有学者却主张牵连犯的理论概念和相应的理论研究应当继续作为我国刑法学罪数形态论的有机组成部分而存在,因为有关罪数形态的理论范畴

---

① 黄京平:《牵连犯处断原则辨析》,《中国人民大学学报》1993 年第 3 期。

② 陆诗忠:《牵连犯之基本问题新论》,《甘肃政法学院学报》2008 年第 5 期。

③ 张利兆:《牵连犯数罪并罚问题研究》,《浙江工商大学学报》2005 年第 5 期。

和理论研究，是相对独立于法律概念、法律规定而存在的，罪数形态的理论范畴和理论研究的这种相对独立性，决定了无论我国现行的或未来的刑事立法对牵连犯及其处断原则是否明文规定或如何规定，无论有关牵连犯处断原则的争论是否继续存在，都不能作为削弱牵连犯理论研究的理由。①笔者对此也深表赞同。其实，上述观点主张对牵连犯采用数罪并罚的理由尽管稍显牵强，但不可否认，还是考虑到了牵连犯是实质数罪的本然特性，毕竟其彰显的社会危害性与单纯的一罪不可同日而语，如果一味强调对牵连犯适用“从一重处断”的话，恐怕无法对行为作出充分评价，也的确会带来罪刑不相适应的问题。“从一重处断”适用于重罪和轻罪相牵连的场合是较为妥当的，因为此时本罪与他罪间既然是重罪与轻罪的关系，那么它们之间严重程度的差别也就非常明显了，换言之，在这种场合下是能够对重罪作出清晰判断的，所以“从一重处断”的适用当然就没有障碍了。然而，在很多情况下，牵连犯却是重罪与重罪的牵连或轻罪与轻罪的牵连，在这些场合，本罪与他罪的客观危害性大致相若，很难判断孰强孰弱，这时若仅按一罪处理，往往失之过宽，有碍刑法目的的实现，唯有对其实行数罪并罚，才能真正做到罚当其罪，发挥刑罚的普遍威慑功能。对于数罪并罚作为牵连犯处断上的特例，有学者作出这样的解释，即在刑事立法者受到各种条件制约无法科学合理地配置法定刑，难以真正保障数罪并罚必然重于“从一重处断”的情况下，刑事立法者对特定牵连犯作出直接的处罚规定就有其合理性，而在牵连犯的全部犯罪事实中，无论是重罪还是轻罪的法定情节，在量刑时都应该综合地予以考虑。这样，对牵连犯的处断，既和单纯的一罪有严格的区别，同时与一般的数罪并罚也有显著的不同。②

应当说，考虑到罪刑相适应原则对定罪量刑的制约，对牵连犯在特定情形下适用数罪并罚来处断是可取的，但这种适用却不可“推而广之”，简单地不加区别地对所有牵连犯类型适用数罪并罚的处断原则，实际上是忽视了牵连犯的数个犯罪行为与普通数罪行为之间的差别，更是没有考虑到统一的犯罪目的这一行为人主观上的犯意特点，因而难以令人信服，也没有彻底贯彻罪刑相适应的原则。③毕竟，对于牵连犯中特殊的牵连关系还是不可忽视的，从前述对牵连关系的界定来看，牵连关系对牵连犯的处断是有制约作用的，虽然牵连犯是数个相对独立的危害行为触犯数个犯罪构成，在形式上和实质上应该都是数罪，

① 高铭暄主编：《刑法学原理》(第2卷)，中国人民大学出版社1993年版，第623页。

② 刘树德：《牵连犯辨正》，中国人民公安大学出版社2005年版，第142页。

③ 高铭暄、叶良芳：《再论牵连犯》，《现代法学》2005年第2期。

但显然牵连犯中的数个犯罪行为之间存在着牵连关系，决定了其不是一般的数罪，而是数罪的特殊形态，因为在大多情况下，牵连犯中的牵连意图乃是一个主导的犯罪意图，行为人的数个犯罪行为正是基于这样一种牵连意图的支配而被实行，这也就决定了在此种类型的牵连犯中，本罪行为和他罪行为的指向是一致的，即都是为了实现一个共同的犯罪目的，并且在数行为的实施过程中，由于他罪行为都是为了顺利完成本罪行为的必要方法或由此引发的后果，所以本罪行为与他罪行为的主客观犯罪构成要素之间可能相互作用、相互组合，从而决定了整个牵连犯罪事实的社会危害性，其社会危害性不可能与无牵连的相应数罪相同。那么结合罪数形态区分标准，在主客观犯罪构成要素上有紧密的牵连关系的数行为不能充分地满足数个犯罪构成要件，因而在罪数本质上，大多牵连犯还是有别于一般数罪的，对其实行数罪并罚并不适宜。

当然，笔者认为，对于例外情形即法定的数罪并罚型牵连犯也是需要关注的。其实仔细考察，我国刑法之所以对某些牵连犯情形规定了数罪并罚的处断模式，并非随心所欲，而是有章可循的，理由在于此种类型的牵连犯中，虽然有着牵连关系的制约，但行为人的数个犯罪行为相对而言各自的独立性较高，具体体现为本罪行为和他罪行为侵害的法益在种类和性质上差异较大，或者说他罪行为侵犯的法益超出了本罪行为侵犯的法益的效力范围，这样就导致了数个犯罪行为之间不存在犯罪构成要素上的相互包容关系，也即适用任何一个法条都无法对行为人实行的行为的不法内涵作出全面的评价。既然如此，如果仅适用一个构成要件无法把所有的不法构成要件要素完全包含，此时若仅适用一个构成要件加以评价，就会出现评价不足的问题。因此，必须再适用其他构成要件对行为人加以评价，否则便违背了充分评价原则。①综上，笔者认为，由于受到充分评价原则的指引，同时为了做到罚当其罪，发挥刑罚的普遍威慑功能，以数罪并罚作为牵连犯处断上的特例还是极为可取的。

基于以上分析，笔者认为，目前对牵连犯还是应当秉持以“从一重处断”为原则，以数罪并罚为补充的处断模式为妥，这正如有学者所认为的，不能将“从一重处断”与数罪并罚完全对立起来，片面强调一方而否定另一方。“从一重处断”是牵连犯的一般原则，数罪并罚是牵连犯的特殊后果，二者在牵连犯法律性质的基础上达到有机统一。②其中，笔者认为将牵连犯的数罪并罚限定于法律明文规定的情形是合适的，通观我国刑法及相关司法解释所规定的多种数罪并罚

---

① 游伟、谢锡美：《对牵连犯处罚的思考》，《上海政法学院学报(法治论丛)》2006 年第 6 期。

② 姜伟：《犯罪形态通论》，法律出版社 1994 年版，第 468 页。

的牵连犯，都是属于本罪与他罪之间虽有牵连关系，但两罪均属重罪或性质相若的犯罪，并且两罪中任何一罪都无法简单地包容评价另一罪，只定一罪难以做到罪刑相适应的情形，所以它们都符合了适用数罪并罚加以处断的内在条件。

二、保险诈骗罪中的牵连犯问题及罪数认定

在对牵连犯的牵连关系以及由此衍生出的处断原则进行分析的基础上，再来看一下保险诈骗罪中所涉及的牵连犯问题。可以说，《刑法》第 198 条规定的第 4 项和第 5 项行为是故意制造保险事故的行为，同时也是保险诈骗罪的手段行为，由于其行为性质本身就是非常严重的，一般都会触犯其他罪名，并且，大都是由保险诈骗行为人自己实施的或共同犯罪人分工实施的，所以，立法时是能够预见的，立法规定数罪并罚是立法者对这种手段犯罪严重性的清楚认识。[①] 诚然，这样规定对于严厉打击性质恶劣、危害严重的保险诈骗犯罪行为是有着重要的积极意义的。当然，从更深层次来理解，在《刑法》第 198 条第 2 款的情形中，行为人实施的保险诈骗罪是本罪，而故意制造保险事故所构成的犯罪就是他罪，且其相互之间有着牵连关系，所以在此情形中按数罪并罚的规定处罚是完全正确的，因为这种行为按照犯罪构成的规定，手段行为构成一罪，目的行为构成另一罪，很明显是牵连犯罪，同时也是数罪。当然，更重要的是，在如上情形中，对于行为人采用故意制造保险事故的方法向保险人索赔骗取保险金的行为，无论对行为人以其故意制造保险事故所构成的相关犯罪还是以保险诈骗罪处罚，似乎都无法将行为人实施整个犯罪过程中的行为评价在内，而且若按“从一重处断”很容易导致司法实践中的重罪轻判。因此，对实施以上两种行为的行为人实施数罪并罚并不违反罪刑相适应的原则，也不是对行为人同一犯罪行为的重复评价。笔者甚至还认为，《刑法》第 198 条第 2 款的立法规定使得行为人的各个行为都对应了各自独立的罪责，在刑罚的一般预防功能上具有更显著的功能，而且会让人们相信，犯罪人的所有犯罪行为都会得到刑法的惩处。

然而，在保险诈骗罪的罪数问题上，现有的立法规定还是会受到一定的质疑的，主要是由于在《刑法》第 198 条规定的五种法定行为方式中，当行为人实施前三项行为时也完全可能构成其他犯罪，例如行为人实施故意虚构保险标的行为时，其手段行为可能构成《刑法》第 280 条规定的伪造、变造公文、证件、印章罪。同时为了取得虚假的理赔证明以实现其骗取保险金之目的，行为人还可

---

① 林荫茂、陆爱勤：《保险违约与保险犯罪》，中国检察出版社 2002 年版，第 218 页。

能实施行贿行为，因而可能构成行贿罪。应当说，这些犯罪与保险诈骗罪之间也会产生牵连关系的，但对于此种情形究竟是适用数罪并罚还是"从一重处断"却并没有规定。对此，似乎在立法没有规定时只能依一般原则采用"从一重处断"，但如此一来，难免给人这样的印象，就是以不同的标准来处理同一性质的法律现象了，有学者指出如此做法的弊端，即对于同一犯罪形态分别适用不同的原则来对待，刑法就会失去协调性，甚至沦为一种以功利的刑法价值观为指导，为维护刑法的实践功能而在个罪的适用问题上纠缠不清的工具。①为了解决这样的问题，有学者亦提出如下观点，把《刑法》第 198 条第 2 款解释为注意规定而非特别规定，这样就不排除行为人实施第 1 款规定的第 1、2、3 项行为时，同时构成其他犯罪的，应该数罪并罚的结论。②然而，如上质疑尽管有一定的道理，但是对于行为人实施的前三项行为以数罪并罚来处断并不妥当，还是应当采用"从一重处断"较为可取，因为在行为人故意制造保险事故骗取保险金的情形下，毕竟行为人的保险诈骗行为与其故意制造保险事故的行为之间在构成要件上没有相互包容的关系，这就决定了其不是典型的一行为为另一行为的一般方法的牵连犯罪了，因而可以适用数罪并罚。而与之比较，行为人实施前三项行为就有所不同了，不论行为人虚构保险标的还是编造虚假事故原因抑或夸大损失程度等，其所可能构成的犯罪行为完全可以为保险诈骗罪中的"虚构事实、隐瞒真相"的客观特征所包涵，因此这些行为本身虽然能够独立成罪，但其与保险诈骗罪之间的牵连关系更为紧密，甚至能够为保险诈骗罪所包容评价。况且，从犯罪性质上说，这些行为所构成的犯罪较之保险诈骗罪而言，的确也属于轻罪，因而符合牵连犯"从一重处断"中重罪与轻罪相牵连的要求。基于此，如果一定要以统一处断标准的名义对此种没有法律明文规定的情形也适用数罪并罚的话，显然就抹杀了牵连犯存在的意义。所以，对于行为人实施前三项保险诈骗的法定行为的，在法律规定未统一之前，还是应当以"从一重处断"为原则，或许这样才更加符合牵连犯无刑法规定性和不实行并罚性的本质特征。

综上所述，对于保险诈骗罪的罪数认定，的确需要区分不同的情形，在保险诈骗罪的五种法定行为方式中，当行为人实施前三项行为骗取保险金时，尽管在构成保险诈骗罪的同时又触犯了其他罪名，但由于没有明确的法定依据，所以只能认定行为人构成保险诈骗罪一罪，对于其他犯罪则不再另作评价。而在

① 张利兆：《保险诈骗罪研究》，中国检察出版社 2007 年版，第 158 页。

② 例如张明楷教授的观点就认为，行为人实施《刑法》第 198 条第 1 款规定的第 1、2、3 项行为时，同时触犯其他罪名，如果只有一个实行行为，应定一罪，如果具有数个行为，侵犯数个法益的，应定数罪。（参见张明楷：《诈骗罪与金融诈骗罪研究》，清华大学出版社 2006 年版，第 790 页。）

行为人实施故意制造保险事故骗取保险金的情形中，由于各行为之间无法相互包容，况且又有《刑法》第 198 条第 2 款作为明确的法定依据，所以对行为人以数罪并罚处断是极为可取的。

第四章 保险诈骗罪的特殊疑难问题

从《刑法》第198条来看，我国对于保险诈骗罪的法律规定还是比较系统和完备的，表现在犯罪主体范围明确，行为方式具体广泛，法定刑幅度较大等方面。但是，这并非意味着保险诈骗罪的罪刑规范已经尽善尽美了，事实上，由于我国对保险诈骗罪的立法比较晚，与国外关于保险欺诈犯罪方面相对成熟的理论、实践以及立法例等相比，目前《刑法》第198条尚需完善。虽然由于各国的立法背景、罪名含义以及依据的刑法理论不同，决定了我国保险诈骗罪的罪刑规范不可能照搬或盲从国外的立法例，但从更好地把握保险诈骗罪的罪质特点以及对保险诈骗行为的有效规制出发，借鉴国外的立法例，进而正视我国保险诈骗罪在立法和司法上存在的不足并加以完善还是很有必要的。

通过对《刑法》第198条的仔细考察可以看出，由于在司法实践中保险诈骗案件具有一定的复杂性，尤其是一些特殊疑难问题在刑法理论上一直都存在着较大的争议，直接影响到了司法实务部门对保险诈骗行为的定罪和量刑。所以有必要深入分析和探讨这些特殊疑难问题，从而为司法实务部门切实把握保险诈骗案件的定罪量刑规则与尺度提供参考，同时也可为保险诈骗罪罪刑规范的完善提供建言。概而言之，保险诈骗罪的特殊疑难问题主要体现为以下几个方面：一是对现实存在的冒名骗赔行为予以定性，即考虑是否可以把投保人一方以外的人纳入到保险诈骗罪犯罪主体范围之中，从而设想是否应改变保险诈骗罪的特殊主体立法模式；二是考虑对保险诈骗罪的行为方式是否作出更为宽泛和灵活的规定，特别是对实践中较为多发的被保险人采用自损方式制造保险事故进行骗赔的行为应当作出合理的定性；三是考察目前保险诈骗罪刑罚规定上的不足，进而为保险诈骗罪刑罚设置的完善提出相应建议，以期实现罪刑均衡、罚当其罪。

第一节 冒名骗赔行为的定性问题

一、保险诈骗罪主体范围的立法现状

通过对保险诈骗罪主体范围的立法规定可知，《刑法》第198条确定了保险

诈骗罪是特殊主体实施的犯罪，即该罪的适格主体一般是作为投保人一方的投保人、被保险人以及受益人三类人员，因为《刑法》第198条所规定的五种法定行为方式都是由投保人一方所实施的，可见保险诈骗罪正是重点规制投保人一方的保险欺诈行为，这一点在前文阐述保险诈骗罪概念和构成特征时已得到肯定。除此之外，当保险诈骗罪出现共犯关系时，作为一种特殊的例外情形，鉴定人等也可以成为该罪的犯罪主体，不论怎样，这种情形亦是受到现行立法认可的，即其是与《刑法》第198条的规定相符合的，并不违背。在此须注意，正如前所述，鉴定人等既可以是保险公司的工作人员，也可以是承担资产评估、验资、会计、法律服务等职责的中介组织的人员，由于这些人员往往具有了特定的职务或身份，使得他们在投保人一方进行理赔的时候能够提供相关的证明文件，如保单、出险证明、财产损失鉴定等，换言之，也正是因为这种特殊身份才使鉴定人等能够参与到保险诈骗行为之中，因此，鉴定人等仍应被认为是特殊主体而非一般主体。如此看来，即便鉴定人等因其共犯行为而构成保险诈骗罪，也并没有因此影响或改变现行刑法中保险诈骗罪的特殊主体立法模式。

通过以上界定，似乎保险诈骗罪的主体范围已成定论，并且其特殊主体的立法模式已无改变之余地，对此应当没有过多的争议了。然而随着我国保险市场的不断开放和快速发展，保险业的竞争日益加剧，相应地，保险诈骗犯罪也日趋频繁和复杂，不仅案件的发生数量呈上升趋势，而且其智能性和隐蔽性也不断增强，因此，对于保险诈骗行为的规律、特点和种类等的认识正有待于逐步深化。在此，需要加以关注的是，在近年的保险活动领域中出现了许多新型的保险欺诈行为，例如在实践中大量出现的“冒名顶替”、利用原合同关系诈骗保险金的行为等，这类行为均属于一般主体变相利用保险合同关系所实施的保险欺诈行为，其中尤以冒名骗赔行为最为常见和多发，譬如在利用机动车保险实施诈骗的领域，一些汽车修理厂的经营者和员工利用机动车车主到修理厂修理汽车之机，瞒着车主，制造交通事故，然后再冒充车主到保险公司索赔。可以说，在保险活动领域，诸如此类的冒名骗赔行为可谓不胜枚举，然而，在司法实务中，对这种行为的定性却不统一，有按诈骗罪定性的，也有按保险诈骗罪定性的。[①]之所以在冒名骗赔的定性上产生如此的困惑，乃是由于这种行为并没有被明确规定在《刑法》第198条的罪状表述中，所以将其定性为保险诈骗罪就显得欠缺充分的法定依据。但笔者认为，既然冒名骗赔行为是客观存在的，并且由于此种行为是通过变相利用保险合同关系而实施的，在犯罪手段上就更显诡秘

① 肖晚祥：《保险诈骗罪的若干问题研究》，《政治与法律》2010年第1期。

和高端，因而更加突出了行为本身的隐蔽性和欺骗性，其所造成的实质危害程度非但不亚于一般的保险欺诈行为，甚至犹有过之。所以，在刑法上及时应对冒名骗赔行为并给予从严规制乃是应有之义。但是，冒名骗赔行为在定性方面存在的争议确实造成了法律适用上的不统一，也不利于真正有效抗制现代社会中的保险诈骗犯罪活动。有鉴于此，笔者拟就该问题作出更进一步的思考，同时笔者认为，该问题也确实引起了对目前我国刑法中保险诈骗罪主体范围立法规定之合理性方面的深层次反思。

二、冒名骗赔共犯行为的定性

所谓冒名骗赔，是指行为人不参加投保或不全部投保，一旦出了事故便设法冒用已参加投保的单位或个人的户名向保险人骗赔的情况。[①]冒名骗赔实施主体不是投保人一方中的任何人员，因此他们难以成为保险合同关系的当事人，所以冒名骗赔的行为人似乎不应该是保险诈骗罪的犯罪主体，毕竟保险诈骗罪的行为人是利用保险合同这一载体进行诈骗活动的，而只有保险合同关系的当事人才能够做到对保险合同的利用，保险合同关系以外的人好像没有机会也没有能力实现这种利用，特别是单独对保险合同的利用。如果要将冒名骗赔也认定为保险诈骗行为，其行为人当然有被视为是保险诈骗罪犯罪主体的可能，那么就会和现行刑法所明确的保险诈骗罪的主体范围有所冲突和矛盾。所以，对冒名骗赔行为的定性必然涉及是否要突破既有的对保险诈骗罪犯罪主体范围界定的问题。对此，有观点之所以主张冒名骗赔可以定性为保险诈骗罪，是因为两者的行为手段非常相似，或者说冒名骗赔行为与《刑法》第 198 条中的五种法定行为方式在性质上是相同的，行为人也是以骗取保险金为目的，侵犯了有关财产所有权是毫无疑问的，同时也可看到此种行为对保险业发展的正常秩序也造成了严重的侵害。[②]但反对的观点始终认为，冒名骗赔的行为人事实上并未与保险人存在所谓的保险合同，因而在主体上与刑法规定构成保险诈骗罪的主体要求完全不相符合，所以不宜认定为保险诈骗罪。不过冒名骗赔的行为人毕竟在主观上具有骗取保险金的故意，客观上又实施了虚构事实、隐瞒真相的骗保行为，这些均完全符合诈骗罪的构成特征，对其不妨以诈骗罪定性。[③]当然，基于上述的观点分歧，另有观点作出了折中，主张应对冒名骗赔行为的定性

---

① 刘宪权:《金融犯罪刑法理论与实践》,北京大学出版社 2008 年版,第 528 页。

② 薛瑞麟主编:《金融犯罪再研究》,中国政法大学出版社 2007 年版,第 412 页。

③ 赵秉志:《刑法分则问题专论》,法律出版社 2004 年版,第 213 页。

具体问题具体分析，即行为人与被冒名的投保人如果有共同骗赔的故意，则可以按照保险诈骗罪的共犯加以定性处罚，由于被冒名的投保人符合保险诈骗罪的主体要求，尽管冒名骗赔的行为人不符合，但可以作为共犯加以认定。而当行为人与被冒名的投保人确实没有共同故意，例如行为人以欺骗方法骗得投保人的有关文件、证明等，单独向保险人实施骗赔行为的，根据罪刑法定原则，其冒名的身份不符合保险诈骗罪主体的要求，不能以保险诈骗罪定性处罚，而可认定为诈骗罪。[①]该观点颇有道理，因为其考虑到了冒名骗赔行为的复杂性，至少认可了冒名骗赔行为存在共犯的情况下有成立保险诈骗罪的余地。当然，对于这种观点也有着不同的看法，认为如此定性是牵强附会，实际上即使将冒名的行为人定为保险诈骗罪的共犯也是不符合《刑法》第198条关于该罪共犯范围的界定的（因为从《刑法》第198条的法条内容来看，所谓保险诈骗罪的共犯好像专指鉴定人等提供虚假证明文件的情形，并不包括冒名骗赔的情形），所以只能按一般诈骗罪来认定了。[②]笔者认为，如上否定冒名骗赔行为（包括共犯行为）定性为保险诈骗罪的观点主要还是受到了现有立法规定的影响，即其严格遵循《刑法》第198条规定的含义而无从突破，是机械适用法条的结果，在此前提下，自然不可能得出冒名骗赔的行为人可以成为保险诈骗罪主体的结论。若拘泥于此的话，那么对冒名骗赔行为的定性就非常简单且没有可争议的地方了。然而，在笔者看来，对此问题在研究思路方面实际上发生了混淆，之所以笔者要提出冒名骗赔行为的定性问题，并不是僵化地固守既有的法条规范束缚却不作任何思考，而是要考虑现行立法本身是否还有加以完善之处，换言之，就是考虑《刑法》第198条确立的保险诈骗罪的犯罪主体范围是否还有扩大之可能。事实上，很有必要深入把握冒名骗赔行为的实质特征。

就冒名骗赔而言，首先在上述的共犯情形中，由于被冒名的投保人对于行为人冒用其特殊身份进行骗赔的行为是明知的，不仅予以默许或纵容，甚至还采取了帮助的行动，因为在保险理赔活动中，冒名的行为人很难单独实施有关骗赔行为，一般需要被冒名的投保人的帮助方能成功，这是由于所有的保险手续或合同等均在投保人手中，要取得保险赔偿金必须具有能够证实保险合同存在的证明材料，另外，当行为人提出保险赔偿的要求后，保险人还要作一定的调查确认，如果没有投保人的帮助、配合，行为人很难骗得保险金的。这样的话，冒名的行为人的骗赔行为完全是依靠投保人与保险人之间业已存在的保险合

① 刘宪权：《金融风险防范与犯罪惩治》，立信会计出版社1998年版，第243页。

② 孙文红：《保险诈骗罪若干问题研究》，《国家检察官学院学报》2003年第3期。

同关系进行的。①可以说，在这种情形下投保人实施帮助行为完全可以视为他们与冒名的行为人之间具有了共同的犯罪故意，且在客观上实施了保险诈骗罪的部分实行行为，所以以保险诈骗罪的共犯来加以认定是完全合理的。而且需要指出的是，由于在冒名骗赔的共犯中，冒名的行为人正是利用投保人在保险合同关系中的"特殊身份"来实现骗赔的，因此其正好符合了身份犯共犯的内在机理。

通常所讨论的身份犯共犯问题，主要是指无身份者与有身份者的共同犯罪问题，冒名骗赔的共犯显然就属于这种情况。对于身份犯共犯，日本刑法就予以承认，例如《日本刑法》第 65 条第 1 款规定："实施由于犯人的身份而构成的犯罪行为的时候，即便是没有身份的人，也是共犯。"这一条款表明，在共犯和身份的关系处理上，单独实施的场合，不能作为身份犯处罚，但是作为共犯实施的场合就成为身份犯，可以处罚，即认可了身份的连带作用。②受此启示，虽然我国刑法总则中没有关于共同犯罪与身份的一般规定，但刑法学界的主流观点对身份犯共犯还是予以认可的，即认为身份对于单独犯罪而言，主要是作为该行为人成立相应真正身份犯必备的主体要件。而身份之于共犯，其性质就不在于此，身份在共犯场合更多的是表示特殊法益受到侵犯的可能性，即当共同犯罪人中有一人具有身份犯的特殊身份，并且该特殊身份为共同犯罪行为所利用时，所有犯罪人均成立身份犯的共犯。换言之，之所以能把无身份者认定为身份犯之共犯，是由于无身份者对身份犯客体同样具有不予侵犯的义务，只不过在单独犯罪的情形下，无身份者不具有侵犯身份犯客体的可能性而已，但在共同犯罪的情形下，无身份者可以借助有身份者本身的自然因素或法律地位而达到侵犯身份犯客体的结果。③

不过，在身份犯共犯中，对于无身份者利用有身份者的身份而构成共同犯罪的场合，特别是有身份者帮助无身份者实施身份犯之行为究竟应当如何具体定罪处刑却存在着不少的争议，有的观点认为应当采用分别定罪的方法，对两者作出不同的罪名认定，即有身份者按身份犯处理，无身份者按非身份犯处理，其理由还是强调有些犯罪不具有特定身份的人根本不能实施该种行为，所以在这种情况下否定了身份者和无身份者成立共同实行犯的可能，但无身份者在构成其他犯罪时，就应当分别定罪。④然而，分别定罪的观点一出现，立即遭到了批

---

① 张利兆：《保险诈骗罪研究》，中国检察出版社 2007 年版，第 89 页。

② ［日］大谷实：《刑法讲义总论》，黎宏译，中国人民大学出版社 2008 年版，第 410 页。

③ 李成：《共同犯罪与身份关系研究》，中国人民公安大学出版社 2007 年版，第 75 页。

④ 陈兴良：《刑法适用总论》（上卷），法律出版社 1999 年版，第 512—513 页。

驳，因为该观点实际上肢解、割裂了共同犯罪中犯罪人共同犯罪故意和共同犯罪行为的整体性，是违背共同犯罪原理的。[①]因此，在身份犯共犯得以承认的前提下，分别定罪的观点抹煞了无身份者行为对有身份者行为的从属性，最终结果是把共同犯罪拆解为单个人的犯罪，这显然不符合身份犯共犯的范畴，所以殊不可取。

当然，就身份犯共犯的错综复杂的关系来说，可谓观点纷纭，有的认为对于有身份者应以非身份犯的帮助犯论处，而对于无身份者以实行犯论处是合适的。[②]有的则认为，无身份者虽然能够实施真正身份犯的某种行为，但由于缺乏真正身份犯的身份，就不可能单独成为实行行为者，从而也就不会构成实行犯。帮助犯是以预定实行犯的存在为前提的，无身份者既然不可能是实行犯，加功于无身份者的有身份者，也就不可能成为帮助犯。而有身份者帮助无身份者犯罪，不过是将其作为“无身份有故意的工具”来利用，这正符合间接正犯（间接实行犯）的要求。据此，有身份者加功于无身份者实施真正身份犯的场合，有身份者构成间接正犯，无身份者构成从犯或胁从犯。[③]该观点从逻辑上看起来好像能够自圆其说，因此得到刑法学界大多学者的赞同，而且与之相印证的是，我国台湾学者也持有相似的观点，例如认为“惟如有身份者参与无身份者所实施之纯正身份犯，如可认为共同实行之情形，犹非不可认为共犯。例如公务员使知情之非公务员（如公务员之妻）为其收受贿赂时，主张对于共同正犯采共同意思主体说之学者，认为此时应成立共同正犯。惟如采共犯从属性说者，则此种情形是否成立共同正犯，不无问题，故主张此说之学者以为应成立狭义之共犯，用以处罚有身份者之参与。惟通说则依‘无资格有故意之工具’理论认为有身份者成立间接正犯。”[④]但对此亦不乏有反对的观点出现，即认为所谓“有身份者构成间接正犯，无身份者构成从犯”的观点是自相矛盾的，因为间接正犯是一种单独的实行犯，而“主犯”、“从犯”是对各共同犯罪人根据其在共同犯罪中所起的作用进行的一种分类，亦即间接正犯与“主犯”、“从犯”是不可能并存的。那么实际上在有身份者帮助无身份者实施真正身份犯的情形中，有身份者不可能“帮助”无身份者利用自己的身份实施真正身份犯，此时所谓的“帮助”也只能是指有身份者与无身份者一起共同实施真正身份犯的实行行为。[⑤]

---

① 阴建峰、周加海主编：《共同犯罪适用中疑难问题研究》，吉林人民出版社 2001 年版，第 60 页。

② 林亚刚：《身份与共同犯罪关系散论》，《法学家》2003 年第 3 期。

③ 马克昌主编：《犯罪通论》，武汉大学出版社 1999 年版，第 587—588 页。

④ 蔡墩铭：《中国刑法精义》，汉林出版社 1997 年版，第 259 页。

⑤ 狄世深：《刑法中的身份论》，北京大学出版社 2005 年版，第 156—157 页。

综上所述，尽管“有身份者构成间接正犯，无身份者构成从犯或胁从犯”可能是多数观点，但笔者认为，其中的确有着牵强之处。首先，虽然在德国的刑法理论中似乎肯定了在身份犯中间接正犯必须具有身份，例如认为“在幕后欠缺作为该犯罪的构成要件的前提的特别资格时（真正身份犯），间接正犯被排除”。①所以，“有身份者构成间接正犯”结论的得出也许正是以此为依据的，但笔者认为，实际上身份并不适用于间接正犯的领域，因为身份犯理论的初衷在于解决有身份者单独一人实施犯罪的定罪问题。如果认为间接正犯要具有某种身份才能构成犯罪，则身份犯这一概念无从存在，因为间接正犯可以利用他人实施各种犯罪，并不需要间接正犯者本人具有特定身份。②有鉴于此，对于有身份者的帮助行为其实可以区分不同的情况，这主要取决于如何正确认定各共犯人在共犯中作用的主次以及共同犯罪所主要侵犯的法益类型。如果有身份者帮助无身份者实施的行为所侵害的主要是身份犯的法益，有身份者应与无身份者构成共同实行犯，虽然有身份者表面上看仅仅是实施了所谓的帮助行为，但其显然迥异于仅起次要和辅助作用的帮助犯的帮助行为，或者说此时的“帮助行为”究其实质乃是一种实行行为，③理由在于此时的共同正犯（即共同实行犯，两者虽称谓不同，但应表达的是同一含义，即都是指称亲自实行构成要件之犯罪行为之人，因而可以相互套用，以下皆同）实际上是一种分担的共同正犯，就是各行为人基于共同的犯罪故意实施犯罪行为时，在实行行为上具有分工，各行为人的行为相互利用相互补充，形成共同实行行为，因此就各个行为人的行为而论，不要求其实施该犯罪构成要件客观方面的全部行为。④在身份犯共犯中，从有身份者帮助无身份者实施身份犯行为之行为构造来看，实际上有身份者也是利用了自己的身份条件实施了犯罪的部分实行行为而已，也就是说，对

---

① [德]汉斯·海因里希·耶赛克、托马斯·魏根特：《德国刑法教科书（总论）》，徐久生译，中国法制出版社 2001 年版，第 664 页。

② 徐立、周铭川：《身份犯共犯之定罪量刑问题新论》，《法学评论》2006 年第 5 期。

③ 其实，即便从上述“有身份者构成间接正犯”主张者的观点来看，也是认为有身份者的“帮助行为”并非帮助犯意义上的帮助行为，而是一种正犯（实行）行为，只不过他们认为这只是一种间接正犯行为，而笔者却认为这种“帮助行为”是一种直接正犯行为。毕竟间接正犯的正犯性表现在行为人以自己的意思对被利用者进行意思支配，从而左右了被利用者实施犯罪的因果进程，也就是说，间接正犯需要通过其他人的行为才能引起结果的发生，但其他人对于自己被利用的事实是完全不知情的，属于利用者犯罪行为的“无辜代理人。”（参见周光权：《关于正犯的三个主要问题》，载刘宪权主编：《刑法学研究》（第 5 卷），上海人民出版社 2009 年版，第 81 页。）而从身份犯的共犯关系来看，笔者并未发现有身份者对无身份者有相应的意思支配，即无身份者实施相关行为完全不是因为在不知情的情况下被有身份者利用所致，而是以自身的主观意思去积极地、主动地予以实行，基于此，认定有身份者构成间接正犯显然是不妥当的。

④ 陈家林：《共同正犯研究》，武汉大学出版社 2004 年版，第 97 页。

于有身份者以“帮助”形式出现的实行行为，其实可以认为是他们与无身份者在共同犯罪中就实行行为上具有一定程度的分工，虽然其各自的行为具有一定的独立性，但这样的分工并不影响共同犯罪之成立，因为共同实行犯中每个行为人都分担犯罪的实行行为，即每个行为人均实施犯罪实行行为的一部分或全部，但其各自分担的犯罪实行行为对于最后形成一个完整的犯罪来说都是不可或缺的。为此，笔者很赞同日本学者木村龟二对于“共同实行”的理解，即“所谓实行的共同意味着实行行为的分担。”①

至于无身份者实施的身份犯行为，更不可视作是一种帮助行为，而应该是一种共同的实行行为。对此，日本刑法理论值得参考，即对于《日本刑法》第65条第1款的理解，学者的看法就认为没有身份的人也可以通过参与有身份的人的实行行为来实现真正身份犯，所以，没有身份的人和有身份的人共同参与实施犯罪的话，就成立共同正犯。②笔者也认为如此理解是较为妥当的，之所以认定无身份者实施的是一种共同实行行为，那是因为无身份者在实施行为时主要凭借了对有身份者身份条件的利用，而这种利用完全可以视作是无身份者对身份犯行为的一种积极参与方式，基于此，有学者就明确指出：“凡无身份者能够参与真正身份犯的部分实行行为的，可以与有身份者构成共同实行犯，凡无身份者根本不能参与真正身份犯的部分实行行为的，即不能与有身份者构成共同实行犯。”③可见，对于无身份者的参与，就其发挥的作用而言，不可仅仅认为是为了方便或促成犯罪的实行，而是需要看到，假如没有这种无身份者对行为实施的参与，就可能根本不会有身份犯犯罪结果的最终实现。因此，无身份者的利用行为与帮助犯的帮助行为不可同日而语；反之，如果有身份者帮助无身份者实施的行为所侵害的主要是非身份犯的法益，并且此时无身份者在其中起的是核心的、主要的作用，那么不妨认定两者构成非身份犯的共犯，此时有身份者的帮助行为就可认定为是帮助犯之帮助行为，而无身份者则单独构成非身份犯的实行犯。据此，笔者较为赞同以下观点，即认为对于有身份者帮助无身份者实施或与之共同实施某种犯罪的情形，有身份者可以构成帮助犯或共同实行犯，而无身份者构成实行犯或共同实行犯。④

再来看一下冒名骗赔的共犯行为，其显然符合了如上所言的第一种情况，即可以视为被冒名的投保人（有身份者）与冒名的行为人（无身份者）共同实施

① ［日］木村龟二：《刑法总论》（增补版），有斐阁1984年版，第409页。

② ［日］大谷实：《刑法讲义总论》，黎宏译，中国人民大学出版社2008年版，第414页。

③ 马克昌主编：《犯罪通论》，武汉大学出版社1999年版，第582—583页。

④ 李成：《共同犯罪与身份关系研究》，中国人民公安大学出版社2007年版，第211页。

了以投保人身份才能实行的保险诈骗行为，而非构成其他犯罪的共犯。如此认定的内在根据是无身份者与有身份者共同犯罪，其犯罪的实施利用了有身份者的身份时，应依有身份者的实行行为的性质定罪。这是因为在无身份者与有身份者共同利用有身份者的身份或实施犯罪的情况下，整个犯罪行为都被打上了"身份"的烙印，这时二者的行为实际上是一个密不可分的有机整体，故对其应进行综合评价。①事实上，在实践中这种投保人与行为人相互勾结、共同作案骗取保险金的案件比例相当高，有学者即指出，《刑法》第 198 条没有说明一般人与具有特殊身份的人勾结共同诈骗保险金的行为如何处理，而在实践中许多保险诈骗案件都与所谓一般身份的人有关，并且特定身份的人恰恰就是以此来掩人耳目、转移怀疑视线的。②当然，在此种情形的认定中尤须注意的是，无身份者在实施行为过程中对有身份者身份的利用，必须首先以无身份者对此种身份的认识作为前提，如果欠缺这种认识，根据部分犯罪共同说，无身份者与有身份者可能在非身份犯限度内成立共同犯罪，有身份者单独成立身份犯。③依据此理，在冒名骗赔的共犯行为中，行为人对投保人的身份当然有着清楚的认识，并且对于凭借此种身份条件才能实现骗赔的事实也可谓心知肚明，正是基于这种认识，行为人才能顺利地实现对投保人身份的有效利用。所以，认定冒名骗赔行为人的行为构成身份犯共犯当无问题。

三、单独冒名骗赔行为的定性

基于上述身份犯共犯的原理，对于冒名骗赔的共犯行为认定为构成保险诈骗罪似乎还不困难。然而，最令人困惑的问题还是冒名的行为人单独实施骗赔的行为究竟应该如何作出定性，通说的观点否定了此种情形构成保险诈骗罪，而是认为结合其行为性质应当构成一般诈骗罪，例如有学者就认为，冒名的行为人在被冒名的投保人不知情的情况下，单纯利用其身份实施了骗赔行为，在此情形中，只是对投保人的身份加以利用，而不是利用投保人的行为，换言之，投保人没有实施任何行为，直接造成保险人财产损失的行为都是由冒名的行为人实施的，所以只能认定此种情形下行为人的行为成立诈骗罪的直接正犯，而非保险诈骗罪的间接正犯或教唆犯。④该观点排除了冒名的行为人单独实施骗赔行为构成共犯的可能，这当然是正确的，但是否据此就一定认为该种行为构

① 杜国强：《无身份者与有身份者共同犯罪定性问题研究》，《国家检察官学院学报》2004 年第3 期。
② 白建军主编：《金融犯罪研究》，法律出版社 2000 年版，第 644 页。
③ 阎二鹏：《共犯与身份》，中国检察出版社 2007 年版，第 242 页。
④ 张明楷：《论身份犯的间接正犯——以保险诈骗罪为中心》，《法学评论》2012 年第 6 期。

成一般诈骗罪呢，笔者认为尚需商榷。其实，从冒名的行为人单独实施骗赔行为来看，首要的行为手段就是通过欺骗方法取得被冒名的投保人的有关文件、证明等，这时可以看出其诈骗行为第一步针对的对象乃是投保人，而非保险人，所以即使认定行为人的行为成立诈骗罪，在这种情况下被害人也应该是投保人。①其后，行为人在取得这些文件、证明之后，再得以冒用投保人的身份进一步向保险人骗赔，笔者主张对此应当以保险诈骗罪认定为妥。之所以如此认为，是由于冒名的行为人实施的骗赔行为看似与保险合同关系无关，但实质上行为人正是凭借其冒用的投保人身份对投保人与保险人之间业已存在的保险合同关系进行了利用，只不过与投保人的直接利用保险合同关系相比，他们的这种利用是一种转嫁式的、间接性的利用，但不可否定行为与保险合同关系的内在关联性，而且冒名的行为人以形式上“真实”的保险合同掩盖了保险合同关系的实质虚假性，借此达到骗赔的目的，其迷惑性和掩饰性是相当大的，同时，对于作为犯罪被害人的保险人的实质侵害程度也更高。也就是说，在冒名骗赔行为中，行为人虽然不是真正的投保人，但其以投保人一方的名义，利用投保人一方的保险合同欺骗保险人并骗取保险金，这与投保人一方自己利用其保险合同欺骗保险人并骗取保险金的行为本质完全一样，均不仅侵犯了保险人的财产所有权，而且侵犯了保险人以保险合同为基础而建立的保险经营秩序，从法律评价的角度讲，冒名骗赔的行为和被冒名的投保人自己骗赔的行为在定性上应该是一致的，均应定性为保险诈骗罪。②更何况，冒名的行为人具体的骗赔行为归根结底还是要通过查勘、定损、核保、理赔等保险活动诸项环节的运作方能得以实施，也就是说，冒名骗赔行为始终并未脱离保险活动的领域。更进一步而言，冒名骗赔行为尽管是以虚假的保险合同关系作为行为“媒介”的，但不可否认，在行为人冒用投保人身份之前，是存在真实的保险合同关系的，那就意味着保险人支付保险金是其应尽的义务，但是，保险人并不因为向行为人支付了保险金

① 需要指出的是，冒名的行为人采用欺骗方法骗得被冒名的投保人的有关文件和证明等，正是利用了投保人对行为人即将冒用其身份去骗赔的事实并不知情，其中有可能使投保人陷入了一种认识错误。虽然行为人的骗赔行为导致的最终结果是保险人的财产损失，而投保人的财产权好像并未因此受到侵害，所以看起来似乎并不符合被害人的财物被骗取这一诈骗罪成立的结果要求。但是，笔者认为，投保人作为保险合同关系的当事人，本来可以通过正常的保险合同来保障自己的财产权（即发生保险事故后获得保险金赔偿的权利），然而由于其身份被冒用，使得行为人能够“代替”自己从保险人那里获得保险金，这等于是说本应由投保人正当享有的保险利益被肆意侵占了。从此意义上而言，行为人的行为正是对投保人财产权的一种变相的、间接的侵害。况且，投保人基于认识错误交付行为人有关文件和证明等，同投保人“自愿”地直接交付财物相比，两者其实在财产权受损这一危害结果上是并无二致的。所以，行为人对投保人的欺骗行为是符合诈骗罪的特征的。

② 古加锦：《保险诈骗罪若干疑难问题探究》，《行政与法》2013年第6期。

而免除其向合法受益人(即投保人一方)支付保险金的义务,因此,从根本上讲,这种行为侵犯的仍然是保险人的财产所有关系。司法实践中的保险诈骗犯罪行为,并不仅仅限于行为人对保险事故的虚构,而且存在行为人对主体身份的虚构。所以,冒名骗赔行为就其性质特征看,更符合保险诈骗罪。①实际上就冒名的行为人所实施的骗赔行为而言,其在行为的客观表现、行为人的主观恶性以及对保险业的危害等方面,与投保人一方实施类似行为并没有什么实质性的差别,也就是说,只要利用保险合同关系(包括直接利用和间接利用)诈骗保险金的,性质都是一样的。②如前所述,保险诈骗犯罪已然实现了罪名的独立化,而之所以如此,正是为了重点规制保险领域出现的严重的诈骗犯罪行为,而基于如上理由,冒名骗赔行为既然从实质上说也应属于一种特殊的保险诈骗犯罪行为,自然不可对之无所重视。正如有学者指出,我国保险诈骗犯罪罪名虽然实现了独立化,但其适用范围由于主体的法律规定,因此受到较大的限制,其结果是大量实质上是保险诈骗的犯罪行为在法律适用上还是要回头去适用一般诈骗罪的规定。这种独立化不彻底的状况,不利于执法的统一,也会给司法人员和普通公民徒增适法的困惑,不符合当前打击保险诈骗犯罪的现实需要。③冒名骗赔行为的定性或许就面临着如此状况,的确需要引起应有的关注和重视。

其实,笔者认为,在冒名的行为人单独实施骗赔行为的行为构造中,行为人冒用投保人身份的行为可定性为诈骗罪,而其进一步向保险人骗赔的行为可定性为保险诈骗罪,这实际上亦符合了刑法理论中牵连犯的原理,也即在行为人单独实施冒名骗赔的场合,由于行为人首先是通过实施诈骗投保人的行为进而实现其保险诈骗的目的的,那么前者不妨视作是一种方法行为,而后者即可认为是一种目的行为。至于牵连犯的处断,正如前述,除了法律明文规定实行数罪并罚的以外,通常采用的是“从一重处断”的处断原则,不过,在遵循此种处断原则的基础上,笔者更进一步主张,实际上是否可以考虑采用另一种对牵连犯而言或许更加恰当而有效的处断方式,即从一重罪并从重处罚的处断原则,依笔者之理解,其不仅是指适用重罪的法定刑,而且还可以在重罪的法定刑幅度内酌情从重处罚。之所以如此,是因为牵连犯中数个犯罪行为间的因果联系决定了它们共同组成了一个犯罪构成中的复合行为,可以说,在终极的犯罪目的

① 王晨:《诈骗犯罪研究》,人民法院出版社2003年版,第272—273页。

② 陆中俊、莫开勤、邹志宏:《保险诈骗犯罪立法比较研究——兼评我国保险诈骗罪的立法规定》,载高铭暄、赵秉志主编:《21世纪刑法学新问题研讨》,中国人民公安大学出版社2001年版,第647页。

③ 刘明祥、冯军主编:《金融犯罪的全球考察》,中国人民大学出版社2008年版,第192页。

统摄之下，他罪行为实际上包含在本罪行为之中，二者密不可分，因此他罪行为本质上是本罪行为的附属物，无本罪则无他罪产生之可能。所以“从一重处断”正是对牵连犯数行为进行包容评价的体现。另外，不能否认，牵连犯乃是属于处断的一罪，即意味着其又是本来的数罪，虽然它不同于典型的、纯粹的数罪，所以不宜一律实行并罚，但亦不可忽略牵连犯作为本来的数罪，其社会危害性有别于单纯的一罪。从其实际出发，在处理时按照其中的一重罪定罪，并在法定刑以内酌情从重处罚，是符合牵连犯实际，并符合罪刑相适应原则的。[①]因此，对照以上的冒名骗赔行为，其显然与牵连犯的特征高度吻合，而且两相对比，由于保险诈骗罪（行为人的本罪行为）相比诈骗罪（行为人的他罪行为）而言属于重罪，[②]所以，依据牵连犯的一般处断原则最终对行为人以保险诈骗罪来加以认定就显得无可厚非了。在此种情形的具体处断上，确实应该对冒名的行为人在适用保险诈骗罪法定刑的同时再从重处罚，这是因为考虑到行为人一开始诈骗投保人的行为构成了诈骗罪，它本身具备了独有的社会危害性。当然，假如把这种冒名骗赔行为仅仅定性为诈骗罪，显然又忽略了该行为还侵犯了保险经营秩序的一面，这样恐怕就没有做到对该行为性质的全面评价，而且还会有重罪轻罚之嫌。

四、扩大保险诈骗罪主体范围的设想

既然认可了冒名骗赔行为能被定性为保险诈骗罪，那么就等于承认了投保人一方以外的任何人都可以成为保险诈骗罪的犯罪主体了。如此一来，也许有人会质疑，笔者在前文中既然已主张保险诈骗罪的犯罪主体应当是特殊主体，即限于投保人一方的三类人员（在共犯情形下还包括鉴定人等），但在此处却又认为保险诈骗罪的主体可以是一般主体，岂非自相矛盾。对此，笔者需要说明的是，前文之所以肯定保险诈骗罪是特殊主体，那是在考察《刑法》第 198 条之后得出的实然结论，而以上对于冒名骗赔行为的定性，都是从学理上进行的探讨，并非是对现行刑法规定的解释。事实上，由于冒名骗赔行为尚未被刑法认定为是保险诈骗罪的法定行为方式，所以依据目前《刑法》第 198 条的规定内容，自然必须承认保险诈骗罪的犯罪主体仍然是特殊主体。也正因如此，囿于既有的法条规范，目前刑法学界通说的观点对冒名骗赔行为构成保险诈骗罪基本上都给予了否定。这一点，正如我国刑法学者张明楷教授所言，《刑法》第 198

① 刘树德：《牵连犯辨正》，中国人民公安大学出版社 2005 年版，第 133 页。

② 保险诈骗罪的法定刑起刑点是有期徒刑五年，而诈骗罪的法定刑起刑点则是有期徒刑三年。

条对保险诈骗罪的主体做如此限定是否合适，是立法论的问题，而不是解释论的问题。解释者不能因为法条规定的主体范围过窄，就随意扩大主体范围。[①]诚然，在法条内容未作修改的情况下，当然不可认为保险诈骗罪的犯罪主体是一般主体。然而，正如笔者提出的，对于保险诈骗罪的罪刑规范实际上还有着加以改进的空间，也就是说，即使有了现行刑法的规定，也并不影响在学理上对于冒名骗赔行为定性问题的探讨，在此基础上更应提出对于保险诈骗罪犯罪主体的应然性思考。

基于冒名骗赔行为的定性，笔者拟提出与通说不尽相同的观点，即从保险诈骗罪的立法完善出发，不妨作出扩大保险诈骗罪主体范围的设想，也就是考虑尝试确立一般主体的立法模式。在前文已提到有学者对此予以肯定，笔者也认为这是切实可行的，事实上，保险诈骗罪的实质是利用保险合同关系诈骗保险金（直接利用和间接利用只是具体利用方式的不同，最终产生的效果可能都一样），由谁实施其实并不重要。因此，对该罪主体作特殊限制完全没有必要，反而可能使法网产生漏洞、给司法实践造成混乱。正因为这样，“国外其他国家法律对保险诈骗罪的主体都没有作特殊限制，属于一般主体。”[②]的确，从世界范围看，保险诈骗罪并非重在对特殊主体的处罚，许多国家和地区并未针对特殊主体而采用特殊规定，即均采用了一般主体的立法模式。例如美国《加利福尼亚州刑法典》第 548 条规定：“任何人以欺诈或损害保险人为目的，故意焚毁或以其他方式损坏、毁坏、藏匿、抛弃或处置当时已进行火灾、盗窃或其他事故的投保的任何财产，不论该财产是该人或其他人的财产，还是由他们占有的财产，均处以州监狱二年、三年或四年的监禁。”又如法国《社会保险法典》第 377 条规定：“任何人为获得或使人获得，或企图使人获得不应获得的补助金或赔偿金，犯有欺诈行为或进行虚假申报的，处 360 法郎至 2 万法郎的罚金，并不影响根据其他法律处以其他处罚。”从上述两项立法例的法条表述可见，其对保险诈骗罪的主体就表述为“任何人”，这当然就意味着一般主体可以构成保险诈骗犯罪。此外，泰国、德国、意大利、奥地利、荷兰、挪威等国家的刑法对保险诈骗犯罪（在没有专门规定保险诈骗罪的则指诈骗罪或诈欺罪）的主体根本就不作具体规定。[③]实践表明，这些国家和地区关于保险诈骗罪的法律规定对于有效规制保险欺诈犯罪行为、保障保险业健康发展等都发挥了良好的作用，最重要的是，

---

① 张明楷：《论身份犯的间接正犯——以保险诈骗罪为中心》，《法学评论》2012 年第 6 期。

② 单长宗等主编：《新刑法研究与适用》，人民法院出版社 2000 年版，第 441 页。

③ 陆中俊、莫开勤、邹志宏：《保险诈骗犯罪立法比较研究——兼评我国保险诈骗罪的立法规定》，载高铭暄、赵秉志主编：《21 世纪刑法学新问题研讨》，中国人民公安大学出版社 2001 年版，第 647 页。

其一般主体的立法模式值得学习和借鉴。

除了借鉴国外先进的立法例之外，之所以主张保险诈骗罪应当采用一般主体的立法模式，还是因为在现实生活中投保人一方以外的人员利用保险合同关系诈骗保险金的行为已大量存在，并非少见现象，而且与投保人一方实施类似行为相比，在主观方面、客观方面以及客体等上均没有实质差别，如果仅以犯罪主体的不适格为理由而对这些人员无法适用保险诈骗罪，显然有违背法律平等适用之嫌，毕竟随着保险业的发展，各类主体将不断增加，急需法律进行平等地适用。①无论是投保人一方还是其以外的人员所实施的保险诈骗行为，都会对正常的保险活动秩序以及保险人的财产权造成侵害，而且就社会危害性来说，后者恐怕还有过之而无不及，毕竟其隐蔽性和诡秘性可能更强。所以，对于如此性质相若的行为仅仅因为主体身份的差异而带来不同的认定结果，是欠妥的。如此一来，对投保人一方认定构成保险诈骗罪固然无可厚非，但投保人一方以外的人员如果因主体身份不适格而游走于法律的“真空地带”，势必宽纵其规避法律制裁，并加剧其进一步实施犯罪行为，这显然就造成了法律适用上的不平等，更是与保险诈骗罪的罪名独立化要求不尽相符的，有悖于保险诈骗罪的立法初衷。在保险活动领域中出现的冒名骗赔行为之所以是一种隐蔽性很强，防范起来较为困难的诈骗犯罪行为，就是在于立法对保险诈骗罪主体范围限制过严，导致对冒名的行为人因法律适用根据不足而惩处乏力，使其能够以主体身份不适格作为“掩护”理由而承担较轻的刑事责任，②如此一来，行为人极有可能利用立法疏漏而肆无忌惮地实施相应的保险欺诈行为，这对保险人财产所有权和保险经营秩序的危害显然是巨大的。因此，这种现状是亟待改观的。

此外，保险诈骗罪作为金融诈骗犯罪这一类罪中的一项具体个罪，理应与其他金融诈骗犯罪在基本的构成要件方面保持相应的协调或一致，表现在犯罪主体方面也不应太过脱节，在金融诈骗犯罪的其他七项罪名中，其犯罪主体均为一般主体，唯独保险诈骗罪规定了特殊主体，这显然与金融诈骗犯罪的整体特性与统一类属有所不符，因而显得比较突兀，毕竟，通过对金融诈骗犯罪构成要件的分析可以发现，虽然有各自的具体构成要件，但在主观上都具有非法占有的目的，在客体方面都侵害了金融管理秩序和公私财产所有权，在客观方面都是行为人采取法定的虚构事实或隐瞒真相的行为方式，可见金融诈骗犯罪在

① 张利兆：《保险诈骗罪研究》，中国检察出版社 2007 年版，第 269 页。

② 显然如前所述，如果认为冒名的行为人最终仅构成诈骗罪，那么意味着其将承担的是轻罪的刑事责任。

本质上都是一样的，既然如此，又有何必要单在犯罪主体这一构成要件上人为地设置区别呢。况且一般而言，如果保险诈骗罪在犯罪主体的规定上迥异于其他罪名，就说明假设其有着某种特别的需要，例如必须通过特殊主体才能辨识特殊的行为方式等，但是笔者却始终很难找出此种特别需要，规定一般主体似乎并不影响对于保险诈骗犯罪行为的认定。基于此，从考虑法条的协调性与立法的科学性出发，保险诈骗罪也应从特殊主体立法模式转变为一般主体立法模式。

综上所述，将保险诈骗罪规定为一般主体，不仅能严密法网，而且更能发挥罪名的警示作用和刑法的一般预防功能。然而，由于目前《刑法》第198条对保险诈骗罪主体范围作出了限制，冒名骗赔行为也因之无法在保险诈骗罪的罪刑规范中得到承认，这不能不说是立法的疏漏之处。当法条本身存在瑕疵的时候，在立法上作出相应完善就是题中应有之义。正所谓“法律的范围一方面应该是一个完备而有系统的整体，另一方面它又继续不断地需要新的法律规定”，法的“完整性只是永久不断地对完整性的接近而已。”[1]而这种接近，正是通过不断地对法律加以修正和完善来实现的。诚然，特殊主体的立法模式确实已不能满足当前有效规制保险诈骗犯罪的客观需要，尤其在应对诸如冒名骗赔等新型的保险欺诈行为方面有所局限。因此，笔者建议，在保险诈骗罪的罪状规定中不妨增加“投保人以外的人与投保人相互勾结，冒用投保人的名义或者欺骗投保人，骗取保险金的”这一项内容，如此一来，保险诈骗罪的行为方式就显得更为灵活多样和全面周延，冒名骗赔行为也就因之有可能成为保险诈骗罪的法定行为方式之一，从而在刑事追究上能够尽量避免挂一漏万。所以，确立保险诈骗罪的一般主体立法模式无疑是今后立法部门在完善相关立法方面应当着重予以考虑的问题。

第二节　被保险人自损骗赔行为的定性问题

一、被保险人自损骗赔行为定性上的困惑

如前所述，在《刑法》第198条规定的五种法定行为方式中，第五种行为方式是在人身保险领域中故意制造保险事故的行为，其主要是针对被保险人的人

① [德]黑格尔：《法哲学原理》，范扬、张企泰译，商务印书馆1961年版，第225页。

身实施侵害，因此在此种情形中被保险人是处于犯罪的被害人的地位，而侵害行为通常也是由投保人和受益人来实施的。但是，在实践中却经常会出现这样一种特殊情形，即被保险人采用自损方式骗赔的行为。被保险人之所以会实施这样的行为，可能出于多样的动机：(1)被保险人或其家人生活十分贫困，经济来源少，为了获取生活费，不得不采取欺诈手法；(2)被保险人的财务状况突然遭遇巨大困难，但又急需在短期内筹措一笔资金，在此种情况下，而采用自损的手法骗取保险金；(3)被保险人由于某种原因而负债累累，眼看债期逼近，又无力还债，别无他法，只得牺牲自己的身体向保险公司骗取保险金。①但不论被保险人基于怎样的动机，其都是刻意在法律规定的保险人除外责任之外进行自损行为，具有很明显的欺诈故意，因此，这种行为的实质危害性亦不可低估。

《保险法》第44条规定："以被保险人死亡为给付保险金条件的合同，自合同成立或者合同效力恢复之日起二年内，被保险人自杀的，保险人不承担给付保险金的责任，但被保险人自杀时为无民事行为能力人的除外。保险人依照前款规定不承担给付保险金责任的，应当按照合同约定退还保险单的现金价值。"这便是保险法上著名的自杀条款。可以说，在保险法中设立相关的自杀条款，目的就在于防止被保险人恶用保险而从中牟利，例如我国台湾学者郑玉波就认为："被保险人自杀，所以称为免责事由者，那是因为自杀不但违背善良风俗，同时在死亡保险或混合保险，被保险人即等于危险的管理人，若故意使危险发生，保险人自当免责，否则保险制度不难被人不当地利用了。"②我国亦有学者认为："自杀条款的宗旨，一方面要防止发生道德危险，保护保险人的利益；另一方面，又要保护被保险人家属或者受益人的利益。"③而从我国保险法的规定来看，自杀条款也的确具有如此功效，即对想要自杀的被保险人在其自杀的时间上作出限定，其基本考虑是，在一般情况下，一个蓄意要自杀的人，不太可能将自杀行为推迟一两年后去实施。即使在投保时有自杀意图，随着时光的流逝，也会"时过而境迁"。④因此，根据这一条款，保险合同成立后二年之内，被保险人自杀的情况属于保险人的除外责任，保险人对此不予赔偿。这是由于自杀亦属道德风险，本不在保险范围，但自杀毕竟属于被保险人死亡的一种，应可约定为保险事故，即可在人身保险合同中约定自杀条款，由保险人承担给付保险金的责任，保费自然会提高。而且根据我国保险法的规定，自杀条款须在保险合同成立后，

---

① 杨丽编著：《金融违法违规案例与防范》，辽宁大学出版社1999年版，第182—183页。

② 郑玉波：《保险法论》，台北三民书局1994年版，第11页。

③ 覃有土：《保险法概论》，北京大学出版社2001年版，第383页。

④ 万里虹：《人身保险欺诈及其防范》，中国金融出版社1997年版，第59页。

经过二年，方为有效。[①]有学者认为，对于被保险人自杀，按其自杀时间决定保险人是否给付保险金。但是否给付保险金，只是对民事权利的影响，并不涉及刑事责任，因为自杀行为本身不构成犯罪，同理，被保险人故意自伤身体在人身保险合同中也被列为除外责任，但因其本身并不具有社会危害性，并不构成犯罪。所以据此判定，被保险人的自损行为不构成保险诈骗罪。[②]然而，如此观点是对被保险人自损行为进行了表面上的理解，却忽略了对其中被保险人利用自损方式骗赔的真实意图的考察。事实上，随着人身保险赔付标准的不断提高，有些被保险人在巨大利益的驱使下，为了为自己或他人骗取高额的保险赔偿金，就施"苦肉计"，不惜采用故意自损的方式实施保险欺诈。具体而言，主要是指被保险人为骗赔而采用自杀、自残或故意感染某种疾病等极端的方式，从本质上说，该行为也是一种故意制造保险事故的行为。[③]所以，在有些国家的刑法中明确将此种行为规定为保险诈骗犯罪行为，例如《意大利刑法》第 642 条规定："以为自己或其他人获取意外事故保险赔偿为目的，毁灭、损耗、破坏或者隐匿归其个人所有的物品的，处以六个月至三年有期徒刑和 200 万里拉罚金。为了上述目的，对自己造成人身伤害的，或者加重因意外事故造成的人身伤害结果的，处以同样的刑罚。如果犯罪人实现了上述意图，刑罚予以增加。"其明确了以自损身体或者财物的方式欺诈保险金的犯罪行为，将被保险人自残骗取保险金的行为纳入保险诈骗罪之中。又如《奥地利刑法》第 151 条规定："以取得保险金额之支付或使他人取得之故意，对于防范损毁、破坏或除去者，伤害自己或他人之身体，或妨害健康或使伤害或加害者，构成滥用保险罪。"可以说，之所以在国外有这些立法例，或许正是认为被保险人的自损骗赔行为与保险诈骗犯罪行为在本质上是完全吻合的。

然而在我国，对于被保险人的自损骗赔行为却始终存在着定性上的困惑，主要是该行为能否被认定为保险诈骗的犯罪行为似乎还有争议，因为从《刑法》第 198 条的法条规定来看，其第五种行为方式排除了被保险人作为犯罪主体的可能，显然囿于该立法规定，假如被保险人身为被害人的同时又作为犯罪人的话，好像从逻辑上是讲不通的。基于此，根据我国刑法的规定，既然被保险人不能被认定为是故意制造人身保险事故行为的实施主体，其自损骗赔行为也就因之不在刑法规定的保险诈骗行为之列了，那么把这类行为直接定性为保险诈骗

① 陈立、陈晓明主编：《刑法分论》，厦门大学出版社 2007 年版，第 197 页。
② 魏迎宁：《保险诈骗罪研究》，《保险研究》2010 年第 9 期。
③ 刘士心：《保险诈骗罪新探》，《当代法学》2002 年第 3 期。

罪好像欠缺充足的法律依据，也即目前立法上对这类行为显得束手无策，但是，如果对这类行为不予规制的话，又必然有放纵犯罪之嫌。所以，为了解决这样的矛盾，尽管有着实然立法规定的限制，但却并不妨碍这一困惑问题在理论上依然存在着展开探讨的空间。

二、被保险人自损骗赔行为应构成保险诈骗罪

实际上对于被保险人的自损骗赔行为不宜简单地定性，这是由被保险人同投保人、受益人之间关系的复杂性所决定的。《保险法》第 12 条第 1 款规定："人身保险的投保人在保险合同订立时，对被保险人应当具有保险利益。"第 31 条又规定："投保人对下列人员具有保险利益：(1)本人；(2)配偶、子女、父母；(3)前项以外与投保人有抚养、赡养或者扶养关系的家庭其他成员、近亲属；(4)与投保人有劳动关系的劳动者。除前款规定外，被保险人同意投保人为其订立合同的，视为投保人对被保险人具有保险利益。订立合同时，投保人对被保险人不具有保险利益的，合同无效。"由此可见，人身保险由于投保方式的不同，可分为投保人为自己投保和为他人投保两种，就前者而言，投保人、被保险人和受益人可以是同一人，就后者而言，这三类人员就分别是不同的人。那么，对于前一种情形，在没有其他相关行为方式可以适用的情况下，可以被完全评价为投保人、受益人故意造成被保险人伤残或疾病，也即可以解释为构成保险诈骗罪的第五种法定行为方式。当然，对于被保险人自杀身亡的，由于主体消失，不可能追究刑事责任，所以该行为丧失可罚性，但如果被保险人自杀未遂，且自杀行为造成了身体的损害，被保险人以此损害骗取保险金的，可以视同于自残的情况；[①]而对于后一种情形，却是由于《刑法》第 198 条在犯罪主体上的限制，法律适用便出现了困境。立法者之所以没有将被保险人自损的行为规定为保险诈骗罪的行为方式之一，这与我国传统意识中的"仁爱"思想有关，即倾向于对弱者(自杀、自残者)的同情与宽恕，将自损行为不视为一种道德上可谴责的行为，这与西方深受基督教影响的认为自杀是对上帝创造生命的一种亵渎罪过不同。按照罪刑法定原则，依我国刑法无法对自杀、自残行为以保险诈骗罪论处，其行为方式虽然符合一般诈骗罪，但司法机关若真处理此类案件时，也不宜定为诈骗罪，一是考虑到我国对自杀、自伤行为的特有观念，二是从刑事立法角度讲，虽然目前从逻辑上讲发生在保险领域的诈骗行为在不构成保险诈骗罪时，可以以一般诈骗罪论处。从长远来看，未来刑事立法应将保险领域的保险诈骗行为

① 张明楷：《诈骗罪与金融诈骗罪研究》，清华大学出版社 2006 年版，第 762 页。

都以保险诈骗罪规制之，以符合特别法条的真正局限和特别作用。①对于这种情况，参加立法起草的人员作出过解释："第五项规定的情形比较复杂，虽然也涉及投保人、受益人和被保险人，但故意造成被保险人死亡、伤残或者疾病的，通常情况下，多是投保人和受益人所为。当然也不排除实践中会发生被保险人为使受益人取得保险金而自杀、自残的情况，这类情况……可不作为犯罪处理。"②与立法部门的解释相印证，还有学者认为，由于这类情况在司法实践中发生很少，特别是被保险人欺诈故意很难实际得逞，因为在理赔过程中这些欺诈行为往往会被保险人发现，因此，对这一行为不以犯罪论处是可行的。③如此看来，似乎上述观点有着充分的理由否定被保险人的自损行为构成保险诈骗罪，但经过仔细分析，笔者认为上述观点其实有所不当，诚然，自杀、自残行为作为一种行为人处分自己的生命和健康的行为，并未对他人和社会造成侵害，因此，除了道德观念层面的否定外，该种行为是没有社会危害性的，但在被保险人实施自损行为的场合则不同了，因为被保险人实施自损行为的目的是为了进一步骗取保险金，那么行为的性质就发生了变化，即此时的自杀、自残行为已加剧了保险金被骗取的现实风险而具备了相当程度的社会危害性，理应动用刑法予以惩罚。④进一步而言，被保险人采用自损方式的骗赔行为由于能够操纵保险事故所导致的结果（死亡或伤残），并以此结果向保险人骗取保险金，这种行为同样对保险诈骗罪的客体即保险活动的管理秩序和保险人的财产权造成严重侵害，所以不可排除其属于保险欺诈的范畴。⑤况且，即使是在如上的否定性观点中也还是留有余地的，即其虽然认为眼下根据《刑法》第 198 条的规定好像不能对被保险人的自损骗赔行为予以规制，但不排除将来的刑事立法将此种行为纳入保险诈骗罪的行为方式之中，这正如有学者所指出的，实际上只是被保险人自杀、自残、自我感染疾病并以此向保险人索赔的才可能构成保险诈骗罪，但在实践中保险人识破这种诈骗行为的比较少，犯罪暗数较高，即使识破了，也往往由于同情所使然而不追究其刑事责任，其实这是不利于对保险诈骗犯罪的一般预防作用的发挥的。因此，将保险诈骗罪的行为类型加以立法上的宽泛性和灵活性规定对

---

① 李邦友、高艳东：《金融诈骗罪研究》，人民法院出版社 2003 年版，第 453—454 页。

② 郎胜主编：《〈关于惩治破坏金融秩序犯罪的决定〉释义》，中国计划出版社 1995 年版，第 164—165 页。

③ 刘宪权：《金融犯罪刑法理论与实践》，北京大学出版社 2008 年版，第 531 页。

④ 王立志：《被保险人自残后骗取保险金行为定性之困境及因应——兼论保险诈骗罪罪状设计》，《政治与法律》2012 年第 3 期。

⑤ 万里虹：《人身保险欺诈及其防范》，中国金融出版社 1997 年版，第 223 页。

于有效打击保险诈骗犯罪是十分必要的。[①]实际上在司法实践中被保险人自损骗赔这种具有高度隐蔽性和迷惑性的保险诈骗行为并不鲜见，而并非如上述学者所说的发生很少，并且其社会危害性与《刑法》第198条所列的五种行为方式基本相当，但是现有法条却对这种情形置之不顾，未作规定，这不能不说是一种立法疏漏，应予以补正。[②]而在此处，笔者正是从立法完善的层面探讨保险诈骗罪的行为方式问题，所以认为，被保险人自损骗赔行为理应成为该罪应然的行为样态，对其不作为犯罪处理更是于理不符的。

既然认可了被保险人自损骗赔行为能够构成保险诈骗罪，那么更为困惑的问题就是此种行为应归于保险诈骗罪的哪种行为类型呢，尤其是被保险人与投保人、受益人并非同一人的情况下究竟该怎样认定其行为的归属呢。[③]对此，有学者主张，此种行为不妨归于保险诈骗罪的第二种法定行为方式即对发生的保险事故编造虚假原因，理由在于被保险人如果要骗取保险金，必然要以他人或其他理由的伤害来代替自伤、自残或者故意造成自己疾病，这明显是一种编造虚假的事故原因的行为。[④]另有学者则认为，此种行为可以认定为保险诈骗罪的第三种法定行为方式即编造未曾发生的保险事故，理由在于被保险人自损后，也只有编造自损之外的"未曾发生的伤害事故"的，才可能将本不属于保险事故的自损行为认定为保险事故，从而使受益人能够获得保险人本不应当支付的保险金。因此，被保险人自损后骗取保险金的行为与保险诈骗罪的第三种法定行为方式在罪状上是契合的。[⑤]对比这两种观点，笔者认为后者比前者稍具说服力，因为被保险人自损后形成的所谓保险事故其实可以被视为是一种虚假的保险事故，换言之，被保险人因自损行为造成的伤害后果并不属于保险合同约定的保险事故的范畴，所以在此情形中，可以看作保险事故根本没有发生。当然，这也是基于对目前保险诈骗罪种五种法定行为方式的考察后选择其中最为接近的一种予以定性，实属"无奈之选"，其实，如前所述，对于被保险人自损骗赔行为最贴切的表达应当是定性为一种故意制造保险事故的行为，然而，在人身保险领域内故意制造保险事故的似乎只有第五种法定行为方式即投保人、受益

① 张秋芳：《保险诈骗罪的犯罪构成特征及立法完善》，《浙江金融》2008年第7期。

② 黄守华：《保险诈骗罪适用法律的几个问题》，《贵州民族学院学报（哲学社会科学版）》2002年第2期。

③ 当被保险人与投保人、受益人同为一人时，已如前述，对其自损骗赔的行为不妨归于保险诈骗罪的第五种法定行为方式之中。尽管这也可能有些牵强，但确实是目前最可接受的定性方案。

④ 薛瑞麟主编：《金融犯罪再研究》，中国政法大学出版社2007年版，第405—406页。

⑤ 王立志：《被保险人自残后骗取保险金行为定性之困境及因应——兼论保险诈骗罪罪状设计》，《政治与法律》2012年第3期。

人故意造成被保险人死亡、伤残或疾病这样一种情形，因此就直接否定了当与投保人、受益人非为同一人的情况下被保险人可以成为此种行为方式的实施主体，也就是说，拘于现有法律的规定，被保险人的自损行为就很难纳入此种行为方式中。为此，笔者主张，从保险诈骗罪的立法完善角度考虑，我国刑法关于保险诈骗罪行为方式的立法可以借鉴国外的经验，不妨增加"以其他方法进行保险诈骗活动的"这样一项概括性规定。[①]的确，随着保险制度的发展，新的诈骗方式也会不断出现，法条列举式的规定难免出现遗漏，对于新出现的保险诈骗行为可能会有无法适用法律的状况。这正像有学者指出的："对保险诈骗罪采用列举式规范不仅会使得其罪状过于庞杂，而且会出现越是具体细致反倒越是讹误迭出的乱象，立法者就应当卸去其罪状表述中工笔细描的浓妆重彩而启用模糊性立法模式，将保险诈骗罪的诸多罪状直接简化。"[②]因此，假如有了概括性规定的出现，相信能对如上缺陷进行有效的弥补。如此一来，被保险人自损骗赔的行为自然也能够顺理成章地被认定为保险诈骗罪的行为方式之一，对其定性与归类的问题也得到了很好的解决。同时，增加概括性规定的做法也是与保险诈骗罪行为方式立法方面宽泛性和灵活性的内在要求相契合的。

第三节　保险诈骗罪刑罚设置的完善问题

完整意义上的刑事法，无非包括两大内容，一是罪的认定，二是刑的追究。因此，刑罚是刑事法重要的组成部分。"犯罪行为不是最初的东西、肯定的东西，刑罚是作为否定加于它的，相反地，它是否定的东西，所以刑罚不过是否定的否定。"[③]可见，刑罚作为国家代表社会对犯罪作出正式反应的一种强制性制裁措施，它是为了应对犯罪而存在的。所以，对任何犯罪行为都应依据其社会危害性程度和人身危险性大小设置严厉程度不一的刑罚，保险诈骗罪亦不例外。

《刑法》第198条已对保险诈骗罪的刑罚作出了规定，从其刑罚设置上来看，体现出以下三个特点：(1)在自由刑的基础上，注意运用财产刑来惩治；(2)与诈骗罪和其他几种金融诈骗犯罪相比，本罪的法定刑最低，最高刑只是十五

① 吴忆萍：《金融诈骗罪新论》，西南师范大学出版社2005年版，第330页。

② 王立志：《被保险人自残后骗取保险金行为定性之困境及因应——兼论保险诈骗罪罪状设计》，《政治与法律》2012年第3期。

③ [德]黑格尔：《法哲学原理》，范扬、张企泰译，商务印书馆1961年版，第100页。

年有期徒刑;(3)本罪的犯罪主体包括自然人与单位,因而在法定刑的设置上有所不同,表现为自然人犯罪与单位犯罪的法定刑的规定二元化。①应当说,从整体而言,保险诈骗罪的刑罚设置有其可取之处,因为我国刑法对保险诈骗罪的法定刑规定刑种多、刑期长、档次多,因而能准确适用不同情节的保险诈骗犯罪行为。但这并非意味着《刑法》第198条的刑罚规定就是完美无缺、毫无瑕疵了,实际上,笔者恰恰认为目前立法对于保险诈骗罪的刑罚设置还存在着一定的不足,具体表现为以下几个方面:(1)法定最高刑设置不合理,难以体现罪刑均衡;(2)罚金刑规定不合理,难以起到应有的惩治作用;(3)资格刑的设置空缺,使得刑罚体系不完整。上述这些不足的存在,显然不利于对日益猖獗的保险诈骗犯罪行为的惩治,在现有的立法状态下,即使对于已经被确认为保险诈骗罪的行为人,也会因为刑法对该罪所设置的刑罚具有缺陷而没有足够地起到设立该罪应有的"加强对保险诈骗行为的打击"的作用,鉴于此,应当对保险诈骗罪刑罚设置上的不足予以修正和改进。然而,在刑事立法和司法实践中,对于如何能够做到完善保险诈骗罪的刑罚设置,以契合于有效惩治该罪的现实需要,长期以来都是一个较为困惑的问题。所以,笔者拟将其也作为保险诈骗罪研究上的一项特殊疑难问题,予以详尽探讨。

一、提高保险诈骗罪的自由刑幅度

在世界各国的刑罚体系中,自由刑是居于核心地位的,正如有学者所指出的:"社会的文明和进步相应带来的是犯罪现象的复杂多样和千变万化,但同时文明和进步带给刑罚的却是单一化和规范化——从古代刑罚千奇百怪的制裁方式逐步过渡到非常简单的自由刑——自由刑以是否需要剥夺行为人一定期间自由的刑罚去衡量审视'犯罪',那么就缩小了犯罪的外延,而犯罪外延的缩小势必形成打击锋芒的集中,锋芒的集中则相应带来刑法适用的及时和高效,从而在整个法律控制体系中产生出刑法所独有的打击和威慑犯罪的最佳社会效应。"②正是由于长期以来自由刑在刑罚体系中的核心地位,决定了自由刑属于刑法中的主刑,几乎所有犯罪的法定刑中均规定有自由刑可以适用。而从《刑法》第198条的规定来看,也是明显符合这一点的,即保险诈骗罪的刑种中也是以自由刑作为主刑的,其中包括了有期徒刑和拘役两种自由刑。

---

① 赵秉志主编:《金融诈骗罪新论》,人民法院出版社2001年版,第640—641页。

② 冯亚东:《理性主义与刑法模式》,中国政法大学出版社1999年版,第148—149页。

（一）自由刑的利弊分析

自由刑在我国不仅是适用最为普遍的一类刑种，而且在整个刑罚链条中上承死刑，下接财产刑与资格刑，其内部又可进一步划分为剥夺自由刑与限制自由刑，其中，剥夺自由刑包括无期徒刑、有期徒刑与拘役，而限制自由刑特指管制。可以说，自由刑在刑罚配置结构中的地位是极为重要的，因为自由刑作为以剥夺或限制犯罪人人身自由为重要内容的刑罚方法，与其他刑种相比，有其一定的优越性。自由刑的演进是依据刑罚理论与观念的演变，从单纯拘禁犯人的自由或充作待审判与处决的人犯的暂时监禁手段开始，慢慢演变成为具有惩罚性质的刑罚手段，再进而变为生命刑及身体刑的代替手段，成为刑罚制度中的主要刑罚手段。其后，由于刑罚目的观念的改变，从消极监禁演进到积极矫正，从单纯的惩罚演进到注重罪犯的再社会化。①可见，自由刑的优越性主要体现为下述几个方面：(1)自由刑具有隔离性，表现了自由刑作为刑罚方法的惩罚功能；(2)自由刑具有矫正性，实现了犯罪人的再社会化；(3)自由刑具有一定的伸缩性和可分性，即其能够适应各种不同的案件，因而具有极大的可适用性，以满足不同的需要。主要是因为自由刑有剥夺自由刑与限制自由刑之分，凡是需要与社会隔离的，可适用剥夺自由刑，凡是不需要与社会隔离的，可适用限制自由刑。②正是由于自由刑兼有上述预防、惩罚、矫正等多项刑罚功能，决定了它在刑罚体系中作为主刑的核心地位还是不可动摇的，自由刑执行的效果如何，直接关系到刑罚制度的整体效果，因而也是刑罚制度研究的重点。同时，自由刑的优越性也决定了它所起的作用是其他刑种所不能代替的，毕竟，在保留死刑的国家中，死刑只在极其个别的情况下才作为不得已的处罚方法加以运用，即使对应处死刑之罪，只要还有一点不杀的可能性，法官就会以自由刑替代判处。对于可判处罚金或其他不剥夺自由的附加刑的案件来说，自由刑往往在服刑者违反一定条件的情况下，被作为替代刑加以适用。同时，自由刑还是缓刑、假释、减刑等刑罚制度的基础性刑种，离开自由刑，这些制度就失去了存在的余地。另外，现代自由刑的主要功能是对犯罪进行矫正与改造，是实现特殊预防目的的主要手段。在现阶段，离开自由刑，刑罚预防犯罪的目的就难以实现。③虽然随着现代刑罚制度的演进和发展，自由刑的核心地位受到一定的冲击，主要表现在许多国家的财产刑适用数量增多，开放或半开放的监狱设施使自由刑

① 林山田：《刑罚学》，台湾商务印书馆1983年版，第184—185页。

② 曲新久：《刑法的精神与范畴》，中国政法大学出版社2000年版，第340—342页。

③ 马克昌主编：《刑罚通论》，武汉大学出版社1999年版，第130—131页。

的面目有所改变等。但是，从各国刑法规定来看，绝大多数犯罪的法定刑依然是以自由刑为主，甚至有些国家刑法规定的所有犯罪的法定刑都有自由刑。尽管财产刑适用数量开始增多，固然是就一切犯罪而言，但基本上都只适用于轻罪，只是由于其轻罪比例占了大多数，所以造成财产刑适用比例大的现象，但对传统犯罪来说，或者说对一般犯罪与严重犯罪而言，一般仍然适用自由刑，这亦是无可辩驳的事实。

以上凸显了自由刑在整个刑罚体系中的重要性，然而，不可忽略的是，自由刑在发挥其预防、惩罚、矫正等显著功能的同时，在适用过程中又确实存在着不少弊端，这些弊端往往与其优点产生于同一个特征，主要表现如下：(1)自由刑自身的特点和执行方式可能会产生不利于刑罚目的实现的状况。本来刑法设置自由刑的初衷是通过将犯罪人隔离社会的方法以矫正其犯罪恶习，达到积极促进其重返社会之功效，但由于资源不足、教育方法有限以及监狱管理存在很多缺陷与问题等原因，使得对服刑人员的教育和矫正功效大大降低，反而在客观上给犯罪人恶性感染提供了条件，因为在较长时间的自由刑执行期间，犯罪人在监狱中处于集体生活状态，而不同的犯罪人个性特点有别，恶性各异，他们可以相互交流犯罪经验、互相传授犯罪伎俩，这样一来，如果监禁场所管理不善，非但不能降低犯罪人的人身危险性，反而由于在行刑期间的“取长补短”，形成了新的犯罪性，犯罪人在刑满释放后，可能由犯罪的“单面手”变成“多面手”，不但继续犯罪，而且更为狡猾地犯罪，甚至犯重罪；①(2)自由刑的较长时间适用会对犯罪人带来消极影响，在其人格上形成盲从性，降低其适应正常社会生活的能力。自由刑中除少数是限制自由刑以外，大多数都是剥夺自由刑，将犯罪人与社会长期隔离。如此一来，行刑场所的封闭性环境与社会日新月异的发展形成巨大的反差，从而增加了犯罪人再社会化的难度，因为犯罪人在服刑期间被抛向远离社会正常生活的轨道，出狱之后，他们会表现出对于社会的很大的不适应性，并因此而可能实施与社会规范不合的反社会行为，甚至成为累犯。同时，长期的监禁生活使犯罪人在心理上和行为上都形成较大的盲从性，失去自己人格上的独立性，遇事消极被动，惟命是从。即使这种人确实已不再具有人身危险性，但同时也丧失了作为一个社会成员所应具备的主观能动性和竞争性，因而在一定程度上减低服刑者对社会生活的适应性。②此外，长期监禁对犯罪人出狱后的未来个人生活、社会交往、重新就业、家庭生活等带来的无形损害

① 邱兴隆、许章润：《刑罚学》，中国政法大学出版社 1999 年版，第 195 页。

② 马克昌主编：《刑罚通论》，武汉大学出版社 1999 年版，第 134—135 页。

也是值得重视的，正如国外学者指出的，对正常社会生活适应上的障碍以及被监禁的个人在监狱期间的合法生产（如果有的话）损失、监禁期间对他产生的负效用和他获释后合法活动生产率的减弱，都增加了其获释后重新犯罪的可能性。①的确，自由刑的不利后果助长了犯罪人因融入社会困难而产生的失落感和消极心理，如果不及时加以疏导的话，则可能使他们对社会产生对立情绪，并进而再次实施反社会行为；(3)自由刑是一种不经济的刑罚，这意味着刑罚抑制犯罪虽然可以产生积极的社会效益，但刑罚的这种社会效益的取得又不是无本万利的，自由刑尤其是剥夺自由刑的社会成本是相当高的。虽然自由刑的执行能产生相应的效益，但总体上来说，其投入的成本远远高于其所取得的收益，因而是一种不经济的刑罚方法。②而要克服自由刑的这种"高成本、低收益"的不经济状态，就要在保证刑罚有效性的前提下，最大程度地减少额外的或不必要的自由刑成本投入，也即减少不必要的自由刑设置和配置，同时，除了降低自由刑投入成本外，还需实现自由刑收益的最大化，即使得所投入的自由刑资源得到充分和合理的使用，通过建立健全各项刑罚执行制度的方式来最大限度地提升自由刑的预防犯罪效果；③(4)在自由刑中往往还会发生"刑期过剩"或"刑期不足"的失准性状况。④这意味着自由刑的刑期确定往往与犯罪人的人身危险性变化情况不相协调，有的犯罪人尽管罪行较重，人身危险性较大，但其在服刑期间经过教育改造，人身危险性已大为降低，但由于刑期尚未到期，犯罪人仍需执行剩余刑罚，从而导致"刑期过剩"。反之，有的犯罪人虽然一开始罪行轻微，人身危险性不大，但其在服刑期间变本加厉、抗拒改造，从而人身危险性剧增，但是由于根据其初始罪行可能仅判处短期自由刑，在无合法正当理由的情形下，又不能仅因其人身危险性增大而延长其刑期，所以，便会出现虽然有必要继续关押但因刑期已满不得不放虎归山的情况，这就是"刑期不足"。⑤可以说，如上两种自由刑的失准性状况都会对刑罚预防犯罪目的的实现造成不利影响；(5)自由刑的配置会出现罪刑不均衡的状况，这亦是自由刑的适用最为人诟病的弊端之一。具体而言，自由刑是内容最为丰富的刑罚方法，包括了无期徒刑、有期徒刑、拘役和管制，而一部较为完善的刑法典，至少其刑罚的轻重衔接必须符合科学、合理的阶梯性结构，这一点应该在自由刑的各个刑种之间及其与其他刑罚

---

① [美]理查德·A·波斯纳：《法律的经济分析》（上），蒋兆康译，中国大百科全书出版社 1997 年版，第 297 页。

②⑤ 郭理蓉：《自由刑政策研究》，《法学家》2005 年第 2 期。

③ 敦宁：《自由刑的效益之维》，《甘肃政法学院学报》2014 年第 6 期。

④ 曲伶俐主编：《刑罚学》，中国民主法制出版社 2009 年版，第 79 页。

方法的相互关系中有所体现。然而，在自由刑的刑罚体系中难免会出现因刑罚幅度过大、衔接不合理而导致的罪刑失衡的状况，以我国刑法的规定为例，虽然经过2011年《刑法修正案（八）》的立法修正，我国对有期徒刑法定最高刑的刑期有所提高，不过，值得注意的是，其只是在数罪并罚的情况下将有期徒刑法定最高刑由原来的20年提高至25年，但一般来讲，有期徒刑的法定最高刑仍然为十五年。虽然不可否认如此修正是为了加强有期徒刑与无期徒刑、死刑之间的衔接，有助于促进刑罚结构的优化，但却依然没有改变自由刑与死刑之间保持较大的落差的“生死两重天”的局面。其实，对此问题亦有不少学者提出呼吁，例如认为理想的刑阶状态应当是层次清晰，衔接有序，各刑种或刑罚执行方式依据各自严厉性的层次不同承担其应有的刑阶效用，同时彼此幅度相切，而不发生刑阶断裂的后果。但我国刑阶实然衔接极为不理想。尤其在“死刑”与“生刑”的衔接上，死缓、无期徒刑并没有承担起有效的衔接作用。这样，在死刑立即执行与有期徒刑之间就造成了很大的刑阶空档，生刑的实际严厉性明显过轻，并与死刑立即执行形成了鲜明的对比。①除此之外，由于有期徒刑是自由刑中配置最多的刑种，同时也是幅度最大的刑种，它几乎配置于每个犯罪，并且许多犯罪中往往包含了多个量刑档次，这样的话就很容易在适用过程中引起罪刑失衡的情况，例如在刑法分则的许多条文中，由于规定有多个量刑档次，而同时具体的量刑情节又具有很大的弹性和模糊性，这样一来，量刑情节和量刑档次极有可能发生错位，致使同一量刑情节的同种犯罪行为可以有多个量刑档次选择适用，那么量刑的畸轻畸重恐怕就难以避免。②有期徒刑幅度过大除了会造成同一法条内部的罪刑失衡外，其更大的弊端还在于导致犯罪与犯罪之间的刑罚配置不相协调，主要表现为同一类罪的刑罚不协调和分属不同类罪的刑罚不协调，在前者中，由于侵犯客体相同，社会危害的性质相当，那么罪与罪之间所配置的刑罚理应是协调和平衡的，但由于刑法在对部分犯罪配刑时存在立法上的随意性、仓促性、草率性，就出现了同一类罪中各罪之间刑罚配置不协调的状况。在后者中，有些犯罪尽管分属于不同的类罪，但罪行性质是相近或相似的，那么也应配置协调的刑罚，差异不能显得过大。③综上，笔者认为，应当充分肯定自由刑的主刑地位并重视对其配置和适用，但亦不可无视这种刑罚方法内在的不足，因此，如何有效地适用自由刑，以发挥其最佳的刑罚效益，同时对该种刑

① 蔡一军：《刑罚配置的基础理论研究》，中国法制出版社2011年版，第125页。

② 梁根林：《刑罚结构论》，北京大学出版社1998年版，第316页。

③ 邓文莉：《刑罚配置论纲》，中国人民公安大学出版社2009年版，第217—219页。

罚予以改造和完善,以尽量避免其短,确实是值得认真研究的问题。

在对自由刑的利弊进行充分考察的基础上,笔者进一步认为,自由刑是刑罚体系中覆盖最宽,刑事司法中又适用最多的刑罚方法,对于惩罚和预防犯罪都具有重要的意义,但也正是因为它幅度大,轻重悬殊,所以对这样一种刑罚方法,在其适用过程中,最重要的应当是满足罪刑均衡的需要。可以说,充分注重这一点,其实也正是克服自由刑适用出现弊端的题中之意。

(二) 罪刑均衡的基本内容和价值蕴涵

对罪刑均衡的孜孜追求,是人类基于公正的朴素理念而对刑法的一种永恒的冲动。[①]罪刑均衡积极追求罪刑之间价值对称的关系,因为犯罪是刑罚的前提,刑罚因犯罪而产生,这就决定了刑罚应当根据犯罪的轻重和犯罪人所需承担的刑事责任来予以设置,不得任意为之。如果刑罚过重,有可能矫枉过正、伤及无辜,势必使得刑罚失去应有的理性和节制,同时重刑还可能让犯罪人产生厌恶和逆反的情绪,进而制造新的犯罪,无助于社会秩序的稳定;但如果刑罚过轻,则会使犯罪人逃避惩罚,增加其侥幸心理,这样刑罚的惩罚性和威慑性无从保证,显然不利于预防和惩罚犯罪。因此,罪刑均衡正是通过对犯罪行为的社会危害性与犯罪人的人身危险性加以综合分析与衡量,并考虑对社会的潜在威胁和再次犯罪的危险程度,寻求合理的量刑尺度,进而塑造理想、和谐的罪刑关系。就像马克思曾经说过的:"如果犯罪的概念要有惩罚,那么实际的罪刑就要有一定的惩罚尺度。实际的罪行是有界限的。因此,就是为了使惩罚成为实际的,惩罚也应该有界限——要使惩罚成为合法的惩罚,它就应该受到法的原则的限制。任务就是要使惩罚成为真正的犯罪后果。惩罚在犯罪者看来应该是他的行为的必然结果——因而也应该是他本身的行为。他受惩罚的界限也应该是他的行为的界限。犯罪的一定内容就是一定罪行的界限。因而衡量这一内容的尺度也就是衡量罪行的尺度。"[②]如此看来,罪刑均衡应当是贯穿于刑事立法和司法的一项重要原则,它从事实上起到了限制国家刑罚权滥用、有效保障公民权利的作用,所以说,罪刑均衡乃是现代刑事法治的重要理念之一。

无论中外,罪刑均衡都被认可为刑事法发展的理想状态,而且罪刑均衡的内在精神应当体现在具体的罪刑规范中。我国刑法将罪刑均衡表述为罪刑相适应,具体规定在《刑法》第 5 条:"刑罚的轻重,应当与犯罪分子所犯罪行和承担的刑事责任相适应。"当然,表述或称谓的不同并不影响其实质含义的一致

---

① 陈兴良:《刑法的价值构造》,中国人民大学出版社 1998 年版,第 594 页。

② 《马克思恩格斯全集》(第 1 卷),人民出版社 1956 年版,第 140—141 页。

性。同时，罪刑相适应与罪刑法定一样是并列作为我国刑法的基本原则的，由此可见，我国对于罪刑均衡亦是相当重视的。当然，仅有法条规定是不够的，还应期待罪刑均衡在刑事司法的运行过程中得到真正实现。基于此，笔者认为，实现罪刑均衡对刑事立法的改进、刑事司法的完善抑或刑法理论的丰富等都将发挥着巨大的作用，尤其是目前我国正在努力构建刑事法治，确立罪刑均衡的理念并将其贯彻与落实必然是应有之义。其实对于罪刑均衡，最基本的含义表述是“罪当其罚、罚当其罪”，进一步来说，是指对犯罪人所追究的刑事责任要与其所犯罪行的轻重相适应。可以说，罪刑均衡揭示了犯罪与刑罚的相互关系，①并体现了刑法公正的精神，解决了刑罚分配的公正性，其基本内容包括：(1)有罪必罚，无罪不罚；(2)轻罪轻罚，重罪重罚；(3)一罪一罚，数罪并罚；(4)同罪同罚，罪刑相当。以上是罪刑均衡的基本内容，之所以产生如上四方面内容，有学者就其内在根据作了更为周延的分析：“第一是刑罚应当与犯罪的性质相适应。不同的犯罪性质，标志着各该犯罪行为侵害、威胁合法权益的锋芒所向不同，从而表明各该犯罪具有不同的社会危害程度，进而决定刑事责任轻重的不同；第二是刑罚应当与犯罪的情节相适应。性质相同的犯罪，其危害程度也颇不一样，这是因为各种犯罪的情节不同。正因为犯罪情节是反映社会危害性程度的事实情况，所以，要使刑罚真实反映形形色色的具体案件的社会危害程度，量刑就理所当然地还要使刑罚与犯罪情节相适应。只有同时做到上述两个相适应，才能认为做到了刑罚与犯罪的社会危害性相适应。”②的确，犯罪是刑罚的基础，如果没有犯罪，刑罚就不会有存在的意义，换言之，刑罚只能针对犯罪行为而适用，而社会危害性较轻的一般违法行为尚未达到需要以刑罚来予以制裁的地步，对这些行为适用民事制裁、经济制裁与行政制裁等比较合适，如果任意动用刑罚，则刑罚本身将失去正当性。另外，在适用刑罚预防和惩罚犯罪时，必须注重刑罚本身的强度，也就是说，针对犯罪行为社会危害性的严重程度和犯罪人人身危险性的大小程度来配置刑罚才是科学合理的，也即刑罚的强度必须与之相适应，在犯罪行为的社会危害性基本相若以及犯罪人的人身危险性大致相同的情形下，必须尽量杜绝适用在强度上差别和悬殊过大的刑罚。

以上是对罪刑均衡基本内容的高度概括，事实上，罪刑均衡并非表现为罪与刑之间简单组合与比对的关系，其本身亦包含着丰富的价值蕴涵。

---

① 罪刑均衡中所谓的“刑”本来应当是指刑事责任，例如从《刑法》第5条的表述中即可见一斑。但刑事责任主要还是指刑罚，或者说在这里言及刑事责任范畴，刑罚就具有代表性，但其他刑事责任的承担方式亦应同理适用。

② 张明楷：《刑法的基本立场》，中国法制出版社2002年版，第360—361页。

首先,罪刑均衡体现的是公正价值。公正要求维护事物之间均衡、平等的关系,做到合情合理、没有偏私。理想、和谐的罪刑关系恰恰应当以公正为首要内容并贯之始终。如有学者指出:"对一定的犯罪配以一定的刑罚(只有均衡性),是人类'一种天生的追求对等性的本能',是朴素的公正观念的体现。"[①]须知,公正又称为正义,具有正当、公平、平等的含义,可以说,公正是法律的基本社会价值之一。罪刑关系的公正性正在于它符合社会正义的要求。对此,西方学者有过精辟的概括,如:"正义蕴含着仅仅对罪犯本人实施某种合适、适当的惩罚。"[②]由此可见,公正是罪刑均衡的应有之义。一方面,一般说来,刑罚除了预防和惩罚犯罪之外,还承担着驱恶扬善、伸张和维护社会正义的使命。也就是说,刑罚通过制裁犯罪行为,实现对犯罪的道义非难,恢复被破坏的社会秩序,从而伸张社会正义。而刑罚要完成这一使命,它的强度就必须同犯罪的社会危害性大小相对称。可以说,"恶有恶报"源于人类固有的复仇本能和冲动,是人类在漫长的商品交换过程中形成的等价交换观念在道德中的反映,是一种根深蒂固的正义信条。[③]所以,按照这一观念之要求,刑罚之苦必须等于犯罪之恶,使犯罪人"罪有应得",只有如此,刑罚才具有公正性,不然的话,如果刑罚轻于犯罪造成的危害,则不能完全实现对犯罪的非难,起不到对社会正义的维护作用,而如果刑罚重于犯罪造成的危害,就会使得刑罚丧失正当性根据,本身具有了恶的属性。这一点,正如英国法学家边沁所指出的:"如果刑罚之恶超过罪行之恶,立法者就是制造了更大的痛苦而不是防止痛苦,是以较大之恶代价来消除较小之恶。"[④]应当说,这样的见解可谓一语中的。总之,罪刑均衡要求刑罚的轻重同犯罪的社会危害相适应正体现了"恶有恶报"的要求,进而保障了刑罚的公正性;另一方面,笔者又认为基于预防观念的罪刑均衡同样重视公正价值的实现。预防观念要求刑罚必须以制止未然犯罪发生为目的,或者说刑罚仅仅是实现这一目的的手段,罪刑均衡体现着目的与手段之间的协调一致,是功利的要求,因而是一条正义的原则。[⑤]着眼于预防观念下的罪刑均衡认为,无论何时,刑罚都只能对犯罪人适用,而对于没有实施犯罪的人或者具有实施犯罪危险的人来说,只要其犯罪行为并没有实际发生而处于未然状态,那么刑罚的适

① 刘守芬、汪明亮:《试论罪刑均衡的功能性蕴涵》,《法制与社会发展》2001 年第 5 期。

② [美]穆瑞·罗斯巴德:《自由的伦理》,吕炳斌等译,复旦大学出版社 2008 年版,第 140 页。

③ 刘士心:《罪刑均衡的哲学根据与法律价值》,《云南大学学报(法学版)》1999 年第 4 期。

④ [英]吉米·边沁:《立法理论——刑法典原理》,孙力等译,中国人民公安大学出版社 1993 年版,第 67 页。

⑤ 曲新久:《刑法的精神与范畴》,中国政法大学出版社 2000 年版,第 468 页。

用只是起到威慑性的作用，或者说，只能以预防未然犯罪发生为必需。换言之，不能以有效惩治犯罪为借口对所谓的“潜在犯罪人”或“可能实施犯罪行为的人”直接施加刑罚，否则必然导致“无罪而刑”的状况出现，这样难免使得刑罚的适用伤及无辜，那么刑罚的公正性就会荡然无存。另外，即使通过对犯罪人适用刑罚来威慑“潜在犯罪人”，发挥一般预防的作用，其刑罚的强度也应当和威慑性的程度保持大体的一致或相容，否则，任何超越预防目的的、过于严厉的刑罚是难以起到应有的威慑作用，例如犯罪人实施了一种具有蔓延危险（他人可能效仿）的犯罪，但犯罪的危害程度以及该犯罪人的人身危险性都比较轻微，本应判处较轻的刑罚，然而，如果着眼于一般预防的需要，对犯罪人判处过于严厉的刑罚，那么犯罪人就会成为一般预防的牺牲品。同时，如此做法也容易给人造成刑罚非理性和不公正的印象，反而使人对刑罚产生强烈的排斥和抵触，那么刑罚适用对于未然犯罪的一般预防效果势必大打折扣。除此之外，预防观念下的罪刑均衡强调公正，还要求在对犯罪人适用刑罚过程中，刑罚强度的设置应当主要以犯罪人的已然罪行为基准，兼顾预防未然犯罪，但切记不可舍本逐末、本末倒置，以预防再犯为理由将犯罪人的人身危险性盲目夸大，过度配置不合理的严厉刑罚，从而使犯罪人要为其并没有实施的犯罪行为承受不必要的刑罚代价，这是显失公正的。所以，在适用刑罚发挥特殊预防的作用时，也必须注重公正价值的实现。综上所述，可以说，公正价值应当通过罪刑均衡的构建来体现并融合于罪刑的互动关系中，这正如我国学者所指出的：“公平公正是刑法通过惩罚犯罪这种对象化活动所要弘扬的基本价值……无论是犯罪行为还是犯罪人，都是一定加害——被害关系中的行为或者行为人，都是从一定的犯罪互动关系中剥离出来的孤立要素。只有把它们还原到一定的犯罪互动关系中，公平公正的意义才更加现实和具体。”①由此即可明确，在罪刑均衡的实现过程中，公正价值不仅不可或缺，而且应当贯穿始终，并应当成为塑造良好罪刑关系的基础性价值和根基性观念。

其次，罪刑均衡还体现的是保护社会的价值。强调保护社会，必然要求预防犯罪，诚然，预防犯罪可以说是整个刑事法学中的一个核心问题，同时也是有效抗制犯罪的重要策略思想。社会中只要有犯罪现象存在，就必然存在对预防犯罪、保护社会的需求。就罪刑均衡而言，通过预防犯罪来保护社会也是其不可或缺的价值内容之一。众所周知，预防犯罪包括了特殊预防和一般预防两个方面，特殊预防主要是指通过对犯罪分子适用刑罚，惩罚改造犯罪分子，预防他

---

① 白建军：《罪刑均衡实证研究》，法律出版社2004年版，第339页。

们重新犯罪;而一般预防是指通过对犯罪分子适用刑罚,威慑、儆戒潜在的犯罪者,防止他们走上犯罪道路。①可以说,特殊预防强调的是执行刑罚对犯罪分子的惩罚性遏制作用,一般预防则表示刑罚所能产生的威慑性遏制作用,同时还应当包括刑罚在道德上(或教育上)以及习惯上的作用。②从特殊预防和一般预防的定义可以看出,它们之间的区别在于适用对象和所起作用有所不同,一般预防从某种程度上而言比特殊预防更为体现刑法所具有的预防犯罪的机能,但是需要看到,两者的共同点也是显而易见的,即都是通过刑事制裁方法的适用来起到预防犯罪作用的。

就一般预防而言,按照犯罪的轻重合理配置刑罚是实现刑法一般预防目的的基本要求。如果给予犯罪人过轻的刑罚,不仅使得犯罪人感受不到刑罚所带来的痛苦,不利于防止他们再次犯罪,而且容易导致人们轻视刑罚的威慑力,甚至会认为刑罚对惩治犯罪没有作用,转而乐意通过犯罪而获利,这样大大增加了潜在犯罪发生的危险。如果给予犯罪人过重的刑罚(脱离犯罪人的犯罪事实和犯罪情节所裁量的刑罚),不仅会不当侵害犯罪人的合法权益,而且使人们感到刑罚的不公正,并引起他们的反对和不满,进而导致其对法律的蔑视、失望甚至仇恨,这样就激化了社会矛盾,使刑罚的威慑力丧失伦理支持,同时也有悖于刑法一般预防的宗旨。对于刑罚公正和一般预防的关系,笔者在上文已略有阐述,有学者对此进一步作了精辟的概括:“并不是尽可能严厉的刑罚,而是尽可能与行为人的罪责相称的公正的刑罚,才能发挥高度的刑罚效果。”③因此,在罪与刑之间达到适度的均衡,尽可能地做到刑罚公正,是实现刑法一般预防效果的必要保证。这一点,我国学者亦表达了相同的看法,即:“刑法的评价机能就是说刑法通过对一定行为给予否定评价,对不同的危害行为给予不同程度的否定评价,来引导、规诫人们的行为倾向,尽可能符合主流价值规范……刑法评价机能是其裁判机能的前提。如果评价机能远离价值均衡的要求,便不可能指望刑法对裁判活动的规范能在多大程度上实现公正的刑法价值。”④

就特殊预防而言,也需要注重罪刑均衡。一般来说,较轻的犯罪,应以较轻的刑罚加以阻止,较重的犯罪则应以较重的刑罚加以阻止,从而形成犯罪与刑罚之间实质性的对应关系。⑤然而,当出现重罪轻刑或轻罪重刑的状况时,就会

① 高铭暄、马克昌主编:《刑法学》,北京大学出版社、高等教育出版社 2000 年版,第 233—234 页。
② [挪威]约翰尼斯·安德聂斯:《刑罚与预防犯罪》,钟大能译,法律出版社 1983 年版,第 64 页。
③ 林山田:《刑罚学》,台湾商务印书馆 1983 年版,第 70 页。
④ 白建军:《罪刑均衡实证研究》,法律出版社 2004 年版,第 327 页。
⑤ 陈兴良:《刑法的价值构造》,中国人民大学出版社 1998 年版,第 608 页。

从事实上破坏罪刑之间的这种对应关系，而罪刑之间的对应关系一旦被破坏，对于特殊预防功能之发挥是有害无益的。一方面，重罪轻刑会让犯罪人体会不到刑罚的严厉惩罚性，并认识不到实施犯罪行为后的不利后果，进而无所畏惧，敢于再次实施犯罪，这样就形成了“刑罚的对象正是它自己造成的犯罪”的悖论；[①]而另一方面，轻罪重刑会让犯罪人承受超出其罪行和刑事责任的不必要的刑罚处罚，这样他们就有受到不公正的刑罚处遇的感觉，从而导致其逆反心理的增加，并对刑罚产生抗拒与愤恨，于是犯罪人的人身危险性又会显著增强，其再次实施犯罪的可能性也大为提高。另外，轻罪重刑产生的另一个不利结果是对轻罪如果适用了重刑，那么对于一些恶害更为严重的犯罪，似乎难以用更重的刑罚手段来加以预防和惩治，这样显然耗费了刑罚资源，导致刑罚的作用显得无足轻重。由此可见，特殊预防本意是希望通过对犯罪人适用刑罚来起到防止其再犯并保护社会的作用，然而无论是重罪轻刑还是轻罪重刑，都容易刺激犯罪人重新犯罪，增加危害社会秩序的不安定因素，严重有悖于特殊预防的内在精神，在预防犯罪的效果上适得其反。因此，为了让刑罚适用能够具有很好的预防犯罪、保护社会的效果，就必须尽力体现罪刑均衡，避免任何重罪轻刑或轻罪重刑的状况发生。

最后，罪刑均衡体现的是人权保障的价值。这或许是罪刑均衡最重要的价值蕴涵。可以说，罪刑均衡的人权保障功能首先直接作用于犯罪人本身，犯罪人也是社会上众多人的一部分，对其自由的保障和权利的享用体现在非刑罚剥夺和限制之外以及“恰当的刑罚”之内，这里“恰当的刑罚”便是与罪均衡的刑罚本身。[②]那么如何实现“恰当的刑罚”，笔者认为，归根到底还是要通过限制国家刑罚权的滥用。的确，刑罚权非理性的发动，所诱发的恶果是多方面的，不仅是国家财力、物力和人力的有形消耗，还在于这种发动的背后所掩藏的不公正与对犯罪人肉体和精神上的折磨。因此，就限制刑罚权的滥用，陈兴良教授作出了肯定的结论：“由于犯罪是个人的反社会行为，而刑罚是具有法定刑罚权的国家以社会名义对犯罪的反应，因而罪刑均衡就含有限制刑罚权的意蕴。”[③]

具体而言，罪刑均衡所要求的限制刑罚权滥用主要就表现在对犯罪人适用刑罚时，一方面要依据其所犯罪行及危害后果的轻重，另一方面又要依据犯罪人实施犯罪行为时及犯罪前后所具备的主观罪责的轻重，主客观相统一地裁量

① ［意］贝卡利亚：《论犯罪与刑罚》，黄风译，中国大百科全书出版社1993年版，第65页。

② 刘守芬、汪明亮：《试论罪刑均衡的功能性蕴涵》，《法制与社会发展》2001年第5期。

③ 陈兴良：《刑法的价值构造》，中国人民大学出版社1998年版，第612页。

和确定刑罚，从而兼顾惩罚已然之罪和预防未然之罪的综合需要。正如有学者所认为的："罪刑均衡不仅仅是在立法的时候，尤其是在审判的时候更应该这样。在各个具体的案件中，要根据犯罪的具体情况，量定相应的刑罚。"①可以说，强调刑罚既要与已然犯罪的社会危害性相适应，又要与未然的犯罪的可能性大小相适应，就使得罪刑均衡实际上起到了限制刑罚权滥用的作用。这样，罪刑均衡对于刑事法治的科学、合理、文明和效益，就具有了广泛而重要的意义。同时，其人权保障的意义也是其中一个重要的方面。其意义就在于：要求追究刑事责任和适用刑罚的公正，从而使犯罪人的权利得到法律合理的剥夺、限制与保护。诚然，以限制刑罚权滥用、保障公民权利与自由为出发点和归宿的罪刑均衡应当贯穿于刑事立法和刑事司法的全过程。在立法阶段，如果将不是犯罪的行为施以刑罚，那么就是剥夺、限制了公民的自由、财产权利，侵犯了基本人权。同时对于犯罪人的犯罪行为，也应该根据其犯罪性质和危害程度，规定轻重不同、能够分割和伸缩并且幅度较大的法定刑，便于司法机关正确、适当地对犯罪人定罪和量刑。例如《刑法》第 239 条所规定的绑架罪中，对以勒索财物为目的绑架他人的或者绑架他人作为人质的行为，处十年以上有期徒刑或者无期徒刑，并处罚金或者没收财产；但对情节较轻的绑架行为，则处五年以上十年以下有期徒刑，并处罚金；在该法条第 2 款中又规定致使被绑架人死亡或者杀害被绑架人的，处死刑，并处没收财产。②由此可见，目前我国刑法中有关绑架罪的罪刑规定较好地体现了罪刑均衡。当然，在我国刑法中类似的罪刑规范尚有许多，不胜枚举。此外，在刑事立法上注重罪刑均衡，还应当将其和刑罚个别化有机结合起来，坚持区别对待的处罚原则，例如对于防卫过当、避险过当而构成犯罪者应当减轻或免除处罚；预备犯可以比照既遂犯从轻、减轻或者免除处罚；未遂犯可以比照既遂犯从轻或者减轻处罚等。还有，累犯制度、缓刑制度、假释制度等的充分运用亦可视为刑法在遵循罪刑均衡的同时还侧重于体现刑罚个别化的要求。而在司法阶段，如果出现了因任意裁量刑罚而导致的罪刑不均衡，则有可能使犯罪情节轻微的不宜处罚的人承受刑罚之苦，或者使罪行轻、人身危险性低的犯罪人承受不应有的重刑处罚，同时又可能使罪行重、人身危险性高的犯罪人得不到应有的处罚，破坏社会正义，并给予他们制造新的犯

① 刘守芬、汪明亮：《试论罪刑均衡的功能性蕴涵》，《法制与社会发展》2001 年第 5 期。

② 2009 年的《刑法修正案(七)》对《刑法》第 239 条作出了修正，主要是增设了绑架罪的减轻法定刑幅度，并把"致使被绑架人死亡或者杀害被绑架人的，处死刑，并处没收财产"的加重构成条款从基本构成中分离出来单列一款，从立法技术的角度看，这样的法条设置具有科学性与合理性，也更符合罪刑相适应原则。

罪的机会，使之进一步侵害到社会公众的人身、财产安全，如上这些亦是危害人权的突出表现。

另一方面，罪刑均衡也使被害人的权利得到合理的刑法保护。这意味着对犯罪人的定罪量刑很重要的一个考量因素就是犯罪行为对被害人权利的侵害程度，正像有学者所指出的："从罪量比较的角度看，加害行为的不同，对被害人往往意味着被害权利的属性以及重要性程度也随之不同……被害人的人身权利、财产权利、知情交易的权利，以及法律保护的其他抽象权利的轻重顺序应当是显而易见的。"①由是观之，如果对侵害被害人权利较为严重的犯罪人仅处以轻微的刑罚甚至不予处罚，不仅不能有效地惩治和预防犯罪，而且对于被害人来说也是极不公正的。须知，刑事法的功能旨在修补被犯罪所破坏的社会秩序，解决社会矛盾，构建公正和谐。那么在此过程中，需要高度重视被害人权利的保护，尽力弥补其因犯罪行为所遭受的物质和精神损害。其中，对犯罪人给予应有的刑罚处罚是保障被害人权利的一个重要方面，当被害人没有看到犯罪人因其犯罪行为付出相应代价时，其受到的心理创伤和精神损害就容易加剧，而且对受到犯罪侵害的恐惧感更会加深，由此也衍生出对刑罚适用的失望、无奈和不信任，更为可怕的是，由于罪刑失衡所导致的对犯罪人量刑不公、被害人受损权利无从弥补的状况也可能孳生被害人对犯罪人、司法机关甚至对社会的愤恨和报复情绪，进而采取极端方法予以宣泄，这样的后果是使被害人转化成加害人，从而激化社会矛盾，甚至引发新的犯罪。相信此种状况并不令人乐见。所以，从此意义上说，罪刑均衡的构建也正是有效抚慰被害人、缓和社会矛盾的最佳途径。

综上所述，任何违反罪刑均衡的刑事立法和司法裁量，都是对公民（包括犯罪人和被害人）人权的不尊重和践踏。所以，在现代刑事法治日趋文明、理性和进步的今天，人权保障是其不可或缺的重要内容，而且加强刑事法的人权保障尤为重要，因为刑事法是最关乎人权的法律部门之一，刑事法运行的效果将对人权产生最为直接的影响，换言之，刑事法如果存在瑕疵，对人权侵害的后果也是最为严重的。正如有学者指出的："刑事法律及其刑事司法被称为人权的大宪章，不是没有道理的。它们支撑构筑的刑事制度是否真实地跳动着追求法律公正和社会正义的心脏，是否充分注入并健康地循环着保护刑事当事人基本人权的血液。"②而笔者认为，在刑事法领域要真正实现人权保障，通过罪刑均衡的

---

① 白建军：《罪刑均衡实证研究》，法律出版社 2004 年版，第 171—172 页。

② 关今华主编：《基本人权保护与法律实践》，厦门大学出版社 2003 年版，第 317 页。

构建着力塑造理想、和谐的罪刑关系无疑是其必由之路。

（三）保险诈骗罪中自由刑的罪刑失衡及立法完善

以上长篇累牍地阐述了罪刑均衡的内在含义及其价值蕴涵，并非没有意义，而是着重表明罪刑均衡的理念应当贯穿于刑事立法和刑事司法的整个过程，而在此过程中，既要发挥刑罚的严厉惩罚性功能、从而防止放纵犯罪，又要注重刑罚理性、防止刑罚适用侵害人权。因此，罪刑均衡对罪刑关系的塑造提出了很高的要求。总体而言，遵循罪刑均衡的要求，罪行与罪行之间所配置的刑罚轻重整体平衡，社会危害性程度相同或近似的罪行配置相同或近似的法定刑，社会危害性程度不相同的罪行配置存有差异的法定刑。[①]申言之，相对确定的法定刑只是为配置合理的法定刑提供了理论框架和活动空间，而具体要做到个罪法定刑配置的合理，就要求做到横向方面罪与罪之间的法定刑合理，相互协调；纵向方面个罪的刑度要合理，即根据具体犯罪的不同情节和社会危害程度设立法定刑的刑度，规定几个轻重有别而又合理衔接或交叉构成的法定刑，设立可供选择的刑种幅度。惟其如此，才可以说是符合了罪刑均衡的基本要求。

那么对照上述要求，再来看一下《刑法》第198条所规定的保险诈骗罪。如前所述，该罪所设置的法定刑中包括了自由刑，并且它是主要的刑种。但笔者经考察发现，保险诈骗罪正是在自由刑设置方面存在着罪刑失衡的状况，其中最大的症结就在于该罪的法定最高刑是十五年有期徒刑，而与此相对应，同属欺诈类犯罪的诈骗罪和合同诈骗罪的法定最高刑均为无期徒刑，另外，需要注意的是，在与保险诈骗罪的同类客体相同的其他金融诈骗犯罪中，其他罪名的法定最高刑也都是无期徒刑，甚至还有死刑。由此可见，保险诈骗罪在所有欺诈类犯罪中法定最高刑是最低的，而且与其他犯罪的法定最高刑相比，其间的落差也是较大的。但是，笔者认为，这种法定最高刑之间存在的差异其实是不太合理的，因为如前所述，性质、类别相同或相近的犯罪由于侵害客体基本相似、社会危害性程度大致相当，所以在刑罚配置的差异性上不应相去甚远，而从横向比较，保险诈骗罪法定最高刑的设置显然对此有所违背。有学者也许认为，之所以对该罪的法定最高刑规定为十五年有期徒刑，乃是因为保险诈骗罪兼有行政犯和自然犯的特点，而非单纯的自然犯，所以它的刑罚设置从总体上应该轻于作为自然犯的诈骗罪，也即保险诈骗罪没有设置无期徒刑，而诈骗罪设置无期徒刑，从保险诈骗罪带有行政犯的特点来看是合适的。而且，立法对

① 邓文莉：《刑罚配置论纲》，中国人民公安大学出版社2009年版，第20页。

保险诈骗罪的规定表明，如果故意制造保险事故骗取保险金的，同时构成了其他犯罪的，就应以数罪并罚型牵连犯处理，这样严惩了故意制造保险事故诈骗保险金这类恶性犯罪，避免了保险诈骗犯罪因没有无期徒刑和死刑而不能严惩的规定。另外，保险诈骗的损失后果从每一个个案而言，都不会比其他金融诈骗罪严重，这是由保险诈骗的依据即每一份保险合同的保险金数额所决定的。作为个人犯罪而言，无论财产保险还是人身保险，其保险金额从总体上说不会比其他金融诈骗犯罪的金额高，保险金额在保险合同中都事先有约定，在诈骗实施之前是确定的，这不同于其他金融诈骗数额一般都在百万、千万以上。①对于上述观点，笔者不尽苟同。如前所言，保险诈骗罪与诈骗罪、合同诈骗罪之间表现为法条竞合的关系，既然如此，虽然就法条竞合的适用而言，通常遵循特别规定优于一般规定的原则，而在特殊情况下，应适用重法条优于轻法条的原则，不过需要注意，其中所说的“特殊情况”，主要也是从罪刑相适应的角度考虑，即当同一法律中特别规定的法定刑明显低于一般规定的法定刑时才可适用。换言之，在通常的法条竞合情形中，一般规定与特别规定中涉及的具体犯罪之间的法定刑差异也不应该过大，亦要遵循罪刑均衡的相关要求，例如有学者就认为，作为优先法的特别法的刑罚裁量融入普通法的刑罚因素形成“结合刑”。结合刑的特点是将被排除适用的法的刑罚也纳入刑罚裁量范畴，最终结合而成的刑罚即为宣告刑。就法条竞合之特别关系而言，采用结合刑有助于落实全面评价原则，被排除适用的普通法的刑罚可以成为优先适用的法的刑罚裁量参照，进而有助于形成一个均衡性的宣告刑方案。②另有学者更清楚地表明，采取法条竞合的立法方法，在一般情况下特别法的法定刑应当高于普通法，至少等于普通法，以真正做到罪刑均衡。③很显然，不妨试想一下，如果保险诈骗罪的法定最高刑与诈骗罪相比相差过于悬殊的话，那么在保险领域发生的有些情节严重的案件中，因符合了法条竞合的情形，却由于两罪之间存在法定刑的差别而导致罪刑不相适应，那么似乎应按重法条优于轻法条的原则来处置，最终结果很可能以诈骗罪论处，然则如此做法显然欠妥，毕竟此类案件中很可能主要侵害的是保险活动的管理秩序，符合保险诈骗罪的罪质特点，假如认定为诈骗罪，显然不能体现出刑罚对保险诈骗罪这一保险业内的公害犯罪的从严惩处。况且，尽管保险诈骗罪具有行政犯的属性，但也不能据此得出保险诈骗罪的社会危害性

① 林荫茂、陆爱勤：《保险违约与保险犯罪》，中国检察出版社 2002 年版，第 227—233 页。

② 陈山、蔡鹤：《罪刑法定原则、罪刑相均衡原则与法条竞合之特别关系》，《中国刑事法杂志》2013 年第 2 期。

③ 陈兴良：《刑法哲学》，中国政法大学出版社 1998 年版，第 531 页。

低于诈骗罪或合同诈骗罪的结论，笔者认为，由于该罪是在保险领域出现的特定的欺诈类犯罪，其社会危害性带有特殊性，非但不比上述两罪小，甚至还犹有过之，毕竟，它具备了侵害财产关系和保险管理秩序的双重危害性，因此可以说这种行政犯的外在特征，实际上成为了对一种新的客体侵犯或危害的表征。因此这种双重特征，在刑罚设置的意义上，不是刑罚的从轻或减轻，而是应当从重，或至少是与诈骗罪等的刑罚配置相持平，所以保险诈骗罪的双重特征，不能带来刑罚量配置减少的后果。①至于前述观点中认为的数罪并罚型牵连犯可以解决保险诈骗罪的罪刑失衡问题，笔者认为也是十分牵强的，因为在故意制造保险事故的保险诈骗行为中，只是那些故意制造人身保险事故的行为才可能构成具有较强暴力性的、高度危险性的重罪，并且才可能会有无期徒刑及死刑的量刑结果，如果说此种情形被认为在一定程度上达到了刑罚的平衡尚属情有可原的话，那么很显然，在故意制造财产保险事故的情形中，行为人的手段行为所触犯的往往是侵犯财物方面的犯罪，其法定刑一般也是较轻的，即使是同保险诈骗罪实施并罚，最高也不会超过二十五年的有期徒刑，因此，保险诈骗罪的罪刑失衡状况依然没有多少改变。最后，前述观点中从犯罪金额的角度认定保险诈骗罪的危害性小于其他金融诈骗犯罪，笔者认为这更是一个想当然的结论，并无说服力可言。须知，保险诈骗罪属于贪利性的经济犯罪，并属于典型的数额犯，骗取数额较大的保险金正是保险诈骗行为人的犯罪目的，而且实践中诈骗巨大数额乃至特别巨大数额保险金的行为不在少数，表现出了行为人极大的贪婪性，例如 2013 年在山东烟台查获的一起保险诈骗案件中，在两年内犯罪人作案十余起，涉案金额达 200 万元。②又如 2014 年四川宜宾警方破获的一起团伙保险诈骗案中，涉案金额近 100 万元。③诸如此类的案件还有不少。另外，在国外许多的保险犯罪中，也呈现出了犯罪金额巨大的特点，如美国一件伪造医疗证明诈骗医疗保险案涉及金额竟然高达 10 亿美元。④那么据此又何以能认定保险诈骗罪的犯罪金额就一定会低于其他金融诈骗犯罪呢？更何况，保险诈骗罪既然与其他金融诈骗犯罪属于同一类罪，那么说明它们都分属于类罪名之下的具体罪名，是类罪名的属概念，具体是指以相同的直接客体、犯罪方法或犯罪

---

① 张利兆:《保险诈骗罪研究》，中国检察出版社 2007 年版，第 283 页。

② 参见 http://www.jiaodong.net/news/system/2014/02/26/012203016.shtml。

③ 参见四川在线网：http://sichuan. scol. com. cn/ybxw/content/2014-03/11/content_7054231. htm?node=949。

④ 万里虹:《人身保险欺诈及其防范》，中国金融出版社 1997 年版，第 229 页。

对象及其他客观联系为依据对个罪名进行划分后归纳的罪名。[①]概而言之，类罪名中的各个罪名应当具有基本相同的性质。如果说金融诈骗犯罪的各个罪名之间有差异性的话，那也主要表现为犯罪方法的不同，至于其他方面，应作出整体性的理解。为此，在同类犯罪中各个具体犯罪之间的法定刑幅度亦应保持相应的匹配与协调，正如有学者指出，在制刑阶段所体现的罪刑相当原则，其主要特点是罪刑关系在整体上的一致性，即注重对于同类犯罪规定在大致相同的法定刑幅度内予以处罚。[②]在金融诈骗犯罪内部，保险诈骗罪是一种高智能的、专业化的犯罪，犯罪的隐蔽性较强，犯罪黑数较高，可见其社会危害性并不亚于其他各罪，本来就应当通过适度提高刑罚量作为补充来进一步控制该罪。[③]但令人费解的是，该罪在法定刑设置方面却反而大大低于同类犯罪中的其他各罪，这实在是很不合理的，所以此种状况亟待改观。

综上所述，笔者认为，由于保险诈骗罪具有特殊的社会危害性，这一点从其已经从诈骗罪中分离出来，并实现了罪名独立化即可得到印证，那么目前其法定最高刑设置为十五年有期徒刑，显然是和该罪的严重社会危害性不相称的。更何况，还有学者主张，与其他欺诈类的犯罪相比，我国刑法对保险诈骗罪的干预强度还有待加强。[④]有鉴于此，笔者主张，从对保险诈骗罪的立法完善角度出发，不妨考虑提高保险诈骗罪的自由刑幅度，即将其法定最高刑上升为无期徒刑，这样既有利于对保险诈骗罪的有力惩治，更有利于保险诈骗罪同其他欺诈类犯罪在刑阶上的合理衔接，防止出现重罪轻罚的结果，从而保证了刑法内部的协调性，真正做到罪刑均衡、罚当其罪。

二、修正保险诈骗罪的罚金刑设置

从《刑法》第 198 条的法条规定看，对保险诈骗罪的刑种除了设置自由刑外，还包括了罚金和没收财产两种财产刑。应当说，财产刑是一类古老的刑罚方法，其经历了漫长的历史演进后，在现代社会中已经作为主要的刑罚方法，并在多数国家的刑罚体系中占据重要地位，甚至可以说，随着各国刑法改革的深入，自由刑一统天下的格局逐渐被打破，财产刑作为自由刑的替代刑，其适用范围日益扩大，甚至有后来居上之势，以自由刑和财产刑为中心的刑罚结构的确

---

① 刘艳红：《罪名研究》，中国方正出版社 2000 年版，第 18—19 页。

② 黄祥青：《刑法适用要点解析》，人民法院出版社 2011 年版，第 16 页。

③ 张利兆：《保险诈骗罪研究》，中国检察出版社 2007 年版，第 285 页。

④ 叶高峰、王俊平：《保险诈骗罪比较研究》，《郑州大学学报(哲学社会科学版)》2001 年第 5 期。

立乃是大势所趋。[①]而财产刑之所以被认为是一种重要的刑罚方法，是因为它完全契合了刑罚的报应要求和预防犯罪的需要，同时其具备了经济性、人道性等优点则符合了当代刑罚的潮流和趋势，因此，其适用范围必将进一步扩大，刑罚地位势必进一步提高。[②]我国亦对财产刑给予了充分的重视，在我国刑法分则中诸多罪名规定了财产刑的适用，保险诈骗罪就是其中之一。

对于保险诈骗罪所设置的两种财产刑中，由于没收财产是一种比较严厉的财产刑，所以只适用于依法被判处有期徒刑十年以上的保险诈骗犯罪人，这样体现了没收财产刑的严厉性，最大限度地发挥没收财产的功能，应当说，如此规定也是符合罪刑均衡的要求的。[③]所以笔者对保险诈骗罪中没收财产刑的规定并无太大异议。不过，在保险诈骗罪的财产刑中，罚金刑的设置却存在着一定的缺陷，以下笔者拟就这一问题详作阐述。

（一）罚金刑概述

罚金刑，是指法院依法判处犯罪人向国家缴纳其所有的一定数额金钱的刑罚。[④]从此概念可以表明，罚金刑的特点在于通过金钱惩罚的方式，剥夺犯罪人的物质能力，尤其是消除犯罪人通过犯罪行为牟取不法经济利益的意识。应当说，与生命刑、自由刑等刑罚方法相比，罚金刑有其优势之处，主要表现在以下几点：(1)罚金刑可以避免犯罪人的交叉感染；(2)罚金刑具有可分割性；(3)罚金刑是处罚法人犯罪的最有效手段，法人具有一定的财产，而罚金是以剥夺一定财产为内容的刑罚，因此对处罚法人具有天然的效用；(4)罚金刑可以纠正误判；(5)罚金刑可以减少犯罪人不适应社会的程度。[⑤]罚金刑的上述优势决定了该刑种理应受到重视，即其符合了刑罚体系的本质要求，应该成为刑罚体系中不可或缺的重要内容之一。当然，任何事物有利必有弊，罚金刑亦不例外，该刑种也有着自身的不足和缺陷，主要表现为：(1)罚金刑可能有违罪责自负原则，导致株连无辜、刑罚适用不平等和未实际承受刑罚等危害性；(2)罚金刑具有不平等性，因为罚金刑以剥夺犯罪人的金钱为内容，但受刑人财富差异很大，相同罪责科处同一数额罚金，虽形式上平等，但实质上不平等；(3)罚金刑可能引发违法犯罪行为，也就是说罚金刑原本是惩罚犯罪，教育犯罪人的手段，但实际上有可能成为违法犯罪的诱因，背离判处罚金刑的本意而适得其反；(4)罚金刑执行上的

---

① 梁根林：《刑罚结构论》，北京大学出版社 1998 年版，第 101—112 页。

② 邓文莉：《刑罚配置论纲》，中国人民公安大学出版社 2009 年版，第 128—131 页。

③ 张利兆：《保险诈骗罪研究》，中国检察出版社 2007 年版，第 227 页。

④ 邵维国：《罚金刑论》，吉林人民出版社 2004 年版，第 6 页。

⑤ 高铭暄、赵秉志主编：《刑罚总论比较研究》，北京大学出版社 2008 年版，第 324—325 页。

困难性，与生命刑、自由刑、资格刑相比，罚金刑存在执行难和执行不能的问题；(5)罚金刑可能导致人们产生刑法商业化、刑事责任商品化的观念，从而容易产生以钱赎罪、以罚代刑的印象。[①]基于此，笔者认为，既要正视罚金刑在惩罚和预防犯罪方面的积极作用，也要对它的弊端进行辩证和客观地分析，清楚、全面地认识罚金刑的特点与功能，从而扬长避短，使该种刑罚方法获得最佳的适用效果。

在对罚金刑的利弊加以分析的基础上，可以看出，罚金刑实际上和其他刑罚方法一样，利弊皆存，它固然不存在绝对的优势，当然也不存在绝对的弊端，两相权衡，在当代的刑罚体系中，罚金刑在惩治和预防犯罪方面肯定还是利大于弊的。因此，笔者认为，不能因为罚金刑本身具有一定的不足和缺陷就对其轻易地抹煞和否定，而是要考虑如何在适用该刑种的过程中尽可能地克服其弊端，或者说使其弊端所可能产生的负面作用最小化，进而从立法、司法和执行等各个环节对罚金刑予以完善，以实现其刑罚目的。正如有学者指出，罚金刑本身体现出刑罚轻缓化、文明化的发展趋向，所以罚金刑的改革完善，能够使罚金刑自身的优势得以充分发挥，其本身的弊端得以尽可能的避免，因而使得轻缓之罪有了更为科学、文明的刑罚处罚方式，从而真正体现出轻缓之罪的性质和刑事责任，防止因没有或者不方便适用轻缓之刑而使犯罪人刑事责任加重的情况出现。同时，罚金刑对特定犯罪的针对性及其与其他刑种相配置适用所发挥出的综合效益，也使得对相关犯罪的刑罚处罚更为周密有效，进一步严密了刑罚处罚的法网。[②]既然罚金刑作为刑罚体系中的一个重要组成部分，那么就应当正视该刑种具有的独特的刑罚功能，对其科学合理地适用，尽可能地使其积极作用得以充分发挥。其中，笔者认为，至关重要的问题是要明确罚金刑在刑罚体系中所处的地位，因为罚金刑的地位确实是罚金刑制度创制中首先要解决的问题，它决定了罚金刑适用中诸如适用范围、适用率、适用方式等一系列的问题，可以说，罚金刑在刑罚体系中的科学定位对罚金刑制度的发展和完善具有重要的意义。

从我国的法制史来看，尽管罚金刑产生的时代早，经历的过程长，但是发展比较缓慢，在刑罚体系中长期处于无足轻重的地位，直到 1997 年《刑法》修订后才凸显其刑罚地位。究其原因，主要有三个方面：一是我国社会历史发展阶段的局限性；二是经济发展的制约；三是观念上的制约。由于经济不发达，人们的刑罚观念受传统的“重义轻刑”观念影响较深，因而财产刑在我国刑罚体系中的

---

① 马登民、徐安住：《财产刑研究》，中国检察出版社 2004 年版，第 234—238 页。

② 高铭暄、孙晓：《宽严相济刑事政策与罚金刑改革》，《法学论坛》2009 年第 2 期。

地位较低。[1]尽管1997年《刑法》修改后，罚金刑在我国刑事司法实践中得到了广泛的适用，其在刑罚体系中的地位也得到了明显的提高。但是，不可否认，目前罚金刑在我国刑罚体系中仍然属于附加刑之一，然而对此却不乏争议存在。而从世界范围来看，罚金刑在各国的刑罚体系中所处的地位各有不同，例如明确在刑法典中规定罚金刑为主刑的国家有德国、法国、日本、意大利、巴西等；有些国家刑法典明确规定将罚金刑既作为主刑适用又作为附加刑适用，这样的国家有蒙古、俄罗斯、前南斯拉夫等；还有一些国家的刑法典对其法定刑不作主刑和附加刑的划分，仅根据轻重顺序排列刑种，这样的国家有泰国、土耳其等；将罚金刑规定为附加刑，同时也可以独立适用的国家比较少，而我国恰是作出这样规定的，即《刑法》第34条规定："附加刑的种类如下：(一)罚金；(二)剥夺政治权利；(三)没收财产。附加刑也可以独立适用。"[2]对比而言，我国刑法对罚金刑地位所作的规定是否科学完善，恐怕需要讨论。

应当说，一种刑罚在整个刑罚体系中的地位是由此种刑罚的特性、功能及其服务于刑罚目的的作用大小决定的，给予哪一种刑罚在刑罚体系中什么地位是国家刑事立法活动的一项重要内容。[3]就罚金刑而言，之所以越来越多的国家把它作为主刑加以规定，或者既作为主刑又作为附加刑，主要是因为世界各国都开始更加注重对犯罪人的经济惩罚，而罚金刑正是以剥夺犯罪人的经济利益——金钱或财产为主要内容的刑罚方法，或许对许多犯罪人来说，罚金刑是其"生活质量"的一种可感知的痛苦和损失，因为金钱是一种"凝固的自由"，许多活动和消费以及自由都是以金钱为前提条件的。[4]同时，罚金刑又是作为弥补监禁刑缺陷的刑罚替代措施而产生的，因而契合了现代社会日益追求刑罚方法多元化的发展趋势，所以，罚金刑越来越受到青睐是不足为奇的，即许多国家的立法者基于对本国经济状况的考量，经济利益于人们影响程度的评估，以及财产犯罪与单位犯罪率的分析等，将罚金刑逐步变成了可广泛适用的刑罚，特别是认可了其预防犯罪的强大能力，因而承认了其主刑或准主刑的地位。

从一定意义上说，把罚金刑作为主刑，可以有利于刑罚结构的优化，因为确实如前所述，随着刑罚方法日益向多元化方向改革，必然引起刑罚结构的调整，从过去以死刑和监禁刑为中心的封闭性的刑罚结构逐步向以自由刑和罚金刑为中心的开放性的刑罚结构演变乃是当今世界的主流过程和趋势，所以，在这

---

① 高伟：《刑事执行制度适用》，中国人民公安大学出版社2012年版，第159页。
② 邵维国：《罚金刑论》，吉林人民出版社2004年版，第113—115页。
③ 王琼：《罚金刑实证研究》，法律出版社2009年版，第385页。
④ Arzt, Weber, Hilgendorf, Strafrecht BT2, 2009, s.18 Rn.29.

样的刑罚结构中,罚金刑在其中所占的规模和强度、地位和作用等势必有所增加。毕竟,在刑罚结构中,必然要以一个或几个刑种为中心,这种作为中心的刑种就是刑罚结构形成的标志,可以担当中心刑种的必须首先是主刑,也就是说,只有已经作为主刑的刑种才能进而构成中心刑种。在主刑中进一步区分出中心刑种,从而使主刑体系所包括的刑种具有主次性,是罪罚相适应原则的要求,也是刑罚可分配性的要求,这就意味着中心刑是经常分配、可分配于所有犯罪或绝大多数犯罪的刑种。据此,只有将罚金刑规定为主刑,才有可能进一步将罚金刑上升为中心刑,如果罚金刑仍为附加刑,不但体现了该国刑法在价值上对它的不够重视,而且必然限制将罚金刑作为经常可以分配给绝大多数犯罪的可能性。①由此可见,把罚金刑的地位上升为主刑,确实是优化整体刑罚结构的客观需要。而目前在我国的整个刑罚体系中,罚金刑仍然处于附加刑的地位,不过有学者认为我国刑法中的罚金刑既可附加适用,又可独立适用的特性,有利于发挥其适用的灵活性。②但笔者认为,罚金刑在刑罚体系中处于相对较低的地位确实会在一定程度上影响到其实际适用的效果,正是因为长期以来在人们的刑罚观念中始终认为罚金刑属于附加刑,决定了它在刑罚体系中就应该是居于从属地位的,所以并不太看重罚金刑在威慑犯罪方面所起的作用,甚至认为罚金刑是无足轻重而可用可不用的刑罚方法,此种刑罚观念直接影响到了我国的刑事立法和刑事司法,主要体现为罚金刑在立法上的配置率不高,司法适用率也偏低。实际上,罚金刑的这种附加刑地位是同我国当前的犯罪形势变化以及国际立法趋势不相适应的。一方面,有什么样的犯罪存在,就要有相应的遏制手段,刑罚的设置必须与犯罪的形势相适应,犯罪的形势不是一成不变的,而是处于不断发展变化之中,这就要求刑罚体系作出相应的调整。如果固守原有的刑罚体系,必然使刑罚手段与犯罪形势相脱节,难以有效地遏制犯罪。就我国而言,随着改革开放和经济体制的变化,法人犯罪和非法人组织的犯罪从类型上到犯罪的绝对数都出现了增长的态势,对这类犯罪的主体处罚无法适用自由刑,罚金刑是唯一合适的处罚方法。与此同时,各类经济犯罪也日益突出,对这类犯罪,在许多情况下,对之处以其他刑罚反而不如罚金刑具有威慑效果。我国当前犯罪的这种新形势决定了罚金刑在刑罚体系中应占有更加重要的地位。新的犯罪形势特别需要罚金刑这种处罚手段,而罚金刑对这些新的犯罪又具有特别的可适用性。如果把罚金刑依然作为单纯的附加刑,显然使这种手段

---

① 邵维国:《罚金刑论》,吉林人民出版社 2004 年版,第 118 页。

② 侯国云、薛瑞麟主编:《刑法的修改与完善》,中国政法大学出版社 1989 年版,第 113 页。

与犯罪形势相脱节，也难以达到刑足制罪的目的，更与前述所言的罚金刑作为中心刑能够经常分配于大多数犯罪的应然特性是极不相符的。因此，有必要在我国的刑罚体系中将罚金刑上升为主刑之一；另一方面，罚金刑在近二十年的备受重视，与世界范围内人权主义的蓬勃兴起有着密切的关联，经济资源的稀缺和人权的保护作为提倡轻刑化密切相关的内在要求必然体现在和平时代最严厉的惩罚之中，失去了经济资源的行为个体面临着社会的巨大压力将无异于遭受到沉重的打击，经济时代最严厉的惩罚也许莫过于对犯罪人的经济制裁，而保持着人身的绝对自由又使得犯罪人真正意识到只有重新改过自新才有出路，只有重新融入社会并创造出为这个社会大多数人认可的劳动才是真正的出路，也许这就是罚金刑的绝妙之处。①的确，伴随着经济全球化的发展，商品经济在全球范围内得到了广泛的发展，经济结构变迁所带来的文化观念的更新，导致了人权至上、刑罚轻缓的刑罚新理念的普遍确立，刑罚轻缓化也从理论上的呼吁成为刑事立法与司法中的制度安排，因此罚金刑也正沿着不断改革、完善的路径发展，并表现得日益理性与成熟，其中，罚金主刑化就成为各国刑罚发展的一大趋势。②可以说，各国的立法与国际立法趋势是否相适应，这是刑罚步入科学时代的体现，也是衡量一国法治程度的标志之一，而我国作为一个走向法治的国家，当然不能无视这一世界性趋势，虽然我国目前仍然是以自由刑为中心的刑罚结构，但是并不妨碍对罚金刑乃至整体的刑罚结构进行改造与完善，也即把罚金刑上升至主刑的地位后，我国的主刑设置就会形成“生命刑——剥夺自由刑——限制自由刑——财产刑”有机衔接的局面，笔者认为这样的刑种分配与刑阶是较为合理的，其不但不会产生不协调，而且还会进一步促进刑罚结构的合理化，更有利于在市场经济条件下打击犯罪。反之，如果一定要与国际立法趋势相逆，固守现行的刑罚结构，显然不利于我国法律与国际接轨的现实需要，虽然我国刑法在走向现代化的过程中没有必要与国外立法亦步亦趋，也即并不必然照搬照抄国外的立法规定，但不可否认的是，国外先进的立法经验和有效的司法实践确实对我国具有相当有益的启示和借鉴意义，具体到刑罚设置也是如此。

如果在我国把罚金刑上升为主刑的地位，那么在其适用过程中，势必会面临这样一个问题，即罚金刑能否与同为主刑的自由刑实行并科。因为我国刑法

---

① 高铭暄、赵秉志主编：《刑罚总论比较研究》，北京大学出版社2008年版，第324页。

② 季金华、徐骏：《20世纪罚金刑的兴盛机理与制度化发展趋势》，《南京师大学报（社会科学版）》2007年第6期。

学理论一般认为，主刑只能独立适用，不能和其他主刑并科，一个犯罪只能适用一个主刑。如果囿于这样的认识，罚金刑上升为主刑后当然不能和其他主刑并科。[①]对此，笔者不以为然，因为在传统的刑罚结构中，所谓主刑和主刑不能同时并科，主要是指同种主刑之间，也即死刑和自由刑、此种自由刑与他种自由刑之间不具有相容性，不可能同时适用于一个对象。而罚金刑则不然，由于其从刑种属性上讲与其他刑罚方法差别较大，这样就意味着罚金刑和其他任何刑罚方法都具有相容性，可以同时予以并科。而且罚金刑作为主刑和其他刑罚方法并科，可以发挥不同刑罚方法并科时的功能互补作用，对严重犯罪形成最佳的综合效应。正如有学者指出，在当代刑法中，罚金刑与自由刑并科的功能互补作用和罚金刑替代自由刑的功能替代作用都应当得到重视，功能互补可以在发挥罚金刑的经济制裁作用的同时，间接提高自由刑的惩戒效果，从而加强刑罚的综合效应；而功能替代则可以减轻或避免自由刑特别是短期自由刑的负面影响，两者的正确运用都有利于最佳地发挥我国以自由刑为中心的刑罚结构的功能。[②]此外，我国目前把罚金刑的地位确定为附加刑，却又规定可以单独适用，这虽然是出于实用主义的考虑，但笔者认为，这其实是存在问题的，因为从逻辑上讲，附加刑是附加在主刑之上的，附加的事物一般不具有独立存在的属性。通常理解，一种犯罪既然规定了附加刑，相应也应该规定主刑，因为附加是相对于主刑而言的。对于我国刑法中规定的包括单位犯罪在内的大量犯罪，适用的刑罚是单处罚金，如果罚金刑作为附加刑，则存在悖论，一方面适用罚金刑的犯罪数量多、范围广、危害大、发案率高，另一方面其法定刑却是一种附加刑，没有主刑，对这些犯罪只能判处附加刑，很难说这样的法定刑设置是科学的。[③]因此，罚金刑既作为附加刑又可单独适用，难免有名不正言不顺之嫌，有鉴于此，笔者主张，不如干脆在刑罚体系中把罚金刑提升至主刑地位，如此一来，对于解决如上因罚金刑的尴尬地位而带来的刑罚适用问题，不失为理想的方案和有效的路径。

在认识罚金刑在刑罚体系中的重要性之后，笔者认为，还有必要对罚金刑的具体种类和适用方式有所了解。

由于罚金刑是对犯罪人施加经济惩罚的刑罚方法，所以通过犯罪人缴纳的金钱来体现对犯罪人经济利益的剥夺正是罚金刑的突出特点。既然金钱是罚

---

① 孙景仙：《罚金刑制度论》，《黑龙江政法管理干部学院学报》2004年第3期。

② 梁根林：《刑罚结构论》，北京大学出版社1998年版，第309页。

③ 王琼：《罚金刑实证研究》，法律出版社2009年版，第387—388页。

金刑的基本要素，那么在罚金刑的适用中，必须对罚金的缴纳方式以及缴纳数额作出相应的规定，这不仅反映出具体犯罪性质的轻重程度，同时也是罚金刑能否顺利执行的前提，而根据立法上对金钱的数额和缴纳方式等方面规定的不同，就形成了不同种类的罚金刑。应当说，完整、科学的罚金刑种类，既是一个国家刑法立法高度完善的重要表征，同时也折射出一个国家刑事司法水平的高低。[①]因此，应当对罚金刑的种类问题有所关注。综观世界各国的刑法理论、刑事立法以及司法实践，都按照罚金刑构成的要素搭配不同，对罚金刑作出了不同种类的区分，具体而言，主要包括以下几种常见的罚金刑类型：(1)普通罚金制，又称限额罚金制，是指刑法中规定罚金的一定数额，在法定的数额幅度内，由法院根据具体案件情况而作出裁量的罚金制度；(2)倍比罚金制，又称比例罚金制，是指刑法规定以某个与犯罪有关的数额为基础，然后以其一定的倍数或几分之一来确定罚金数额的制度；(3)无限额罚金制，即在刑法典中不规定罚金的数额限度，而由法院根据犯罪行为的社会危害性、犯罪人的主观恶性以及其经济状况等，自由裁量罚金数额的制度；(4)日数罚金制，又称日付罚金制或日额罚金制，是按照确定缴纳罚金的天数和每天应当交付的罚金数额逐日交付罚金的制度。[②]

对于如上各种不同类型罚金刑的规定方式，各有优点，又各有不足。例如普通罚金制规定的罚金刑具有一定的数额幅度，符合刑之相对确定原则，也相对清晰地反映了刑与罪之间的等价和相称关系，能够避免司法擅断以及刑之不统一。但它也存在自身无法克服的弊端，即不能适应社会经济状况的变化和发展以及通货膨胀、货币贬值等而自动及时调整罚金刑的数额；[③]又如无限额罚金制的优点在于便于司法人员根据犯罪情节和犯罪人的经济状况确定罚金的数额，从实现刑罚的目的出发，在适用罚金刑时考虑犯罪情节的基础上同时参酌犯罪人的经济状况量刑不仅没有违背罪刑相适应、法律面前一律平等的原则，反而是原则性与灵活性相结合的表现，是与刑罚个别化原则相结合的结果。[④]但不可否认，其弊端亦相当明显，即对罚金数额在立法中不作任何规定，完全由司法人员自由裁量，容易导致司法专横，并且由于法律上无规定罚金数额的具体标准，法官在量刑时无所遵循，顾虑重重，从而增加适用法律的困难，这样难免在审判实践中会出现对同一性质的罪行判处的罚金数量畸轻畸重的不合理现

① 郝守才：《罚金刑种类的比较研究》，《河南大学学报(社会科学版)》1998 年第 1 期。
② 马克昌主编：《刑罚通论》，武汉大学出版社 1999 年版，第 204—206 页。
③ 邓文莉：《刑罚配置论纲》，中国人民公安大学出版社 2009 年版，第 266 页。
④ 孟庆华：《刑罚适用重点疑点难点问题判解研究》，人民法院出版社 2009 年版，第 176 页。

象，不仅不利于司法的统一，更有悖于罪刑相适应原则；[①]至于日数罚金制，它能够有效防止行为人把固定的罚金作为一种投机的亏损或固定的税金，这也是一种刑罚个别化的模式。一方面坚持了行为责任的原则，另一方面也考虑到了支付能力的差异，可以实现罚金刑刑罚效果的平等化。特别是在经济犯罪的惩罚中，如果运用日数罚金制，则能够更为有效地联系行为人的经济状况，以期遏制其犯罪的动机。[②]日数罚金制目前在许多国家有所采用，如葡萄牙、芬兰、丹麦、墨西哥、德国、瑞士、阿根廷等。可以说，日数罚金制一方面明示了对行为的客观否定评价，另一方面对行为人也确保了刑罚的适当效果，因而受到很高的评价，但这一制度也受到批判，主要理由是法官为了使罚金总额不至太高，可能机械地将总额分割为罚金日数与每一日的罚金，这样在技巧上很不自然，另外，每一日的金额由经济能力的大小决定，而充分调查犯罪人的经济能力是很困难的，用日数规定法定刑，违反了法律面前人人平等的宪法原则。[③]或许正是基于以上批判，有的国家至今没有采用日数罚金制，我国刑法中亦未对此规定；倍比罚金制相对来说具有一定的优越性，因为这种罚金刑模式不仅便于法官自由裁量，从而充分贯彻罪刑相适应原则，而且又克服了法官司法擅断的弊端，同时，还不受经济情况变动的影响。可以说，它克服了无限额罚金制与普通罚金制存在的诸多弊端。[④]一般来讲，倍比罚金制是以犯罪数额或犯罪所得的数额作为判处罚金的基数，所以这种罚金刑模式适用于具有一定财产数额的贪欲型犯罪或税务、股票、债券、货币以及违法经营等经济犯罪效果是最为理想的。不过，亦有观点指出，倍比罚金制由于缺乏最高限制的额度，其适用的结果往往导致罚金数额过高，这样一来，倍比罚金制本是以轻刑的面目适用于较轻的犯罪，但倍比罚金刑存在的立法困难以及立法的缺陷却有时适得其反，使罚金刑成了一种超乎人们想象的严酷的刑罚，给立法者开了一个很大的玩笑。[⑤]综上可见，既然任何一种罚金刑模式都难称完美无缺，那么在适用时如何扬各种罚金制之长，避各种罚金制之短是值得考虑的。总之，针对具体犯罪的不同类型和罪质特征，科学衡量其不同的社会危害性，以及考虑社会经济形势和犯罪态势的发展变化，进而采用与之相适应的罚金刑规定方式才是最佳选择，这样才能做到灵活适用，以利于发挥罚金刑的刑罚功效，并体现罪刑相适应。

最后是关于罚金刑的适用方式，这也是罚金刑研究中一个较为重要的问

---

①④ 郝守才：《罚金刑种类的比较研究》，《河南大学学报（社会科学版）》1998年第1期。

② 高巍：《经济刑法要论》，中国社会科学出版社2007年版，第142页。

③ 张明楷：《外国刑法刚要》，清华大学出版社2003年版，第396—397页。

⑤ 王琼：《罚金刑实证研究》，法律出版社2009年版，第205页。

题。罚金刑的适用方式又称罚金刑的运用形态，是罚金刑和犯罪的对应关系，以及罚金刑和其他刑罚方法的组合关系。①综观世界各国的刑法，对于罚金刑的适用方式其实各有不同，或单独适用或交叉适用，概括而言，主要有以下几种：(1)单科罚金制；(2)并科罚金制，又可分为两种类型：一是必并科。即指在刑法分则条文中明确规定自由刑与罚金刑必须并合适用，法官没有自行决定取舍的权力。二是得并科。即指在刑法分则条文中对判处自由刑以外是否并科罚金刑不作硬性规定，既可以并合科处，又可以不并合科处，由法官根据案情酌情决定；(3)复合罚金制；(4)易科罚金制；(5)附科罚金刑。②从上可见，由于犯罪的情况具有多样性和复杂性，所以罚金刑的适用方式也是繁杂多样、各有特点的。笔者认为，其中亦很难说各种适用方式之间孰优孰劣，只有根据不同的犯罪状况对罚金刑采用较为灵活的适用方式，才能取得较佳的刑罚效果，在此方面切忌机械和片面。有鉴于此，目前世界各国都没有单独采用一种罚金刑的适用方式来配置所有的罪行，而是根据犯罪的不同情况，并结合本国的历史、传统、经济、社会、文化等各方面因素，在立法规定上采用不同的罚金刑适用方式。我国亦不例外，目前我国刑法中对罚金刑采用了并科罚金、选科罚金和复合罚金制三种适用方式。当然，对于我国的这种罚金刑配置模式是否需要加以改进和完善，例如单科罚金制是否有必要引入，复合罚金制的适用范围是否需要限制，选科罚金制如何完善，立法上是否必须减少必并科罚金刑等，恐怕都还有赖于今后司法实践的检验以及立法部门的科学权衡与考量。

（二）保险诈骗罪中罚金刑规定的缺陷及立法完善

罚金刑在刑罚体系中是重要的组成部分，并且在今后有可能上升至主刑地位，同时罚金刑在种类和适用方式上又有自身特点，这都决定了罚金刑这一刑罚方法应当具有广泛的适用范围，换言之，罚金刑可适用于多种类型的犯罪。据此，有学者提出罚金刑应主要适用于贪财图利的犯罪、过失犯罪、犯罪性质和情节较轻的故意犯罪、国家工作人员的犯罪行为以及虽不以贪财图利为目的，但直接给国家、集体、公民造成重大经济损失的犯罪等。③应当说，关于罚金刑的适用范围始终还存在着争议，而且上述学者所列举的罚金刑适用对象也只是一个大致的范围标准，其中不乏存在着犯罪类型之间的交叉，因而尚不能说目前罚金刑有完全固定和清晰的适用范围。但是，笔者在此有必要指出的是，对以

① 马登民、徐安住：《财产刑研究》，中国检察出版社 2004 年版，第 118 页。
② 高铭暄、赵秉志主编：《刑罚总论比较研究》，北京大学出版社 2008 年版，第 330—334 页。
③ 王琼：《罚金刑实证研究》，法律出版社 2009 年版，第 389—390 页。

贪利性为主要犯罪动机的经济犯罪需要适用罚金刑显然是毋庸置疑的，"要抑制经济犯罪，最有效的手段就是和其他领域的犯罪一样，当案件发生时及时进行刑事追诉，给犯罪以切实的惩处，特别是对牟利型的犯罪，不让违法行为者把通过犯罪得到的不法收益留住在手里，由国家将其予以剥夺是非常重要的。"① 诚然，经济犯罪的犯罪人实施经济犯罪行为的动机，主要意图就是为了获取非法经济利益或者非法避免本应由行为人自己承担的经济风险。②正因如此，鉴于经济犯罪是一种贪利性、谋财性的犯罪，从经济利益上给予经济犯罪的犯罪人以严厉的制裁，不失为是一种以"毒"攻毒的有效方法。正所谓"物质的力量只能用物质力量来摧毁。"③对经济犯罪，除了使犯罪人接受人身处罚外，还必须让其接受经济上的制裁，于是罚金刑的适用就恰在此理，目的就是为了让犯罪人明白，任何犯罪，特别是经济性的犯罪，必然是得不偿失的。

保险诈骗罪当然是属于经济犯罪的范畴，因为保险诈骗的行为人是以骗取数额较大的保险金作为其犯罪目的的，同时也是为了实现这一犯罪目的而实施各种保险欺诈行为，而经济犯罪的社会危害性正是通过犯罪数额来反映的。此外，保险诈骗罪的后果显然是造成了对保险活动管理秩序的破坏和对保险人的财产权的侵害，这都属于经济利益的范畴，如上都表明了保险诈骗罪与经济犯罪的特征高度吻合。既然保险诈骗罪属于典型的经济犯罪，那么对其适用罚金刑自然无可厚非。有学者就认为，在保险诈骗犯罪人的刑罚处罚上应重视罚金刑的适用。首先，在市场经济体制日益完善的今天，社会的价值观念已经发生了深刻的变化，传统的重义轻利观逐渐为义利并重的观念所替代，有时甚至出现了唯利主义的倾向。在保险诈骗分子重利、甚至唯利的情况下，罚金刑就具有了比一般自由刑更强的惩治与教育作用，真正触及罪犯的心理障碍区，彻底摧毁其"坐牢一阵子，幸福一辈子"的犯罪心理，可见对其适用罚金刑才是对症下药；其次，如果保险诈骗犯并未采取严重的暴力手段实施诈骗的话，对其适用人身自由刑还有可能导致其与其他犯罪人交叉感染，不仅使犯罪预防的效果落空，而且适得其反；再次，对保险诈骗犯适用罚金刑效果也十分明显，因为强制犯罪人交纳一定数额的金钱，不仅使其失去一定的物质享受的条件，而且对其产生强烈的刺激，使其感到犯罪无利可图，从而打消再犯罪的意图。而且，罚金刑虽然对于犯罪人来说无疑是一种经济损失，然而对于国家却是一种收益，因

① [日]芝原邦尔：《经济刑法》，金光旭译，法律出版社2002年版，第256页。

② 赵长青：《经济犯罪研究》，四川大学出版社1997年版，第57页。

③ 《马克思恩格斯全集》(第1卷)，人民出版社1956年版，第9页。

为罚金刑使国家在经济上之得足以抵消其被犯罪人的犯罪行为所造成的经济上之失，构成一种“收支平衡”。①应当说，该观点确实阐明了保险诈骗罪适用罚金刑较为充足的理由。正是出于有效惩治保险诈骗罪的需要，所以我国刑事立法也是及时作出了回应，也即现行刑法在当时将保险诈骗罪从诈骗罪中分离出来时，就专门增加了罚金刑，并规定对自然人犯罪和单位犯罪都适用这一刑种。

我国刑法对保险诈骗罪规定了罚金刑，这当然是值得肯定的，而且从《刑法》第198条的法条规定来看，乃是采用罚金刑与自由刑并科适用的方式以及罚金刑与没收财产选科适用的方式。应当说，对于保险诈骗罪中的罚金刑适用方式，笔者认为是相当合理的，其针对了保险诈骗罪这种贪利性犯罪，注重自由刑和罚金刑的双管齐下，能够起到更好的遏制效果，同时，如前述所言，罚金刑的地位应当被提升至主刑，并且其与自由刑并科并不存在适用上的障碍，因此，保险诈骗罪的并科适用方式无疑是与罚金刑的应然地位相契合的。况且，保险诈骗罪中选科与并科相结合的规定也在一定程度上符合了罚金刑适用方式灵活多样的内在特征。

不过，通过对《刑法》第198条的仔细考察，笔者认为，保险诈骗罪的罚金刑规定尽管有着上述可取之处，但不可否认，其在实质的设置方面仍然有着一定的缺陷，主要体现为罚金数额规定方式的不合理。概而言之，有以下几点问题：(1)当前保险诈骗罪涉案金额呈急剧上升之势，采取普通罚金制可能使刑法对变化着的保险诈骗罪犯罪数额状况缺乏适应性，也与国家经济发展状况缺乏适应性；②(2)刑法对金融诈骗罪罚金刑的规定，将基本构成的罚金数额规定得低于加重构成的罚金数额，但将两级加重构成的罚金数额规定得完全一致，这是不符合罪刑法定原则的。③此一点在保险诈骗罪中体现得特别明显；④(3)在对单位的保险诈骗行为的处罚中，是采用无限额罚金制，这种立法方式固然灵活、机动，可不受具体案件的束缚，但不利于罪刑法定原则的贯彻。⑤

笔者认为，上述保险诈骗罪中罚金刑数额规定方面的弊端确实影响了该刑种的实际适用效果，因此亟须从立法上加以完善，对罚金刑设置的不合理之处

① 孙文红：《保险诈骗罪若干问题研究》，《国家检察官学院学报》2003年第3期。

② 张利兆：《保险诈骗罪研究》，中国检察出版社2007年版，第279页。

③ 刘远：《金融诈骗罪研究》，中国检察出版社2002年版，第194页。

④ 《刑法》第198条中，“数额巨大或者有其他严重情节的”和“数额特别巨大或者有其他特别严重情节的”这两级加重构成的罚金数额都是规定为“并处2万元以上20万元以下罚金。”

⑤ 卢勤忠：《WTO与我国保险刑法制度的改革》，《法商研究》2004年第2期。

尽力予以修正,从而尽可能做到真正的罪刑相适应。

首先,对于自然人的保险诈骗犯罪采用普通罚金制,或许是单纯根据犯罪情节来决定罚金数额了,而丝毫不考虑行为人的收入、财产、家庭情况及年龄、健康等具体情况,这样的话,可能会导致两种不利后果:一是罚金数额相对于犯罪人经济承受能力过多,犯罪人会产生抗拒心理,影响刑罚的适用效果;二是罚金数额相对于犯罪人经济承受能力过少,就会使犯罪人感受不到经济惩罚的痛苦,起不到惩罚作用。①因此对于保险诈骗罪而言,随着时间的推移,可能会出现罚金执行不力的状况。所以,笔者主张不妨采用倍比罚金制以取代现行的普通罚金制,就是以犯罪涉案财产即保险诈骗行为人骗取的保险金为基准,处以一定倍数或比例的罚金。这样的做法一方面使得法官可以根据每个犯罪人的具体犯罪情况酌情裁量罚金但又并非全无限制,实现了原则与灵活的相对平衡,另一方面又使得犯罪人在经济上无利可图,甚至得不偿失,取得更好的惩治保险诈骗犯罪活动的效果,因为"市场活动中的经济犯罪本质上是一种超越市场规范的界限而牟取超额利润的行为,在行为的发生过程中,经济犯罪很大程度上是通过行为人预先的利弊权衡与理性计算后付诸实施的,而不是凭一时冲动发生的激情犯罪"。②在保险诈骗罪中,行为人对犯罪可能带来的利益多少有相对准确的预期。因此,如果能够采取倍比罚金制的形式,则行为人无论如何都不会抱有侥幸心理,企图在法律规定的上下限额中获得可能的利益,从而更好地打击和预防犯罪的再次发生。

其次,保险诈骗罪的罚金数额低于了其他金融诈骗犯罪,这也和前述的自由刑适用同样道理,难免会有罪刑失衡之嫌。保险诈骗罪无论从涉案金额还是侵害客体等考察,其危害可能都要高于其他欺诈类犯罪,所以许多国家和地区的立法对该罪规定的刑罚往往都高于其他欺诈类犯罪,如美国、德国、我国澳门等。因此,即使对保险诈骗行为人施加经济惩罚,亦应保持较大的强度,但我国刑法的规定却正好相反,保险诈骗罪的罚金数额偏低,这会有损刑法的内部协调,毕竟,在刑法中,这种内部和谐一致的重要标志就是要做到罪刑均衡——不仅要求孤立地看每个具体犯罪与其法定刑相适应,而且还要求联系地看各个犯罪之间的刑罚协调统一。③具体到罚金刑的设置,应当在参酌其他金融诈骗犯罪的罚金数额标准的基础上,适当调整保险诈骗罪的罚金刑幅度,或许通过倍比

---

① 孟庆华:《刑罚适用重点疑点难点问题判解研究》,人民法院出版社 2009 年版,第 175 页。

② 唐稷尧:《困境与根源:刑法对经济犯罪的控制》,《四川师范大学学报(社会科学版)》2001 年第 1 期。

③ 肖乾利:《保险诈骗罪若干问题之审视》,《广西社会科学》2006 年第 4 期。

罚金制能够有效地解决如上问题，即根据保险诈骗罪所涉及的犯罪数额来按照一定的比例或倍数确定应当判处的罚金，且其比例或倍数可具体规定为百分之五十或一至二倍为宜，这样就避免了因罚金数额的倍比设置偏低而无法显现出应有的惩治效果，同时也在一定程度上与其他金融诈骗犯罪在罚金刑的刑度方面保持了大体的一致，不至于在它们之间差别过于明显。另外，在保险诈骗罪的两级加重构成方面的罚金刑设置也需要作出相应修正，须知，两级加重构成之间各自体现出的社会危害性肯定是不同的，那么在罚金数额方面却没有表现出应有的轻重程度上的差别显然不妥，有悖于罪刑均衡的要求，为此，笔者建议，即使考虑今后保险诈骗罪的罚金刑设置采用倍比罚金制，也需对"数额特别巨大或者有其他特别严重情节的"这种情形设置较高比例或较大倍数的罚金数额，并且一定要重于前一级的加重构成情形，从而与其特别巨大的犯罪数额或特别严重的犯罪情节相匹配、相对称，否则的话，难以体现出对严重保险诈骗犯罪行为应有的惩治效果。

再次，需要明确的是，无论何种犯罪，在其由单位构成的情况下，罚金刑是唯一可对单位分配之刑，因为单位不存在人身，无法对之分配作为人身刑的主刑，因此，对犯罪单位配之以罚金刑，既因符合等价与湿度相统一的配刑理性规定，又因系制裁犯罪单位的唯一可用之手段而具有其合理性。①不过，对单位犯罪究竟如何合理配置罚金刑还是需要考虑的。具体而言，在保险诈骗罪中，对单位的保险诈骗行为配置罚金刑当然是值得肯定的，因为单位犯罪是一个犯罪主体，一个刑事责任主体，与自然人犯罪无异，只是罪过的生成机制和自身结构都不同于自然人犯罪，单位犯保险诈骗罪，对单位处以罚金是绝对必要的。②但问题在于目前立法规定对单位的保险诈骗行为采用无限额罚金制显然不妥，即刑法仅规定单位犯保险诈骗罪的应处以罚金，但没有规定具体数额和比例，这实际上意味着罚金数额无限制，也就等于绝对不确定的罚金刑，其实践效果是没有严格的法律约束，法官实际上可以随意确定罚金的数额，其弊端是不言而喻的。有鉴于此，必须对立法规定加以修正，由于考虑到单位往往具备比自然人更强的经济能力，因此适当提高其罚金数额的比例是可取的，这样可以减少司法的任意，尽可能实现司法的公正。③今后不妨从立法上取消对单位主体的无限额罚金制，明确其罚金数额与幅度，使司法机关可以有明确的法定刑适用。

① 邱兴隆：《刑罚理性评论——刑罚的正当性反思》，中国政法大学出版社 1999 年版，第 473 页。
② 刘远：《金融诈骗罪研究》，中国检察出版社 2002 年版，第 194 页。
③ 张利兆：《保险诈骗罪研究》，中国检察出版社 2007 年版，第 289 页。

至于对单位的罚金数额与幅度的具体确定，笔者同样认为采用倍比罚金制要优于其他罚金刑模式，因为在以财产为内容的获利型单位犯罪中，以单位犯罪的数额(如犯罪所得额、犯罪经营额、犯罪销售额、偷逃税款额等)为基础，然后再以其一定的倍数或几分之一来确定罚金数额无疑是非常理想和科学的选择，正如前述，保险诈骗罪属于典型的数额犯，而单位实施的保险诈骗犯罪当然也是以骗取数额较大的保险金为其犯罪目的和结果的，甚至其犯罪数额远远高于自然人保险诈骗犯罪，那么很显然，单位保险诈骗罪肯定属于以财产为内容的获利型单位犯罪，对其在罚金刑模式的选择上就应该采用倍比罚金制。况且，笔者还认为，虽然倍比罚金制可能会产生如前述所说的最后导致罚金数额过高的问题，但由于单位往往具有雄厚的资金，也即有较强的经济能力，尤其在获利型的单位犯罪中，单位主体更可能已经通过实施犯罪攫取了巨额的经济利益，因此与自然人相比，在财产刑方面单位往往具有更高的受刑能力，换言之，单位似乎更能承受较重的罚金刑处罚。所以，既然对自然人实施的保险诈骗犯罪都能通过倍比罚金制来确定罚金数额，那么对于单位的保险诈骗犯罪就更没有理由排斥此种罚金刑模式的适用了。

三、增设保险诈骗罪的资格刑刑种

(一) 资格刑内容的立法完善

资格刑，是指剥夺犯罪人享有或行使一定权利的资格的刑罚。[①]应当说，资格刑自罗马法的名誉刑缘起历经中世纪欧洲的耻辱刑，至现代意义上的能力刑，已有数千年的历史。随着世界各国刑罚从严厉向轻缓的推进，非刑罚思潮以及现代意义刑罚人性化的兴起，资格刑在限制犯罪人的再犯能力，辅佐其回归社会，改造犯罪人方面发挥了尤为重要的作用，也日益成为世界各国刑罚体系的重要组成部分。一般认为，资格刑这种刑罚方法亦是优劣并存的，其优点在于：(1)有对犯罪人予以政治上否定评价的明显作用；(2)有剥夺或限制再犯能力的独特功能；(3)有助于维护国家机关威信和纯洁国家公职人员的信誉。而其不足可能在于：(1)有可能形成“刑罚过剩”；(2)不利于犯罪人的再社会化；(3)没有足够的威慑力。[②]然而，经过比较分析，笔者认为，资格刑总体而言还是利大于弊的，其所存在的些许不足完全可以通过自身的完善来加以避免，例如可以赋予法官较大的自由裁量权，尽量做到刑罚个别化，避免出现“刑罚过剩”，

① 马克昌主编：《刑罚通论》，武汉大学出版社1999年版，第220页。

② 邱兴隆、许章润：《刑罚学》，中国政法大学出版社1999年版，第226—227页。

又如可以对资格刑的内容进行合理调整，减少犯罪人再社会化的困难，同时，资格刑在作为附加刑适用时，有主刑的威慑力作为后盾。①因此，资格刑完全符合当今刑罚发展的趋势，应肯定其存在并有效发挥该刑种的刑罚功能。正如有学者指出，资格刑作为一种针对性很强的刑罚，具有巨大的潜力和广阔的前景。因为在现代社会，利用有关的身份、职业等资格进行犯罪，或与有关的身份、职业等资格有联系的犯罪日趋增多，对付这些犯罪，剥夺、限制犯罪人的特定资格，禁止其从事一定的职业、营业活动，使其失去再犯能力，可谓正切其要害，也符合现代刑法的思潮。②

在我国，一直都有学者主张设置资格刑并扩大其适用范围，例如有学者认为在我国应当增设一定的资格刑，以代替短期自由刑。针对不同的犯罪和不同的罪犯，我国刑法可以设置一些诸如禁止驾驶、禁止从事某类活动、禁止担任某种职务等资格刑，从而减少短期自由刑的适用。③诚然，资格刑作为一种兼有惩罚和预防功能的轻缓刑种，对其设置能够满足我国复杂多变的犯罪情状，有鉴于此，我国刑法中就规定了资格刑的刑种，具体而言，主要包括剥夺政治权利和驱逐出境两种。在这两种资格刑中，由于驱逐出境只对犯罪的外国人适用，其适用面很窄，不具有普遍意义，只有剥夺政治权利才具有普遍适用的效力。不过，对于我国刑法所规定的资格刑内容，长期以来却一直饱受争议，主要是因为其种类仅限于剥夺政治权利难免有内容单一、作用面小的缺陷，就我国刑法中的剥夺政治权利的现实定位来讲，在很大程度上是一种政治性的刑罚，或者说是一种具有浓厚政治色彩的刑罚，在一定程度上，它已经失却了作为刑罚的本来的底蕴。因为资格刑的主要功能是剥夺或限制犯罪人利用某种资格进行再次犯罪的再犯能力，这正是资格刑的价值和生命之所在，赋予资格刑政治上的否定评价作用，并对这一点予以特别突出，同时在资格刑内容上或适用对象上以此为基点出发予以设计，就将使资格刑失去其固有的功能，也就是说，如果把资格刑仅仅局限于政治权利，用剥夺政治权利这项单一手段取代诸多理应全面发挥作用的资格刑，将极大地影响资格刑功能的发挥。④而综观世界各个国家和地区的刑法规定，大多都配置了种类繁多的资格刑，其一方面旨在表达国家对犯罪人政治上的否定，以强调剥夺公权以及其他权利的重要性；另一方面为教育改造犯罪人，适应犯罪人的不同情况来剥夺其再犯能力，从而表现出多样性

① 吴平：《资格刑研究》，中国政法大学出版社 2000 年版，第 67 页。
② 胡鹰、沈建敏：《现代资格刑发展趋势》，《法律科学（西北政法学院学报）》1991 年第 6 期。
③ 陈兴良主编：《刑种通论》（第 2 版），中国人民大学出版社 2007 年版，第 369 页。
④ 吴平：《资格刑研究》，中国政法大学出版社 2000 年版，第 307—308 页。

和针对性的特征。概而言之，国外的资格刑内容除了剥夺政治权利外，还包括禁止从业，剥夺亲权及民事权利，剥夺荣誉称号、军衔、学位、国家奖励等，限制出入特定场所，禁止驾驶、吊销驾驶执照或禁止颁发驾驶执照，驱逐出境，剥夺与公共行政签约的权利，禁止或剥夺其他资格等。①很显然，资格刑种类多、覆盖面大，也就表明了对资格刑在刑罚体系中的地位和作用的重视，同时其将多种为不法或犯罪行为所可能利用的资格统统纳入予以剥夺或限制的范畴，这种多层次、全方位的资格刑设置体系不仅使刑罚的设置内容丰富，手段多样，而且能更好地达到刑罚对犯罪人的特殊预防效果。此外，与我国的剥夺政治权利仅适用于犯危害国家安全罪等少数犯罪的行为人相比，国外的资格刑则广泛地适用于利用职业、身份等资格进行的犯罪或与之有密切联系的犯罪，包括政治犯罪、职务犯罪、营业犯罪等。例如法国刑法中的资格刑既可以配置给重罪和轻罪，也可以配置给违警罪；俄罗斯刑法中的资格刑是与自由刑、罚金刑等刑种并列的独立刑种，在分则中直接配置有资格刑的罪行条文共有 90 余个，占刑法典分则条文总数的 1/3 之多，可见，在俄罗斯刑法中资格刑的适用范围极为广阔，一般利用职务地位所实施的犯罪均可处以剥夺担任一定职务或从事某种活动的权利；意大利刑法也将资格刑适用于较多类型的犯罪，除了褫夺公权之犯罪外，还包括各种因滥用职权、违反职务上、公务上或其刑法典第 28 条第 1 款第 3 项所规定之事务的犯罪等。②通过比较，笔者认为，虽然我国有具体的国情和司法状况，在资格刑设置方面不一定完全照搬国外的立法模式，但不可否认，从立法上吸收国外的有益经验和做法，对我国的资格刑内容体系加以完善是非常必要的。

在现实生活中，除了存在利用政治权利进行犯罪，更多的是利用从事特定职业的权利与所享有的荣誉等进行犯罪的情形，并且后者占的比重还比较大。而我国现行刑法所规定的资格刑主要局限于剥夺犯罪人的政治权利，内容的单一性在某种程度上决定了资格刑只能发挥预防和惩治在利用政治权利这一领域的犯罪。有鉴于此，笔者建议，考虑到资格刑的目的定位应放在对犯罪人再次犯罪的预防上，而不应该过分倚重其象征性的政治意义，所以今后的立法完善应着重考虑增加资格刑的种类，使目前我国资格刑内容单一、作用面小的现状得以改观，具体而言，可从以下几方面入手：(1)增设以剥夺从事特定职业或实施活动的权利为内容的资格刑。须知，社会上的某些职业，由其职业的性质

① 高铭暄、赵秉志主编：《刑罚总论比较研究》，北京大学出版社 2008 年版，第 365—373 页。

② 邓文莉：《刑罚配置论纲》，中国人民公安大学出版社 2009 年版，第 277—288 页。

所决定，要求从事这种职业的人具有较高的素质，某些犯罪人的情况决定了他们不适宜从事这种职业，否则无以保证这些职业的纯洁形象，无法满足社会大众对这些职业的从业人员的要求。[①]可以说，这些职业在当今社会生活中特别是市场经济条件下发挥了积极的作用，与公民个人的生活息息相关，如果被滥用甚至成为犯罪手段使用，既违背了其基本的职业操守和职业道德，也严重破坏行业风气和行业诚信，更影响了社会公众生活质量的提升。同时，在某一领域越精通的人就越有滥用其精通之技的风险，会造成更大的危害。所以，对于利用某些职业身份而从事犯罪活动而剥夺犯罪人的犯罪人必须剥夺其有关资格，以防范其再犯可能性。另外，剥夺犯罪人实施某些活动的权利也是很必要的，因为有的犯罪人实施的某些特定活动一般是本身就具有高度危险性的活动或者可能导致其他危险的活动，容易加剧或引起相关犯罪，而对其从事这些活动的资格加以剥夺，能在一定程度上减少犯罪人实施犯罪的机会，从而取得较佳的预防犯罪效果；(2)增设对单位犯罪的资格刑。由于我国现行刑法规定资格刑只对自然人适用，而单位犯罪的附加刑仅仅配置了罚金刑，这显得过于单薄。事实上，单位犯罪的类型越来越多，但是其责任承担方式则较为单一，而随着社会的发展，各种单位的社会化程度越来越高，对单位仅判处罚金远达不到预期的效果，根本原因在于，在承认单位可以按照法人理论以“拟制的人格”成为犯罪的主体，但是在刑事责任追究尤其是刑罚设置上，仍然没有将单位视之为“人”，而仅仅是当作为人所利用的工具，忽略了其人格主体性，所以刑罚中没有以“人格权利”限制为内容的刑罚，这不能不说是刑事立法上的一种偏颇。有学者指出，法人也是拥有人格的，这种特殊的拟制人格，就决定了法律不能以处罚自然人的方法来处罚法人，但这并不意味着对法人就不能够适用在本质上类同于自然人刑罚的某些刑罚。[②]有鉴于此，对单位犯罪增设停业整顿、限制从事业务活动和强制解散等资格刑，不失为从重打击单位犯罪的良好举措，这符合了刑罚目的的要求，同时也与世界刑法立法的发展趋势是一致的；[③](3)增设剥夺荣誉权的资格刑。一般认为，荣誉称号等是对个人历史功绩的奖励和褒扬，不能因其现在犯罪而否定其历史荣誉，但不可否认，国家授予的某些荣誉往往直接与各种利益挂钩，若不剥夺犯罪人的荣誉权，在受到处罚后，其还可能享受这一荣誉带来的利益，甚至利用这些荣誉继续实施犯罪。所以，增设剥夺荣誉权

---

① 吴平：《资格刑研究》，中国政法大学出版社 2000 年版，第 321 页。

② 曾粤兴、何静：《法人资格刑制度研究》，《法治研究》2012 年第 7 期。

③ 高铭暄、赵秉志主编：《刑罚总论比较研究》，北京大学出版社 2008 年版，第 389 页。

的资格刑也很有必要，此种资格刑亦具有相当的惩罚性和威慑力。

除此之外，针对我国资格刑适用范围狭小、针对性设置比较薄弱的弊端，有学者指出改变资格刑设置机械化的局面，主张扩大我国资格刑的适用范围，例如从预防犯罪的目的出发，不妨借鉴国外的立法例，再结合本国的刑罚价值取向，将资格刑广泛适用于多种犯罪类型，即除了对危害国家安全犯罪、危害公共安全犯罪、侵犯公民民主权利犯罪、危害国防利益犯罪等具有剥夺政治性权利价值的犯罪类型仍然附加剥夺政治权利外，还可对职务犯罪适用剥夺一定公职资格的资格刑，对利用职业、营业资格的犯罪适用剥夺职业、营业资格的资格刑，以及对单位犯罪适用剥夺或限制法人资格的资格刑。①如上观点淡化了资格刑的政治色彩，着重体现了资格刑本应具有的刑罚功能，所以极为可取，因此建议今后立法部门在完善资格刑的立法方面对此不妨予以妥善考虑。

（二）保险诈骗罪的刑罚设置中应增加资格刑

上文主张对我国的资格刑内容有必要加以立法完善，而其中笔者尤其关注的一点就是强调要增加禁止犯罪人从事特定职业或实施某些活动的资格刑。所谓禁止从事特定职业或实施某些活动，主要是指禁止犯罪人继续从事与其犯罪有关的特定职业或业务活动。作为一种具有强烈保安处分性质的资格刑，禁止从事特定职业或活动并不限于和某个特定刑种组合，而主要应当根据犯罪行为的性质和特点确定其适用范围和适用方式。即凡实施了与其从事的职业活动或业务活动有关的犯罪，原则上都可以判处禁止从事特定职业或活动。②由此可见，这种资格刑如果得以增设，适用的范围将比较广，并可以配置于多种类型的犯罪。

在经济犯罪中配置禁止犯罪人从事特定职业或实施某些活动的资格刑尤为必要，因为经济犯罪往往是市场经济中越来越多出现的具有一定职业或行业色彩、依靠自身职能的新型犯罪，这些犯罪突出的特点是其犯罪主体以一定的身份、职业为掩护，利用法律和经济交往中允许的经济活动方式实施犯罪行为，所以，经济犯罪往往是犯罪人利用有利的条件——某种资格进行的犯罪行为，显然，如果允许犯罪人从事特定的职业或能够实施某些活动，无疑就赋予了他们上述的资格条件，为此，通过增设此种新型资格刑，剥夺经济犯罪的犯罪人相应的资格，也就意味着消除其利用这种资格条件再次实施经济犯罪的可能性，

① 张珊珊：《资格刑设置研究》，吉林大学2009年博士学位论文，第127—128页。

② 梁根林：《刑罚结构论》，北京大学出版社1998年版，第310—311页。

从针对性上讲，这种资格刑的适用，符合了经济犯罪的特性和规律，具有天然的惩罚作用。对经济犯罪的犯罪人适用资格刑，虽然剥夺其政治权利是必要的，但应当看到，他们关心的不仅仅是政治性的权利，而且还包括经济性的权利，甚至更关心的是经济性的权利。从经济性的权利上剥夺这些犯罪人的某些权利内容，不但具有一般的预防作用，有利于加强刑罚的特殊的预防作用，而且还表明了刑罚的特殊惩治功能。①所以，设想对经济犯罪增加一些旨在剥夺这类犯罪人从事某种特定职业、实施某些特定活动的权利为主要内容的新型资格刑应当成为刑事立法的一个选择。

在经济犯罪中，金融犯罪显然是其重要的一类，因为金融犯罪本身不可能脱离“经济”两字，所以，金融犯罪自身的特点决定了对其设置资格刑的必要性，由于金融犯罪的实施大多并不利用政治权利来进行，而是利用从事某一行业的资格实施的，所以设置禁止从事一定金融业务的资格刑，效果更佳，并且由于在金融法规中的一些制裁措施对金融犯罪的威慑作用有限，所以有必要将其上升为附加刑，此外对金融犯罪设置资格刑既能降低执法成本，也能提高犯罪成本。②应当说，如上观点是具有较强说服力的。诚然，从金融犯罪的特点来看，犯罪人主要是利用各种职业权利或营业权利而实施犯罪。如果其被剥夺了从事金融的资格，那么其就会因为合法就业收入的丧失而提高机会成本，也就导致整个犯罪成本的提高，增加了犯罪的风险性，降低了预期成本，促使犯罪人放弃犯罪。另外，在犯罪人有人身自由，但缺乏特定资格的条件下，其犯罪能量的释放将会受到极大的限制，犯罪人想再度借职务之便，首先就会在资格方面遇到难以逾越的障碍，在遏止罪犯再犯相同种类犯罪方面起到釜底抽薪的作用。③基于此，笔者认为，在金融犯罪领域，资格的剥夺往往比适用自由刑和生命刑等更能发挥显著的效果，这也是金融犯罪高度职业化的特点所决定的，所以增设禁止从业等方面的资格刑，确实是提高刑罚的针对性和有利于金融刑罚体系的丰富的客观需要，应当予以大力倡导。

基于如上分析，笔者认为，在保险诈骗罪中，资格刑这一刑种亦不可或缺。如前所述，保险诈骗罪以追逐保险利益为其特征，归于经济犯罪的范畴自然不言而喻。同时，保险业亦是金融业的重要组成部分，保险诈骗罪不妨被认为是保险领域中出现的、严重危及保险业健康发展的金融欺诈犯罪，这从其归类于

① 杨兴培、李翔主编：《经济犯罪和经济刑法研究》，北京大学出版社2009年版，第344页。

② 刘宪权：《金融犯罪刑法理论与实践》，北京大学出版社2008年版，第154—155页。

③ 刘瑞瑞、张大志、石泉：《论金融犯罪的刑罚配置》，《行政与法》2006年第1期。

金融诈骗犯罪一章中即可见一斑，那么毫无疑问，保险诈骗罪从犯罪属性上讲当然也属于金融犯罪。既然保险诈骗罪兼具经济犯罪与金融犯罪的双重特性，那么又有何理由对其排斥资格刑的适用呢。然而令人费解的是，目前《刑法》第198条却并未规定任何资格刑，这不能不说是一项立法疏漏。事实上，正如英国学者边沁所言："探求各种不同的刑罚，使之适合于每种犯罪，以及发明一些新的带有示范性和表征性的方法，无疑是很必要的。"①而在保险诈骗犯罪的实施过程中，行为人常常借助其他手段或利用职务便利，尤其是单位实施保险诈骗罪，更是利用了其在资金、信息、技术等方面的诸多优势，而且与自然人相比较，单位犯罪造成的经济损失和社会危害更为严重，但现行刑法对此只规定了单一的罚金刑，没有限制或剥夺犯罪单位的其他权利，这显然难以阻止单位继续犯罪。为此，针对保险诈骗罪增设资格刑，既可以实现刑罚的多样化，也可以更好地实现刑罚的效果，具体可以设定为对自然人或单位的限制或取消从业资格的处罚。②对于实施保险诈骗犯罪的单位，可能考虑到其具有较大的再犯能力，那么不妨对其经营活动进行限制甚至取消其在某些领域活动的资格，这未尝不是打击单位保险诈骗犯罪的有效举措；而对自然人实施的保险诈骗犯罪的处罚中也应该设置新的资格刑，比如，对参与犯罪的保险公司工作人员，可以禁止其再次从业，对单位犯罪中的主管人员和其他直接责任人员，取消一定期限直至终身的任职资格。这样，通过设置禁止从事一定保险业务的刑罚方法，使行为人在一定期限内或者终身被迫脱离得以犯罪的便利条件，促使行为人在可期待的犯罪利益和现实的高犯罪成本之间作出正确的选择，从而更有效地防止保险诈骗罪以及同类经济犯罪的再次发生。不可否认，受制于目前我国资格刑刑种单一的局限，立法者似乎觉得剥夺政治权利这种资格刑对包括保险诈骗罪在内的经济犯罪并没有很强的针对性，如果规定适用却无碍于这些犯罪的继续实施，就显得意义不大了，所以，目前在保险诈骗罪中资格刑的设置就有所缺位。但笔者却认为，这种立法疏漏的状况应予以适时的改进和弥补，上述保险诈骗罪可以适用资格刑的理由已得到了充分的阐述，或许随着今后资格刑立法的完善，资格刑本身的内容会得到丰富和拓展，那么在保险诈骗罪的刑罚设置中增加诸如禁止从业等方面的资格刑还是未来可期的。

---

① [英]吉米·边沁：《立法理论——刑法典原理》，孙力等译，中国人民公安大学出版社1993年版，第96页。

② 张利兆：《保险诈骗罪研究》，中国检察出版社2007年版，第290页。

第五章 其他涉保险犯罪研究

在上几章内重点阐述了保险诈骗罪这一最典型的涉保险犯罪，可以说，保险诈骗罪主要是规制投保人一方实施的保险欺诈犯罪行为，但如前所述，就完整的保险欺诈而言，还应当包括保险人一方的欺诈以及保险行为第三方的欺诈，这些欺诈行为同样会对保险业的健康发展和投保人一方的合法权益造成严重的损害。不仅如此，保险人一方和保险行为第三方还有可能为了追逐保险利益，从事各种弄虚作假、违规操作、背离诚信、渎职等严重扰乱保险市场秩序的活动。所以对于保险人一方和保险行为第三方所实施的各种保险违规及欺诈行为等同样应当给予重视，特别对其中情节严重、危害巨大的行为应当作出犯罪化的处理。正因如此，从系统研究和严密法网的角度考虑，我国刑法中所明确的立法上的涉保险犯罪是从广义上去界定的，即除了保险诈骗罪外，还涉及了在保险领域中出现的其他相关犯罪。为此，在本章内，笔者拟对其他涉保险犯罪的相关内容逐一展开探讨。

第一节 擅自设立保险机构犯罪

一、擅自设立保险机构犯罪的刑事立法

《刑法》第 174 条第 1 款规定："未经国家有关主管部门批准，擅自设立商业银行、证券交易所、期货交易所、证券公司、期货经纪公司、保险公司或者其他金融机构的，处三年以下有期徒刑或者拘役，并处或者单处 2 万元以上 20 万元以下罚金；情节严重的，处三年以上十年以下有期徒刑，并处 5 万元以上 50 万元以下罚金。"该法条是关于擅自设立金融机构罪的规定。在社会主义市场经济体制中，金融机构作为社会经济生活的重要组成部分，发挥着重要作用。金融机构是经营货币、证券、期货、保险等业务的特殊单位，属于高负债、高风险的行业，其经营的结果，对国民经济的发展和社会稳定有着重大影响。为此，我国采用审批制对金融机构的设立予以严格管理。然而，擅自设立金融机构的行为却是无视国家的金融专营审批许可制度，并利用我国金融体制尚不健全和金融监

管尚不充分的局限所实施的犯罪活动，其直接后果是扰乱金融秩序，加大金融风险，影响社会安定，更为甚者，此种行为严重破坏、干扰了国民经济的良性运转。很显然，擅自设立的金融机构往往不具备法律规定的设立金融机构的条件，因而承担金融风险的能力差，严重威胁广大投资者和客户的公共利益，激化社会矛盾。同时，这些非法金融机构为了争存款，抢项目，任意抬高或降低存贷款利率，破坏金融政策，加剧了金融市场的混乱，减少了国家金融机构的存款来源，削弱了国家对国民经济的宏观调控能力，影响经济发展，危害十分严重。①有鉴于此，在刑法中专门规定擅自设立金融机构罪是非常必要的，而且该罪乃是破坏金融管理秩序犯罪中的一项重要罪名。

对于擅自设立金融机构罪而言，首先需要了解其中所言的金融机构所涵盖的范围。其实，在刑法设立该罪名之初，是把金融机构界定为商业银行和其他金融机构，而其中所谓的"其他金融机构"规定得较为粗略和笼统，并未明确列举。②的确，从整个金融机构体系来看，其中银行是其中心环节，占居主导地位无可厚非，但是，随着现代金融的发展，金融业所涉及的领域也不断扩展，即除了承担存款、贷款、储蓄、票据承兑与贴现、结算等业务的商业银行外，还包括开展信托、投资、保险、金融租赁、期货交易、代募证券等各种金融业务的非银行金融机构，这些金融机构也为社会提供了各种融资方式和融资渠道，补充着普通银行的业务，完善了金融服务体系。③相应地，在金融领域中，犯罪活动也是在各部位、各层次普遍存在的，不仅仅是各商业银行有金融罪案发生，行使监管协调职能的人民银行系统，其他非银行金融机构，如保险、信托、证券、信用社亦同样发生各类金融犯罪案件，大有遍及全行业的发展趋势。④然而，从当时的刑法规定来看，似乎金融机构设立的审批部门仅有一个，即中国人民银行。中国人民银行作为商业银行设立的审批部门当无异议，但将其作为所有其他金融机构设立

① 王昌学主编：《市场经济犯罪纵横论》，法律出版社 2001 年版，第 664 页。

② 1995 年全国人大常委会《关于惩治破坏金融秩序犯罪的决定》中最早规定了擅自设立金融机构罪。该法律文件第 6 条第 1 款规定："未经中国人民银行批准，擅自设立商业银行或者其他金融机构的，处三年以下有期徒刑或者拘役，并处或者单处 2 万元以上 20 万元以下罚金；情节严重的，处三年以上十年以下有期徒刑，并处 5 万元以上 50 万元以下罚金。"随后，1997 年《刑法》第 174 条完全继承了上述规定，没有任何变化。关于金融机构的范围，主要是 1998 年国务院办公厅转发的《中国人民银行整顿乱集资乱批设金融机构和乱办金融业务实施方案的通知》中规定："凡未经中国人民银行批准，擅自设立从事或者主要从事吸收存款、发放贷款、办理结算、票据贴现、资金拆借、信托投资、金融租赁、融资担保、外汇买卖等金融业务活动的机构，均属非法金融机构，包括冠以银行、信用社、信托投资公司、财务公司、融资租赁公司、典当行等名称的机构，也包括虽未冠以上述名称，但实际是从事或变相从事金融业务的机构。"但如此规定并未使得金融机构的范围得以明确化。

③ 鲜铁可：《金融犯罪的定罪与量刑》，人民法院出版社 1999 年版，第 48 页。

④ 侯富强：《论危害金融犯罪的特点成因及防治对策》，《河北法学》2001 年第 4 期。

的审批部门恐有不妥。毕竟,非银行金融机构是随着金融资产多元化、金融业务专业化而产生的,它们逐步形成自身独立的体系,这就意味着非银行金融机构各自的业务活动呈现出不同的范围和特征,虽然近年来随着金融创新活动的不断涌现,各类金融机构的业务有一定的融合趋势,但仍然不能否认它们的比重是有差别的。既然如此,由于非银行金融机构各自性质和所涉领域的不同,决定了它们设立所依据的行政法律各不相同,这样一来,这些金融机构脱离了《刑法》第174条由中国人民银行批准设立的范围,因而擅自设立这些金融机构的行为,就不能以刑法规范调整,只能以其他方法处理。显而易见,这就是一种因法律间规范调整的对象范围不协调而导致的立法漏洞。①有鉴于此,全国人大常委会于1999年出台了《刑法修正案(一)》,专门对金融机构作出列举式的规定,也即细化了该罪所涉的金融机构的范围。具体而言,除了商业银行外,该修正案第3条第1款明确将“证券交易所、期货交易所、证券公司、期货经纪公司、保险公司”也列入了擅自设立的金融机构的范围之中。这样,擅自设立金融机构罪在构成要件方面发生了变化,也就是说,随着该罪所涉金融机构范围的细化,这些金融机构设立的审批部门也相应地有所变化,即修正案将“未经中国人民银行批准”修订为“未经国家有关主管部门批准”,或许这也是出于对金融业内部的分业管理的需要。应当说,正是由于金融机构的形式不一,设立的审批部门也不尽相同,因而刑法规定呈现出了一定的局限性,因此,《刑法修正案(一)》对金融机构作出的列举式规定使得刑法与相关的行政法律、法规相配套,从而对刑法规定中的疏漏进行了弥补。②

对照修正后的《刑法》第174条第1款,特别值得注意的是,就该法条所罗列的金融机构中,保险公司也忝列其中。须知,擅自设立保险公司或者非法从事商业保险活动,是指未经国家金融监督管理部门(主要是中国保监会)批准,自行设立保险公司和从事商业保险活动的行为。③这在世界各国都是不允许的,因为保险业是有特殊性的行业,不仅专业技术性强,而且其经营管理方式也与其他行业有显著的区别。它以订立保险合同、向社会公众吸收保险费的方式聚积保险资金,同时承担在投保人、被保险人因意外事故遭受财产损失、人身伤害,或者发生疾病、死亡等情况时,按照保险合同的约定,给投保人、被保险人或者受益人以经济补偿,帮助他们恢复生产、重建家园的责任。为了促进保险业

① 王凤垒:《金融犯罪研究》,中国检察出版社2008年版,第141页。

② 刘宪权:《金融犯罪刑法理论与实践》,北京大学出版社2008年版,第202页。

③ 在我国,保险公司受中国保监会的监督管理,保险公司的设立及其经营范围必须经保监会的审查和批准,任何单位和个人未经保监会的批准,设立保险公司的,就是“擅自设立保险公司”的行为。

的健康发展，维护正常的社会经济秩序，保险法对擅自设立保险公司或者非法从事商业保险活动应承担的法律责任都作出了规定。不过，尽管世界各国对于擅自设立保险公司的行为都视为是应予禁止的违法违规行为，但对此种行为的规制程度显然轻重有别，有的国家或地区对擅自设立保险公司的行为并不作出犯罪化的处理，例如德国《保险监督法》规定，如果保险机构决策层无法使合格的投资者对其进行有效监督，或其对营业者进行有效监督，或营业许可申请并未提供有关保险机构或经理或领导保险机构的资质进行足够评定，营业许可也将被拒绝授予。我国台湾地区保险法亦规定，保险业或外国保险业未经核准擅自设立分支机构，或成立任何其他方式的业务机构，或其他机构内附属保险作业等似是而非情形者，由"财政部"命令裁撤之，并依照有关法令规定议处。①由上述立法例可以看出，其所设定的法律责任承担方式均属行政责任的范畴，几乎没有刑事罚则方面的规定。而在我国，立法部门出于对保险业运行的从严调控和把关考虑，就将擅自设立保险公司视作是一种严重破坏保险活动管理秩序的危害行为，不仅规定了应当承担的行政责任，而且还规定了刑事责任。具体而言，《保险法》第 159 条规定："违反本法规定，擅自设立保险公司、保险资产管理公司或者非法经营商业保险业务的，由保险监督管理机构予以取缔，没收违法所得，并处违法所得 1 倍以上 5 倍以下的罚款；没有违法所得或者违法所得不足 20 万元的，处 20 万元以上 100 万元以下的罚款。"同时，《保险法》第 181 条亦规定："违反本法规定，构成犯罪的，依法追究刑事责任。"在此，所谓"构成犯罪的"，自然是指行为人擅自设立保险公司的行为构成了《刑法》第 174 条第 1 款所规定的擅自设立金融机构罪。由此亦可表明，从保险法和刑法中有关法条的相互参照和衔接来看，擅自设立金融机构罪可以说是擅自设立保险公司行为的上位犯罪，这也就意味着该罪名的存在正是后者得以犯罪化的立法根据所在。

我国法律从严规制擅自设立保险公司的行为，特别是对其作出了犯罪化的处理，这是值得称道的。正如有学者指出，擅自设立保险公司等金融机构，势必不利于保护依法成立的保险公司，会造成保险公司的不公平竞争，会严重损害成千上万被保险人或受益人的利益，可能会造成社会的动荡。因此政府对它的管理远比一般公司要严格，对擅自设立保险公司的行为惩处也就更为严厉，以此"防患于未然"。这样设立罪名专项惩治是必要的。②的确，擅自设立的保险公

---

① 邓成明：《中外保险法律制度比较研究》，知识产权出版社 2002 年版，第 130—135 页。

② 李加明：《保险犯罪的罪名适用》，《保险研究》1998 年第 7 期。

司显然属于非法的保险公司，此种非法保险公司往往是以合法保险公司的名义进行违规运作的，具有很大的迷惑性和欺骗性，很容易让保险中介机构和投保人上当受骗。因此，这是一种信息化条件下的新型保险违法犯罪形式，其不仅会扰乱市场秩序，严重败坏保险业的行业形象，也会严重侵害作为消费者的众多善意投保人和被保险人的利益，甚至会使得原本稳健的保险业引发系统性金融风险的可能性空前增大，从而带来保险活动异化的严重后果。由此可见，在保险活动领域，擅自设立保险公司行为的危害性的确不可低估，值得正视。

二、擅自设立保险机构犯罪的构成特征

根据《刑法》第174条第1款以及保险法之相关规定，擅自设立保险机构犯罪的构成特征主要体现为如下几个方面。

首先，该种犯罪的犯罪客体应当是保险机构的管理秩序。可以说，这一犯罪客体是同其上位犯罪即擅自设立金融机构罪的犯罪客体紧密关联和对应的。就擅自设立金融机构罪的犯罪客体而言，有的观点主张是国家的金融管理制度或金融秩序，这样的表述看似没有问题，但实际上却有过于宽泛和粗糙之嫌，不能从客体上揭示其与货币犯罪、票证犯罪等其他破坏金融管理秩序型犯罪的区别，也即不能凸显这类犯罪的特定性。虽然从同类客体的角度讲，将擅自设立金融机构罪的犯罪客体界定为国家的金融管理秩序似无不妥，但需注意，直接客体和同类客体是不同层面的概念，不可混淆。擅自设立金融机构罪作为一项具体个罪，当然也应关注其直接客体，一方面，制度作为行为规则，其落实便表现为形成一定的秩序，因而从内涵上讲二者从某种意义上说是一个事物在两个层面上的反映，而从外延上讲，金融机构的管理秩序可以包含于整个金融秩序这个大的范畴之内。另一方面，该罪表现为直接违反金融法律法规，破坏金融机构的管理秩序，特别是金融机构在设立方面的管理秩序，而对整个金融秩序的破坏是局部性的。①基于此，擅自设立金融机构罪的犯罪客体应被界定为金融机构的管理秩序，并且基于该罪的特点，其在刑法分则第三章破坏社会主义市场经济秩序犯罪中还被专门认为是危害金融机构设立管理秩序方面的犯罪。而如前述，经过立法修正，保险公司也被纳入金融机构的范畴，保险公司的设立亦须受到严格的管理和规范，即必须得到保监会的审批许可后方能得以设立。因此，保险机构的管理秩序当然是金融机构管理秩序的重要部分，并且擅自设

① 张军主编：《破坏金融管理秩序罪》，中国人民公安大学出版社2003年版，第133页。

立保险机构犯罪行为所侵害的保险机构管理秩序，实质上就是对保监会的专营审批许可职能的一种直接侵害。

其次，该种犯罪在客观方面表现为未经保监会批准，擅自设立保险机构的行为。其中，“擅自设立”即为该种犯罪在客观方面的核心行为要素，对此问题，笔者拟在下文中探讨该种犯罪的司法认定时再予详述。

再次，该种犯罪的犯罪主体是一般主体，既可以由自然人构成，也可以由单位构成。不过，在理解单位实施该种犯罪时需要注意，如果合法的保险机构擅自设立另一非法的保险机构时，同样可以成为该种犯罪的犯罪主体，因为设立任何金融机构，都必须经国家有关主管部门批准，其他任何机构，包括商业银行和其他金融机构都无此审批权，它们自己要设立新的金融机构，也都必须经国家有关主管部门批准，擅自设立金融机构，同样违反了金融机构设立的审批制度，扰乱正常的金融秩序，应依法对其追究刑事责任。①更何况合法的金融机构实施该种犯罪行为，更容易骗取公众的信任，对金融机构管理秩序的潜在威胁更大，因而亦具有严重的社会危害性。依据此理，即便是合法的保险机构，如果要设立新的保险机构，亦需经过保监会的严格审批方能为之，否则即为非法的擅自设立行为。

最后，该种犯罪在主观方面表现为直接故意，即行为人明知设立保险机构应当经过保监会批准，擅自设立属于违法的行为，亦明知自己是在私自设立保险机构而仍决意设立之。不过有学者认为，擅自设立金融机构罪的主观方面只能是故意，即明知设立金融机构应依法获得人民银行批准，明知擅自设立金融机构的行为会发生扰乱金融秩序的危害结果，希望或放任这种结果的发生。②此种观点认为该种犯罪的主观方面可以是间接故意。笔者并不同意这种观点，因为该种犯罪的罪过形式的评价对象是行为人对非法设立金融机构行为会破坏金融管理秩序的态度。③很显然，在擅自设立保险机构的场合，行为人明知设立保险机构须经保监会批准却故意不经批准而擅自设立，其对自己的行为后果是持积极追求的态度的，即希望设立非法保险机构，因而不存在放任态度的可能。另外，在该种犯罪的主观方面认定中，还有一个问题，即是否强调必须具有牟取非法利益这一目的要件。行为人实施该种犯罪，一般的确是出于非法利益的驱动而设立保险机构，进而为了牟取非法利益而从事非法保险活

---

① 王作富主编：《刑法分则实务研究(上)》，中国方正出版社2010年版，第384页。

② 张明楷：《刑法学》，法律出版社2003年版，第612页。

③ 刘宪权：《金融犯罪刑法理论与实践》，北京大学出版社2008年版，第211页。

动，但立法上对于该种犯罪的成立却并不以行为人具有上述目的为必备要件，因为对于行为人擅自设立保险机构的主观目的不能绝对化，擅自设立保险机构绝不是一件简单的事情，往往需要多人的分工与协作，这其中有些人可能是基于经济利益的考虑，但也不排除有的人出于哥们义气为他人擅自设立保险机构提供帮助，或者参与实施设立保险机构的行为，但并不想从中分赃。如果一定要按照牟取非法利益为必备要件的观点，那么上述两种情形就不能治罪，这显然是不利于打击擅自设立保险机构的犯罪活动的。[①]据此，法律不以牟取非法利益为犯罪构成的必要条件，对个别人出于其他动机，不以牟利为目的擅自设立保险机构的，或者是否具有牟利目的不易认定时，均不影响该种犯罪的成立。[②]考虑到擅自设立保险机构行为本身所具有的独立的社会危害性，将其犯罪化对于稳定保险市场十分重要，而且没有前面的擅自设立保险机构行为，就没有后面的从事非法保险活动谋取非法利益的行为，因此从源头上遏制此类保险领域的犯罪同样重要。更何况，此问题可能还涉及到擅自设立保险机构行为的犯罪类型的确定，愈显复杂，下文还将进行更为详细的阐述。

三、擅自设立保险机构犯罪的司法认定

在上文肯定擅自设立保险公司的行为可以构成犯罪的前提下，还须对该种犯罪在司法认定方面的一些疑难问题有所了解。概而言之，主要包括以下两方面内容：一是关于“擅自设立”的认定，二是关于擅自设立的保险机构之范围的界定。

（一）“擅自设立”的认定

所谓“擅自设立”，就是指未经合法批准而以商业银行或其他金融机构名义开展金融业务活动，亦即缺少国家专门机关的有效授权而成立。[③]的确，“擅自”一词在《现代汉语词典》中的解释为“对不在自己的职权范围以内的事情自作主张。”“擅自”一词用于刑法中，其原意没有太多变化。行为人明知自己的行为超出自己的职权范围，而希望某种结果的实现而自作主张实施某一行为，主观上具有故意，可谓刑法上的“擅自”。[④]就擅自设立保险公司而言，结合《刑法》第174条第1款的法条内涵来考察，实际上其擅自设立行为主要表现为两种形式：一是未向保监会提出申请而设立保险公司，二是虽然向保监会提出过申请，但

① 吴占英：《擅自设立金融机构罪研究》，《中南民族学院学报(人文社会科学版)》2001年第2期。
② 张惠芳：《擅自设立金融机构罪有关问题的探讨》，《北京人民警察学院学报》2000年第2期。
③ 张军主编：《破坏金融管理秩序罪》，中国人民公安大学出版社2003年版，第135页。
④ 刘宁生：《擅自设立金融机构罪研究》，《兰州商学院学报》2002年第3期。

在经审查未获批准的情况下而设立保险公司。①可以说，这两种情形的共同之处就在于都是以保险公司的正式设立作为擅自设立行为成立的标志，那么怎样来理解保险公司的正式设立呢？对此，《保险法》第68条规定："设立保险公司应当具备下列条件：(一)主要股东具有持续盈利能力，信誉良好，最近三年内无重大违法违规记录，净资产不低于人民币2亿元；(二)有符合本法和《中华人民共和国公司法》规定的章程；(三)有符合本法规定的注册资本；(四)有具备任职专业知识和业务工作经验的董事、监事和高级管理人员；(五)有健全的组织机构和管理制度；(六)有符合要求的营业场所和与经营业务有关的其他设施；(七)法律、行政法规和国务院保险监督管理机构规定的其他条件。"《保险法》第69条亦规定："设立保险公司，其注册资本的最低限额为人民币2亿元。国务院保险监督管理机构根据保险公司的业务范围、经营规模，可以调整其注册资本的最低限额，但不得低于本条第一款规定的限额。保险公司的注册资本必须为实缴货币资本。"可见，我国保险法对保险公司的设立设定了严格的审批条件，而且保监会在审查保险公司设立申请时，还需要充分考虑保险业的发展和公平竞争的需要。从上述两项法条可以看出，其所规定的所有内容正是保险公司得以设立的基本条件，而行为人的"擅自"行为就是在明知不符合上述基本条件的前提下自作主张地实施了设立保险公司的行为，也即在社会上公开以某种保险公司的名义宣告自身的存在，也为公众认可，并宣称可开展必要的保险业务等。②不过，上述这些基本条件都是关于设立保险公司的形式方面要件的规定，似乎并没有就保险公司是否能实际开展保险业务作出要求。然而，在对擅自设立保险公司的行为认定方面，有观点却认为只有实际设立了保险公司才应当受到处罚，而所谓实际设立，就是当擅自设立保险公司的行为实施完毕具备开业的条件时，才能作为设立行为的完成标志。如此认定的依据在于1994年中国人民银行印发的《金融机构管理规定》第15条明确规定了设立金融机构(包括保险公司)应经过筹建和开业两个阶段，开业是金融机构设立后

① 有观点还主张擅自设立行为还可表现为行为人持因为过期等原因无效的许可证而设立保险公司的情形。(参见邓宇琼、许成磊：《危害金融安全、利益和管理秩序犯罪司法适用》，法律出版社2005年版，第48页。)笔者认为，合法的保险公司虽然经过批准，但许可证失效之后，就无权再经营保险业务，如果其需要再开展保险业务活动，就得重新提出申请，只有在重新获得保监会批准后，才能继续认为是合法的保险公司。如果未获批准，仍以原保险公司的名义进行活动，应该认为属于"擅自设立"。但是，此种情形似乎与未向保监会提出申请而设立保险公司(行为人在许可证失效后应当重新申请但却没有提出申请)的情形并无二致，所以对该种情形没有必要列为擅自设立行为的一种单独表现形式，完全可以被"未向保监会提出申请而设立保险公司"内在地包容进去。

② 彭凤莲、郦毓贝：《破坏金融管理秩序罪认定与疑难问题解析》，中国人民公安大学出版社2009年版，第59页。

的最终结果。①显然，该观点是将擅自设立保险公司的行为视为一种结果犯，实际开展保险业务是该行为的犯罪结果。而且值得注意的是，行为人之所以擅自设立保险公司，往往实际开展的并非真实合法的保险业务，而是从事非法的保险活动，因此，这些非法保险活动可以说是擅自设立保险公司的后续犯罪行为，从此意义上说，擅自设立保险公司充其量只是后续犯罪行为的一种预备行为，为此有学者认为将这种预备行为专门规定为犯罪，明显存在刑法干预过度的问题，甚至主张随着我国加入 WTO 以后，随着保险市场的开放和保险业的市场化所带来的保险机构竞争性的增强，是否可以考虑取消擅自设立保险公司的罪名，而以相应的后续犯罪之预备犯处罚。②笔者认为，如上观点是有失偏颇的，首先，我国有具体的国情，而且我国保险业的开展状况与保险监管的法律体制都有自身特点，不宜盲目借鉴域外的做法。所以，我国将擅自设立保险公司的行为规定单独罪名，这恰恰说明了立法者坚持市场行为监管，对保险公司主体设立实行严格的审核，从而确保保险市场的有序化的立法意图，这与保险市场开放没有关系，也与加入 WTO 后不同保险机构的充分竞争没有关系。其次，擅自设立保险公司的行为应当是一种行为犯而非结果犯，也就是说，只要行为人未经保监会批准而实施了设立保险公司的行为，就可认定为“擅自设立”的成立，无须要求实际开展保险业务这一结果的出现，或者说实际开展保险业务并不一定作为擅自设立行为完成的标志。毕竟，擅自设立是一个复杂的行为过程，包括一系列的行为动作。因此，行为人实施一系列行为动作中的一种，就可以认定是着手实施擅自设立保险公司的行为，如行为人公开宣称保险公司存在，行为人伪造、变造批文，行为人为筹建保险公司选址、招募人员等。总之，行为人设立的保险公司不可能完全符合法律规定的条件(就是保险法所规定的基本形式条件)，所以对设立的保险公司只能作抽象的判断。③的确，由于擅自设立保险公司的行为本身类属于擅自设立金融机构罪的范畴，擅自设立金融机构罪从立法本意来考量，其擅自设立行为本身就对金融管理秩序造成现实的危险，即具有严重的社会危害性。有学者指出，根据《刑法》第 174 条第 1 款的规定，金融机构是否成立以及是否造成社会危害在罪状中均未予以体现，所以不符合结果犯的基本特征，即法定犯罪结果的发生在罪状中未予明示，因而该罪并不属于结果犯，而是较为典型的行为犯。④所以

① 薛瑞麟主编:《金融犯罪再研究》，中国政法大学出版社 2007 年版，第 71 页。

② 卢勤忠:《WTO 与我国保险刑法制度的改革》，《法商研究》2004 年第 2 期。

③ 刘宁生:《擅自设立金融机构罪研究》，《兰州商学院学报》2002 年第 3 期。

④ 黄晓亮、许成磊:《破坏金融管理秩序罪立案追诉标准与司法认定实务》，中国人民公安大学出版社 2010 年版，第 91 页。

说，擅自设立行为本身就可作为处罚犯罪的根据，至于设立的金融机构是否现实地运营则是量刑时应予考虑的问题，无碍于犯罪的成立。

既然肯定了擅自设立保险公司的行为属于行为犯，那么行为人为实现保险公司的设立这一目的所实施的一系列行为均应在"擅自设立"之列。由此衍生出以下问题，行为人成立保险公司筹备组织的行为是否属于如上所言的一系列行为的组成部分，即该行为是否属于擅自设立行为。有观点似乎认为，行为人成立保险公司筹备组织表明该保险公司的设立尚处于预谋阶段，行为人意图设立的保险公司并未实际成立。因为不同的单位和个人，出于不同的动机和目的，再加之客观条件所限，即使是设立同样性质的金融机构，其具体设立行为的多寡也是有所不同的，所设立的金融机构的完善程度会有所不同。因此，判断设立行为是否已经完成，不能不在构成要件范围之内考虑行为人的主观方面。[①]笔者认为，该观点否定成立保险公司筹备组织的行为属于擅自设立的实行行为是很牵强的，姑且不论其片面以行为人主观方面来考察设立行为的完成是否具有合理性，单就成立保险公司筹备组织这一行为本身的性质而言，其显然同前述《金融机构管理规定》中的筹建行为完全符合，而筹建行为既然是金融机构设立的必经阶段，就意味着它不是仅仅停留于预谋阶段了，而是着手进入到实质的设立行为过程之中。更何况，将保险公司的筹备组织作为擅自设立保险公司行为的行为对象亦有着充分的法定依据，例如1998年国务院发布的《非法金融机构和非法金融业务活动取缔办法》第3条第2款规定："非法金融机构的筹备组织，视为非法金融机构。"2001年最高人民法院、公安部发布的《关于经济犯罪案件追诉标准的规定》第21条规定："未经中国人民银行等国家有关主管部门批准，擅自设立金融机构，涉嫌下列情形之一的，应予追诉：(1)擅自设立商业银行、证券、期货、保险机构及其他金融机构的；(2)擅自设立商业银行、证券、期货、保险机构及其他金融机构筹备组织的。"可见，这些规定都将筹备组织的成立视为保险公司设立的标志之一。当然，亦有学者认为，在认定未经批准成立保险公司筹备组织是否构成犯罪时，不应当一概而论，而是应当看是否实际利用筹备组织对外开展相关的融资活动，如果没有实施相关融资活动，其对金融秩序的破坏并不急迫，从立法设立行为犯的合理性考虑，并没有作为犯罪处罚的必要。[②]笔者认为，该观点考虑到了成立筹备组织行为本身的特殊性，同时也正视了筹备组织与正式设立的保险公司之间的些许差别，所以对该观点即便不

---

① 王作富主编：《刑法分则实务研究(上)》，中国方正出版社2010年版，第386页。

② 薛瑞麟主编：《金融犯罪再研究》，中国政法大学出版社2007年版，第72页。

全部接受，也是应当有所考虑的。由此表明，如果将保险公司筹备组织的成立视作是擅自设立行为，就应当考虑到该种筹备组织对即将设立的保险公司及其可能开展的非法保险业务是否有直接的、密切的关联度，也即虽然筹备组织可能与正式设立的保险公司在外在特征方面存在差异，但其显然已经以从事保险业务的面目出现且产生了较大的影响，进而为大规模的保险活动做好准备，那么说明此种筹备组织在潜在的投保人一方看来，其已经同正式设立的保险公司具有相同的实质特征或功能，未经批准成立此种筹备组织的行为当然可被认为是设立行为这样一个持续的过程中的重要组成部分。当然，如果筹备组织尚未对即将设立的保险公司及其可能开展的非法保险业务产生实质影响，在筹备组织的成立行为完成与非法保险公司出现之间的间隔时间较长，也就意味着它们之间的关联度较弱，尚不可能对本罪之法益造成实质侵害，那么对此种情形下成立筹备组织的行为一般可不按照犯罪处理。

（二）擅自设立的保险机构之范围界定

从《刑法》第174条第1款的规定来看，在保险领域内擅自设立金融机构的行为固然主要是指保险公司的擅自设立，然而，有可能开展非法保险业务的主体仅限于保险公司吗？由此引申出这样一个问题，在保险领域内擅自设立金融机构的行为对象除了保险公司外，是否还包括其他相关保险机构。对此，具体又涉及两方面问题，一是未经保监会批准，保险机构擅自设立分支机构的行为应如何定性；二是保险经纪机构和保险代理机构是否可纳入擅自设立的保险机构范围。

首先，未经批准擅自设立保险公司的分支机构是否构成犯罪。实践中，有些金融机构（包括保险公司）为了拓展业务，不向主管机关申请擅自扩建营业网点，增设分支机构，或者虽向主管机关申报，但在主管机关没有批准前就擅自设立分支机构进行营业活动，这显然是带有非法性质的行为。不过，对于此种擅自设立分支机构的行为是否构成擅自设立金融机构罪，学界看法不一，大多观点认为这种行为仅是一种违法行为，不宜作为犯罪处理，理由在于此种行为与其他单位和个人擅自设立金融机构的行为毕竟是不同的。其一，商业银行或者其他金融机构因业务需要而设立的分支机构，都是按有关法律、法规规范其业务活动，并受设立机构的监管、控制，一般不是进行违法犯罪活动，对金融市场秩序的危害不大，性质未达到犯罪的程度。其二，商业银行或者其他金融机构对分支机构未经批准的程序规定，容易造成国家对金融机构宏观管理上的失控，破坏全国范围内设立金融机构的整体布局，影响金融政策的贯彻执行，具有违法性，是一种违法行为。①

① 张惠芳：《擅自设立金融机构罪有关问题的探讨》，《北京人民警察学院学报》2000年第2期。

应当说，该观点有一定道理，理由似乎也较为充分，不过，笔者对此却有着不同看法，须知，擅自设立金融机构的犯罪行为主要破坏的是金融管理秩序，尤其是对国家的金融专营审批许可制度造成侵害，而分支机构与金融机构本身虽然存在差异，但擅自设立的分支机构与金融机构本身在实际经营业务中的作用是一致的，这也就意味着金融机构分支机构的设立在对金融专营审批许可制度的实际侵害性上与设立金融机构本身并无二致，其同样是逃避了国家对金融机构的监管。而且，行为人以设立分支机构的名义去实施相关行为，更容易骗取公众信任，对金融秩序的潜在威胁反而更大，因而亦具有严重的社会危害性。基于此，判断其是否能犯本罪，除了要看是否经国家主管部门批准外，还应当从社会危害性的程度这一犯罪的重要特征来进行衡量。①况且，在保险领域内，对擅自设立保险公司的分支机构行为作为犯罪处理也是有着法律依据的。《保险法》第 74 条规定："保险公司在中华人民共和国境内设立分支机构，应当经保险监督管理机构批准。"同时，中国保监会于 2009 年颁布实施的《保险公司管理规定》第 3 条第 3 款明确规定："本规定所称保险机构，是指保险公司及其分支机构。"其第 69 条亦规定："保险机构或者其从业人员违反本规定，由中国保监会依照法律、行政法规进行处罚；法律、行政法规没有规定的，由中国保监会责令改正，给予警告，对有违法所得的处以违法所得 1 倍以上 3 倍以下罚款，但最高不得超过 3 万元，对没有违法所得的处以 1 万元以下罚款；涉嫌犯罪的，依法移交司法机关追究其刑事责任。"很显然，该规定中包含了刑事处罚方面的内容。此外，在 1994 年中国人民银行印发的《金融机构管理规定》第 3 条中早已明确金融机构即包含保险公司及其分支机构，可见该规定是将保险公司和其分支机构视作一体的。②据此，笔者认为，对擅自设立保险公司分支机构的行为不以犯罪处理的论断是于理不符的。的确，保险公司分支机构的非法设立在客观上也具有危害性，因为这些分支机构同样可以具体从事保险业务，那么非法的保险业务自然也可以囊括在内。随着近年来保险业的蓬勃发展，保险服务所面向的社会大众日益广泛，所以有些保险公司开始大量设立分支机构，其数量超出正常速度迅速增长。保险公司的分支机构虽无法人资格，却在保险市场上发挥了主力军的作用，然而，不可忽视的是，虽然我国保险公司监管的法律已经呈现出系统化、多元化的特点，但数量庞大、作用突出的保险公司分支机构却因为漠视

① 王凤垒：《金融犯罪研究》，中国检察出版社 2008 年版，第 154 页。

② 《金融机构管理规定》第 3 条第 2 款规定："本规定所称金融机构是指下列在境内依法定程序设立、经营金融业务的机构：……(二)保险公司及其分支机构、保险经纪人公司、保险代理人公司……"

化的态度、从属性的地位，使得对其监管难免具有位阶低、笼统化、不成体系等弱点，如此一来，保险公司分支机构在经营过程中放任自流，甚至为所欲为，违反法律规定损害投保人、被保险人利益时，却因其特殊的法律地位（因无独立的法人资格）逃避相应惩罚，甚至依然可以通过保险公司的资金帮扶、保费的滥挪滥用等来继续支撑其非法经营活动。另一方面，当保险公司在经营恶劣、违反法律规定从事保险业务时，往往会通过擅自设立分支机构的方式来实现转移经营风险、谋取不法利益的目的，显然这种严重扰乱正常保险市场秩序的行为具有极大的隐蔽性和迷惑性。可以说，设立保险公司分支机构，对于保险公司业务的开展至关重要，也会对保险市场产生巨大影响。既然法律法规对于保险公司分支机构的设立也有着较为严格的要求，那么相应地对擅自设立保险公司分支机构行为的惩罚力度亦应强化，但是，纵观整个保险法律体系，对于擅自设立保险公司分支机构的惩罚措施似乎还是有所缺位的，仅仅是《保险法》第 168 条规定："未经批准设立分支机构或者变更组织形式的，由保险监督管理机构责令改正，处 1 万元以上 5 万元以下的罚款。"如此惩罚力度对擅自设立保险公司分支机构行为的监管效果是极其有限的，违法成本的低廉也会变相地促使保险公司大量非法设立分支机构，进而非法经营保险业务谋取不法利益。因此，将擅自设立保险公司分支机构的行为也予以犯罪化，不失为加强惩罚力度、实现有效监管的理想途径。

其次，关于保险经纪机构和保险代理机构，笔者认为它们也应当属于擅自设立的保险机构的范围，因为《金融机构管理规定》第 3 条在界定金融机构范围时，是将保险经纪人公司和保险代理人公司囊括进来的，显然其是承认这两类机构属于金融机构的范畴。此外，《保险法》第 160 条规定："违反本法规定，擅自设立保险专业代理机构、保险经纪人，或者未取得经营保险代理业务许可证、保险经纪业务许可证从事保险代理业务、保险经纪业务的，由保险监督管理机构予以取缔，没收违法所得，并处违法所得 1 倍以上 5 倍以下的罚款；没有违法所得或者违法所得不足 5 万元的，处 5 万元以上 30 万元以下的罚款。"同时，《保险法》第 181 条亦规定："违反本法规定，构成犯罪的，依法追究刑事责任。"2009 年中国保监会颁布实施的《保险经纪机构管理规定》第 2 条第 2 款规定："在中华人民共和国境内设立保险经纪机构，应当符合中国保险监督管理委员会（以下简称中国保监会）规定的资格条件，取得经营保险经纪业务许可证（以下简称许可证）。"同时，其第 70 条规定："未经批准，擅自设立保险经纪公司或者未取得许可证，非法从事保险经纪业务的，由中国保监会予以取缔，没收违法所得，并处违法所得 1 倍以上 5 倍以下罚款；没有违法所得或者违法所得不足 5

万元的，处5万元以上30万元以下罚款。”第90条第2款亦规定：“违反本规定，涉嫌构成犯罪的，中国保监会应当向司法机关举报或者移送。”2004年中国保监会颁布实施的《保险代理机构管理规定》第2条第1款规定：“在中华人民共和国境内设立保险代理机构及其分支机构，应当经中国保险监督管理委员会（以下简称中国保监会）批准。”同时，其第122条亦规定：“未取得许可证，非法从事保险代理业务的，由中国保监会予以取缔；构成犯罪的，依法追究刑事责任；尚不构成犯罪的，由中国保监会没收违法所得，并处违法所得1倍以上5倍以下罚款，没有违法所得或者违法所得不足10万元的，处以10万元以上50万元以下罚款。”可以说，上述法律法规对擅自设立保险经纪机构和保险代理机构的行为作出了细化和严格的规定，特别是其中有关于刑事责任方面的条款，足以表明将擅自设立保险经纪机构和保险代理机构的行为以犯罪处理是有着充分的法律依据的。况且，在《刑法》第174条第1款的法条中，除了明确列举的六种金融机构外，还有“或者其他金融机构的”这一具有兜底性质的规定，而所谓其他金融机构所涉范围极广，如果说保险经纪机构和保险代理机构就其业务特点和运作方式等来说与保险公司差别较大，亦不属于保险公司的分支机构的话，那么完全可以被其他金融机构所涵盖，这也是同《金融机构管理规定》第3条规定相互印证与吻合的。

综上所述，对于擅自设立的保险机构的范围应作宽泛的理解和把握，即擅自设立保险机构的行为对象不仅局限于保险公司，还应包括各种分支机构以及保险经纪机构和保险代理机构，如此界定才是较为全面和周延的，从而也更加有利于有效规制各种擅自设立保险机构的犯罪行为以及与之相关的后续从事非法保险活动的犯罪行为。

第二节　伪造、变造、转让保险机构经营许可证、批准文件犯罪

一、伪造、变造、转让保险机构经营许可证、批准文件犯罪的刑事立法

《刑法》第174条第2款规定：“伪造、变造、转让商业银行、证券交易所、期货交易所、证券公司、期货经纪公司、保险公司或者其他金融机构的经营许可证或者批准文件的，依照前款的规定处罚。”该法条是关于伪造、变造、转让金融机

构经营许可证、批准文件罪的规定。保险机构是属于金融机构的组成部分，而且该法条中亦包括了保险公司，所以，在保险领域中，也会出现伪造、变造、转让保险机构经营许可证、批准文件的犯罪行为。保险机构的经营许可证或批准文件就是保监会审查批准的经营保险业务及其经营范围的证明文件，这些证明文件均由中国保监会统一设计、印刷、颁发、扣缴、注销或吊销，其他任何单位和个人均不得对这些证明文件实施上述行为。①之所以对金融机构(保险机构当然也包括在内)的经营许可证或批准文件如此严格管理，乃是因为从事金融业务应当具备资金、从业人员素质等多方面的法定要求，毕竟金融业务会直接影响到国家的金融秩序、经济秩序和经济安全，国家对金融业务的监管首先表现为对从事金融业务的机构颁发法定的许可证、件，银行或其他金融机构在获取法定的许可证、件后，凭该许可证、件向工商管理部门办理登记，领取营业执照。法定的许可证、件是国家对金融机构进行监督管理的一种手段，是管理制度的一个重要部分。②所以，伪造、变造、转让许可证、件的行为显然会破坏国家对金融机构在设立上的监督和管理，还可能导致擅自设立金融机构、诈骗、非法经营等其他犯罪行为，侵害国家对金融机构的管理制度，所以应当受到刑罚的制裁。

在保险领域，伪造、变造、转让保险机构经营许可证、批准文件的行为也会直接带来严重的危害，因为其有可能导致未经批准的保险机构或无权经营的单位和个人非法开展保险业务，从而破坏国家对保险业的监督管理制度，威胁保险业的稳定发展，同时这种行为还具有极强的伪装性，因为行为人正是利用具有瑕疵的经营许可证和批准文件，进而通过表面合法而实质非法的保险机构的运作来与投保人一方开展保险活动的，然而，其结果必然会间接、变相地侵害到投保人一方的利益。有鉴于此，对这种情节严重的行为当然有作出犯罪化处理的必要。具体而言，《保险法》第 170 条规定："违反本法规定，转让、出租、出借业务许可证的，由保险监督管理机构处 1 万元以上 10 万元以下的罚款；情节严重的，责令停业整顿或者吊销业务许可证。"同时，《保险法》第 181 条亦规定："违反本法规定，构成犯罪的，依法追究刑事责任。"这里"构成犯罪的"亦指该种行为构成了《刑法》第 174 条第 2 款的伪造、变造、转让金融机构经营许可证、批准文件罪，该罪名由此也成为伪造、变造、转让保险机构经营许可证、批准文件行为的上位犯罪。

---

① 林荫茂、陆爱勤：《保险违约与保险犯罪》，中国检察出版社 2002 年版，第 197 页。

② 邓宇琼、许成磊：《危害金融安全、利益和管理秩序犯罪司法适用》，法律出版社 2005 年版，第 56 页。

二、伪造、变造、转让保险机构经营许可证、批准文件犯罪的构成特征

根据《刑法》第 174 条第 2 款以及保险法之相关规定，伪造、变造、转让保险机构经营许可证、批准文件犯罪的构成特征主要体现为如下几个方面。

首先，该种犯罪的犯罪客体亦是保险机构的管理秩序。一方面，该种犯罪既然与擅自设立保险机构犯罪被规定于同一法条之内，就说明此二者在犯罪构成要件上具有高度的关联性和包容性，尤其在犯罪客体方面两者应当是相一致的。另一方面，界定该种犯罪的犯罪客体同样不能忽视对其上位犯罪即伪造、变造、转让金融机构经营许可证、批准文件罪的犯罪客体的考察，因为国家之所以对金融机构经营许可证和批准文件的管理如此严格，就在于这种许可证或批准文件的特殊作用，即能够证明金融机构经营金融业务的合法性。对金融机构经营许可证和批准文件的管理，体现了国家对金融机构的监督管理的强制性，这是健全金融制度，维护金融秩序，防范金融风险的需要。①在保险领域同样如此，须知，保险机构的经营许可证、批准文件正是中国保监会印制或批准的，以其证明、监督保险机构合法经营的凭证，因此，保险机构的经营许可证、批准文件对于维护正常的保险经营秩序有着重要的意义。尤其在目前我国的保险市场仍属于起步和拓展阶段，其组织体系尚不完善的背景下，更应该严格对保险机构的审批和管理，而正如前述，法定的许可证、件就是国家对包括保险机构在内的金融机构从严监督管理的必需手段和必要保证。所以，对于伪造、变造、转让保险机构经营许可证、批准文件的行为，不能简单地视作仅仅是对这些许可证和批准文件管理制度的破坏，而其实质上等于是破坏了国家对保险机构的整体管理秩序，也就是说，此种行为不仅侵犯了国家对保险机构的设立管理秩序，更由于这种危害行为为从事非法保险业务提供了便利，所以同时破坏了国家对保险机构监管制度的其他方面。②据此，把内涵广泛的保险机构管理秩序作为该种犯罪的犯罪客体是非常准确的。

其次，该种犯罪在客观方面就表现为违反保险管理法规，伪造、变造、转让保险机构经营许可证或批准文件的行为，这亦是认定该种犯罪的构成特征方面所需重点了解的问题。

---

① 黄晓亮、许成磊：《破坏金融管理秩序罪立案追诉标准与司法认定实务》，中国人民公安大学出版社 2010 年版，第 95 页。

② 王凤垒：《金融犯罪研究》，中国检察出版社 2008 年版，第 171—172 页。

所谓伪造是指无权制作的单位或个人,依照颁证机关即中国保监会统一制造的《保险机构法人许可证》和《经营保险业务许可证》的式样,包括形态、色彩、内容、格式等特征,非法制作假的《保险机构法人许可证》和《经营金融业务许可证》之行为。行为的结果是假的许可证。既然是假的,就并不要求与真正的经营保险业务许可证完全一致。只要冠之以此种证件的名称,足以达到以假乱真、蒙蔽他人的目的即可,也就是说,伪造行为是行为人以欺骗为意图,制作内容虚假的保险机构经营许可证和批准文件,且其所制作出来的虚假证、件足以使一般人误以为真实许可证、批准文件的行为。①至于伪造的方式,则可以多种多样,有的是依照印刷,有的是予以复印,有的是用石印、影印、木印、胶印等方法加以复制,有的则是通过手工描绘,无论采用何种方式,只要是依照真的,制造出来了假的保险机构经营许可证,即可构成该种犯罪。

所谓变造是指行为人采取剪裁、挖补、拼凑、涂改、覆盖、揭层等方法对真的《保险机构法人许可证》和《经营保险业务许可证》加以改造处理,从而使其内容加以改变的行为,如变更经营单位的名称与地址、经营业务的范围、批准的日期、批准单位、批准字号等等。变造与伪造不同,其是将真的保险机构经营许可证改变其内容而变为假的之行为,其式样、形状等总还有属于真的,只不过是其内容已发生变化,其或多或少含有原来证件的基本成分。而伪造则是将无变成有,即无论是证件的形式还是内容均是假的,其根本不含有真的成分。

所谓转让是指行为人将自己或他人拥有的保险机构经营许可证或批准文件转交给别的单位或个人使用的行为。由于保险机构经营许可证或批准文件与其主体不可分离,否则就失去了颁发特定的许可证、件的意义,所以,这些许可证、件具有不可转让性,即合法主体不能转让对它的所有关系,也不能转让对它的使用关系。②转让行为必然引起经营许可证或批准文件上记载的、特许的保险机构不再持有该许可证或批准文件,造成非法受让人非法持有许可证或批准文件和非法从事保险业务的机会,破坏了保险业的经营许可制度。③转让既包括通过出售、出租等有偿的方式转让,亦包括以出借、赠与等无偿的方式转让;既可永久地交给他人使用,也可以暂时地在一定的时间内交与他人使用;交与的证件既可以是真的,亦可以是伪造或变造等假的;转交的证件既可以是自己的,也可以是通过购买、出租等方式获得的;转交的对象,既可以是金融机构,也可

---

① 谢望原主编:《伪造、变造犯罪研究》,中国人民公安大学出版社 2010 年版,第 81 页。

② 邓宇琼、许成磊:《危害金融安全、利益和管理秩序犯罪司法适用》,法律出版社 2005 年版,第 58 页。

③ 林荫茂、陆爱勤:《保险违约与保险犯罪》,中国检察出版社 2002 年版,第 197 页。

以是非金融机构，既包括单位，亦包括个人。总之，上述交付行为的方式、时间、对象等等均不会影响转让行为的性质之成立，其都无一例外地破坏了国家对保险机构的管理秩序。

再次，该种犯罪的犯罪主体是一般主体，既可以由自然人构成，也可以由单位构成。由于该种犯罪包括伪造、变造、转让保险机构经营许可证或批准文件三种犯罪行为，而三种犯罪行为的特征不同，所以有观点就认为从事这三种行为的主体在司法实践中也会表现得有所不同。一般而言，对于伪造、变造保险机构经营许可证或批准文件的行为，任何单位和个人都可以实施，尽管这两种行为一般是个人行为，单位相对较少，但也不能否认客观上有单位实施伪造、变造行为的可能，因此，伪造、变造行为的主体是一般主体当无异议。但是对于转让保险机构经营许可证或批准文件的行为，有学者却主张，只能由合法取得经营许可证或批准文件的个人或单位才能实施，其他人不可能实施。所以，转让行为的主体应该是特殊主体。毕竟，保险机构的经营许可证是国家允许特定主体经营保险业务的法律凭证，对于该特定主体来讲，它对该许可证享有法律规定的专有权利。转让保险机构的经营许可证，实质是转让许可证专有权。只有具有保险机构经营许可证专有权，才具备转让保险机构经营许可证专有权的条件。换言之，转让保险机构经营许可证专有权以行为人合法拥有保险机构经营许可证专有权为前提。因此，《刑法》第 174 条第 2 款中的“转让”保险机构经营许可证应当是指保险机构经营许可证专有权人将自己合法拥有的保险机构经营许可证专有权利让与他人享有。转让保险机构经营许可证是保险机构经营许可证专有权人滥用保险机构经营许可证专有权利的行为，侵犯了保险机构经营许可证使用管理制度。《刑法》第 174 条第 2 款将转让保险机构经营许可证的行为规定为犯罪，就是为了打击保险机构经营许可证专有权人滥用保险机构经营许可证专有权利的行为。非保险机构经营许可证权利人由于对保险机构经营许可证无专有权利可言，所以不具备《刑法》第 174 条第 2 款所指的“转让”的前提条件，自然就不可能实施转让保险机构经营许可证专有权的行为，不可能成为转让保险机构的经营许可证犯罪的主体。同理，转让保险机构的批准文件的行为也只能由合法取得批准文件者实施。①基于该观点，一般认为，能够拥有保险机构经营许可证专有权以及能够取得保险机构的批准文件的主体就是保险机构及其工作人员，因此也似乎只有这类主体才能够实施此种转让行为了，所以，保险机构及其工作人员由于有着特定的身份要求，被认定为特殊主体

① 闫爱青等:《经济犯罪研究》，中国民主法制出版社 2007 年版，第 410—411 页。

较为妥当。然而，对此笔者却有着不同看法，能够实施转让行为的难道真的只有保险机构及其工作人员吗？实际上，一方面《刑法》第174条第2款并没有对该种犯罪的主体作出任何限制，因此认为其主体必须是保险机构及其工作人员缺乏法律依据。另一方面，虽然不可否认在通常情况下，只有保险机构及其工作人员才可能拥有真正的经营许可证或批准文件，并有条件转让它们。但是，从《刑法》第174条第2款的立法意图看，其不仅在于防止许可证、批准文件的所有人滥用处分权，而且还在于防止许可证、批准文件被非所有人滥用。①这就意味着不能排除在一些特殊情况下，有的行为人将自己以拾得的方式持有的保险机构经营许可证、批准文件转让给他人，抑或有的行为人以盗窃、抢夺等非法手段获取的保险机构经营许可证、批准文件转让给他人，这些转让的情形同样可以构成该种犯罪，因为这些转让行为同样具有危害性，同样会危害保险机构管理秩序和信用安全，其和合法持有许可证、批准文件的行为一样，应当受到刑法的规制。②所以，如果把转让行为的主体限于特殊主体，则不利于全面追究伪造、变造、转让保险机构经营许可证、批准文件的犯罪行为。

最后，该种犯罪在主观方面是故意，即行为人明知伪造、变造、转让保险机构经营许可证或批准文件是违法的，而故意予以伪造、变造、转让。至于行为人实施该种犯罪的动机则是多种多样的，有的是出于出卖的动机而伪造、变造保险机构经营许可证或批准文件，有的是为了本单位或本人使用而伪造、变造保险机构经营许可证或批准文件，有的是出于朋友之情将保险机构经营许可证或批准文件转让给他人使用，有的则是为了从使用者手中获取好处而转让保险机构经营许可证或批准文件。但不论行为人的动机如何，均不影响该种犯罪的成立。③不过，对于该种犯罪的故意形式却稍有争议，有学者即认为，对于伪造、变造的行为中行为人的罪过只能是直接故意比较容易理解，但对于转让行为中行为人所持的心理态度不无疑问，假如行为人向他人借出保险机构经营许可证或批准文件，但对他人的借入意图并不清楚，也就是对他人借走该经营许可证或批准文件后是否一定为了从事非法保险活动并不清楚，在有些情形中，其只是基于情感，对借入者急于自行取出借走经营许可证或批准文件的行为未加制止，表现出听之任之的态度。显然，在此行为中，借出人的认知因素是清楚的，明白借出经营许可证或批准文件的违法性质，但在意志因素中，行为人显然是

① 李永升主编：《金融犯罪研究》，中国检察出版社2010年版，第146页。
② 谢望原主编：《伪造、变造犯罪研究》，中国人民公安大学出版社2010年版，第87页。
③ 李永升主编：《金融犯罪研究》，中国检察出版社2010年版，第147页。

对借入人的“自行取出借走”行为采取了未加制止的听之任之的心理态度，这显然属于间接故意。①但有观点则对之予以了反驳，即认为其显然没有弄清该种犯罪主观方面的认识内容，将犯罪的行为后果作为本罪的构成要件结果来看待了。实质上，行为人只要明知自己的行为性质并予以实施即为直接故意，更何况其应当知道转让行为一经实施即产生现实的社会危害性，因此如果行为人以其对行为后果不予追求为由进行抗辩是不能成立的。②对比而言，笔者也赞同后一观点，即该种犯罪的主观罪过的确应当仅仅为直接故意，因为行为人一般都会认识到自己伪造、变造、转让保险机构经营许可证、批准文件必然用于或可能“使用”这种会发生危害公共信用和保险机构管理秩序危害结果的用途，而不是用于自己留存等用途，这也就意味着行为人的伪造、变造、转让行为尤其是其实施转让行为时的主观目的就在于为从事非法保险活动创造条件，可以说，该行为正是作为非法保险活动的特定准备条件行为，也唯有如此，才可能实际地造成保险业务经营许可制度的侵害。③此外，一般而言，行为人也会认识到自己转让保险机构经营许可证、批准文件的行为会侵害保险机构管理秩序，但是由于该客体是理论上的高度概括和抽象，行为人无须准确认识这一客体，只需认识到会发生与该客体相关的危害性以及自身行为与此危害结果之间的因果关系即可。④当行为人在具有上述认识的前提下，仍然决意实施转让行为，说明其有希望或追求他人从事非法保险活动之危害结果发生的心理态度，足以表现其主观恶性，因此，对此种行为的主观方面只宜认定为直接故意而非间接故意。

三、伪造、变造、转让保险机构经营许可证、批准文件犯罪的司法认定

（一）伪造、变造、转让保险机构经营许可证、批准文件犯罪属于选择性罪名

选择性罪名，即指所包含的犯罪构成的具体内容复杂，反映出多种行为类型，既可以概括使用，也可以分解拆开使用的罪名。⑤选择性罪名的重要特征在于罪名中供选择的部分一般为同类或同性质，从而结合为选择性罪名，适用同一法定刑，却不实行数罪并罚。由于犯罪的社会危害性就是犯罪构成的实质根据，那么可选择适用的多种行为具有的社会危害性基本相同，或者可选择适用

---

① 王凤垒：《金融犯罪研究》，中国检察出版社2008年版，第176—177页。

② 张军主编：《破坏金融管理秩序罪》，中国人民公安大学出版社2003年版，第152页。

③ 薛瑞麟主编：《金融犯罪再研究》，中国政法大学出版社2007年版，第87页。

④ 谢望原主编：《伪造、变造犯罪研究》，中国人民公安大学出版社2010年版，第88页。

⑤ 张明楷：《刑法学》，法律出版社2003年版，第513页。

的多种对象、手段或主体所反映的社会危害性基本相同，就没有必要将多种行为、多种对象、多种手段或多种主体分别确定为不同的罪名，将之确定为一个选择性罪名，既能体现其相同的社会危害性，又能适用同一法定刑。准确地说，确定选择性罪名的最终根据是犯罪构成中可选择适用的部分（行为、对象、手段、主体）导致或反映的社会危害性基本相同。[①]从立法技术的角度而言，选择性罪名自然有其优点，既可以包括几种具体犯罪，又有一定概括性，可以避免具体罪名的繁杂。[②]当然，在此需要重点关注的是行为选择型的选择性罪名，其主要特点是罪名中包含的各种行为虽然具体表现方式不一，因而看起来可分别构成独立的罪名，但由于这些行为间存在着相互交织的关系，其性质没有太多差异，因此最终其各自触犯的罪名之间形成的相互关系可概括为名异而实同。这些行为之所以虽各自独立但性质相同，是因为行为与行为间表现出了如下事实上的内在联系：(1)它们可能彼此存在于一个犯罪的发展过程中，既可以先后实施，也可以同时实施，且互不排斥；(2)它们可能是为了达到某种犯罪目的所可能采取的行为方式，且这些行为方式在同一案件中交织在一起，可能同时实施。若同时实施不同的行为方式，则无论实施哪一种行为，其犯罪目的都是一致的；(3)它们可能具有对象属性的一致关系，也即在有些选择性罪名中，行为有若干种，对象也有若干个，但这些犯罪对象的性质、属性趋于一致，仅有个别细节方面的差异。[③]正是由于行为选择型的选择性罪名中的各个行为间具有上述内在联系，刑法才将其规定在一个法条中作为一项罪名，若不具备这些特征，则不能成就选择性罪名。

那么再来对照伪造、变造、转让保险机构经营许可证、批准文件犯罪，其应该也属于此种行为选择型的选择性罪名，在确定罪名时，应根据行为人所实施的行为特征进行选择，例如仅实施伪造保险机构经营许可证、批准文件的，应认定为伪造保险机构经营许可证、批准文件犯罪，如果实施两个或全部三个行为的，也只构成一罪而不按数罪实行并罚。不过，也许有人会对此提出疑问，即主张认定伪造、变造行为属于性质相同的行为的确没有问题，但转让行为却不一定和前两种行为的性质相同，理由是不论伪造还是变造，其行为之核心都在于“造”，即无中生有或有中生无，从而使所谓的保险机构经营许可证或批准文件本身虚假而不具备真实有效性。而在转让行为中，行为人所拥有的是本身合法

---

① 黄京平、彭辅顺：《论选择性罪名》，《山东公安专科学校学报》2004 年第 2 期。

② 贾宇主编：《刑法原理与实务》，中国政法大学出版社 2007 年版，第 199 页。

③ 蒋兰香：《论选择性罪名》，《河南省政法管理干部学院学报》2001 年第 1 期。

有效的保险机构经营许可证或批准文件，因此，它们针对的犯罪对象就有所不同。此外，伪造或变造行为基本上都是行为人本人直接利用伪造或变造的成果进行后续的非法活动，而转让行为之非法性在于转让本身，至于利用该真实有效的保险机构经营许可证或批准文件从事以后的非法保险活动则是受转让人所为，并非转让的行为人。如此看来，转让行为本身有独特性，似乎与前两种行为有着较大差异，而且它们没有什么内在的联系，这样一来，转让行为不应该与伪造、变造行为一起构成选择性罪名，而应对其独立成罪，实行数罪并罚。与之类似的情况是在假币犯罪方面，同样具有了伪造、变造或转让(亦可理解为买卖或使用等)的行为，却都是独立成罪的行为方式，这表明假币犯罪具有被细化的现实性需要。①那么像伪造、变造或转让金融机构许可证、件的行为却被并列规定在一项罪名中，似乎有于理不符之处。对于此种疑惑，笔者持有不同看法，因为正如有学者所言，从立法的技术层面来看，我国立法机关为了贯彻条文的简约性原则，一个重要举措就是对罪状进行高度提炼，而经过高度概括的罪状，要想从中再提炼出既能准确表达犯罪本质内涵、又能让大家都能接受的罪名，的确是很难的，在别无选择的情况下，采取选择性罪名的方式或许是最佳的选择。《刑法》第174条第2款规定的伪造、变造、转让金融机构经营许可证、批准文件罪就是在这种情形下被“逼”出来的罪名。该种犯罪之所以不能像假币犯罪那样被细化到各行为都需独立成罪的程度，主要理由在于：(1)此种犯罪数量少、概率低，分别追究的意义不是很大；(2)围绕着金融许可证、件的各项行为具有同质或相近的特点，作为并列的选项是可行的；(3)对此种犯罪作细化处置容易同其他罪名如伪造公文、证件、印章罪等形成法条竞合的关系，独立追究的意义也就被弱化了。②这样的理由是很充分且有说服力的。而且，在该种犯罪中，转让行为其实和伪造、变造行为只是表现方式的不同，却并非没有任何的内在联系，它们的性质也应该是基本相同的，因为不能排除在保险活动领域中存在有的行为人先实施了伪造、变造保险机构经营许可证或批准文件的行为后再将其转让给他人使用的情形，那么显然在此情形中，行为之间的内在联系是十分紧密的，而且不妨视作它们是存在于一个犯罪的发展过程之中的，其中任何一种行为的实施，就足以体现整个犯罪行为的社会危害性以及刑事当罚性。另外，即便伪造、变造行为与转让行为分别实施，看似各自保持了独立性，但尽管其各

---

① 关于涉及假币方面的犯罪，主要有以下几项：《刑法》第170条和《刑法》第171条的伪造货币罪；《刑法》第171条的出售、购买、运输假币罪和金融工作人员购买假币、以假币换取货币罪；《刑法》第172条的持有、使用假币罪；《刑法》第173条的变造货币罪。

② 张光宇：《窘境与突围：选择性罪名的命运》，《福建警察学院学报》2008年第1期。

自针对的犯罪对象稍有差别，然而仅凭此一点尚不足以否定这三种行为在性质上的趋同，即不论保险机构经营许可证或批准文件自身的真实有效性状况如何，其都是能被提供用以帮助后续的非法保险活动实施的工具，并且一般而言，行为人之所以会实施这三种行为或其中任意一种行为，最终追求的目的无非就是从事非法保险活动，只是实现该犯罪目的的具体方式各有不同而已。更何况，不论行为人实施何种行为，最终在对保险机构管理秩序的破坏上却是并无二致的，由此也表明了这三种行为所体现的社会危害性是基本相同的。那么，对照前述行为选择型的选择性罪名的特点，该种犯罪显然与之高度相符，至于其中所谓的针对的犯罪对象上的差别，那也仅属于如前所言的个别细节上的差异，不影响行为整体性质上的认定。基于此，不可否认该种犯罪属于选择性罪名。

（二）伪造、变造、转让保险机构经营许可证、批准文件犯罪与擅自设立保险机构犯罪的关系

从《刑法》第 174 条第 2 款中“依照前款的规定处罚”的表述可知，实际上伪造、变造、转让保险机构经营许可证、批准文件犯罪与擅自设立保险机构犯罪的关联极为紧密，而且往往交织在一起。有学者认为，在这种情况下行为人实施了几个行为，触犯了几个罪名，但各行为之间均存在着手段与目的的关系即伪造、变造、转让保险机构经营许可证、批准文件罪是擅自设立保险机构的预备行为，对于这种情况，应按吸收犯处理，以实行行为吸收预备行为或重行为吸收轻行为，不实行并罚。[①]对这种情况不实行并罚而以一罪论处当然是正确的，不过其理由是按照吸收犯来作为处理原则还值得商榷，经过仔细分析，笔者认为，其实此种情况更应该符合牵连犯的情形。

吸收犯和牵连犯确实较为相似且易于混淆，因为吸收犯与牵连犯都由数个符合犯罪构成的危害行为构成，并且数行为间都具有一定的依附关系。但是，吸收犯数行为之间存在的是吸收关系，而牵连犯数行为之间存在的是牵连关系，吸收关系和牵连关系有着不同的性质和内容，这两种行为间依附关系的不同是吸收犯与牵连犯相区别的根本所在。[②]成立吸收犯所必需的吸收关系，是以非独立性之罪依附于独立性之罪为表象，以数个犯罪行为所符合的种类不同，但基本性质一致的犯罪构成之间固有的特定联系（即依附与被依附关系）为基本成因，其形成机制，以刑事法律规定的犯罪构成之间的特定关联性为条件。

① 王作富主编：《刑法分则实务研究（上）》，中国方正出版社 2010 年版，第 388 页。
② 孟庆华：《犯罪构成适用重点疑点难点问题判解研究》，人民法院出版社 2006 年版，第 745 页。

而成立牵连犯所必需的牵连关系，是以牵连意图为主观形式，以因果关系为客观内容所构成的数个相对独立的犯罪的有机统一作为形成根据的，其形成机制，并不以刑事法律规定的犯罪构成之间的特定关联性为条件。[①]申言之，吸收关系是以刑事法律规定的犯罪构成之间的特定关联性和行为之间逻辑上的发展和伴随关系而形成的。也就是说，从法律性质上或大众的一般认识上来看，一个行为可以包括在另一个行为之中，即一行为是另一行为的组成部分之一。而牵连关系中，实施牵连犯罪的行为人对其方法行为、目的行为或结果行为之间的制造条件与利用条件的关系有明确的认识，而且主观上必然具有刻意设计的心理状态，就是为了实施目的行为而实施方法(或手段)行为，或者结果行为。但是这些行为本身之间却并无法律上或逻辑上的发展、附随关系，一个行为并非天然的就是另一行为的组成部分或前奏。[②]显然，不论是吸收关系还是牵连关系，两者似乎都可以归入“手段与目的”或“原因与结果”的关系类型之中，这也正是造成吸收犯和牵连犯两种犯罪形态难以区分的主要原因，无怪乎有学者认为：“在某种意义上说，牵连犯往往就是吸收犯，但是，反之则不然，吸收犯并不都是牵连犯。”[③]从该学者的论断以及前述观点的表述可见，吸收关系较之牵连关系的最主要不同还在于数行为之间依附性所体现出的紧密程度和关联程度上的差异，在吸收犯中，数行为往往处于同一犯罪过程的不同发展阶段，并且前行为是后行为的必经阶段，后行为是前行为的当然结果。对此，台湾地区学者就认为，传统意义上的吸收犯仅指一罪之构成要件当然包括他罪，或所犯之罪是为犯他罪必然得由之方法或必然可得之结果。[④]我国亦有学者更为贴切地表达了吸收关系与牵连关系的上述不同，即认为应把吸收犯局限在前一犯罪是后一犯罪必备方法、必经过程，后一犯罪是前一犯罪必然结果范围内。牵连关系的手段犯罪和结果犯罪，并不是实现某一犯罪的作为其犯罪构成必要要件的犯罪目的的必由之方法或必得之结果，而是一般意义上的手段与目的、目的与结果的牵连关系。吸收犯的吸收关系要比牵连犯的牵连关系更为密切，其范围自然也就狭窄；而牵连犯的牵连关系要比吸收犯的吸收关系更为松散，其范围自然也就广泛。[⑤]基于此，笔者还可以进一步举例说明吸收关系和牵连关系的不同，例如为了杀人而非法侵入他人住宅，似乎侵入住宅是实现杀人目的的方法

---

① 赵秉志主编：《刑法新教程》，中国人民大学出版社 2001 年版，第 288 页。
② 何全民、甘娅：《吸收犯与牵连犯探微》，《东北财经大学学报》2002 年第 1 期。
③ 陈兴良：《刑法适用总论》(上卷)，法律出版社 1999 年版，第 706 页。
④ 蔡墩铭：《刑法总则论文选辑》(下册)，台北五南图书出版公司 1984 年版，第 696 页。
⑤ 曲新久：《论吸收犯》，《中国法学》1992 年第 2 期。

行为，解释成牵连犯好像也能说得通，但是实际上此种情形应认定为吸收犯为宜，因为在此特定情境中，因为被害人身处其住宅之中，行为人欲害其性命，除了进入其住宅外别无他法，也即行为人要实施杀人行为必然首先要侵入被害人住宅，这样一来，非法侵入他人住宅行为自然成为杀人行为的必备方法或者必经阶段，而既然行为人自始就是以杀人为目的，那么显然其侵入他人住宅后附随实施的行为一定就是杀人行为，因此杀人行为就成为非法侵入他人住宅行为的当然结果。另外，典型的吸收犯情形是行为人盗窃枪支后加以隐藏的行为，其显然分别构成了盗窃枪支罪和非法私藏枪支罪两项罪名，不过，只成立盗窃枪支罪，却不另外成立非法私藏枪支罪，因为依一般经验可知，盗窃枪支罪之所以能够吸收非法私藏枪支罪，就在于非法私藏枪支罪是盗窃枪支罪的犯罪目的的具体实现，显然盗窃枪支罪必须以非法占有枪支为目的，而非法私藏枪支的行为正是这一目的的自然延伸，即非法私藏枪支的行为是盗窃枪支罪的必得之结果。①而在牵连犯的牵连关系中，数行为却并不表现得那般紧密和附随的关联，以伪造公文骗取财物这一典型的牵连犯情形为例，虽然骗取财物是目的行为，伪造公文是手段行为，二者是有牵连关系的，伪造公文是为达到骗取财物这一犯罪目的服务的，但须注意，此二者又是相对独立的，即很难说伪造公文依附于骗取财物或者说骗取财物依附于伪造公文，要实现骗取财物的目的并不一定要以伪造公文为手段，反之，即便行为人伪造了公文，也不能表明其在任何情形下都是必须为了骗取财物而实施该行为。又如行为人出于盗窃的故意盗窃他人提包，得手后打开提包，里面却是一支手枪、十发子弹，遂将手枪、子弹藏于家中。虽然在这种情形中，行为人盗窃他人提包是原因行为，藏匿手枪、子弹是结果行为，可认定其构成牵连犯，但这两种行为之间并无必然性，也即盗取他人财物并不是必然就能得到手枪和子弹，因此不可认定此种情形为吸收犯。通过上述例子的说明，吸收犯和牵连犯之间的区别即可见一斑。

在分析了吸收犯和牵连犯的区别之后，再来看一下伪造、变造、转让保险机构经营许可证、批准文件行为与擅自设立保险机构行为之间究竟属于何种依附关系，笔者认为，其显然不具备吸收关系中所说的法律上或逻辑上的发展、附随关系，两种行为各自均属于独立性之罪，不存在一个行为包括于另一个行为之中的情形。因为行为人伪造、变造、转让了保险机构的经营许可证、批准文件，固然可能是为了设立非法的保险机构，但行为人擅自设立保险机构并不一定要通过伪造、变造、转让相关证明文件的方法才能实现，通过其他方法也可能做

① 耿军：《吸收犯初探》，《东北农业大学学报(社会科学版)》2009年第1期。

到，换言之，行为人实施伪造、变造、转让相关证明文件的行为并非其擅自设立保险机构的必经阶段。同样的，行为人伪造、变造、转让保险机构的经营许可证、批准文件，并非在任何情况下都是为了设立非法的保险机构，也许可以用作其他不法用途。由此表明，行为人擅自设立保险机构亦非其伪造、变造、转让相关证明文件行为的当然结果。所以，当行为人确实是为了设立保险机构而实施伪造、变造、转让保险机构经营许可证、批准文件行为时，就同时触犯了两项罪名，前者是他罪行为（方法行为），后者则是本罪行为（目的行为），一般应遵循牵连犯"从一重处断"的原则处断，两相比较，因为本罪行为法定刑重于他罪行为，所以应按擅自设立保险机构罪从重处罚。当然，如果行为人对保险机构的经营许可证和批准文件伪造、变造后，不是利用自己伪造、变造的成果，而是采用其他方法设立保险机构的，则其所触犯的两个罪名之间也就根本不存在牵连关系，那么自然不成立牵连犯，也就应当实行数罪并罚。①可见，伪造、变造、转让保险机构经营许可证、批准文件行为与擅自设立保险机构行为之间并非在所有情形之下都具有特殊的依附关系，也即当两者之间确实没有手段和目的的牵连关系时，各自构成独立犯罪，以数罪并罚论处显然在情理之中。或许正是基于考虑到此二种行为大多还是表现为具有内在的牵连关系这一常态，故立法将它们归并于同一法条之下予以规制亦无太大问题。

第三节　保险从业人员的职务犯罪

在保险活动领域中，很多保险欺诈和保险违法违规行为都是由保险人一方基于道德风险的产生所实施的。尽管投保人一方实施的欺诈行为会对保险人一方造成较大的利益损害，因此保险人一方通常都是保险诈骗犯罪的受害人。然而，同样不能否认的是，保险人一方也完全可能受到巨额保险利益的驱动，利用自身在保险法律关系中所处的优势地位和便利条件，从事一些不法活动，其或在业务活动中不遵守保险行业经营规则，违规承保或利用专业知识引诱、欺骗客户投保，从中骗取保险费；或在保险经营各环节中欺上瞒下、损公肥私、监守自盗，大肆骗取保险金；或直接挪用、截留、侵占保险费等。可以说，保险人一方所实施的上述种种不法行为因具有隐蔽性、普遍性和传递性

① 郭立新、黄明儒主编：《刑法分则适用典型疑难问题新释新解》，中国检察出版社 2010 年版，第 141 页。

而极易引发较大的道德风险，甚至其实质危害并不亚于投保人一方的保险诈骗行为。因此，对于保险人一方的不法行为，如果情节严重，当然也有犯罪化之必要。其实，从前述涉保险犯罪的范围界定即可得知，我国立法上的涉保险犯罪中就包括了保险人一方的犯罪，主要就是以保险从业人员为犯罪主体的职务犯罪。

概而言之，保险从业人员是属于保险法律关系中的保险人一方，主要就是指保险公司的工作人员和其他保险机构的从业人员（例如保险经纪人员、保险代理人员、保险公估人员等）。而在保险公司的工作人员中，根据保险公司性质的不同，又可具体分为非国有保险公司的工作人员和国有保险公司的工作人员以及国有保险公司委派到非国有保险公司从事公务的人员三类人员。可以说，保险从业人员基于具体的身份条件或不同的职务属性，很可能在保险领域中实施着不同的犯罪行为。

实践中，保险从业人员利用自身职务上的便利，非法从事职务犯罪活动并不鲜见，值得重视。因此，在本节内笔者拟就保险从业人员的职务犯罪这一类特殊的涉保险犯罪详作探讨。

一、职务侵占罪

（一）虚假理赔行为的基本定性

应当说，不论何种保险从业人员，都有可能基于道德风险实施相关的职务犯罪活动。由于保险机构的内控制度、内部业绩评价制度、组织制度以及保险从业人员的薪酬制度等诸多方面不完善，促使保险从业人员在管理决策、业务活动、关键操作以及同业竞争等环节引发道德风险，利用职务便利对客户以误导、欺骗或对本公司隐瞒重要信息等手段获取不当利益。保险从业人员道德风险严重危害了保险业健康稳定的发展，给保险机构内部风险管理增加了难度，尤其是经济利益遭到了损害，并且打击了部分未涉入保险市场的人对保险业的信心。[①]据笔者考察，保险从业人员利用职务之便实施的犯罪行为大多表现为虚假理赔行为，即保险从业人员（在此主要是指保险公司工作人员，是否包括其他保险机构工作人员例如保险代理人员等值得探讨）利用职务上的便利，故意编造虚假（即未曾发生的）的保险事故并进行保险理赔，从而骗取保险金归自己所有的行为。这种行为的社会危害性是显而易见的，也是十分严重的。因为保险从业人员以“职务”作掩护，进行虚假理赔，骗取保险金的很容易得手，且不易被

---

① 张宇、刘军善：《保险从业人员“道德风险”问题研究》，《产业与科技论坛》2006年第12期。

发现，所以这是一种披着合法外衣干着非法勾当的犯罪行为。[①]实践中，虚假理赔行为也是较为多见的，例如李某向某保险公司投保人身安全险，但他自投保后从未遭受过任何人身损伤，但该保险公司的工作人员王某却在李某不知情的情况下，编造李某遭受意外车祸被轧断双腿的材料，然后按理赔程序支出保险金 4 万元装入自己的腰包，王某的行为即为典型的虚假理赔行为。对于此种虚假理赔行为，《保险法》第 116 条规定："保险公司及其工作人员在保险业务活动中不得有下列行为……(六)故意编造未曾发生的保险事故、虚构保险合同或者故意夸大已经发生的保险事故的损失程度进行虚假理赔，骗取保险金或者牟取其他不正当利益……"刑法亦专门作出了相应规制，即《刑法》第 183 条规定："保险公司的工作人员利用职务上的便利，故意编造未曾发生的保险事故进行虚假理赔，骗取保险金归自己所有的，依照本法第二百七十一条的规定定罪处罚。国有保险公司工作人员和国有保险公司委派到非国有保险公司从事公务的人员有前款行为的，依照本法第三百八十二条、第三百八十三条的规定定罪处罚。"可见，保险从业人员的虚假理赔行为主要触犯了职务侵占罪和贪污罪两项罪名，也即这种行为被认为是职务侵占罪和贪污罪的特殊犯罪形式。

不过，有学者认为既然刑法对虚假理赔行为专设一个法条，足见对此种行为的重视程度，也可说明虚假理赔行为具有独特的危害性，因此主张设置一个单独的虚假理赔罪。[②]而且在我国以往的刑事立法过程中，也曾对虚假理赔行为单独规定为一种罪名，即 1995 年全国人大常委会《关于惩治破坏金融秩序犯罪的决定》第 17 条规定："保险公司的工作人员利用职务上的便利，故意编造未曾发生的保险事故进行虚假理赔，骗取保险金的，分别依照全国人民代表大会常务委员会《关于惩治贪污罪贿赂罪的补充规定》和《关于惩治违反公司法的犯罪的决定》的有关规定处罚。"该法律文件详细地描述了虚假理赔行为的犯罪特征，属叙明罪状，只是在法定刑的规定方面属于"援引式"，分别援引两个"补充规定"所设立的贪污罪和职务侵占罪的量刑档次和幅度处罚。之所以该法律文件作出这样的规定，乃是考虑到虚假理赔是一种利用职权严重妨碍正常保险业务工作、破坏国家保险秩序和金融秩序的行为，因而，必须予以坚决打击。[③]但是，从后来的《刑法》第 183 条的规定来看，却并没有把虚假理赔行为单独规定为一种罪名。对此，有学者认为，就《刑法》第 183 条而言，实际上是法律的一种

---

① 李加明：《保险犯罪的罪名适用》，《保险研究》1998 年第 7 期。

② 卢勤忠：《WTO 与我国保险刑法制度的改革》，载《法商研究》2004 年第 2 期。

③ 王新：《金融刑法导论》，北京大学出版社 1998 年版，第 236—237 页。

提示性规定而已，主要是为了强调必须惩罚这种犯罪行为，同时也是为了进一步明确对这种行为的定性依据，而并非是为了要增设一个新的罪名。[①]诚然，从犯罪构成分析，保险从业人员利用职务之便实施的虚假理赔行为完全可以被职务侵占罪或贪污罪的犯罪构成所涵盖，因为《刑法》第183条第1款规定的虚假理赔行为的主体是保险公司的工作人员，与该条第2款的主体相比，只能是非国有保险公司的工作人员，这符合了职务侵占罪的主体范围；行为人故意虚假理赔，骗取保险金归自己所有，亦符合职务侵占罪的主观特征；而行为人利用职务上的便利，编造未曾发生的保险事故进行虚假理赔，骗取保险金归自己所有，实质是利用职务侵占所在单位财物，显然属于职务侵占罪客观方面的范围。由此可见，《刑法》第183条第1款规定的虚假理赔行为实质上是职务侵占罪的表现形式之一。而《刑法》第183条第2款规定的"国有保险公司工作人员和国有保险公司委派到非国有保险公司从事公务的人员"，符合贪污罪的主体条件；"利用职务上的便利，故意编造未曾发生的保险事故进行虚假理赔，骗取保险金归自己所有"的行为，实质就是利用职务上的便利骗取所在单位公共财物的行为，既符合贪污罪的客观方面的特征，也符合贪污罪的主观特征。因此，《刑法》第183条第2款的虚假理赔行为属于贪污罪的表现形式之一，应当按照贪污罪定罪处罚。[②]如此看来，对于虚假理赔行为单独规定罪名实属没有必要，因为罪名的确定有赖于具体犯罪的犯罪构成，犯罪构成具有特殊性，刑法分则规定了多少罪名就有多少个性质不同的犯罪构成模式，某种特定的犯罪构成只能适用于性质相同的犯罪，而不能适用于那些性质不同的犯罪，因此，犯罪构成体现犯罪个性。[③]据此，分析具体犯罪的犯罪构成，就在于更好地认定该种犯罪的性质，从而为确定罪名打好基础。从此意义上说，犯罪构成是成立具体犯罪的法律条件，或者说是具体犯罪的规格、标准、模式和模型，不同的犯罪具有不同的构成。刑法分则之所以能够划分出不同的罪名，就是因为具体犯罪相互之间在构成要件或构成类型上存在着这样那样、或多或少的差别，如果没有构成要件及其特定内容或形式上的某个或某些差别，具体犯罪也就失去了自身独立存在的根据，所以，犯罪构成归根结底还是为了解决具体犯罪的成立和区分此罪与彼罪界限而设立的法律标准。依据此理，既然虚假理赔行为的犯罪构成已经被职务侵占罪或贪污罪完全包容，那么说明其与这两种犯罪在构成要件或构成类型上

---

① 刘宪权：《金融风险防范与犯罪惩治》，立信会计出版社1998年版，第245页。
② 胡启忠：《金融刑法适用论》，中国检察出版社2003年版，第422—424页。
③ 李永升：《刑法学基本范畴研究》，中国检察出版社2011年版，第265页。

并无差别，也就是此种行为与这两种犯罪没有不同的性质，因而也就不符合独立成罪的要求了。有鉴于此，对虚假理赔行为以职务侵占罪或贪污罪来论处无疑是合乎法理要求的。

（二）保险从业人员的职务侵占犯罪行为的认定

在此，有必要来了解一下保险从业人员的职务侵占犯罪行为。可以说，该种犯罪的犯罪主体主要是非国有保险公司的工作人员，他们能够利用自身职务上的便利，通过骗取手段来侵占本单位的财物。职务侵占罪中的职务，是因为从事一定业务而形成的身份。业务，是指基于社会生活上的地位而反复、继续实施的事务。公司、企业人员职务上的便利是指行为人在公司、企业或者其他单位担任的职权，或者因为执行职务而产生的主管、经手、管理单位财物的便利条件。公司、企业或有关单位的人员基于职务关系而从事财物的保管、运送、主管等，而占有与自己的业务有密切关联的财物的，就构成本罪。①保险公司的工作人员亦是如此，由于他们往往负责承揽保险业务，协助客户理赔等工作，所以在此过程中，其利用职务便利骗取保险公司保险金的行为一般就表现为利用出险立案检查、审核保险理赔、给付保险金等职务权力和职务地位所形成的主管、管理、经手保险金理赔给付的便利条件来侵占保险金。值得注意的是，保险从业人员实施的虚假理赔行为与投保人一方实施的保险诈骗行为虽然都是骗取保险金的犯罪行为，但在行为表现上两者究竟有无差别呢？对此，从《保险法》第 116 条来看，似乎其所认定的虚假理赔行为包括了故意编造未曾发生的保险事故、虚构保险合同或者故意夸大已经发生的保险事故的损失程度三种行为方式，与保险诈骗罪的法定行为方式相比，只是少了故意制造保险事故的行为，因而显得差别不大。但是，从《刑法》第 183 条所认定的虚假理赔行为来看，显然只有故意编造未曾发生的保险事故这样一种行为方式，因为从程度上看，制造保险事故大大重于编造保险事故，所以不能同等看待，而编造虚假事故原因、夸大损失程度均基于事故已经发生的前提下，所以，与编造未曾发生的保险事故也不能等同看待。②对于虚假理赔行为，好像保险法和刑法作出了不尽一致的规定，那么究竟应以何者为准。笔者认为，既然在此主要探讨的是虚假理赔行为的定罪问题，还是以刑法之规定作为参照依据为宜，毕竟可能考虑到编造未曾发生的保险事故的确是最为常见最为典型，而且也是危害性最为严重的虚假理赔行为的表现方式，因此刑法仅就保险从业人员实施的此一种行为方式直接作

---

① 周光权：《刑法各论》，中国人民大学出版社 2008 年版，第 121 页。

② 林荫茂、陆爱勤：《保险违约与保险犯罪》，中国检察出版社 2002 年版，第 191 页。

出犯罪化的规定并非毫无道理。当然,保险法的规定也不是没有意义的,其他几种行为方式能否作为该种犯罪的手段行为,也即保险法关于虚假理赔行为的规定突破了刑法规定的内容,那么两者如何衔接,以及今后此种行为是否再要适用职务侵占罪或贪污罪的罪名,都是值得进一步研究的。只不过目前囿于《刑法》第183条的规定,如果保险从业人员以其他四种行为方式骗取保险金的,可能会被视作触犯了其他罪名,而不应以职务侵占罪论处。

就保险从业人员职务侵占犯罪中的侵占行为而言,其行为结果主要就是将本单位即保险公司所有的保险金非法占为己有。至于"非法占为己有"的具体手段,当然就和职务侵占罪本身的内容是相符合和相一致的。对于职务侵占罪的犯罪手段,由于《刑法》第271条第1款只是规定"非法占为己有",①于是就产生了这样一个问题,该罪的犯罪手段除侵吞外,是否还同时包括盗窃、诈骗等其他非法手段。对此,有观点认为职务侵占罪的手段,只有侵占即"侵吞"一种,不应包括盗窃、诈骗等其他非法手段。其理由主要是:其一,《刑法》第271条在职务侵占罪的罪状中只规定了非法占有行为,而未规定其他行为,因而只能将非法占为己有理解为单纯的侵占;其二,从法定刑上看。刑法对职务侵占罪规定的最高刑为15年有期徒刑,而对盗窃罪、诈骗罪规定的最高刑则为无期徒刑,其中特殊的盗窃罪还可判处死刑。②如果认为职务侵占罪的手段也包括盗窃、诈骗的话,显然有违罪刑相适应的原则。③然而,笔者认为,该观点是难以成立的,因为对照《刑法》第271条的法条规定来看,其第2款有国家工作人员"有前款行为的"依照贪污罪处罚,而且从立法演进来看,职务侵占罪的确又是从贪污罪中分化出来的。既然贪污罪的客观行为是"利用职务上的便利,侵吞、窃取、骗取或者以其他手段非法占有公共财物,"据此,《刑法》第271条第1款规定的非法占为己有的行为也就是利用职务上的便利,侵吞、窃取、骗取或者以其他手段非法占有单位财物的行为,如果说职务侵占行为不包括盗窃、诈骗等其他非法手段,那么对公司、企业中的国家工作人员来说,侵占本单位财物的定贪污罪,

① 《刑法》第271条规定:"公司、企业或者其他单位的人员,利用职务上的便利,将本单位财物非法占为己有,数额较大的,处五年以下有期徒刑或者拘役;数额巨大的,处五年以上有期徒刑,可以并处没收财产。国有公司、企业或者其他国有单位中从事公务的人员和国有公司、企业或者其他国有单位委派到非国有公司、企业以及其他单位从事公务的人员有前款行为的,依照本法第三百八十二条、第三百八十三条的规定定罪处罚。"

② 2011年出台的《刑法修正案(八)》已做出修改,取消了盗窃罪的死刑规定。不过上述观点却是依据立法修正前的刑法规定所形成的见解。

③ 邓又天主编:《中华人民共和国刑法释义与司法适用》,中国人民公安大学出版社1997年版,第510页。

窃取、骗取或者以其他手段非法占有本单位财物的则定其他罪，这不但与《刑法》第382条规定的贪污罪犯罪构成相背离，也违反了定罪原则的一致性，对非国家工作人员来说也是这样。①另外，在非法占有他人财物之前即已经持有他人的财物，是世界各国和地区包括我国的刑法理论公认的侵占犯罪的定型性。也即不管行为人采用何种手段，只要其将已经持有的他人财物非法占为己有，都是侵占犯罪的行为。对于职务侵占来说，即使是采用秘密的"窃取"手段、隐瞒事实真相或虚构事实的"骗取"手段也都是将原为自己持有的本单位财物转变为自己非法占有，因而都属于职务侵占行为的范畴，而与将自己原本并不持有的他人财物非法占有的盗窃、诈骗行为有异。这样看来，所谓的窃取、骗取行为与侵占犯罪的定型性应当说是一致的。虽然从职务侵占罪与盗窃、诈骗等罪的法定刑比较来看，前者的法定刑确实轻于后者，但这并不能说明就应该将利用职务上的便利实施的盗窃、诈骗等非法占有本单位财物的行为作为盗窃、诈骗等罪处理。可以设想一下，如果仅因两者的法定刑轻重相差较大，即将利用职务便利盗窃、诈骗本单位财物的行为作为盗窃、诈骗等罪处理的话，结果势必使侵占犯罪变持有为非法占有的定型性受到损害，因而使侵占犯罪与盗窃、诈骗等罪的界限变得含糊不清，不仅易引起刑法理论上的混乱，也势必严重影响司法实践中对这些犯罪的科学定性和量刑。②基于此，对于职务侵占罪中侵占行为的外延应作宽泛的理解，具体包括利用职务之便窃取财物(监守自盗)，以涂改账目、伪造单据等方法骗取财物，因执行职务而经手财物，应上交的不上交，加以侵吞，以及其他各种非法手段等。

对照上述职务侵占罪中侵占行为的界定，既然肯定了可以包括侵吞、窃取、骗取以及其他非法手段等，那么再来看一下保险从业人员的职务侵占犯罪行为，其主要表现为通过故意编造未曾发生的保险事故进行虚假理赔来骗取保险金，那么显而易见，此种行为方式是属于职务侵占罪中的骗取这一手段行为，由于受到《刑法》第183条中罪状内容的限定，侵吞、窃取等其他手段尚不属于保险从业人员职务侵占犯罪的行为方式，假如行为人采用以上手段获取保险金的，可以考虑其构成其他相关的职务犯罪。

在实践中，保险从业人员的职务侵占犯罪较为多发，类似案例也并不少见，以下试举两例。

① 郭立新、黄明儒主编：《刑法分则适用典型疑难问题新释新解》，中国检察出版社2010年版，第418页。

② 肖中华、闵凯：《职务侵占罪认定中的三个争议问题剖析》，《政治与法律》2007年第3期。

案例一:孙某是某民营保险公司工作人员,某次当地发生水灾,同村的赵某家中房屋被冲毁,财产也遭受到损失。赵某之前曾有意向该保险公司投保,但因故未办理保险手续。于是孙某便利用其作为保险公司工作人员的职务之便,办理了虚假保险单,并办理了虚假理赔手续,获得保险金 2 万元归自己所有。本案中,赵某家确实在水灾中遭受了损失,赵某也确实曾有意向投保,但最终其并没有购买保险,所以赵某家发生的水灾损失并非依据法律规定可以理赔的保险事故。但孙某却在水灾发生后,利用自己作为保险公司工作人员的职务便利办理虚假保单,骗取保险金,其行为已构成虚假理赔,且将骗取的 2 万元保险金归自己所有,因其为非国有保险公司的工作人员,故根据刑法规定,孙某的行为构成职务侵占罪。

案例二:2012 年,湖南省韶山市人民法院审理宣判了一起中国人寿保险股份有限公司韶山支公司客户服务中心柜面经理陈某职务侵占案件。2009 年 12 月至 2011 年 10 月期间,陈某用客户留存在韶山市的支行私自开设银行个人账户,采取虚构被保险人患重大疾病或死亡的方式进行虚假理赔,采取虚构被保险人申请退保的方式进行虚假退保,以上两项侵占资金共计 3 288 695.42 元。另外,陈某未按保险公司正常流程要求个人直接以保险公司名义支付给客户 340 456.19 元(保险公司认可此款项系正常业务支出)。陈某实际侵占保险公司资金 2 948 239.23 元,被其用于赌博。韶山市法院审理认为,被告人陈某采取虚假理赔、虚假退保的方式,将保险公司资金非法占为己有,数额巨大,其行为构成职务侵占罪。

从上述案例可以看出,当前部分保险公司内部管理上确实存在着漏洞,有的保险公司把关不严,致使其内部工作人员思想素质、职业操守参差不齐,而且往往由于职权过于集中,缺乏有效监督,使得部分保险公司工作人员利用熟悉保险理赔操作规程,具有极强隐蔽性和专业性的便利条件,胆大妄为地实施职务侵占等犯罪行为,尽管案发以后能够通过"进行倒查"予以追究,但此种犯罪造成的已然危害却是十分严重的。还有的保险公司为了揽业务,大量招聘保险代理人、经纪人,却疏于管理,从而给了他们在外面骗保、虚假退保、虚假理赔以可乘之机。同时,除了作案人员本身的法律意识淡薄以外,由于保险公司规模大,资金流动频繁,涉及的环节多,如果在业务信息保护、人员管控等方面疏于管理,加上理赔审核把关不严,回访跟进不及时等原因,就会导致当前保险业职务犯罪案件高发频发的态势愈加明显。有鉴于此,保险公司亟待加强其内部的案件风险防范管理机制,严格理赔制度和制约措施,从制度与流程上堵塞漏洞,同时要强化监督,坚决扼制保险公司在运作过程中的随意性和胡编乱造行为,建立一套完整的监督管理制度，促进保险业的正常开展。此外，针对保险从业人员的职务犯罪，注重案前教育，提高其法律意识尤为重要，保险是以风险为经营对象的特殊行业，保险从业人员综合素质的普遍提高和业务的规范运作对保险业的健康发展至关重要，因此，保险公司除了要重视对其工作人员的专业知识、业务技能的培训外，更应加强其服务意识、法制观念和职业道德的教育，这是预防保险从业人员职务犯罪行为的重要举措之一。当然，加大惩治力度亦是对保险从业人员的职务犯罪最具威慑作用的预防措施，即保险公司一旦发现其工作人员涉嫌贪污、职务侵占等职务犯罪，应当及时移交检察机关，并配合做好案件的查处工作。必要时，对保险公司发生的重大理赔的理赔案件可由保监会、纪检监察部门和检察机关进行全程监控，从而最大程度地堵塞漏洞，防范保险从业人员职务犯罪的衍生和发展。

二、贪污罪

保险从业人员虚假理赔行为的第二种表现形式就是保险从业人员的贪污犯罪行为，具体是见之于《刑法》第 183 条的第 2 款规定。从此款规定可以看出，其主要是规制国有保险公司的工作人员和国有保险公司委派到非国有保险公司从事公务的人员所实施的非法占有保险金归自己所有的行为，由于这两类人员被视同于国家工作人员的范畴，而国家工作人员正是贪污罪的犯罪主体，因而对此种行为以贪污罪论处是完全正确的。

(一)“从事公务”的理解和贪污罪犯罪主体的界定

贪污罪主要侵害的是双重客体，一是国家工作人员职务行为的廉洁性，二是公共财物的所有权。在此，首先要对国家工作人员的职务行为有所了解，可以说，国家工作人员的职务行为最本质特征就是“从事公务”。对于“从事公务”的确切含义需要加以认识和把握，对此，有的观点认为，从事公务就是指“依法所进行的管理国家、社会或集体事务的职能活动”。①有的观点认为，从事公务就是指国家机关、国有公司、企业、事业单位、人民团体中从事组织、领导、监督和履行经济职能等具有社会管理性质的公共事务活动或者受上述国有单位的委派，代表上述国有单位在非国有单位中从事上述公共事务活动。可见，从事公务的活动只能存在于国有单位中或者是代表国有单位而进行的，只能是一种具有社会公共管理性质的职能活动，与行为人合法的职务身份紧密联系，从事公

① 刘家琛主编：《新刑法条文释义》，人民法院出版社 1997 年版，第 1660 页。

务的核心是从事社会公共管理事务。①还有观点则认为，从事公务主要表现为从事与职权相联系的公共事务以及监督、管理国有财产的职务活动。如国家机关工作人员依法履行职责，国有公司的董事、经理、监事、会计、出纳人员等管理、监督国有财产等活动。②如上各个观点尽管表述不同，但共性的一点，就是都强调了从事公务是行使国家管理职能的活动，因此可以说公务活动的本质特征就是管理性，也即一种活动是在国家事务中组织、领导、协调等具有管理性的活动，这种活动就是公务。③笔者认为，将“从事公务”界定为从事具有管理性的活动无可厚非，但仅此还稍嫌单一和片面，其实，对于“从事公务”的理解，不妨从公务活动的职能性和内容性两个方面或两个层次来把握，就公务活动的职能性来分析，其不仅具有管理的职能，在现代社会，还被赋予了更多的服务职能。这一点，正如法国学者狄骥所言：“公共服务的内容始终是多种多样和处于流变状态之中的。就连对这种流变的一般趋势进行确定都并非易事。唯一能够确定的是，随着文明的发展，与公共需求相关的政府活动呈数量上升趋势。而这样所带来的一个后果是公共服务的数量也在不断增加，这是非常合乎逻辑的”④；就公务活动的内容性来分析，由于公务涉及社会公共事务，因此它的内容广泛，可以包括国家事务、地方事务、社区事务、企事业单位事务以及社会公益事务等。基于公务活动职能与内容的宽泛理解，“从事公务”就应当是根据国家法律、法规的规定，对于社会公共事务进行管理和提供特定服务的活动。⑤应当说，如此界定才全面、周延地概括出了“从事公务”的本质特征。

从上述“从事公务”的含义可以推知，能够从事公务的主体就是具有特殊身份的人，其主要就是指国家工作人员，因为《刑法》第93条第1款规定：“本法所称国家工作人员，是指国家机关中从事公务的人员。”从此规定即能明确，之所以国家工作人员能够从事公务，是因为他们具有一定的职务身份，这是他们的基础性特征，如此身份就决定了国家工作人员拥有比一般人更多的职责和职权，使得他们能够代表国家行使管理社会公共事务和提供特定服务的职能（当然前者是其主要的职能），简言之，国家工作人员是以职务的名义从事公务，说明他们比一般人更有从事公务的资格。正因为国家工作人员在从事公务的过

① 陈正云：《认定国家工作人员职务犯罪若干问题研究》，《政法论坛》1999年第4期。

② 周光权：《刑法各论》，中国人民大学出版社2008年版，第408页。

③ 赵秉志：《刑法分则问题专论》，法律出版社2004年版，第637页。

④ [法]莱昂·狄骥：《公法的变迁》，郑戈译，中国法制出版社2010年版，第50页。

⑤ 林亚刚主编：《贪污贿赂罪疑难问题研究》，中国人民公安大学出版社2005年版，第33页。

程中能够利用自己职责范围和职权范围内主管、经手和保管公共财物的便利条件，假借执行职务的行为形式非法占有公共财物，因此，国家工作人员就成为贪污罪的主体。

当然，对于国家工作人员的范围还应作出更为宽泛的界定，因为《刑法》第93条第2款又规定："国有公司、企业、事业单位、人民团体中从事公务的人员和国家机关、国有公司、企业、事业单位委派到非国有公司、企业、事业单位、社会团体从事公务的人员，以及其他依照法律从事公务的人员，以国家工作人员论。"可见，《刑法》第93条的列举性规定反映出立法机关在界定国家工作人员时对国家管理职能的考虑。国家管理职能是多方面的，包括政治职能、行政职能、经济职能等。国家机关的任务就是行使国家管理职能，所以国家机关中从事公务的人员当然是国家工作人员。至于国有公司、企事业单位以及人民团体，它们都是由国家投资建立或是由国家拨款设立并维持的，所以对其中的国有资产应当加以保护，这些国有公司、企事业单位中从事公务的人员，实际上属于国家委派经管国有资产的人员，他们的活动会影响到国家管理职能，所以，这些人员就以国家工作人员论。至于国家机关、国有公司、企事业单位、人民团体委派到非国有公司、企事业单位、社会团体中从事公务的人员，他们的职责是保护非国有单位中的国有资产或者行使着某种监督职能，所以他们的活动与国家管理职能间也存在着密切的关系，因而这些人员也应以国家工作人员论。其中，尤其值得注意的是国有单位委派到非国有单位从事公务的人员，他们也许本身不属于典型的国家工作人员，特别是不具有国家机关工作人员的身份，但由于他们依法代表国家对公共事务进行管理、监督、组织、领导，从而被认为是国家工作人员。进一步而言，所谓委派，就是委托、派遣他人担任一定的职务或者完成一定的工作。这是此类人员从事公务的法律依据，而且这类人员在非国有单位所从事的公务不是一般性的公务活动，而是具有特定范围的"特定公务"，一般来说是行使对这些非国有单位中的国有资产运作、经营状况的监督、管理权力，并负有不使国有资产流失的义务。这类人员无论其先前是否具有国家工作人员身份，只要具有被国家机关、国有公司、企业、事业单位合法委派的身份，就应视为国家工作人员。①有鉴于此，不排除被委派人员在非国有单位从事公务时有利用自身职务之便非法占有非国有单位内的国有资产的行为，就其行为性质而言，与国家工作人员的贪污行为并无二致，所以被委派人员当然也能够成为贪污罪的犯罪主体。

---

① 阮世能：《贪污罪主体和共犯问题研究》，《现代法学》2003年第6期。

(二) 贪污罪犯罪对象范围的界定

在贪污罪的认定方面,除了犯罪主体具有特殊性外,其犯罪对象也是一个重要的考量因素。《刑法》第 382 条第 1 款规定:"国家工作人员利用职务上的便利,侵吞、窃取、骗取或者以其他手段非法占有公共财物的,是贪污罪。"该款规定确立了贪污罪的概念,其中亦明确指出了贪污罪的犯罪对象主要是公共财物。那么,在这里就应当对公共财物有所理解。一般认为,依据《刑法》第 91 条关于"公共财产"的规定,公共财物的范围应包括如下:(1)国有财产;(2)劳动群众集体所有的财产;(3)用于扶贫和其他公益事业的社会捐助或者专项基金的财产;(4)在国家机关、国有公司、企业、集体企业和人民团体管理、使用或者运输中的私人财产,以公共财产论。从此可以看出,凡是国家所有、集体所有的财产和在国有单位保管、使用、运输的个人财产都可以成为贪污罪的犯罪对象,所以,界定公共财物的内在标准就是按照所有权标准进行的,即从形式上考虑,公共财物就是所有权归属于国家的国有财产,应当说,这种形式的公共财物是比较容易识别的,其属于结构单一的贪污罪的最初形态。

不过,随着经济社会的发展,经济体制改革逐步推进,市场中的经济主体也日趋多元化,尤其是随着现代企业制度的进一步推进以后,我国大量出现的是合作、合营、合资企业以及股份制公司这类组织形态,这些新的经济组织体大多数是其资产打破了所有制的限制而重新优化组合成多种所有制经济的混合体,即混合型财产结构。而混合型财产结构的出现往往使得公共财产的形式表现为与私有财产相结合的一部分,这样公共财产很多时候并不独立存在,在形式上并不能准确辨明,因此需要刑法介入保护的公共财产的范围随之扩大。例如在有国有资产参股的中外合资、中外合作企业、股份制公司、企业中,国有资产占据控股地位或主导地位的,公司、企业的财产整体上属于公共财产。国有资产不占据主导地位或控股地位,但侵吞、窃取、骗取明确属于国有资产的公共财产的,可以成立贪污罪。资产形式复杂,国有资产和非国有资产纠缠在一起已经难以分清的,都视为是公共财物。[①]或许囿于《刑法》第 91 条之规定,尽管有混合型财产结构的存在,但上述通常做法似乎还是表明了贪污罪的犯罪对象限于公共财物。然而,将贪污罪犯罪对象的范围仅限于公共财物的观点正日益受到挑战,因为在刑法中亦有几种特殊类型的贪污犯罪的规定,它们在犯罪对象上显然和《刑法》第 382 条规定的贪污罪是有所不同的,即这些贪污犯罪的对象是

① 周光权:《刑法各论》,中国人民大学出版社 2008 年版,第 404 页。

否一定是公共财物不无疑问。[①]有学者认为,《刑法》第 382 条是贪污罪罪状的基准,既然《刑法》第 382 条明文规定贪污罪的对象只能是公共财物,那么就不得有所突破,否则违背罪刑法定。《刑法》第 183 条第 2 款、《刑法》第 271 条第 2 款的适用,以行为人非法侵占的财物系公共财物为限,《刑法》第 183 条第 2 款、《刑法》第 271 条第 2 款所规定的行为,只是因为主体不同于各该条的第 1 款所规定的行为主体,所以犯罪性质才会有所不同。在行为对象的性质方面,第 1 款和第 2 款规定的行为毫无区别。因此,《刑法》第 183 条第 2 款、《刑法》第 271 条第 2 款的规定,实际上对《刑法》第 382 条规定的对象作了补充,可视为一种特别规定。[②]该观点正视了特殊类型贪污犯罪的主体不同于贪污罪,这是可取的,但其仍然认为这些犯罪的对象是公共财物,笔者认为这恐怕有所不妥,因为就这两个法条中所指的非国有单位,是指国有单位以外的其他任何经济形式的单位,法律并未附加其他限制条件。因此,对于其工作人员利用职务之便非法占有该单位财物行为的定性,关键不在于是否将其财物性质认定为公共财物,也不在于该单位的财产中公共财产占多大比例,而在于行为人是否属于受国有单位委派到该单位从事公务的国家工作人员,以及其非法占有该单位的财物是否利用了其职务的便利,是否侵犯了其职务行为的廉洁性。[③]笔者对此也深表赞同。据此,由于这些非国有单位的财物已经是混合型财产结构下的财物,即属于国有、集体所有或其他公共财产与其他所有制或个人财产或其他经济组织形态融合而形成的一种财产形态,它已经模糊了原来的所有制界限,不能按所有制形式区分其成分。

可以说,上述这种财产形态是贪污罪的一种独立的犯罪对象,也是正确理解刑法中贪污罪法条规范的结果,它的确立意味着贪污罪的犯罪对象已由单一的公共财产扩大到了公私财产的范畴。[④]由此可见,贪污犯罪就其犯罪本质来说,更应该凸显其典型的职务犯罪或腐败犯罪的特性,而非财产犯罪的特性,只要行为人利用职务非法占有职务监管之下的财物,不论该财物所有权归谁,都无碍于行为人对职务行为廉洁性的侵犯,就此而言,贪污罪的犯罪对象是否认

---

① 特殊类型的贪污犯罪分别规定在如下两个法条:(1)《刑法》第 183 条第 2 款:"国有保险公司工作人员和国有保险公司委派到非国有保险公司从事公务的人员有前款行为的,依照本法第三百八十二条、第三百八十三条的规定定罪处罚";(2)《刑法》第 271 条第 2 款:"国有公司、企业或者其他国有单位中从事公务的人员和国有公司、企业或者其他国有单位委派到非国有公司、企业以及其他单位从事公务的人员有前款行为的,依照本法第三百八十二条、第三百八十三条的规定定罪处罚。"

② 赵秉志:《刑法分则问题专论》,法律出版社 2004 年版,第 641 页。

③ 王作富主编:《刑法分则实务研究(下)》,中国方正出版社 2010 年版,第 1544 页。

④ 唐世月:《贪污罪犯罪对象研究》,《中国法学》2000 年第 1 期。

定为公共财物，对于贪污罪的成立显得意义不大。如果一定要以符合立法要求为名而受到《刑法》第91条和《刑法》第382条的桎梏，坚持贪污罪的犯罪对象是公共财物，那么对于贪污犯罪尤其是特殊类型的贪污罪的惩治效果就难言尽如人意。综上所述，笔者认为，应当认识到，随着我国市场经济体制的基本形成，社会经济成分已经发生巨大变化，非公有制经济在整个国民经济成分中的比重也逐步上升，相应地，国民的私有财产在整个社会财富中的占有量也不断攀升，与此相适应，我国宪法和物权法都确立了国家对公私财产平等保护的原则。在此背景下，刑法作为打击犯罪、保障公民财产权利和维护社会经济秩序的制度体系，亦需要对贪污罪的犯罪对象作出相应调整，进一步扩大其保护范围，也即明确在特定情况下贪污罪的犯罪对象应当包括私有财物，而将其范围仅限于公共财物确实已经不能满足司法实践的要求了。

（三）保险从业人员的贪污犯罪行为的认定

从《刑法》第183条第2款来看，首先该行为的主体中有国有保险公司的工作人员，这类人员应当被认为是能够从事公务的人，因为从前述对“从事公务”的界定来看，公务活动的内容显然包括了企事业单位的事务，因为公务活动以公共权力的存在为前提，公共权力应该以公共利益为现实基础，以增进公共利益为目的，它不能等同于单位利益，但也不能和单位利益绝对分割开来。在现行体制下，一定单位的工作目标是为了促进公共福利，所以要将国有公司、企事业单位纳入到这个范畴中。同时，由于服务的职能在公共权力中是一项特殊的要素，所以服务性是从事公务中的重要部分。①应当说，国有保险公司的工作人员本身虽然不是真正意义上的国家工作人员，但其所从事的职务行为却与公务活动直接相关，不仅因为他们所处的国有保险公司具有国有单位的性质，更在于他们主要的职务行为乃是主管、经手、管理保险公司的保险金，而国有保险公司是由国家或政府投资设立的保险经营组织，其全部资产属于国家所有，因此该保险公司的保险金亦是国有财产，这显然同行为人从事与职权相联系的公共事务以及监督、管理国有财产的职务活动这一“从事公务”的内在特性是极其吻合的，而且国有保险公司的工作人员的职责要求就是为社会公众提供相应的经济赔偿与给付等保险服务，这也满足了从事公务的服务性特征。同时，《刑法》第93条第2款中“国有公司、企业、事业单位、人民团体中从事公务的人员”是以国家工作人员论的，显然，《刑法》第183条第2款与《刑法》第93条第2款是相互承接的，也即国有保险公司的工作人员符合了“国有公司中从事公务的人

① 林亚刚主编：《贪污贿赂罪疑难问题研究》，中国人民公安大学出版社2005年版，第35页。

员”这一身份要求，所以，国有保险公司的工作人员被视同为国家工作人员是理所当然的。

除了国有保险公司的工作人员外，受国有保险公司委派到非国有保险公司中从事公务的人员也是《刑法》第183条第2款规定的行为主体，这类人员之所以也被视同于国家工作人员，是因为委派的主体（国有保险公司）应该是纯正的国有单位，委派的目的是为了被委派单位（非国有保险公司）的利益，在被委派的单位从事管理岗位的工作，这样，被委派人员是作为委派单位的代表在被委派单位从事公务行为，明确代表委派单位的利益，委派关系成立就表示委派单位与被委派人员形成了行政上的隶属关系。①所以，尽管被委派人员是在非国有保险公司从事工作，其从事的工作并非一般的劳务活动或技术性事务，而是属于对国有资产进行管理、经营这样一种特殊的公务。管理是指依其职务身份具有监守或保管国有资产的法定人员或委托人员行使职权的活动，经营则是指行为人在对国家资产具有管理职能的前提下将国有资产投入市场作为资本使其增值的商业活动，而且非国有保险公司的保险金等财产看起来仅是非国有保险公司的私有财产，但实际上这些财产大多数包含“公共财产”的成分，如果根本不需具备“公共财产”的成分，通常就失去了委派的前提，也不可能存在着“公务活动”。②可见，非国有保险公司的保险金具有混合型财产结构中财产的属性，因此包含了国有资产的内容。总之，被委派人员通过在非国有单位内从事公务来实现国有单位的职能活动，最终代表的是国家利益，因此其职责和职权的要求同国家工作人员没有显著差别，所以赋予被委派人员以国家工作人员的身份并无不妥。况且，这一点也有着《刑法》第93条第2款作为立论依据，因为该条款中亦有“国家机关、国有公司、企业、事业单位委派到非国有公司、企业、事业单位、社会团体从事公务的人员，以国家工作人员论”的规定，很显然，国有保险公司与非国有保险公司之间成立的委派关系也与该法条的内涵不谋而合。

再来分析一下《刑法》第183条第2款的犯罪对象。按照该款规定，受国有保险公司委派到非国有保险公司中从事公务的人员，利用职务上的便利，故意编造未曾发生的保险事故，虚假理赔骗取保险金归自己所有的，也是贪污罪。这里的保险金是属于非国有保险公司所有的保险金，如果按照所有权标准分析，非国有保险公司所有的保险金有可能是公共财物但也可能不是公共财物。

---

① 顾军主编：《职务犯罪的理论与司法实践》，法律出版社2009年版，第75页。

② 郭立新、黄明儒主编：《刑法分则适用典型疑难问题新释新解》，中国检察出版社2010年版，第724页。

其实，根本不可能分清、也没有必要非要分出其中哪一部分是公共财物哪一部分不是公共财物，只要符合保险金的特点，就完全可以按照贪污罪定罪处罚。①的确，如前所述，贪污罪的犯罪对象已由过去的公共财物扩大到公私财物，而对行为人是否构成贪污罪的判断主要不是取决于其犯罪对象即占有财物的所有权性质，而是重点考察行为人是否利用职务便利实施相关行为进而对职务行为廉洁性造成侵害。与之同理，非国有保险公司的保险金之所以能够成为贪污罪的犯罪对象，是以行为人受国有保险公司委派到非国有保险公司从事公务为前提的，可见，"从事公务"才是行为构成贪污罪的核心要素。②所以，非国有保险公司的保险金无论是否包含公共财产成分或公共财产占多大比例，在本质上均属于非公非私的企业财产，不能作为公共财产认定，但依据《刑法》第 183 条第 2 款的规定，它却是贪污罪的一种特殊犯罪对象。

综上所述，基于上述保险从业人员的特殊主体身份和其行为对象的特殊性，假如其实施了《刑法》第 183 条规定的虚假理赔行为，那么认定他们构成贪污罪就具有了坚实的理由。

三、挪用资金罪

《刑法》第 185 条第 1 款规定："商业银行、证券交易所、期货交易所、证券公司、期货经纪公司、保险公司或者其他金融机构的工作人员利用职务上的便利，挪用本单位或者客户资金的，依照本法第二百七十二条的规定定罪处罚。"这是关于金融机构工作人员挪用资金犯罪的规定，而如前所述，保险机构亦是金融机构的重要组成部分，所以对于保险从业人员挪用资金的犯罪行为也可以适用该款规定予以规制。

依据《刑法》第 272 条，挪用资金罪主要就是指公司、企业或者其他单位的工作人员利用职务上的便利，挪用本单位资金归个人使用或者借贷给他人，数额较大、超过三个月未还的，或者虽未超过三个月，但数额较大、进行营利活动的，或者进行非法活动的行为。③就该罪而言，特别需要了解其客观方面的特征，概而言之，主要包括如下三个方面：一是"利用职务上的便利"的理解；二是"挪

---

① 唐世月：《贪污罪犯罪对象研究》，《中国法学》2000 年第 1 期。

② 孙国祥：《贪污贿赂犯罪疑难问题学理与判解》，中国检察出版社 2003 年版，第 17 页。

③ 《刑法》第 272 条规定："公司、企业或者其他单位的工作人员，利用职务上的便利，挪用本单位资金归个人使用或者借贷给他人，数额较大、超过三个月未还的，或者虽未超过三个月，但数额较大、进行营利活动的，或者进行非法活动的，处三年以下有期徒刑或者拘役；挪用本单位资金数额巨大的，或者数额较大不退还的，处三年以上十年以下有期徒刑。"

用本单位资金归个人使用或者借贷给他人"的理解；三是挪用本单位资金的具体用途。以下分而述之。

（一）"利用职务上的便利"的理解

挪用资金罪中的"利用职务上的便利"，主要是指公司、企业或者其他单位的工作人员利用其所享有的主管、管理或者经手本单位资金的方便条件。[①]其中，所谓"主管"，是指不具体负责经手、管理单位资金，但对单位资金享有收益或者处分的职权，也就是享有审查、批准、调拨、转移、安排使用或者以其他方式支配单位资金的职权。所谓"管理"，是指具有保管、看守单位资金的职权。所谓"经手"，是指因执行职务而有领取、使用，或者发出、报销资金的职权。可以说，"利用职务上的便利"构成了挪用本单位资金的前提条件，但需注意，此处的"利用职务上的便利"应作较为狭义的理解，也就是说，挪用资金罪中的"利用职务上的便利"并不包含因工作关系熟悉作案环境、容易接近本单位资金等方便条件，这一点显然同职务侵占罪有所区别。通过前述内容可知，职务侵占罪也需要行为人利用职务上的便利实施相关行为，不过职务侵占罪中的"利用职务上的便利"含义更宽泛，既包括利用职务上的便利条件，也包括利用工作上的便利条件。这一点的不同之处，在1995年全国人大常委会公布的《关于惩治违反公司法的犯罪的决定》中就有体现，即其第10条规定："公司董事、监事或者职工利用职务或者工作上的便利，侵占本公司财物"，第11条规定："公司董事、监事或者职工利用职务上的便利，挪用本单位资金归个人使用或者借贷给他人。"[②]不过，在现行刑法中，职务侵占罪和挪用资金罪的条文表述中并没有显示出这样的区别，但在理解时确实要注意两罪在"利用职务上的便利"上的区别。

在把握挪用资金罪的"利用职务上的便利"的内涵方面，其实在实践中还有一个稍有困惑的问题，就是行为人利用在本单位担任领导职位所形成的便利条件间接挪用本单位资金的行为能否认定为利用职务上的便利。一般认为，公司、企业或者其他单位的工作人员，例如出纳、财务或者销售、业务人员等可以利用管理、支配和经手本单位资金的便利挪用本单位资金，此种行为构成挪用资金罪并无异议，而公司、企业或者其他单位的厂长、经理、董事、监事等领导利用上下级的关系指令直接管理、经手单位资金的人员将本单位资金交出，数额较大，继而进行营利活动或者进行非法活动，此种情况并没有直接利用其主管、经手本单位资金的便利，但如果不按挪用资金罪定罪，似乎不符合刑法的立法

---

① 王作富主编：《刑法分则实务研究（中）》，中国方正出版社2010年版，第1010页。

② 郑厚勇：《挪用型职务犯罪新论》，中国检察出版社2005年版，第198页。

本意。对此,就有必要对"职务上的便利"本身有所理解,须知,行为人要利用职务上的便利条件进行违法犯罪活动,只能是利用其手中掌握的职权,即被一定组织所赋予的权力资格和地位来进行。职务的职责方面对于行为人是一种约束,行为人对权力的滥用恰恰是对其职责的违反,所以行为人利用职务上的便利主要是利用行为人的职权上的便利。而职权上的便利包括"职权本身的便利"和"职权派生的便利",所谓"职权本身的便利",是指行为人所实际享有的权力系统指向的一切方便条件,这是其身份所直接对应的方便条件,如会计人员享有的控制财物的便利,这是职权本身的内容;而所谓"职权派生的便利",是指职务主体所拥有的职务权力的附属便利,附属便利条件的存在基础是因为职权具有职务范围内的权力和地位,围绕着其职权和地位,在其从事特定事务中与他人形成一定的制约关系,包括纵向上的职务从属关系和横向上的职务渗透关系。这些制约关系并非职权范围之事物决定权,但它直接影响他人的意志,从而为自己带来便利。[①]很明显,公司、企业或者其他单位的厂长、经理、董事、监事等领导间接挪用本单位资金所利用的职务上的便利,就属于上述"职权派生的便利"中所言的附属便利条件,如果一定要将此种情形排除在"利用职务上的便利"之外的话,就会缩小、曲解"利用职务上的便利"的内涵。基于此,笔者认为,"利用职务上的便利"的内涵可分为两种:一是利用自己直接主管、管理、经手单位资金的便利,如公司、企业或者其他单位的会计、出纳等财务人员,携带单位资金出外办理采购的业务人员等,他们掌握大量的单位资金,对单位资金有直接的经管权力,有挪用资金的职务上的便利;二是利用在本单位担任领导职位所形成的便利条件,如公司、企业或者其他单位的厂长、经理、董事、监事或者其他领导,他们可能并没有直接主管、管理、经手单位资金的职权,可是他们却可以利用上下级的关系亲自或者命令、指挥本单位相关部门的直接管理单位资金的工作人员调动和划拨单位资金,归个人使用或者借贷给他人。这种间接的挪用资金的方式同样利用了他们职务上的便利。当然,由于各行为人的行业性质不同,职务不同,职权范围也不同,相应地所形成的便利条件就会有所区别,但却不能因此否定"利用职务上的便利"在内涵上的宽泛性。

(二)"挪用本单位资金归个人使用或者借贷给他人"的理解

"挪用本单位资金归个人使用或者借贷给他人"是挪用资金罪的客观行为方式之一。其中,有学者就认为包括了挪用本单位资金归个人使用和挪用本单

① 罗猛:《挪用犯的理论与实践探索》,清华大学出版社 2010 年版,第 66—67 页。

位资金借贷给他人两种相互并列且内容各自独立的行为。[①]然而，对于这两种行为方式，有观点认为其并非并列关系，而是一种包容关系，即“借贷给他人”从本质上看仍然属于“归个人使用”的范围，因为根据2004年9月8日全国人民代表大会常务委员会法制工作委员《关于挪用资金罪有关问题的答复》和公安部《关于对挪用资金罪中“归个人使用”有关问题的批复》的规定，挪用资金罪中的“归个人使用”与《刑法》第384条规定的挪用公款罪中的“归个人使用”的含义基本相同。[②]正是由于挪用公款罪中只有“归个人使用”的情形，所以挪用资金罪中如果将“借贷给他人”单独列出的话，就会带来它与“归个人使用”间的协调问题。所以，在这种包容关系之下，“借贷给他人”是对“归个人使用”情况的一种强调，也只有此，才能够保证挪用公款罪与挪用资金罪罪状关系的协调。[③]对此，笔者认为，对于“归个人使用”和“借贷给他人”之间究竟应当界定为并列关系还是包容关系，首先需要对“归个人使用”有所理解。最初有学者认为，挪用本单位资金归个人使用是指用于本人生活、经营以及非法活动，归个人的挪用完全由本人实施。[④]该观点把“归个人使用”仅理解成行为人本人自用，显然欠缺科学性，因为从“个人”含义之理解，固然主要是指自然人，但自然人绝非仅指行为人本人，还应包括其他自然人。因此，2000年7月27日最高人民法院《关于如何理解刑法第二百七十二条“挪用本单位资金归个人使用或借贷给他人”问题的批复》规定：“公司、企业或者其他单位的非国家工作人员，利用职务上的便利，挪用本单位资金归本人或者其他自然人使用。或者挪用人以个人名义将所挪用的资金借给其他自然人和单位，构成犯罪的，应当依照刑法第二百七十二条第一款的规定定罪处罚。”应当说，该批复很好地解决了以上问题，就是把挪用本单位资金归个人使用分为“归本人使用”和“归其他自然人使用”。如此看来，似乎“归个人使用”中的“个人”仅指自然人，而不包括单位。从“个人”的表面含义理解，似乎并无不妥，但其实不然，因为从该批复的规定内容来看，其还有“挪用人以个人名义将所挪用的资金借给其他自然人和单位”的表述，很显然，所谓挪用本单位资金归个人使用就包括了“以个人名义将本单位资金供其他单位使用”的情形，因此，对于行为人所挪用资金的实际使用人即“个人”来说，应作宽泛解释，其不仅指自然人（包括行为人本人和其他自然人），还包括其他单位。因为“以个人名义将本单位资金供其他单位使用”在实践中多表现为在单位的

① 于宏：《挪用犯罪论》，中国检察出版社2005年版，第82页。
② 刘秀：《挪用资金罪构成要件探析》，《贵州警官职业学院学报》2009年第2期。
③ 罗猛：《挪用犯的理论与实践探索》，清华大学出版社2010年版，第125—126页。
④ 陈兴良：《刑法疏议》，中国人民公安大学出版社1997年版，第445页。

出借款条上或者其他提供款项的文件上签的是个人的名字，且无单位的印章。从资金使用者的身份看，虽然是单位，但手续上反映的却是行为人个人把资金借出。之所以说这种情况仍属于“归个人使用”，是因为虽然单位负责人或经手、管理单位资金的其他人员在职权范围内具有决定一定数额资金使用的权力，但那实际上是单位赋予其代表单位正确支配、使用资金的权力，决不意味着单位授权其可以以个人名义任意非法支配、使用单位资金，从出借资金单位的利益、挪用性质上考虑，以个人名义将单位资金供其他单位使用，本身就是将单位资金非法置于个人支配之下的一种表现形式。诚然，从对客体侵害的角度来看，不管将挪用的资金归本人自己使用还是归其他自然人、单位使用，本单位的资金占有、使用等权利都同样的受到了侵害。

在明确了挪用资金罪中“归个人使用”的含义之后，有必要注意的是，鉴于挪用资金行为中借贷给他人使用是一种比较突出的情况，所以立法上在规定“归个人使用”的同时，进一步明确了“借贷给他人”属于挪用资金罪的表现形式之一，那么这是否就意味着两者间是一种并列关系而非包容关系呢？对此，也确实有学者坚持这样的观点，其认为这里的“借贷给他人”只应理解成作为资金用途之一的有偿借贷，也即有偿给他人使用，而“归个人使用”中的“归其他自然人使用”或“以个人名义将本单位资金供其他单位使用”，都必须是非借贷形式的，一般是无偿的使用，如果是有偿的借贷让与则与借贷给他人使用的情形发生交叉。由此可见，在挪用资金罪中，“归个人使用”和“借贷给他人”是两种相互分野的行为，这一点同挪用公款罪是存有差别的。①然而，笔者认为，该观点恰恰忽视了这样一个事实，即挪用资金罪是发端于挪用公款罪的，其目的是将国家工作人员的挪用行为与非国家工作人员的挪用行为这两种社会危害性相差较大的行为进行区别惩处，而不是在主体之外也对客观方面有新的规定。②关于挪用公款罪中“归个人使用”的含义，主要是由 2002 年 4 月 28 日全国人大常委会《关于刑法第三百八十四条第一款的解释》来予以界定的，具体而言，挪用公款罪的“归个人使用”包括三种情形：(1)将单位公款供本人、亲友或者其他自然人使用的；(2)以个人名义将单位公款供其他单位使用的；(3)个人决定以单位名义将单位公款供其他单位使用，谋取个人利益的。可见，挪用公款罪的“归个人使用”中已经内在地将“借贷给他人”包容进去，所以并没有对其加以单列。该解释对挪用公款罪之“归个人使用”含义的解释好像要比挪用资金罪之“归个

① 于宏：《挪用犯罪论》，中国检察出版社 2005 年版，第 82 页。

② 罗猛：《挪用犯的理论与实践探索》，清华大学出版社 2010 年版，第 124 页。

人使用”含义的解释宽。①这样看来，似乎在司法实践上产生了歧义，但笔者认为，实际上2002年全国人大常委会的立法解释同2000年最高人民法院的批复比较起来，其内在含义有着殊途同归之处，不仅两者都强调了行为人挪用的资金可以由本人、其他自然人和单位来实际使用，而且不论挪用本单位资金是“以个人名义借贷给他人”的行为还是“个人决定以单位名义借贷给他人，谋取个人利益”的行为，都是将本单位的资金在自己的意志之下支配，都侵犯了单位的资金所有权和本人应该具有的职务廉洁性，本质上都属于挪用资金归个人使用，因此，把“归个人使用”同“借贷给他人”界定为包容关系，是保持与挪用公款罪的“归个人使用”相一致，实现刑法条文相互协调和统一的应有之义。更为重要的是，随着2004年全国人大常委会法制工作委员会的答复和公安部的批复先后公布，因其较之2000年最高人民法院的批复更为完善和科学，使得后者归于失效，也由此使得“借贷给他人”的规定被“归个人使用”完全涵盖，失去了存在的原有意义。因为“借贷”强调的是行为方式，而这里的“供”强调的则是有对象接受资金，当作“提供给”解释，提供的行为方式不在考虑的范围之内，无论是借给接受人使用还是赠与接受人使用均可，即使除此之外还有其他的方式也不存在什么问题，“借贷”只是“供”的一种行为方式，为“供”所包含。另外这里的“借贷给他人”实质上应是个人行为，包括将资金借给亲友或其他自然人，以个人名义将资金借给其他单位或为谋取个人利益，个人决定以单位名义将资金借给其他单位等情形，但这几种情形也只是“归个人使用”所罗列的三种情形的一部分，存在于“归个人使用”之中，实无单列的必要。②总之，“借贷给他人”从本质上看仍然属于“归个人使用”的范畴，《刑法》第272条之所以规定“借贷给他人”，并不是刑法法条在第384条基础上的创新，而是在该条基础上的明确化表现，仅此而已。

那么，对于挪用资金罪中的“借贷给他人”，实际上还涉及这样的一个问题，就是行为人挪用本单位资金借贷给他人使用时是否以谋取私利为必要。就此问题而言，从2002年全国人大常委会的立法解释来看，所谓“借贷给他人”，具体就是指附加了“以个人名义”一个条件的借贷给他人使用和附加了“个人决定”和“谋取个人利益”两个条件的借贷给他人使用两种情形。③对于前一情形，就是当以个人名义借贷给他人时就已无所谓私利的判断问题，因为单位的资金

---

① 王作富主编：《刑法分则实务研究（中）》，中国方正出版社2010年版，第1011页。

② 吴强兵：《挪用型犯罪客观行为研究》，兰州大学2010年硕士学位论文，第24—25页。

③ 徐虹：《挪用公款“归个人使用”立法解释的理解与适用》，《华东刑事司法评论》2002年第2期，第177页。

被以个人的名义挪用借贷，资金的所有权已被侵犯，个人的名义实质是私人的精神利益。[①]虽然从立法解释的内容上看，在此种情形中并没有强调行为人必须为“谋取个人利益”而挪用，但实际上，所谓“归个人使用”，其最本质的特征就是使资金进入流通领域，以便行为人挪用以后谋取私利。[②]具体而言，有两种使用情况：一是行为人自己挪出资金后自己加以使用，二是行为人以个人名义通过将挪用的资金交给他人使用(其中大多为借贷给他人使用)，而自己从使用人那里获取利益(包括物质利益和非物质利益)。由此可见，在第二种情况中，行为人显然是把本单位资金作为自己谋取私利的工具来使用的，只不过使用的方式与第一种情况不同罢了，二者对资金所有单位的资金所有权的侵犯并没有任何实质上的区别；对于后一情形，由于其附加条件中明确包含了“谋取个人利益”，显而易见，在此情形中行为人谋取私利这一主观目的是必要的。不过，在“个人决定以单位名义借贷给他人，谋取个人利益”情形中，由于行为人是以单位名义实施借贷行为的，所以在实践中有时很难区分个人行为还是单位行为，此种借贷行为除了可能谋取了个人利益外，还有可能谋取了单位利益，如果这两种结果是基于行为人既为谋取个人利益又为谋取单位利益的主观意图和目的而实施同一行为所致，那么第一种结果就是“归个人使用”的挪用犯罪，第二种结果就是单位之间非法拆借。[③]可见，对于“个人决定以单位名义借贷给他人，谋取个人利益”的行为实际上只能是界定为行为人假冒单位名义所进行的借贷行为，其必须同真正以单位名义将本单位资金借贷给他人也即执行单位决定的行为区分开来。但是，实践中准确地作出如此区分又谈何容易，为此，有学者尝试对“谋取个人利益”提出如下比较严格的界定：(1)这种利益应该是本单位资金出借后所获取的全部利益，即纯粹的个人利益，而单位无论根据约定还是事实上都不会也没有获得丝毫利益；(2)这种利益应该是具体的、直接的，而不是抽象的、间接的，这样可以限定对这类犯罪的惩治范围；(3)“谋取个人利益”并不要求一定要实际获取利益，只要有事实表明行为人与使用人约定给予行为人某种利益，或者行为人单方面向使用人提出获取某种利益的要求，即可构成“谋取个人利益”。[④]笔者认为，上述界定标准虽然在实践中具体操作与把握可能还有难度，但不可否认，其将落脚点放在行为实施后利益的归属问题上还是非常可取的，这对于正确考察个人决定的以单位名义实施的某一行为究竟是个人行为还

① 于宏：《挪用犯罪论》，中国检察出版社2005年版，第83页。

② 王作富：《挪用公款罪司法认定若干问题研究》，《政法论坛》2001年第4期。

③ 郑厚勇：《挪用型职务犯罪新论》，中国检察出版社2005年版，第156页。

④ 徐虹：《挪用公款“归个人使用”立法解释的理解与适用》，《华东刑事司法评论》2002年第2期。

是单位行为都是有所裨益的。

（三）挪用本单位资金的具体用途

所谓“挪用”，就是指行为人未经合法批准，擅自改变本单位资金的原来用途，作其他用途。①所以，理解挪用资金罪的挪用行为时，对行为人所挪用的资金的具体用途应当有所把握，具体而言，包括用于非法活动、营利活动以及其他个人用途三种形式的用途。值得注意的是，这三种具体情节在构成挪用资金罪时具有不同的要求，以下分而述之。

首先是挪用本单位资金归个人使用或者借贷给他人，进行非法活动。其中，所谓“非法活动”，就是指国家法律所禁止的一切活动，包括犯罪活动和一般的违法活动，但有学者依据1998年最高人民法院《关于审理挪用公款案件具体应用法律若干问题的解释》的规定，将“非法活动”列举为进行走私、贩毒、嫖娼、赌博、非法经营等违法犯罪活动。②如此理解“非法活动”固然不错，但可能还不能穷尽“非法活动”所涵摄的范畴，实际上，行为的非法因素分量的轻重需要结合国家机关对该行为的打击、控制松紧程度而论，并非一成不变，换言之，行为中非法因素的多寡取决于国家法律的规定，进而可以决定行为的性质，因此，在挪用型犯罪中，如果“非法活动”仅限于上述解释中列举的情形的话，那么对“非法活动”范围的认识过于狭窄了，也与《刑法》第384条规定不协调，而把“非法活动”分为犯罪活动和一般违法活动，不会与《刑法》第384条规定的构成要件和处罚规定相冲突，适用于具体案件，处理结果也显得较为合理和公平。③总之，活动是否“非法”，其判断标准就应该是全国人大及其常委会制定的法律和决定，国务院制定的行政法规、规定的行政措施、发布的决定和命令。由于挪用本单位资金进行非法活动，就会使该资金处于流失、不能收回的状态，容易导致单位丧失对该资金的所有权，所以对于该种情形，刑法没有限制挪用时间和挪用数额。④应当说，挪用资金进行非法活动这一事实本身就证明该行为的危害性已达到应当以犯罪论处的程度，所以较之另两种挪用资金的行为，立法者对其不作挪用时间和挪用数额的具体限制无可厚非，但是，从便利司法操作的角度考虑，在具体认定挪用资金行为时，还是有必要对挪用数额有所考虑的。根据2010年最高人民检察院、公安部《关于公安机关管辖的刑事案件立案追诉标准的规定（二）》第85条的规定，挪用本单位资金数额在5千元至2万元以上，进

① 李希慧主编：《刑法各论》，武汉大学出版社2009年版，第244页。

② 何秉松主编：《刑法教科书》（下卷），中国法制出版社2000年版，第1126页。

③ 郑厚勇：《挪用型职务犯罪新论》，中国检察出版社2005年版，第63页。

④ 刘秀：《挪用资金罪构成要件探析》，《贵州警官职业学院学报》2009年第2期。

行非法活动的，应予立案追诉。可见，最新的司法解释对挪用资金进行非法活动的构罪要求还是确立了相应的数额标准，对此理应有所关注。

其次是挪用本单位资金归个人使用或者借贷给他人，数额较大，进行营利活动。对于其中"营利活动"的理解，既要注意其一般语义，也要进行体系性的刑法解释。"营利"之"营"，其义为"谋求"，因此，从一般语义上理解，凡是谋取利益的行为都可以纳入"营利活动"。但是，这个语词在刑法中作为专门术语，无疑应与"挪用资金"、"非法活动"等用语一起作协调性、体系性的界定。据此，《刑法》第 272 条中的"营利活动"，仅仅是指以合法手段谋取合法经济利益的行为，不包括非法的谋取经济利益或谋取非法经济利益的行为，更不包括谋取非经济利益的行为。如果营利活动非法或目的非法，应属于非法活动的范围。可以说，"营利活动"实际上含义较为广泛，只要行为人挪用资金后自用或者参与使用这笔资金，有可能得到收益或者减少自己的支出，都属于刑法挪用型犯罪的"营利活动"范畴。①据此，"营利活动"具体可包括经商、投资、炒股等以谋取利润为目的的经营性活动，至于经营性活动是否已经实际获得利润，不影响本罪的成立。所以，"营利活动"包括了营利的实施活动和营利的准备活动。②当然，有学者对营利的准备活动认定为"营利活动"持有异议，其认为挪用的资金虽然使用了，但并没有直接用于经营性活动，不可能产生任何直接的利润，无直接的利润可图，其危害性与挪用资金后直接进行营利活动的行为有很大的区别。③笔者认为此观点不妥，因为营利活动之所以区别于其他归个人使用的行为，是因为其危害性更大。而营利的准备活动之所以是其不可缺少的环节，是因为这种行为虽然表面上对被挪用的单位造成的损害不大，但其却是行为人挪用资金后等待时机，准备投入营利活动的行为，其必然使得今后的经营性运作带有一定的风险性，从而增大了市场经济中的不安定因素，所以，营利的准备活动的危害性不容忽视，更不应将其排除于"营利活动"的范围之外。除此之外，在此种情形的挪用资金行为中，还有挪用数额方面的限制，即"数额较大"是挪用资金进行营利活动构成犯罪的起刑点，关于"数额较大"的具体数额标准，属于一个简单的司法适用的问题，就是根据 2010 年最高人民检察院、公安部《关于公安机关管辖的刑事案件立案追诉标准的规定(二)》第 85 条的规定，挪用本单位资金数额在 1 万元至 3 万元以上，进行营利活动的，应予立案追诉。当然，上述规定

① 韩玉蓉、曹晓晔：《论挪用型犯罪中"营利活动"的司法认定》，《中国刑事法杂志》2005 年第 2 期。

② 郑厚勇：《挪用型职务犯罪新论》，中国检察出版社 2005 年版，第 65 页。

③ 孙国祥：《挪用公款罪争议问题研究》，《南京大学法律评论》2002 年第 1 期。

只是原则性规定，各地司法机关在办案实践中，可以根据本地实际情况，按照本解释规定的数额幅度，确定本地区执行的具体数额标准。

再次是挪用本单位资金归个人使用或者借贷给他人，数额较大，超过三个月未还。此种情形的挪用资金行为是指挪用资金进行非法活动和营利活动以外的其他挪用资金行为，如挪用资金进行旅游观光、购买生活资料等行为。这种行为要构成挪用资金罪，就必须同时符合挪用时间和挪用数额的限制要求，至于挪用数额，是与挪用资金进行营利活动情形中的数额标准完全一致的，故不必赘言。在此，重点需要关注的是“超过三个月未还”这一具体情节。有学者认为，挪用资金超过了三个月未还中的“未还”是指超过了三个月，在案发前，即被司法机关、主管部门或者有关单位发现前，尚未归还。如果挪用期限未超过三个月，或者虽然超过三个月，但在案发前已自动归还了，不构成本罪，应由单位内部作违反财经纪律处理。①另有观点则认为，“超过三个月未还”是指从挪用之日起三个月内没有归还，包括案发前已归还但超过三个月的和案发时尚未归还已超过三个月的情况。②两相比较，笔者赞同后一观点，因为“超过三个月未还”作为构成挪用资金罪的事实要素，是一经出现就该当犯罪的，所以只要未还的期限达到三个月，犯罪就成立了。③如果按照前一观点，那么不但会将挪用资金罪的处罚范围极大的缩小，不利于惩治挪用单位资金的危害行为，反而会助长某些犯罪人利用刑法规定短期挪用单位资金的行为，侵害单位财产的所有权，因为假如将“未还”理解为案发前未还，则犯罪人越狡猾，作案手段越隐蔽，就越可能逃避制裁。另外，随着我国经济的迅速发展，挪用资金罪作为侵财型犯罪之一，当前挪用资金罪的犯罪数额正呈不断增加扩大的趋势，其侵害的领域也不断地扩大，那么在此情形下，如果说挪用1万元，超过三个月未还被发现后按照挪用资金罪被处罚，而挪用100万元但是差一天不到三个月归还却不构成犯罪，这是显失公平的。更何况，挪用资金犯罪侵犯的是单位资金的使用权和收益权，在客观方面挪用时间的长短只是影响其社会危害性大小的一个重要因素，与案发前是否归还没有直接联系，后者只是量刑时应考虑的因素。④因此，挪用本单位资金归个人使用或者借贷给他人，数额较大，超过三个月，虽在案发

---

① 高铭暄主编：《新编中国刑法学》，中国人民大学出版社1998年版，第800页。

② 罗猛：《挪用犯的理论与实践探索》，清华大学出版社2010年版，第92页。

③ 高雪峰：《挪用资金罪司法疑难问题探讨》，上海社科院法学研究所2007年硕士学位论文，第9页。

④ 郭立新、黄明儒主编：《刑法分则适用典型疑难问题新释新解》，中国检察出版社2010年版，第426页。

前已归还的，仍可以构成挪用资金罪，但可根据不同情况对行为人予以从轻或者免除处罚。

（四）保险从业人员的挪用资金犯罪行为的认定

在保险领域，保险从业人员挪用资金的犯罪行为亦不容忽视。由于利益的驱动性是涉保险犯罪的重要特征，因此涉保险犯罪行为的产生正是行为人追求个人利益最大化的结果，这一点在保险从业人员的挪用资金犯罪行为上也有着至为明显的体现，由于受到获取非法利益的内因驱动，一些保险从业人员不顾保险机构的经营规则和保险资金的运作规则，利用其职务便利挪用保险资金并从中获利。其中，保险资金就是行为人所瞄准的主要犯罪对象，保险资金包括保险机构的保险金以及保险客户交纳的保险费，而行为人挪用保险资金的行为说明目前涉保险犯罪的犯罪对象已从保险金扩大到了保险费。可以说，保险资金是专门用于支付保险赔款的专用资金，每个保险机构都应依法留足保险准备金，以保证偿付的需要，若随意挪作他用，将会有损保险机构的偿付能力，偿付能力是保障保险机构经营安全和投保人合法权益的最重要因素。作为经营风险的保险机构，其偿付能力也关系到广大投保人的利益，所以，保险机构的偿付能力受损会破坏保险法律关系的稳定性，对保险业的安全发展也会造成极大威胁。有鉴于此，根据《刑法》第 185 条第 1 款的规定，对保险从业人员挪用保险资金的行为也作出了犯罪化的处理，这样就可以通过惩治相关犯罪行为来规范对保险资金的运营和管理，并使保险机构的内控制度和监管力度有所加强。

当然，在此需要明确的是，《刑法》第 185 条第 1 款之所以将行为人挪用保险公司和保险客户的资金的行为按照《刑法》第 272 条的挪用资金罪论处，是因为它们的客观行为表现是一致的，这就涉及到《刑法》第 185 条第 1 款和《刑法》第 272 条这两个法条的关系处理问题，其实，两者体现为注意规定和基本规定的关系，所谓注意规定就是在刑法已作基本规定的前提下，提示司法人员注意，以免司法人员忽略的规定。注意规定表述的内容与基本规定的内容完全相同，因而不会导致将原本不符合相关基本规定的行为也按基本规定论处。《刑法》第 185 条第 1 款就属于注意规定，就是该条款规定的主体所实施的行为完全符合《刑法》第 272 条所规定的挪用资金罪的构成要件时，就成立挪用资金罪。[①]显然，《刑法》第 185 条第 1 款是在刑法已有挪用资金罪规定的前提下，为了重视打击破坏金融管理秩序的犯罪，为了提示司法机关注意打击金

① 张明楷：《刑法分则的解释原理》，中国人民大学出版社 2004 年版，第 247—249 页。

融领域的挪用资金犯罪而规定的。换言之,即使没有《刑法》第185条第1款的规定,对保险从业人员利用职务之便挪用本单位资金或客户资金的也应当以挪用资金罪处罚。

实践中,保险从业人员利用保险机构内控机制不健全以及保险资金运营和管理上的漏洞实施的挪用资金犯罪行为并不鲜见,从司法机关查处的保险领域职务犯罪来看,很多就属于此类案件,例如近年来被誉为"中国保险第一大案"的新华人寿保险股份有限公司(以下简称"新华人寿公司")前董事长关国亮涉嫌挪用资金案件即为典型一例。

据查,2004年10月,关国亮利用职务便利,以新华人寿公司的自建项目需要借款的虚假名义,将新华人寿公司的资金2.61亿元擅自挪用给其弟关国星担任法定代表人的黑龙江贯通投资有限公司,用于投资经营活动,谋取个人利益。此外,关国亮还于2003年挪用3 000万元用于其弟关国星经营的黑龙江斯达投资有限公司以及挪用3 100万元至其哥关和平经营的北京华瀛置业有限公司。对于这三项挪用资金的指控,法院只认定了其中最大一笔2.61亿元的挪用资金数额,另两项共计6 100万元的挪用指控因证据不足,未予认定。最终经法院审理认为,关国亮构成挪用资金罪,被判处有期徒刑六年。

在该案中,尽管指控关国亮挪用资金的数额变化幅度较大,但其挪用新华人寿公司的资金2.61亿元,显然已经达到"数额巨大"的标准,同时,关国亮身为新华人寿公司的董事长,具有保险从业人员之身份,这一身份亦决定其能够利用自身职务便利实施相关行为,而且其将2.61亿元资金擅自挪用给其弟的公司从事经营活动,显然符合了"挪用本单位资金归个人使用或者借贷给他人,数额较大,进行营利活动"这一挪用资金罪客观方面的情节,因此,关国亮的行为与挪用资金罪的构成要件完全相符,对其适用该罪名论处应当没有任何疑义。

从关国亮案件中不妨得到如下启示:保险机构经营成败,不仅关系到全体投保人利益,而且同社会稳定与否息息相关,因此监管机构责任重大。关国亮之所以能够运用巨额资金违规经营,既有保险机构内部治理不完善的原因,也有外部监管不充分的原因。所以,作为外部监管者的保监会应当使监管落到实处,需要从完善保险机构治理、强化内部控制着手,加强对保险公司内控建设的规范和指引,促使其合法合规经营。同时,加强偿付能力监管,可以帮助保监会及时、迅速发现保险机构存在的问题,以降低保险机构危机发生的可能性。申言之,保监会要对保险机构偿付能力出台具体规定,用制度约束保险机构。此外,最为关键的还是必须加强对保险资金运用的监管,一是保险机构要强化内部风险控制，保证保险资金安全运作，注重保险资金决策与运用的分开，二是在外部监管方面着眼于抑制保险机构的过度投机。对此，保监会与银监会、证监会等其他监管机构之间应加强信息沟通，密切关注资金的投向，这样才能防止类似关国亮违规挪用保险资金的案件再度发生。

四、挪用公款罪

（一）挪用公款罪概述

依据《刑法》第384条，挪用公款罪主要是指国家工作人员利用职务上的便利，挪用公款归个人使用，进行非法活动的，或者挪用公款数额较大、进行营利活动的，或者挪用公款数额较大、超过三个月未还的行为。①

从上述挪用公款罪的概念可知，由于其同挪用资金罪一样，同属于挪用型犯罪，所以这两项罪名在犯罪构成的主、客观条件方面有相同之处。例如两者主观方面都是故意，并具有暂时非法占有和使用单位资金或者公款的目的，在客观方面，行为人都是利用主管、经手、管理本单位资金或者公款的职务便利，挪用资金或公款归个人使用，挪用行为的法律特征也是相同的。②不过，与挪用资金罪相比，挪用公款罪在构成要件上亦有其特殊之处，主要体现在犯罪对象和犯罪主体两个方面。

不言而喻，挪用公款罪的犯罪对象主要就是公款。所谓公款，结合前述《刑法》第91条关于“公共财产”的规定，公款即指公共财产的一种，是公共财产中以货币形式表现的那部分，是公共货币资金，也包括某些以有价证券形式呈现的公共财产，如国库券、债券、支票等。③从如上对公款含义的定性来看，似乎挪用公款罪的犯罪对象一般不包括公物，因为公共财物包括公款和公物，公款与公物之间不仅不能相互包容，而且在作为公共财物的种类上还是对立的。④这样的理解看起来没有问题，但将挪用公款罪的犯罪对象仅限于公款，挪用公物的行为一概不构成挪用公款罪的观点显得过于绝对了。因为《刑法》第384条第2款又规定：“挪用用于救灾、抢险、防汛、优抚、扶贫、移民、救济款物归个人使用的，从重处罚。”有了该条款之规定，似乎挪用公款罪的犯罪对象不仅指公款，公

---

① 《刑法》第384条规定：“国家工作人员利用职务上的便利，挪用公款归个人使用，进行非法活动的，或者挪用公款数额较大、进行营利活动的，或者挪用公款数额较大、超过三个月未还的，是挪用公款罪，处五年以下有期徒刑或者拘役；情节严重的，处五年以上有期徒刑。挪用公款数额巨大不退还的，处十年以上有期徒刑或者无期徒刑。”

② 郑厚勇：《挪用型职务犯罪新论》，中国检察出版社2005年版，第206—207页。

③ 孟庆华：《挪用公款罪研究新动向》，北京大学出版社2006年版，第247页。

④ 赵慧、张忠国：《贪污贿赂犯罪司法适用》，法律出版社2006年版，第97页。

物亦可包括于对象范围中，之所以在刑法上作出如此规定，也许考虑到这些公物就其原本所有权的主体而言，可能分别归属国有、劳动群众集体所有、个人财产或者合伙财产等，但是在由这些主体所捐赠、赞助等而形成特定款物后，其所有权即归管理、使用这部分的单位、机构所有，在性质上，这些财产仍然属于公共财产。[①]不过，从此也可看出，虽然有了《刑法》第384条第2款的规定，挪用公款罪的犯罪对象范围应从广义去理解，即应当包括公款和公物，但需注意，此处所言的公物并非泛指一切公物，而是指用于救灾、抢险、防汛、优抚、扶贫、移民、救济七种特定用途的公物，挪用此范围以外的非特定公物的，不构成挪用公款罪。这在2000年3月15日最高人民检察院《关于国家工作人员挪用非特定公物能否定罪的请示的批复》中可以找到依据，即该批复指出："《刑法》第384条规定的挪用公款罪中未包括挪用非特定公物归个人使用的行为，对该行为不以挪用公款罪论处。如构成其他犯罪的，依照刑法的相关规定定罪处罚。"在笔者看来，该批复之所以如此规定，乃是基于以下考虑：(1)公物虽是用公款购买，但是，公款一旦转换成公物，二者的性质和作用就发生了变化；(2)挪用公物与挪用公款在数额相同的条件下，其实际危害程度是不完全相同的，把公物折价与挪用同等数额的公款相提并论，难以实现罪责刑相适应原则的要求；(3)对法律规定作不利于被告人的扩大解释，应当严格控制。对法律规定的公款扩大解释为可以包括任何公物，有损现代刑法的人权保障使命。[②]诚然，挪用非特定公物的情况虽然在现实中确实存在，但其与挪用公款和挪用特定公物比较起来，社会危害性是不能相提并论的，因而挪用非特定公物的行为不具有犯罪的本质属性，如果一定要将非特定公物也认定为挪用公款罪的犯罪对象的话，实有违背罪刑法定原则之嫌。

不论公款还是特定公物，由于都属于公共财物的范畴，因此突出的都是其公有属性，也即指国家和集体所有。具体就是依据《刑法》第91条的规定，包括国有款项、劳动群众集体所有的款项和用于扶贫和其他公益事业的社会捐助或者专项基金的款项，以及在国家机关、国有公司、企业、集体企业和人民团体管理、使用、运输中的私人所有的款项，也应以公共财产论。至于特定公物，也必须强调公有性，即归国家和集体所有。应当说，这是针对《刑法》第384条典型的挪用公款罪而言，按照所有权性质来确定犯罪对象的范围并无疑义。但是，

---

① 郭立新、黄明儒主编：《刑法分则适用典型疑难问题新释新解》，中国检察出版社2010年版，第762页。

② 王作富：《挪用公款罪司法认定若干问题研究》，《政法论坛》2001年第4期。

需要注意的是，我国刑法中还同时规定了非典型的挪用公款罪，分别是《刑法》第 185 条第 2 款以及《刑法》第 272 条第 2 款。①这两个法条规定的非典型的挪用公款罪是一种法律拟制，其对象是非国有单位的资金，虽然可能有公款的成分，但不能据此作公款认定。②然而，这些非国有单位的资金虽然不能被认为是公款，但依然可以作为挪用公款罪的犯罪对象，原因就在于这两个法条作为挪用公款罪的特殊形式加以规定，并没有强调被委派到非国有单位的国家工作人员挪用该单位的资金必须具有公有性质。同时，该条规定着眼于行为人的身份必须是国家工作人员，并不在于挪用资金的性质，表明法律对国家工作人员保持职务行为廉洁性方面提出了严格的要求，因而他们应当对于自己挪用公款的行为承担更重的法律责任。据此，上述国家工作人员实施《刑法》第 185 条第 2 款和《刑法》第 272 条第 2 款规定的挪用资金行为，只要同时在数额、资金用途及未归还的期限方面符合挪用公款罪的定罪标准，就应按挪用公款罪论处，至于该单位的资产是否属于国有或国有资产占多大比例，均对本罪的成立不产生影响。基于此，有学者主张挪用公款罪中的公款其实从所有权性质而言，有当然的公款和拟定的公款之分，前者属于《刑法》第 384 条中典型的挪用公款罪的犯罪对象，后者则是《刑法》第 185 条第 2 款和《刑法》第 272 条第 2 款规定的非典型挪用公款罪的犯罪对象。③笔者对此也深表赞同，其中拟定的公款中显然包含了非国有单位的资金，由于这部分资金的存在，也就凸显了挪用公款罪在犯罪对象上的特殊性。

与挪用资金罪相比较，挪用公款罪在犯罪主体上亦有特殊性，即为国家工作人员。至于国家工作人员范畴的认定，笔者在前文探讨贪污犯罪时已有详述，由于挪用公款罪与贪污罪同属贪污贿赂犯罪一章内的具体个罪，因此其犯罪构成要件必然有着包容或交叉之处，体现在犯罪主体上两者就是完全一致的。基于此，笔者就不再对挪用公款罪的犯罪主体即国家工作人员予以重复赘述了。

---

① 《刑法》第 185 条第 2 款规定："国有商业银行、证券交易所、期货交易所、证券公司、期货经纪公司、保险公司或者其他国有金融机构的工作人员和国有商业银行、证券交易所、期货交易所、证券公司、期货经纪公司、保险公司或者其他国有金融机构委派到前款规定中的非国有机构从事公务的人员有前款行为的，依照本法第三百八十四条的规定定罪处罚。"《刑法》第 272 条第 2 款规定："国有公司、企业或者其他国有单位中从事公务的人员和国有公司、企业或者其他国有单位委派到非国有公司、企业以及其他单位从事公务的人员有前款行为的，依照本法第三百八十四条的规定定罪处罚。"

② 郭立新、黄明儒主编：《刑法分则适用典型疑难问题新释新解》，中国检察出版社 2010 年版，第 759 页。

③ 孟庆华：《挪用公款罪研究新动向》，北京大学出版社 2006 年版，第 52 页。

(二) 保险从业人员的挪用公款犯罪行为的认定

《刑法》第185条第2款规定:"国有商业银行、证券交易所、期货交易所、证券公司、期货经纪公司、保险公司或者其他国有金融机构的工作人员和国有商业银行、证券交易所、期货交易所、证券公司、期货经纪公司、保险公司或者其他国有金融机构委派到前款规定中的非国有机构从事公务的人员有前款行为的,依照本法第三百八十四条的规定定罪处罚。"正如前述,该法条是特殊类型挪用公款罪的规定,也即国有金融机构工作人员的挪用公款犯罪。其中,国有保险公司当然属于国有金融机构的范畴之列。

国有保险公司是指公司注册资金全部由国家资金投入,或国家资金占全部注册资金51%以上。[①]凡是在此种国有保险公司中工作的保险从业人员,就具有了特殊的主体身份,也由此能够利用自身职务便利挪用具有公款属性的国有保险公司的资金。另外,受国有保险公司委派到非国有保险公司从事公务的人员,因基于委派关系的特殊性,他们也被视同国有保险公司的工作人员,因而能够成为挪用公款罪的主体。

依照《刑法》第185条第2款的规定,行为人挪用的是国有保险公司的资金,因为这部分资金依其所有权属性而言无疑具有国有属性,所以这部分资金被认为是当然的公款,而受委派人员挪用的是非国有保险公司的资金,这部分资金具有混合型财产的特点,当无法清楚区分这部分资金中国有属性的资金所占比重时,对行为人挪用这部分资金的行为仍须以挪用公款罪来认定,其根本原因就在于行为人因从事公务而带来的身份和职务行为上的特殊性,据此,非国有保险公司的资金也就被认为是拟定的公款。

保险从业人员挪用公款的犯罪行为与挪用资金犯罪行为被归置于同一法条之下,说明这两项罪名具有极大的相似性,构成要件也多有包容或交叉,所存差别仅仅体现在两者的主体身份以及挪用对象即保险资金是否具有国有属性上,至于两者的客观行为表现,显然并无二致。所以,对于保险从业人员挪用公款行为方式的认定,完全可以参照《刑法》第185条第1款的规定而适用,这一点,可从其第2款中"有前款行为的"表述上得到印证。

下例可说明保险从业人员挪用公款犯罪行为的认定问题。案情如下:被告人王某某在任太平洋保险公司顺义支公司经理期间,利用职务之便,曾先后从北京市腾丰禽类加工厂(太平洋保险公司顺义支公司"小金库")账户上私自挪用款项24万元和9万元,用于个人购买轿车和安居理财保险。王某某系太平洋保险公司

① 林荫茂、陆爱勤:《保险违约与保险犯罪》,中国检察出版社2002年版,第203页。

北京分公司(全国性公有股份商业保险公司)工作人员,人事关系及档案由北京分公司统一管理。并于1998年被聘任为太平洋保险顺义支公司副经理。

本案的主要争议是如何认定王某某的主体资格。法院认定王某某系太平洋保险公司北京分公司委托其管理、经营顺义支公司的非国家工作人员,遂依据最高人民法院2000年2月作出的《关于对受委托管理、经营国有财产人员挪用国有资产行为如何定罪问题的批复》规定:"对于受委托管理、经营国有财产的非国家工作人员,利用职务上的便利,挪用国有资产归个人使用构成犯罪的,应当依照刑法第二百七十二条第一款的规定定罪处罚",判处被告人王某某构成挪用资金罪。然而,对于法院作出的如此认定,笔者持有不同看法,本案中,王某某任职太平洋保险公司顺义支公司经理,其虽与太平洋保险公司北京分公司之间签订劳动合同,但是王某某所从事的工作系属国有公司公务行为,可以直接援引《刑法》第93条第2款的规定,认定被告人王某某具有国家工作人员的身份。另外,被告人王某某所在的太平洋保险公司顺义支公司系属国有股份公司,而就目前经济发展的理论和现实来看,国有股份公司的企业模式仍处于一种完善和探索阶段,并且多数还是以国有性质为主导,其运作方式也具有浓厚的行政色彩,所以,将太平洋保险公司顺义支公司认定为国有性质的公司、企业是完全可以接受的。鉴于这种情况,笔者认为,对该案中王某某的挪用行为认定构成挪用公款罪更为合适。

第四节　非法经营保险业务犯罪

一、非法经营保险业务犯罪的刑事立法

(一) 非法经营罪概述

依据《刑法》第225条的规定,非法经营罪是指违反国家规定,实施国家限制或禁止经营的各种扰乱市场秩序的活动,情节严重的行为。[①]可以说,刑法设

① 《刑法》第225条规定:"违反国家规定,有下列非法经营行为之一,扰乱市场秩序,情节严重的,处五年以下有期徒刑或者拘役,并处或者单处违法所得1倍以上5倍以下罚金;情节特别严重的,处五年以上有期徒刑,并处违法所得一倍以上五倍以下罚金或者没收财产:(一)未经许可经营法律、行政法规规定的专营、专卖物品或者其他限制买卖的物品的;(二)买卖进出口许可证、进出口原产地证明以及其他法律、行政法规规定的经营许可证或者批准文件的;(三)未经国家有关主管部门批准非法经营证券、期货、保险业务的,或者非法从事资金支付结算业务的;(四)其他严重扰乱市场秩序的非法经营行为。"

立该罪的目的就在于遏制和防止各类严重破坏国家对市场的管理秩序与侵犯市场调控目标的非法经营活动。

从如上概念可知,构成非法经营罪的首要前提是行为人违反国家规定。所谓违反国家规定,就是指违反国家法律、法规的规定。据此,非法经营罪中所谓的"非法"就是依据《刑法》第96条之规定,指行为人的经营行为违反国家机关制定的法律和决定及国务院制定的行政法规、规定的行政措施、发布的决定和命令,通常是指违反国家法律、法规的限制性或者禁止性规定。如果国家法律、法规等未对某种经营行为予以限制或者禁止的,该经营行为不得被认定为非法经营行为。[①]由此可见,由于经营行为的范围十分广泛,可以说,任何具体的市场经济活动都可以纳入经营行为的范畴,所以在认定非法经营行为时,"非法"一词就是对行为性质的法律评价,但这里的"法"除了强调法律、法规的位阶和效力等级外,还必须强调是必须是事先生效的法律、法规明文限制或者禁止的,如果事先并未受到法律、法规的限制或禁止,而是为了维护一时的经济秩序,将某些非法经营行为论以犯罪,就背离了罪刑法定原则的基本要求。[②]当然,在此需要注意的是,非法经营罪中行为人经营行为所违反的国家法律、法规,其制定主体只能是全国人大及其常委会和国务院,此外的任何机关包括地方人大和国务院各部委均不是国家法律、法规的制定主体,也就是说,按照立法的层级效力规定,违反地方性法规、部门规章等均不在刑法规定的违反国家规定的范围之内。不过,有学者似乎还对《刑法》第96条规定的"国家规定"范围过宽提出异议,尤其认为国务院制定的行政法规等作为"国家规定"的内容是与《刑法》第3条规定的罪刑法定原则相冲突的,其理由在于:行政法规、行政措施、行政命令在我国法律体系中处于较低的位阶,而且因它们近似于政府的政策而具有更易变动的特点,稳定性较差。《刑法》第3条在规定罪刑法定原则时已明确设定罪与刑的只能是法律。当"法律"与"行政法规"的概念同时出现在一部法律文件之中时,应有各自的外延,它们应当是互不包容的概念,法律专指全国人大及其常委会通过的法,而不包括行政法规在内。因此可以认为,只有全国人大及其常委会通过的法律才能成为规定犯罪的合法文件,才能成为定罪处刑的合法依据,行政法规不应过多介入刑事领域。但鉴于我国目前对非法经营罪采用的是空白罪状这一特殊的立法模式,而空白罪状是立法部门对经济犯罪规定所经常使用的立法技术手段,作为一种违反市场规则的行为,经济犯罪中所涉及的市场

① 陈泽宪:《非法经营罪若干问题研究》,《人民检察》2000年第2期。

② 张天虹:《罪刑法定视野下的非法经营罪》,《政法论坛》2004年第3期。

规则往往首先是以非刑事法律规范的形式表现出来，由于这些法律规范会随着市场经济的变化及国家经济政策的变化而发生改变，违反市场规则的具体行为的客观方式也随之会发生改变，经济犯罪具体构成要件的客观内容也就必然进行相应的修改。因此，为了保持刑法的稳定性，各国的立法部门都在有关经济犯罪的刑法规定特别是刑法典中大量使用空白罪状，空白罪状的特点在于“在法律中大致规定作为处罚对象的行为范围，而构成要件上的具体内容则交由政令以下的命令规定的刑罚法规，补充刑罚法规的空白部分的其他命令、行政处分就是补充规范。”①诚然，空白罪状的立法模式有它的可取之处，因为现代市场经济必须以存在一个可以理性地预测其行为后果的法律制度为基本前提，而其有关经济犯罪的规定又是确定市场主体在经济活动中最终行为边界的法律规范，这就决定了这些有关经济犯罪的规定在具体内容上（构成要件特征上）必须尽可能地具有明确性。我国刑法选择法典型的立法模式，虽然表面上使所有犯罪规定（包括经济犯罪的规定）都可以在刑法典中找到，却没有也不可能使经济犯罪的构成要件明确化。由于国家经济管理和调控法律规范的不断发展和变化，所以即使是规定在刑法典中的经济犯罪规范，也不得不借助于空白罪状的立法技术。②可以说，在空白罪状的立法模式中，有些罪名的确需要依据有关行政法规来决定罪状的内容，非法经营罪就属于这种情况，因此，国务院制定的行政法规等作为确定非法经营罪客观行为的依据，就没有理由被排除于“国家规定”的范畴之外。

非法经营罪在客观方面主要是行为人实施了国家限制或禁止经营的各种扰乱市场秩序的活动，所谓“国家限制或禁止经营的扰乱市场秩序的活动”，需结合《刑法》第 225 条规定来界定。

第一种非法经营行为是未经许可经营法律、行政法规规定的专营、专卖物品或者其他限制买卖的物品的行为。在当代社会，任何一个国家为了维护以交易安全为支柱所支撑的经济秩序，保障社会各方的经济利益，保护市场经营的正常秩序，对关乎国计民生重要利益的物品设立了相关的市场准入制度，从经营主体、资格、范围、种类方面予以明确规定以限制或禁止非法经营活动。③所以该行为的本质特征就在于经营对象的特定性，即包括国家专营、专卖的物品或其他限制买卖的物品。其中，“专营、专卖的物品”是国家法律、行政法规明确规

---

① ［日］大谷实：《刑法讲义总论》，黎宏译，中国人民大学出版社 2008 年版，第 43 页。

② 唐稷尧：《论我国经济犯罪的立法模式选择——兼谈空白罪状内涵的解释与补充》，《四川师范大学学报（社会科学版）》2006 年第 6 期。

③ 彭辅顺等编著：《非法经营罪专题整理》，中国人民公安大学出版社 2007 年版，第 187 页。

定必须由国家主管部门确定的机构进行经营、买卖的物品，这些物品不允许一般的经营者进行经营，如果未经许可进行经营的，就属于实施国家禁止经营的行为，而行为人未经许可经营其他限制买卖的物品的，也会对市场准入制度造成侵害，因而也可以构成非法经营行为，因为限制买卖的物品是指国家在一定时期实行限制性经营的物品。经营这类物品必须持有国家有关主管部门核发的经营许可证或者批准证件，取得某种法定资格才能进入特定的市场。不过应注意的是，我国市场经济正处于逐步发展和完善的过程中，不同时期，经济发展状况不同，国家对专营、专卖物品、其他限制买卖的物品的调控范围也不相同，因而这类物品的具体种类不是一成不变的，而是处于动态的变动状态中。①

第二种非法经营行为是买卖进出口许可证、进出口原产地证明以及其他法律、行政法规规定的经营许可证或者批准文件的行为。进出口许可证等证明文件是国家控制对外贸易的商品种类和数量、对事关国民经济生活的重要领域进行有效管理的一种手段，其本身不是商品，但如果将进出口许可证等证明文件作为商品进行买卖，必然扰乱国家对整个市场秩序的有效调控，严重破坏正常的市场秩序，刑法将该类行为按照非法经营罪论处是必要的，也是恰当的。②很显然，该行为主要是违反了国家禁止经营活动的规定。

第三种非法经营行为是未经国家有关主管部门批准非法经营证券、期货、保险业务的，或者非法从事资金支付结算业务的行为。在刑法设立非法经营罪之初，并无关于这种非法经营行为的规定，但在刑法典生效后，1999 年的《刑法修正案(一)》第 8 条在《刑法》第 225 条中增加一项，作为第 3 项，增设了此种非法经营行为，从而扩大了非法经营罪的内容，另外，2009 年的《刑法修正案(七)》第 5 条又对该项内容进一步进行修订，即立足于中国国情的基础上对经济社会发展过程中出现的新型犯罪行为给予及时的遏制和回应，增加了非法从事资金结算业务这样一种削弱金融体系调节功能、扰乱正常金融秩序的行为。应当说，立法部门先后两次通过刑法修正案的方式对非法经营罪作出修正，这是很值得称道的，正如德国学者耶赛克所言："经济刑法的范围与规模取决于经济状况。"③之所以出现这种现象，是因为在经济全球化背景之下，我国经济正快速发展，证券、期货、保险、银行市场也不断成熟，不少现实问题也迫切需要立法及时

---

① 谢望原、郝兴旺主编:《刑法分论》,中国人民大学出版社 2008 年版,第 184 页。
② 彭辅顺等编著:《非法经营罪专题整理》,中国人民公安大学出版社 2007 年版,第 28 页。
③ 王世洲:《德国经济犯罪与经济刑法研究》,北京大学出版社 1999 年版,第 27 页。

作出回应，也许这正是刑法修正案大幅修订包括非法经营罪在内的经济犯罪条文的动因所在。须知，国家对证券、期货、保险业以及资金支付结算业务的经营者的要求是非常严格的，未经过特别的许可或者经营者未达到法律规定的条件，其经营行为可能会对整个市场经济秩序造成巨大的威胁，所以对于未经国家有关主管部门批准，非法经营证券、期货、保险、资金支付结算等业务且情节严重的行为按照犯罪处理，辅之以刑法规制当然是十分必要的。①如上这些行业属于特定行业，不具备相应的经营资格或经营能力而擅自从事特定行业的经营行为，势必会扰乱国家对上述市场秩序的有效调控和管理，而且损害广大投资者、股东及投保人的利益，所以这些特定行业属于国家限制经营的范畴，理应受到法律的严格规范。

最后是具有兜底条款性质的其他严重扰乱市场秩序的非法经营行为。此一条款亦是经过 1999 年《刑法修正案(一)》的修正后，由原法条中的第 3 项内容改变为第 4 项内容，该条款是立法者为了防止因立法过于具体而导致的适用范围过于狭窄而作出的概括性规定，在司法中，对这种规定的具体适用应当保持与立法者详细列举的情形在质和量上的同等。②所以，该行为也必须具备违反国家规定的特征，也即违反国家限制或禁止经营的法律规定。

在非法经营罪的认定方面，“情节严重”是一个重要的构成条件，其中数额大小的衡量是非法经营行为情节是否严重的重要标准，因为非法经营罪是典型的营利性经济犯罪，所以，数额足以表明其客观危害性的大小。就非法经营罪的数额标准而言，一般是包括非法经营的数额和非法获利的数额的，但这两个数额并不成固定比例，如果司法实践中标准不一，很可能导致司法的任意性，不利于惩治非法经营行为。因此，在具体认定非法经营罪时，考虑到非法经营数额表明了非法经营行为的规模，反映了社会危害后果的大小，所以就不应过分强调非法获利数额，而是以非法经营数额为基础，结合非法获利数额和其他情节来确定。③不过，数额仅是判定非法经营罪情节是否严重的一个方面，除了以此为依据外，还需要结合其他情节一并考虑。关于其他情节，之前刑法条文本身并没有专门规定，也无司法解释作出统一说明，一般是指以下几种情况：(1)实施非法经营行为的首要分子；(2)多次实施非法经营活动的；(3)利用职权从事非法经营活动，影响极坏的；(4)非法经营行为给国民经济造成严重损失的；

① 张天虹：《罪刑法定视野下的非法经营罪》，《政法论坛》2004 年第 3 期。
② 马松建：《非法经营罪疑难问题研究》，《郑州大学学报(哲学社会科学版)》2004 年第 5 期。
③ 王作富主编：《刑法分则实务研究(中)》，中国方正出版社 2010 年版，第 697 页。

(5)非法经营行为给国民经济造成严重损失的;(5)非法经营行为引起较大范围内市场秩序混乱的;等等。[①]然而,上述标准由于较为抽象,在司法实践中难以具体把握和操作,所以,2010 年最高人民检察院、公安部《关于公安机关管辖的刑事案件立案追诉标准的规定(二)》第 79 条就对非法经营罪涉嫌的严重情节作出统一而具体的规定,这是可以作为认定非法经营行为构成犯罪的参照依据的。

(二) 非法经营保险业务犯罪行为的刑事规制

在《刑法》第 225 条中,值得特别注意的是其第 3 项的规定,即"……(三)未经国家有关主管部门批准非法经营证券、期货、保险业务的,或者非法从事资金支付结算业务的……"如前所述,该条款是经过立法部门两次立法修正后所增设的内容,其将未经批准擅自经营特定行业的行为认定为属于违反国家规定的非法经营行为之一,从该条款来看,显然保险业务也忝列于特定业务之中,因此,该条款可以说是对非法经营保险业务行为所作出的专门的刑事规制。诚然,非法经营保险业务的行为属于保险欺诈的高级形式,其与前述的擅自设立保险机构等行为一样,必然会损害众多善意投保人和被保险人的合法权益,也会损害保险的公正性和公平互助性,影响保险的社会功效。因此,对于危害严重的非法经营保险业务行为亦有必要予以犯罪化。

世界一般国家和地区的保险立法大多都对非法经营保险业务的行为规定有明确的刑事责任,如韩国《保险业法》第 211 条规定:"违反第五条第一项(指未获财务部长官许可经营保险业务),处三年以下有期徒刑及 500 万元以下罚款"。日本《保险业法》第 138 条规定:"违反第一条第一项的规定,未经许可而经营保险事业者,处三年以下徒刑或 300 万日元以下罚金或二者并处。"新加坡《保险业法》规定:"任何人违反本法经营保险,均作为违法行为,将处以三年以下监禁或 2 万新元以下罚金或二者并处。"法国《保险公司法》规定:"任何人,无论是代表个人利益或法人利益,无视本法禁令经营保险,应受三个月至三年的监禁及 1 至 50 万法郎的罚款。"此外如我国台湾地区《保险法》规定:"非保险业经营保险或类似保险业务者,处一年以上七年以下有期徒刑,得并处新台币 300 万元以下罚金"。

受如上国家和地区保险立法的启示,我国为了确保保险业的健康发展,对非法经营保险业务的问题也给予了充分重视,例如《保险法》第 159 条规定:"违

① 郭立新、黄明儒主编:《刑法分则适用典型疑难问题新释新解》,中国检察出版社 2010 年版,第 263 页。

反本法规定，擅自设立保险公司、保险资产管理公司或者非法经营商业保险业务的，由保险监督管理机构予以取缔，没收违法所得，并处违法所得1倍以上5倍以下的罚款；没有违法所得或者违法所得不足20万元的，处20万元以上100万元以下的罚款。”同时，《保险法》第181条亦规定：“违反本法规定，构成犯罪的，依法追究刑事责任。”可见，我国保险法对非法经营保险业务的行为根据情节的严重程度分别规定了行政责任和刑事责任。

结合刑法与保险法的规定，非法经营保险业务的犯罪行为不妨分为以下几种形式：(1)非法经营商业保险业务。《保险法》第6条规定：“保险业务由依照本法设立的保险公司以及法律、行政法规规定的其他保险组织经营，其他单位和个人不得经营保险业务。”可见，经营商业保险业务的主体是特定的单位，即合法存在的保险机构，国家对保险业实行严格的监管措施。[①]如果经营者未经保监会的批准，在没有取得保险许可证的条件下非法经营商业保险业务的话，会对整个保险秩序造成巨大威胁，所以，对情节严重的非法经营商业保险行为按照非法经营罪处理是十分必要的；(2)保险公司超越业务范围从事保险业务。《保险法》第95条规定：“保险公司的业务范围：(一)人身保险业务，包括人寿保险、健康保险、意外伤害保险等保险业务；(二)财产保险业务，包括财产损失保险、责任保险、信用保险、保证保险等保险业务；(三)国务院保险监督管理机构批准的与保险有关的其他业务。保险人不得兼营人身保险业务和财产保险业务。”同时，《保险法》第161条规定：“保险公司违反本法规定，超出批准的业务范围经营的，由保险监督管理机构责令限期改正，没收违法所得，并处违法所得1倍以上5倍以下的罚款；没有违法所得或者违法所得不足10万元的，处10万元以上50万元以下的罚款。逾期不改正或者造成严重后果的，责令停业整顿或者吊销业务许可证。”《保险法》第181条亦规定：“违反本法规定，构成犯罪的，依法追究刑事责任。”从这些法条规定即可看出，由于保险业务属于金融业务，而国家对金融业务的经营范围是有着严格的限制的，超越经营范围从事保险业务的行为在性质上就是非法经营行为，只要该行为达到犯罪的程度就可以追究行为人非法经营罪的刑事责任；(3)非法从事保险代理业务、保险经纪业务。《保险法》第160条规定：“违反本法规定，擅自设立保险专业代理机构、保险经纪人，或者未取得经营保险代理业务许可证、保险经纪业务许可证从事保险代理业务、保险经纪业务的，由保险监督管理机构予以取缔，没收违法所得，并处违法所得1倍以上5倍以下的罚款；没有违法所得或者违法所得不足5万

---

① 彭辅顺等编著：《非法经营罪专题整理》，中国人民公安大学出版社2007年版，第103页。

元的，处5万元以上30万元以下的罚款。”同时，《保险法》第181条亦规定：“违反本法规定，构成犯罪的，依法追究刑事责任。”保险代理业务和保险经纪业务是在我国保险业迅猛发展和多家保险机构竞争的市场格局形成的背景下广泛开展起来的，但是对保险代理业务和保险经纪业务也必须进行严格规范的管理，其中尤其是执业方面的管理应予关注，从事保险代理业务和保险经纪业务的人员都必须具有执业资格，并在从事业务时依法进行，违反法律规定或者在尚未取得经营保险代理业务许可证和经营保险经纪业务许可证时，擅自开办保险代理业务和保险经纪业务的，都是违法行为，需承担相应的法律责任。[①]其中，刑事责任亦不可或缺，如果行为人非法从事保险代理业务或保险经纪业务，其性质是非法经营行为，情节严重的当然可以非法经营罪加以论处。

从上述保险法和刑法的相关法条规定来看，我国对于非法经营保险业务行为的犯罪化已经赋予了充分的立法根据，而这种行为的上位犯罪正是《刑法》第225条所规定的非法经营罪。

二、非法经营保险业务犯罪的构成特征

根据《刑法》第225条以及保险法之相关规定，非法经营保险业务犯罪的构成特征主要体现为如下几个方面。

首先，该种犯罪的犯罪客体是保险市场的经营管理秩序。一般认为，作为上位犯罪的非法经营罪的犯罪客体是市场经营管理秩序，也即国家对市场的经营活动进行管理而形成的稳定有序的经济状态。[②]所以，虽然非法经营罪是属于破坏社会主义市场经济秩序犯罪这一类罪中的一项具体罪名，其必然对市场经济秩序造成侵害，但这里界定该罪的客体还存在一个具体化的问题，就是市场经济秩序本身外延宽泛，包含市场各个组成部分（包括市场主体、市场行为、市场要素）的管理秩序，而经营行为作为市场主体进行市场活动并获取利益的主要行为方式，必须在当前社会所认可的秩序中进行，因此，国家为了有效维护公共利益，为所有市场主体创造一个良好的公平竞争的市场秩序，往往通过法律手段对非法经营行为进行界定并进行适度的干预，此种干预从《刑法》第225条罪状表述即能体现，而且从该法条的立法意图来看，其并不是将所有扰乱市场经济秩序的非法经营行为纳入调控范围，而是要保护通过特定许可管理形成的市场经营秩序。[③]很

---

① 林荫茂、陆爱勤：《保险违约与保险犯罪》，中国检察出版社2002年版，第259页。

② 马松建主编：《扰乱市场秩序犯罪的定罪与量刑》，人民法院出版社2006年版，第214页。

③ 刘树德：《“口袋罪”的司法命运非法经营的罪与罚》，北京大学出版社2011年版，第10—12页。

显然，保险市场就是属于以上所言的国家通过特定许可管理所形成的市场机制之一。良好的保险市场秩序是保险业可持续发展的必要条件，因此，在保险市场这一市场机制内，由于交易的对象与风险直接相关联，其经营过程中必然涉及各种各样的危险因素，况且保险市场作为市场经济的组成部分，不可能回避日益激烈的市场竞争，而在保险市场的竞争过程中，保险业的经营者所面临的经营风险亦随之增加。所以说，通过市场竞争机制，保险市场的经营深度和经营密度日益增加，这一方面能够实现保险的社会功效，但另一方面也形成了现代保险市场复杂的结构关系，在此关系中，保险人与投保人、被保险人以及受益人之间、各个保险人相互之间的利益冲突是不言而喻的。[①]可见，保险经营活动的好坏，直接关系到保险法律关系的各方当事人的经济利益和社会生活的稳定。那么鉴于保险经营是一种具有保障性和负债性的特殊经营行业，与其他一些行业相比，在经营秩序方面更需要严格的管理，因此对保险市场经营秩序的管理就是前述的一种特定许可的管理。笔者认为，此种特定许可管理的健全和完善，有助于严格保险市场的准入与退出条件，促使保险市场各方遵守市场运行规则，营造公平竞争的保险市场环境，进而维护保险体系整体安全与稳定地运转。但是不可否认，由于受到利益驱动和道德风险的加剧，保险市场中各方主体之间难免出现过度竞争、破坏性竞争和恶意竞争等状况，其中又以非法经营保险业务等违法违规行为最为突出，并且情节极端严重的非法经营保险业务行为之危害性已然突破了违法行为的临界点而能进入到犯罪的评价标准之中。如此看来，非法经营保险业务犯罪所产生的直接恶果就是破坏了公平有序的保险市场经营环境，致使保险市场的经营管理秩序发生紊乱，从而打破了保险市场特定许可管理本应具有的理想状态。所以，从此意义上说，保险市场的经营管理秩序乃是该种犯罪在犯罪客体具体化方面的最好体现。

其次，该种犯罪在客观方面表现为违反国家规定，实施非法经营保险业务的行为。

在此，有必要先来了解一下该种犯罪成立的前提即行为人所违反的国家规定，在笔者看来，这里的“国家规定”主要是指刑法、保险法以及规范保险经营活动的各种行政法规。其中，刑法和保险法是全国人大常委会制定的法律，其作为设定行为人经营保险业务的非法性依据是没有问题的。除此之外，由于非法经营罪主要采用空白罪状的立法模式，那么与之相对应，有时也需要参照一些国务院制定的与保险相关的行政法规，才能对非法经营保险业务行为中的具体经营行

① 尹田主编:《中国保险市场的法律调控》,社会科学文献出版社 2000 年版,第 77 页。

为之非法性质作出清楚判断，例如国务院2002年施行的《中华人民共和国外资保险公司管理条例》中即有关于不得从事之经营行为以及法律责任方面的规定。[①]所以，违反国务院行政法规之规定从事保险业务的行为亦可构成该种犯罪。

所谓非法经营保险业务的行为，笔者认为，其主要包括了前述刑法以及保险法的相关条款中所列举的诸种情形，至于具体表现为哪些行为内容，可能无法一一穷尽，因为随着国家经济政策的变化，经营范围逐渐拓宽，所以非法经营的表现和对市场经济秩序的危害具有多样性的特点，国家立法者将会随时调整刑事政策，对新的非法经营行为进行犯罪化。[②]相应地，在保险领域的非法经营行为也可能呈现出多种表现形式，且具有明显的变动性，这也是同保险市场属于一种国家通过特定许可来进行管理的市场机制紧密关联的。毕竟，在市场经济时代，政府职能逐步收敛，市场在资源配置中发挥的作用越来越大，特定许可无论是涉及的领域还是数量种类均处于不断调整和规范之中。[③]所以，违背保险市场特定许可管理规定的非法经营行为大致可包括以下几种：(1)非法从事商业保险业务活动，比如社会保险机构非法经营商业保险、自保公司非法经营商业保险等；(2)在未经批准的情形下保险人兼营非保险业务和非保险人兼营保险业务以及同一保险公司同时从事性质不同的保险业务；(3)违规办理再保险业务；(4)故意超额承保；(5)《保险法》第116条规定的相关禁止性行为等。[④]当

---

① 《中华人民共和国外资保险公司管理条例》第16条规定："同一外资保险公司不得同时兼营财产保险业务和人身保险业务。"第20条第1款规定："除经中国保监会批准外，外资保险公司不得与其关联企业从事下列交易活动：(一)再保险的分出或者分入业务；(二)资产买卖或者其他交易。"第31条规定："违反本条例规定，擅自设立外资保险公司或者非法从事保险业务活动的，由中国保监会予以取缔；依照刑法关于擅自设立金融机构罪、非法经营罪或者其他罪的规定，依法追究刑事责任……"第32条规定："外资保险公司违反本条例规定，超出核定的业务范围、业务地域范围或者服务对象范围从事保险业务活动的，依照刑法关于非法经营罪或者其他罪的规定，依法追究刑事责任……"

② 彭辅顺等编著：《非法经营罪专题整理》，中国人民公安大学出版社2007年版，第14页。

③ 刘树德：《"口袋罪"的司法命运　非法经营的罪与罚》，北京大学出版社2011年版，第261页。

④ 《保险法》第116条规定："保险公司及其工作人员在保险业务活动中不得有下列行为：(一)欺骗投保人、被保险人或者受益人；(二)对投保人隐瞒与保险合同有关的重要情况；(三)阻碍投保人履行本法规定的如实告知义务，或者诱导其不履行本法规定的如实告知义务；(四)给予或者承诺给予投保人、被保险人、受益人保险合同约定以外的保险费回扣或者其他利益；(五)拒不依法履行保险合同约定的赔偿或者给付保险金义务；(六)故意编造未曾发生的保险事故、虚构保险合同或者故意夸大已经发生的保险事故的损失程度进行虚假理赔，骗取保险金或者牟取其他不正当利益；(七)挪用、截留、侵占保险费；(八)委托未取得合法资格的机构或者个人从事保险销售活动；(九)利用开展保险业务为其他机构或者个人牟取不正当利益；(十)利用保险代理人、保险经纪人或者保险评估机构，从事以虚构保险中介业务或者编造退保等方式套取费用等违法活动；(十一)以捏造、散布虚假事实等方式损害竞争对手的商业信誉，或者以其他不正当竞争行为扰乱保险市场秩序；(十二)泄露在业务活动中知悉的投保人、被保险人的商业秘密；(十三)违反法律、行政法规和国务院保险监督管理机构规定的其他行为。"不过，其中某些行为可能涉嫌前述的保险从业人员职务犯罪行为，而不以非法经营保险业务犯罪论处。

然，就非法经营保险业务行为的种类而言，并非一成不变的，其在将来必会随着保险市场特定许可管理范围的变化而发生相应变化。

再次，该种犯罪的犯罪主体是一般主体，既可以由自然人构成，也可以由单位构成。不过，有观点认为，就《刑法》第225条中规定的第3项内容而言，其所认定的非法经营行为，是指没有取得证券、期货、保险业务主体资格的单位或个人非法经营证券、期货、保险业务，而不是指证券、期货、保险业务的从业人员违法经营证券、期货、保险业务的行为。①对此，笔者并不赞同，因为从前述列举的非法经营保险业务行为的范围来看，显然包含了保险公司超越业务范围从事保险业务的情形，而未经批准从事兼营兼业活动、违规办理再保险业务以及故意超额承保等实质性的非法经营保险业务行为都是属于此种情形的范畴，也即这些行为一般都是由保险公司来实施的。况且，《刑法》第116条也都是规定保险公司及其工作人员实施的非法经营行为。据此，没有任何理由排除保险从业人员也可以成为非法经营行为的主体，甚至可以说，由保险从业人员实施的非法经营行为在该种犯罪中还占有着相当大的比例。所以，笔者认为，将该种犯罪的犯罪主体界定为一般主体是恰当的，即任何单位和个人都可以实施非法经营保险业务的犯罪行为。

最后，该种犯罪在主观方面是故意，并且故意的形式为直接故意，即行为人明知自己的行为是违反国家有关规定进行的非法经营保险业务的行为，而且所实施的行为严重扰乱保险市场经营管理秩序，仍决意要实施并希望这种结果发生。所以，该种犯罪不包括过失和间接故意两种心理状态。②这一点在刑法理论界已经形成了共识，并无异议。

不过，既然认为该种犯罪是直接故意犯罪，就有必要考察该种犯罪的行为人是否具有特定的犯罪目的，即行为人主观上是否意图通过非法经营保险业务的活动来牟取非法利益。毕竟只有在直接故意犯罪中才有可能考虑犯罪目的的问题，而在间接故意犯罪和过失犯罪中一般是不存在犯罪目的的。然而，在《刑法》第225条的法条表述中，似乎未对非法牟利的目的加以明确规定，从而使得该问题稍有争议。有学者就主张，无论刑事立法，还是司法解释，都未把“牟利目的”作为非法经营罪的必要条件，尽管多数非法经营行为确实以牟利为目的，但是，也不排除非法经营行为人出于其他目的进行经营活动。③但是，另有

① 何帆：《刑法修正案中的经济犯罪疑难解析》，中国法制出版社2006年版，第144页。

② 刘家琛主编：《经济犯罪罪名释解与法律适用》，中国检察出版社2003年版，第365页。

③ 何帆：《刑法修正案中的经济犯罪疑难解析》，中国法制出版社2006年版，第150页。

学者主张，作为“破坏社会主义市场经济秩序罪”中规定的非法经营行为，其“经营”一词理应是经济领域中的营利活动，即应理解为是一种以营利为目的的经济活动，包括从事工业、商业、服务业、交通运输业等经营活动。强调此“经营”行为以营利为目的是必要的，这是非法经营罪作为一种经济犯罪所应具备的一个基本特征。[①]两相比较，笔者较为赞同后一观点。实际上，如前所述，非法经营罪的成立条件之一就是情节严重，而如何判定该罪的情节是否严重，依据有关的司法解释，非法经营的数额和非法获利的数额是其中重要的参考标准。[②]这样看来，如果行为人在主观上不具备牟利目的的话，那么一般情况下其经营的数额也不可能很大，与此相对应获得也就很少，由于非法经营行为人主观上的牟利目的与其具体的经营规模密切相关，一般情况下，其经营的数量规模达到一定的标准，就可推定其主观上具有牟利的目的。因此，对于行为人主观上的非法牟利目的并不需要特别的证据证明。[③]可以说，强调行为人具有非法牟利目的也是同非法经营罪属于营利性的经济犯罪这一罪质特点相契合的。至于《刑法》第 225 条中没有对该罪的犯罪目的作出规定，归根到底还是因为非法经营罪应当是一种目的犯，并且和前述的保险诈骗罪一样，它也是属于非法定的目的犯。既然如此，非法定目的犯的特点就在于某种犯罪的犯罪行为已在刑法规范中有所规定，但成立该犯罪所需的特殊目的并不在条文中规定，然而，非法定目的犯的犯罪构成中如果不加入此种特定犯罪目的，则不能适用于具体的案件事实，所以特定的犯罪目的是该犯罪不可或缺的主观要素。当然，对这种主观要素的判定还是需要结合犯罪本身的性质来考察，其中应着重考虑的是这种主观要素能否体现出犯罪行为对客体（法益）的侵害状况，对此，我国刑法学者张明楷教授即认为：“某种目的、内心倾向等是否主观的超过要素，应取决于它是否说明行为对法益的侵犯及其程度。如果某种目的、内心倾向对决定法益的侵犯及其程度具有重要的作用，即使在刑法没有明文规定的情况下，也可能将其解释为主观要件的内容；如果某种目的、内心倾向对决定法益的侵犯及其程度不具有重要作用、甚至没有任何作用，则不应该随意将其解释为主观要件的内容。”[④]对照此观点，在非法经营罪中，行为人主观上的非法牟利目的就很明显地表现出了行为对客体（法益）的侵害性，因为市场机制本身是最有效的一种资源

① 陈泽宪：《非法经营罪若干问题研究》，《人民检察》2000 年第 2 期。

② 具体参见 2010 年最高人民检察院、公安部《关于公安机关管辖的刑事案件立案追诉标准的规定（二）》第 79 条之规定。

③ 杨庆堂：《非法经营罪立法及司法适用研究》，华东政法大学 2009 年博士学位论文，第 114 页。

④ 张明楷：《刑法分则的解释原理》，中国人民大学出版社 2009 年版，第 191 页。

配置方式，追求最大物质利益是其最明显的特征，而市场机制中的经营行为主要发生在生产、流通领域，就带有着非常明显的趋利性。这种趋利性通常都表现出它的"两面性"：一方面，它使人们（绝大多数有劳动能力的人）得以"自由"从业，找到在社会中的"位置"，本能或自觉地劳动以求谋生或发展，社会因此获得了物质涌现、财富增长的"源泉"；另一方面，趋利性也可能越过了"理性"的边界而成了有害的"贪婪"，即演化成不公平和非理性的逐利行为，可以说，市场机制中的非法经营行为就是非正当的趋利性的集中体现。正因如此，非法经营罪被列入刑法分则第三章破坏社会主义市场经济秩序罪中，非法经营行为正是行为人在非正当的趋利性动机驱使下，在生产、流通领域中严重扰乱市场交易、管理秩序的行为。其目的显然是为了非法牟利而非为其他，毕竟，牟利目的的特点是驱使行为人积极主动、反复继续实施某种犯罪行为的动因，如果没有牟利目的，行为人或者根本不会实施某种犯罪行为，或者虽然实施但却是偶尔的、短时的。[①]因此，在非法经营保险业务犯罪中，尤须强调行为人具有非法牟利这一犯罪目的，因为该种犯罪属于涉保险犯罪之一，而如前所述，涉保险犯罪的一个重要特点正是利益的驱动性。遵循保险利益的原则，保险利益必须是被法律认可并受到法律保护的经济利益，它必须符合法律规定，与社会公共利益相一致，这也意味着保险利益必须通过正当合法的手段才能获取。当保险标的发生保险责任事故后，只有对该标的具有保险利益的人才具有索赔资格，但是其所得到的赔偿或给付的保险金不得超过其保险利益额度，换言之，不得因保险而获得额外利益。但是，保险利益毕竟具有经济利益的属性，也就是说，保险利益构成了保险对象与被保险人之间由法律认可、基于经济关系产生的法律保险权利。[②]既然如此，经济利益是人类经济活动的中心内容，那么作为经济活动的经营保险业务自然也是以获取保险利益为旨归的，但由于受到保险利益原则的约束，保险赔偿金额不得超过保险利益，这对于某些意图通过保险而获得超过其损失的经济利益的人来讲是不可接受的，其必然会想方设法，投机取巧地图谋暴利。于是，非法经营保险业务行为就是行为人通过增加甚至创造风险的不正当手段来获取保险利益的一种投机行为，并且尤其是以牟取额外的保险利益作为其根本目的，因此，该种犯罪行为也在最大程度上体现了对保险利益原则的严重违背。除了非法牟取保险利益外，实难想到行为人还会为了其他不法目的而进行此种恶意利用保险的活动。综上所述，虽然基于立法技术的考虑，在法

① 张明楷：《刑法分则的解释原理》，中国人民大学出版社2009年版，第187页。

② [英]约翰·T·斯蒂尔：《保险的原则与实务》，孟兴国等译，中国金融出版社1992年版，第3页。

条中并未明确规定非法牟利目的，但这个犯罪目的确实是非法经营保险业务犯罪中的一项主观超过要素，应认可其存在。

三、非法经营保险业务犯罪的司法认定

非法经营保险业务犯罪的司法认定，主要涉及两方面的问题：一是合法的保险机构是否存在非法经营保险业务的行为；二是非法经营保险业务犯罪所涉及的牵连犯问题。

(一) 合法保险机构的非法经营保险业务行为

一般认为，保险业务是只有合法成立的保险公司及其分支机构才能经营的业务，也就是说，非经中国保监会的批准，没有取得《保险机构法人许可证》或《经营保险业务许可证》的情况下经营保险业务的情形属于非法经营保险业务行为。其中，《保险机构法人许可证》是保险公司依法经营保险业务的证明文件，《经营保险业务许可证》是保险公司分支机构依法经营保险业务的证明文件。①由此看来，好像只有非法的保险机构从事的经营活动才能被认定为非法，而合法的保险机构不会成为非法经营保险业务行为的实施主体。这实际上是过于片面的。应当说，非经法定程序而擅自设立的保险机构又非法地经营保险业务固然可以构成该种犯罪，这一点毋庸置疑，但是合法的保险机构是否就不存在非法经营保险业务的行为呢？非法经营保险业务犯罪的主体是一般主体，既然如此，就不能将保险机构排除出去。况且从前述的非法经营保险业务的行为种类来看，很多都是保险公司超越业务范围从事的活动，但其显然并未强调作为经营主体的保险公司本身的不合法。特别需要注意的是，《保险法》第116条所列举的情形是保险公司及其工作人员在保险业务活动中不得从事的行为，但其所指的保险公司亦应是经过法定程序所设立的保险公司，换言之，即是合法的保险公司。此外，经中国保监会批准筹建的保险公司在筹建期内经营保险业务的，亦属于非法经营保险业务的行为。②可见，合法的保险机构完全可能从事非法经营保险业务的行为，甚至其在该种犯罪的行为内容中还占有着相当大的比重。合法保险机构的非法经营行为如果情节严重，同样应以犯罪加以追究，不能因为其具备了合法的经营主体资格就想当然地推定其所有的经营行为都必然合法，更何况，此种非法经营行为与非法保险机构从事的经营行为相比，

---

① 林荫茂、陆爱勤：《保险违约与保险犯罪》，中国检察出版社2002年版，第207页。

② 2009年《保险公司管理规定》第11条规定："经中国保监会批准筹建保险公司的，申请人应当自收到批准筹建通知之日起一年内完成筹建工作。筹建期间届满未完成筹建工作的，原批准筹建决定自动失效。筹建机构在筹建期间不得从事保险经营活动。筹建期间不得变更主要投资人。"

毕竟其可能是以合法的经营主体资格掩盖了实际经营行为的非法性，因而更有隐蔽性和欺骗性，危害性也可能更大，所以在司法实践中尤须对此类行为作出准确的认定。

（二）非法经营保险业务犯罪中的牵连犯问题

如前所述，擅自设立保险机构的犯罪行为属于一种行为犯，那么这一特性就决定了其并不以保险机构是否实际地非法经营保险业务作为该种犯罪成立的标志，也就是说，对擅自设立行为本身即可独立地作出刑法上的否定评价。然而，尽管如此，却不可否认大多数未经保监会批准非法设立的保险机构还是以开展保险业务作为其主要目的的，而且这些保险机构虽然在擅自设立之后可能会依照法律规定经营保险业务，但更多的情况却是保险机构作为经营主体本身不合法的前提下，行为人又随之以该保险机构的名义实施诸多非法的保险活动，例如利用保险单证、以高息为诱饵从事非法集资，利用开展保险业务销售误导，通过伪造保险单证来侵占、盗用投保人的保费资金，以及利用保险业洗钱等，可谓不一而足。

很显然，在司法实践中就产生了一个颇为困惑的问题，即当行为人既有擅自设立保险机构的行为又有非法经营保险业务的行为时，究竟应当如何处断？对此，笔者认为，就此两者之间的内在关系而言，实际上亦是契合了刑法中的牵连犯原理。由于行为人主要是通过擅自设立保险机构的方式来非法经营保险业务的，那么很显然前者就是他罪行为，后者即为本罪行为。通观我国刑法及相关司法解释所规定的数罪并罚型的牵连犯，似乎并不能找到擅自设立金融机构行为与非法经营行为相并罚的立法例，这样的话，此种类型的牵连犯既然不属于法定情形，那么就应当按照“从一重处断”之原则，以重罪即非法经营罪论处，而擅自设立金融机构罪则不需要另作评价。①尽管实然如此，但不可否认，此问题目前在刑法学界其实是不乏争议的。有学者认为，行为人在擅自设立保险机构后，其目的如果就是为了非法经营保险业务，二者之间存在着手段与目的的牵连关系，因此，按牵连犯的“从一重处断”来论处是恰当的。②如此理解不无道理，但亦有相反观点认为，擅自设立金融机构后又从事非法经营的，两种行为

① 在此，不妨将擅自设立保险机构行为和非法经营保险业务行为各自的上位犯罪加以比较：《刑法》第 174 条规定的法定最高刑为三年有期徒刑，而情节严重的则是在三年以上十年以下有期徒刑的法定刑幅度内；《刑法》第 225 条规定的法定最高刑为五年有期徒刑，如果情节特别严重的，则处五年以上有期徒刑。由此可见，非法经营罪相比擅自设立金融机构罪而言，无疑属于重罪。

② 李永升主编：《金融犯罪研究》，中国检察出版社 2010 年版，第 170 页。

均已构成犯罪的，则应数罪并罚。[①]对比而言，笔者认为，对于第二种观点，即便不完全认同，但也需要注意其中对擅自设立行为本身性质的考察。一般而言，行为人擅自设立保险机构，其目的无非就是为了实现后续的非法经营保险业务，而且此目的是自始即有的，所以这两种行为相互贯连，表现出了紧密的手段与目的的牵连关系。但是，在某些情形下，行为人擅自设立保险机构并非自始就具有非法经营保险业务的目的，甚至不能否认行为人在非法设立保险机构之际还是以合法开展保险业务作为其目的的，尽管之后行为人可能又实施了相应的非法经营行为，但笔者认为，此时的擅自设立行为与非法经营行为并不是如影随形、相伴而生的。换言之，尽管擅自设立保险机构行为与非法经营保险业务行为之间还有着牵连关系，但它们在相互的包含与被包含、引起与被引起的因果联系方面还是有所弱化的。对此，即有学者在认识牵连关系中的因果联系时指出，有时候引起和决定行为人是否实施后行为的原因是行为人目的、动机、犯罪意图等主观因素和特定的环境、条件等客观因素的集合性整体。行为人的前行为虽然发生在后行为之前，但却不能引起、决定后行为发生；前行为只起着为后行为实施创造条件、提供工具的作用。[②]所以，究竟是以牵连犯从一重论处还是数罪并罚，需要根据不同的犯罪事实情况来界定，难以一概而论。对擅自设立行为本身的犯罪构成要件予以考察尤为重要，由于擅自设立保险机构的行为违背了国家的金融专营审批许可制度，因而严重破坏了保险机构的管理制度，同时也对整体保险活动的管理秩序造成局部性的破坏。[③]但须注意，该种犯罪对保险机构的管理秩序的破坏乃是直接的，甚至可以说这是其所侵害的主要客体，而非法经营保险业务的犯罪行为主要侵害的则是保险市场的经营管理秩序，但对保险机构本身的管理制度几乎没有造成直接的侵害，可见这两种犯罪各自侵害的客体并不具有相容性。此外，之所以肯定擅自设立行为属于行为犯，其犯罪性的成立就不需要依赖非法经营活动这一保险机构实际的运营结果来加以判定，这就表明擅自设立行为本身的社会危害性能够被单独地作出刑法上的否定评价。因此，擅自设立保险机构行为在犯罪构成要件上具有较强的独立性，也即仅仅通过非法经营保险业务行为的构成要件似乎不足以包容评价擅自设立保险机构行为的所有不法内涵，特别是两者在侵害法益存在差异的时候更是如此。基于此，笔者认为，在此情形之下，如果仅对行为人以非法经营罪一

---

① 周振想主编：《金融犯罪的理论与实务》，中国人民公安大学出版社 1998 年版，第 227 页。

② 何全民：《驳牵连关系是因果性联系的观点》，《河北法学》1991 年第 2 期。

③ 张军主编：《破坏金融管理秩序罪》，中国人民公安大学出版社 2003 年版，第 133 页。

罪论处，无法体现出擅自设立金融机构罪的特有的社会危害性，因此确实有可能出现背离充分评价原则，难以和罪刑相适应相契合等问题。

综上所述，对于擅自设立保险机构行为与非法经营保险业务行为之间的牵连犯的处断，虽然目前尚无立法例，因而没有可以采用数罪并罚处断模式的法定依据，于是似应遵从“从一重处断”之一般原则。但基于如上分析，笔者不惴浅陋，在此做出以下设想，即由于此种特殊情形与数罪并罚处断模式的内在机理较为吻合，所以在今后的立法修正中可以考虑将其增设到法定的牵连犯类型之中，也作为牵连犯处断的特例之一。以上是笔者就牵连犯相关问题提出的与通说观点不尽相同的见解，是否成立还有待于商榷和论证。

第六章　涉保险犯罪的防治对策

意大利刑法学者贝卡利亚曾说过："预防犯罪要比惩罚犯罪更高明，这是一切优秀立法的主要目的。"①这段话对犯罪预防的重要性作了精辟的概括。诚然，社会中只要有犯罪现象存在，就必然存在着对犯罪预防的需求，犯罪预防可以说是整个刑事法科学的核心问题之一。

对于犯罪，的确应当清楚地认识到，它是阻碍社会前进的绊脚石，也是现代社会的一大毒瘤，犯罪对整个社会和公众带来的巨大危害不可低估。但是，不可否认，一般来说，犯罪是人类社会发展过程中的必然产物，犯罪现象又反映了一个社会一定时期内不可调和的各种矛盾。申言之，犯罪在任何社会中都是存在着的，并且难以彻底消除，这一点正如西方学者所言："犯罪不仅见于大多数社会，不管它是属于哪种社会，而且见于所有类型的所有社会。"②既然如此，就必须正视犯罪现象的客观存在，同时也要尽可能地防止犯罪对社会的任意为害。于是，寻求有效的应对犯罪之策乃是适应社会结构的变迁和转型、谋求人们的和谐生存与发展的应有之义。

当然，犯罪本身是具备十分复杂的原因和易于变化的，所以在应对犯罪上必须做到对症下药、有的放矢。一般而言，由于犯罪是最极端、最严重地侵犯社会秩序的不法行为，所以通过刑罚这样一种具有严厉强制性、惩罚性的司法反应来对犯罪进行惩罚和控制显然是必不可少的，毕竟，刑罚是以国家机器为运作载体的，更可以说是国家代表社会对犯罪作出的正式反应，所以刑罚对犯罪的威慑作用也是最大的。但是，刑罚只是遏制犯罪的法律体系中的一环，其功能和作用还是有限的，"历史和统计科学都非常清楚地证明，利用刑罚来感化或恫吓世界就从来没有成功过。"③所以，不可能也不应当希望只通过刑罚就能实现完全遏制犯罪的目的。基于犯罪根源的复杂性、犯罪形态的多变性以及刑罚本身的内在功能局限等多重考虑，尽管可以把刑罚作为应对犯罪的主要手段，但通过刑罚施加严厉惩罚却并非犯罪控制的唯一途径，换言之，除了加强对犯

① ［意］贝卡利亚：《论犯罪与刑罚》，黄风译，中国大百科全书出版社 1993 年版，第 104 页。

② ［法］E·迪尔凯姆：《社会学方法的准则》，狄玉明译，商务印书馆 1995 年版，第 83 页。

③ 《马克思恩格斯全集》(第 8 卷)，人民出版社 1961 年版，第 578 页。

罪后的刑罚处罚外，似乎更应该注重对犯罪前的有效预防。有学者指出，犯罪预防，是指基于犯罪原因的揭示，由国家、社会乃至个人采取各种方略与措施，致力于减少、消除犯罪形成的致罪因素，对于个体犯罪现象以及社会犯罪现象，予以预先防范的一系列活动。①从犯罪预防的这一定义即可看出，对犯罪的预防实际上是建立在认识犯罪现象和分析犯罪原因基础之上而形成的一项庞大的系统工程，它与政治制度、法律制度、经济制度及其他社会政策等都密切关联，因此，犯罪预防尤须注重整体性、层次性和综合性，也即犯罪预防的举措应当强调综合多样，其中需要充分考虑到涉及犯罪问题的一切领域和因素，并尽可能地把一切措施有机结合起来，充分发挥各种措施之间的整体、综合效用。同时，应重视其系统内部各项预防对策、措施、手段之间的层次、结构关系，做好系统内部协调性工作，保持其系统内部各要素之间及系统与外部环境之间的信息交换和彼此联系。概而言之，就是通过法律的、行政的、经济的等各种途径，综合运用宏观的、微观的等各种手段，对于犯罪的形成予以全方位的阻断。否则的话，如果依赖过于单一的途径或手段，犯罪预防恐难真正奏效。

涉保险犯罪也面临着如何有效预防的问题，并且同样需要遵循如上犯罪预防的全面整体和系统综合的要求。可以说，我国的涉保险犯罪发生领域特殊、涉及范围较广、犯罪类型多样、犯罪成因复杂，尽管我国刑法已对各种涉保险犯罪设置了严厉程度不一的刑罚，其刑罚体系堪称完备，然而，对于涉保险犯罪而言，应当切实做到惩防并重，其中"惩"固然很重要，但"防"亦不可或缺。就目前涉保险犯罪的防治对策来看，可能还是注重对已然犯罪的惩治，而为了更好地防患未然的保险风险，特别是道德风险和欺诈风险，就应当深入地分析涉保险犯罪的产生原因，把握涉保险犯罪的生成规律，采取有效的事前防治对策，消除各种诱发犯罪的因素，从而预防涉保险犯罪的发生。其中，加强保险的监管是至关重要的，因为有学者指出，保险监管是指在一个国家的范围内，为达到一定的目标，从国家、社会、保险行业、保险企业自身等各个层次上对保险企业、保险经营活动以及保险市场的监督与管理。保险监管能够保证保险人的偿付能力，维护被保险人的利益，也能优化市场机制，维护保险当事人之间的公平合理关系，更能防止保险欺诈，保证保险业的健康发展。②可见，保险监管之所以必要，主要是由保险业的特殊性质及其经营的特点所决定的，完善的保险监管也可以说是落实防治涉保险犯罪的根本之道。基于此，在本章内，笔者拟结合保险监

① 张小虎:《犯罪预防与犯罪控制的基本理念》,《河南省政法管理干部学院学报》2008年第1期。

② 祁敬宇主编:《金融监管学》,西安交通大学出版社2013年版,第250—252页。

管的基本思路和要求，就如何形成多层次、全方位、系统化的涉保险犯罪防治对策这一重要问题略抒己见。

第一节　涉保险犯罪的宏观防治对策

一、完善保险宏观监管体系

保险监管本身乃是一项相当复杂的社会系统工程，因此就必须从较为宏观的层面或视角来论证和考量，即如何才能构建起较为完善的保险监管体系。在笔者看来，这一体系应由政府监管为主导、保险机构内部控制为依托和社会监督为补充三位一体的立体监管层次组成，并且只有让每一个层次都发挥出自己的作用，保险监管才能达到事半功倍的效果。①目前我国已初步建立起了以保险法为核心的保险法律体系，而依据保险法的相关规定，中国保监会是我国政府设立的专门对保险市场的各类经营主体、保险经营活动进行监督和管理的机构，也即保监会专司保险监管职能。我国政府正是通过其所设立的保监会行使监管权力，表明了政府对保险监管是起着主导作用的。可以说，保监会的设立，意味着保险不再像以往那样处于一种从属的地位，而是和银行、证券等金融部门一样，成为金融市场的主体之一，因而有专门监管之必要。②由保监会代表政府来实施保险监管职能，这是我国保险监管发展的标志性转变，也象征着我国的保险监管事务逐步跨入专业化和规范化。保监会在其实际运行中主要是依照我国相关保险法律、法规，重点对保险偿付能力和保险市场行为两个方面开展监管。保险偿付能力使保险交易的结果具有确定性和可预测性，而结果的可预测性是保险的核心和本质，因此，提高和保持偿付能力是一切保险监管活动的核心内容。③具体地讲，保险偿付能力是指保险公司的赔偿或给付的能力，即承担债务的能力。偿付能力的强弱，是与其承担的风险相对应的，因此，保险偿付能力监管主要就是对保险公司清偿到期债务的能力所进行的监管。保险公司的偿付能力直接关系到投保人是否能在保险事故发生时获得赔偿，关系到广大被保险人的利益。④一般而言，保险公司必须具备最低的偿付能力，这不仅是

① 付江：《论保险监管体系建设》，《保险研究》2003年第10期。
② 孙祁祥等：《中国保险业：矛盾、挑战与对策》，中国金融出版社2000年版，第266页。
③ 刘茂山主编：《保险发展学》，中国金融出版社2005年版，第282页。
④ 孟咸美：《金融监管法律制度研究》，经济日报出版社2014年版，第133页。

出于保护被保险人利益的需要，也是出于保险公司自身稳定经营的需要，一旦保险公司的实际偿付能力达不到其最低的偿付能力标准，则可能视为保险公司的偿付能力不足，这样轻则降低保险公司声誉，重则出现资不抵债甚至破产清算，最终使得被保险人的利益严重受损。有鉴于此，我国保险法特别对保险偿付能力的监管作出相应规定，即见于《保险法》第138条和第139条，[①]与之相配套，还可通过对非现场监管和现场检查等监管手段相结合来实际考察保险公司的偿付能力。其中，非现场监管是指保监会在采集、分析、处理保险公司经营信息的基础上，对保险公司风险状况进行监测、评估，从而采取异动预警和分类监管的过程，通过非现场监管手段所建立的风险预警和评估体系和持续跟踪制度，能够及时发现公司经营问题，从而实现对偿付能力风险及时发现、事先防范、有效化解的目的。现场检查是指保险监管部门通过派出监管人员进驻保险机构，对其经营和风险情况按照一定程序实施全面或重点的检查，通过现场检查，保监会可以证实或者获得可靠的数据和信息，来分析和评估一个保险公司现在和将来的偿付能力；[②]对保险市场行为的监管则主要是对保险公司经营活动过程进行的监管，包括保险机构监管、保险业务监管以及财务监管等，这也是保监会承担培育保险市场、维护保险市场秩序职能的体现，当然，其中保监会监管的重点内容应当是对恶性竞争、保险欺诈等严重干扰保险市场秩序的违规违法行为进行整顿和治理，对保单误导性宣传等行为进行惩治或监督整改以及在保险公司出现令人关注的情况时采取适当行动，并发出指引等，通过这些有效的监督手段，能够规范保险公司的经营行为，确保保险市场的公平公正。

保监会通过对保险偿付能力和保险市场行为实施监管，较为全面广泛地涵盖了保险监管的应有内容。可以说，自从保监会设立以来，其依照法律、法规和国务院规定的职责，统一监督管理全国的保险市场，在保险监管事务的开展方面取得了良好的效果。不过值得注意的是，我国的保险监管体制在很长一段时间内是以作为监管主管机构的保监会实行集中统一的监管，如此监管体制固然有利于监管标准、市场准入标准及监管技术手段的规范统一，但不可忽视的是，我国毕竟地域广阔，各地区之间由于地理位置、经济发展、自然环境和人文环境

① 《保险法》第138条规定："国务院保险监督管理机构应当建立健全保险公司偿付能力监管体系，对保险公司的偿付能力实施监控。"《保险法》第139条规定："对偿付能力不足的保险公司，国务院保险监督管理机构应当将其列为重点监管对象，并可以根据具体情况采取下列措施：（一）责令增加资本金、办理再保险；（二）限制业务范围；（三）限制向股东分红；（四）限制固定资产购置或者经营费用规模；（五）限制资金运用的形式、比例；（六）限制增设分支机构；（七）责令拍卖不良资产、转让保险业务；（八）限制董事、监事、高级管理人员的薪酬水平；（九）限制商业性广告；（十）责令停止接受新业务。"

② 孙学致：《有效保险监管制度的法律建构》，《社会科学战线》2012年第12期。

等各有特点而差异甚大，保险风险具有明显的地域性特点，而不同地区的保险发展水平不一，可能会使监管尺度较难把握，所以采用这种一揽子的监管方式是难以适应需要的。①有鉴于此，为了完善保险监管的组织机构体系，加强保险监管的力量，尤其是基层的保险监管力量，在维护监管统一性的同时，还要鼓励和支持保监会在各地设立派出分支机构，从事地方性的保险监管事务，分担过去由于保监会大包大揽所形成的监管压力。毕竟，派出机构贴近监管对象、便利服务，并且可就近监管，加大监管密度和频率，便于了解真实情况和迅速处理违规行为，维护被保险人利益。另外，派出机构可以向下贯彻执行保监委的监管计划，对上可以及时上报保险公司的业务经营财务状况，实现“砌图式”的监管。令人称道的是，我国保险法对此已作出积极回应，即《保险法》第 9 条第 2 款即明确规定：“国务院保险监督管理机构根据履行职责的需要设立派出机构。派出机构按照国务院保险监督管理机构的授权履行监督管理职责。”应当说，由保监会和其派出机构所共同形成的上下互动、各有侧重、协调统一的保险监管体制，使得中央和地方的监管职责得到明确的分工，从而对提高保险监管效率是大有裨益的。

不可否认，由于政府监管起着主导作用，所以我国现行的保险监管体系呈现出以政府监管为最高层级的典型科层式结构特征。②但除此之外，有效的保险监管，必须注重外在约束和内在约束的有机统一。须知，政府监管尤其是对市场行为的监管有时会缩小保险市场的发展空间，这从某种程度上讲是对保险业的竞争力和创新力是一种束缚。因此，在政府监管之外，寻求第三方监管力量或第四方监管力量就成为保险监管的必然选择。保险公司内部治理、保险行业自律和保险社会监管是有效保险监管制度（广义）不可或缺的依靠力量，它们与政府保险监管组成的保险监管体系是保险市场创新和保险监管创新的必然选择。③所以，正如前述，现代保险监管体系还应包括保险机构的内部控制以及保险的社会监督的有关内容。

保险公司要有效控制和防范经营风险，就必须加强其内部的控制。为了保障保险公司的稳健经营，国家制定了保险法规，保险监管机构也规定了各种监管规章，保险公司业务经营因而受到法律的保障。但是尽管保险公司内部有着规章制度，但由于落实不到位、执行不严格等原因，往往不能有效防止错赔、骗

① 孙祁祥等：《中国保险业：矛盾、挑战与对策》，中国金融出版社 2000 年版，第 267 页。
② 韩笑：《均衡之路——中国商业保险监管制度研究》，人民出版社 2006 年版，第 149 页。
③ 祝杰：《保险监管制度的国际演进与中国式发展》，《学术交流》2013 年第 5 期。

赔等情形，而且贪污挪用保险费的案件时下也频频发生，所以，强化保险公司的内部控制机制正是完善保险监管的应有之义。概而言之，保险公司的内部控制主要是对本单位内部运行以及对客户资信审定和融通、交易、支付等行为的规范化。①但是，由于保险业务门类众多，每项业务又都有繁多复杂的控制环节，不可能把所有的业务工作的制度一一罗列，这就要求各保险公司只能根据自身的具体情况和实际需要去建立和健全科学、严谨、有效的内控机制，并在实践中不断丰富和完善。笔者认为，大致而言，保险公司的内控机制建设应着重完善以下内容：(1)建立适合保险经营特点的组织机构控制系统，这就要求实施严格的公开授权制度，并且要健全各项业务的操作规程和岗位责任制度。②同时，在保险公司内部还需建立健全董事会、监事会等制度，并明确其职责，并按照合理、精简、高效的原则，使保险公司内部各部门之间形成相互监督、相互制约、协调运作的统一体；(2)按照决策系统、执行系统、监督反馈系统相互制衡的原则设置控制系统。在决策系统中，必须制定成文的决策程序、工作规则和议事规则，对重大的经营决策必须按规定程序决定，防止个人超越或违反决策程序，导致经营决策风险。在执行系统中，按统一法人制度的要求，实行授权经营，并根据保险机构特点，对核保核赔进行授权投信，还要建立规范的精算制度，配备合格的精算人员。在监督反馈系统中，建立内部控制的检查评价机构和对内部违规违章行为的处罚机制；(3)内部稽查是保险公司内部控制系统中其他各项控制的再控制，是内控机制的重要组成部分，也是健全和完善内控机制的重要保证。可以说，对内部控制系统评估的有效性往往取决于内部稽查部门的独立性和权威性。③因此，保险公司的内部稽查就旨在发现其内部控制系统的运行出现问题或在内部控制系统正常运转的情况下仍出现非系统性风险时，能够及时修正内部控制系统，以便更好地发挥其作用。

值得注意的是，保险监管除了政府监管和保险机构内部控制两项主要的内部监管内容外，作为外部监管手段的社会监督也是其必要的补充，如前所述，社会监督主要是充分发挥保险监管机构以外的独立第三方专业力量进行的监管。④这种外部监管方式的优势之处在于有助于形成对保险机构经营管理的倒逼机制，促使其提升服务质量、防范化解风险，同时也可对政府监管和保险机构内部控制所呈现的保险监管力量不足，监管覆盖面不高，无法及时有效地对所

---

① 王凤垒：《金融犯罪研究》，中国检察出版社 2008 年版，第 358 页。

② 林荫茂、陆爱勤：《保险违约与保险犯罪》，中国检察出版社 2002 年版，第 283 页。

③ 韩笑：《均衡之路——中国商业保险监管制度研究》，人民出版社 2006 年版，第 176 页。

④ 付江：《论保险监管体系建设》，《保险研究》2003 年第 10 期。

有违法行为实施惩戒等缺陷作出弥补。笔者认为，在保险的社会监督中，首先应加强行业自律，行业自律具有经常性、及时性、专业性、低成本性的特点，所以，行业自律能有效地促进和保障保险业的规范运作和健康发展，提高保险业整体素质。①况且，如前文所言，明显的行业性正是涉保险犯罪的一大显著特点，因此，加强保险业的行业自律不失为事前有效预防涉保险犯罪的一项良好举措。就保险业的行业自律而言，主要是要充分发挥保险行业协会对保险监管的作用，尤其在市场行为的监管中，行业协会较政府监管部门具有独特的优势，行业协会并非政府部门，而是民间团体，具有较强的亲和力，而且行业协会与保险公司和保险中介均无直接的经济利益关系，因此，行业协会的自律机制是政府监管的重要辅助手段。②因此，在开展保险业的行业自律过程中，不妨赋予保险行业协会一定的权力，逐步提高行业协会在社会上的公信度，使其具有一定的权威性，行业协会也要遵循专业化、协调化和科学化的原则，积极发挥自我管理、自我服务、自我监督的功能，以详细、全面、针对性强且具有可操作性的市场规范和监察程序来约束市场经营主体，认真指导和监督各会员贯彻执行各项政策法规和遵守同业规则，制止保险机构之间的不正当竞争。如此可见，保险行业协会作为政府监管机构与保险业经营者之间的"纽带"，其行业自律的监督职能确实能够起到辅助政府对保险经营各主体进行监管的作用，所以它已成为整个保险监管体系中不可或缺的组成部分。当然，除了行业自律外，保险的社会监督还包含着丰富的内容，因为社会监督广泛存在于现实生活各方面，甚至有些社会监督力量还十分强大，例如舆论监督、公众监管等，所以应对其加以有效利用，具体而言，可以发挥会计师、审计师、律师、精算师等社会中介人员的作用来加强保险监管工作，这对整个保险业而言，既是一种创新，也是保险监管发展的一种必然趋势。此外，新闻媒体在保险监管中所起的舆论监督作用亦不可忽视，因为新闻媒体关于保险机构的经营行为、财务状况的披露报道，使得保险公司的经营具有一定的透明度，并在一定程度上引起保险监管机构的关注，影响其政策倾向。

综上表明，政府监管、保险机构内部控制和社会监督可以说是保险监管的三维架构。③通过其各自作用的协调发挥和有效整合，就能够构建和完善宏观的保险监管体系，并使之处于有机的运作之中。

---

① 丁孜山、丁蔚：《保险发展与创新》，复旦大学出版社2006年版，第166页。

② 崔晓东、曹家和：《我国保险监管问题研究》，《技术经济与管理研究》2011年第1期。

③ 王国军、徐高林等：《后金融危机时代：保险业的风险防范与战略选择》，法律出版社2009年版，第283页。

二、规范保险市场经营活动

保险市场是保险商品交换关系或者说是保险商品供求关系的总和。随着保险业的发展，交易内容日益丰富，营销渠道不断拓宽，承保技术日趋复杂，所以现代保险市场由保险商品的供给方和需求方、保险商品和促成保险交易的中介方构成。①可见，保险市场具备了市场机制的基本构成要素。市场机制是以竞争为基本特征的，保险市场亦不例外，同样存在着竞争，保险经营者参与竞争目的是不断扩大保险市场占有份额和获取竞争利润，这是其维系生存和发展的需要。不过，保险经营者在参与市场竞争的过程中亦需遵循公平有序的竞争原则，这就要求保险经营者确立合理经营、稳健发展的经营意识，自觉建立业务操作规则和管理规章，自觉规范经营行为，按保险运行的内在规律行事，维护好保险业的良好声誉。否则的话，如果保险市场充斥着恶性无序、违规违法的竞争，势必导致保险市场诚信缺失，并使保险市场整体失灵，进而危及保险业的可持续发展。有鉴于此，必须净化保险市场的竞争环境，强调运用经济、行政、法律等诸多手段来规范保险市场的经营活动。其中，大力强化对保险市场的法律调控尤显必要，须知，保险欺诈等涉保险犯罪从某种程度上说，也是保险市场不公平竞争的典型反映和明显体现。有研究显示，保险欺诈的程度与保险市场的声誉有很大的负向相关关系，两者相互影响、相互作用，良好的保险市场声誉抑制了保险欺诈等道德风险的发生，而保险欺诈案件则极大地损害着一个国家保险市场的形象和声誉。②所以通过法律手段预防和惩治各种涉保险犯罪，为保险市场的公平有序竞争保驾护航，无疑是最具刚性和力度的规制举措。

规范保险市场的经营活动，首先应当合理规范的就是保险公司的经营行为，这也是保险的市场行为监管的主要内容。保险公司既是经营风险业务的企业，又应该是防范风险的主体，保险经营过程的实质就是对所承保风险进行有效管理和合理组合的过程，所以，任何保险公司要长期立足于保险市场，处于不败之地，就得合法经营、严格履约、杜绝违规、规范管理，防范欺诈、提高效率。③但是，不可否认，在现实的保险活动领域，有的保险公司在经济利益的驱使下，采取误导、欺诈客户的方式套取利益，严重影响了对保险公司监管的有效性，同时有些保险公司一味追求保费的数量与规模，却忽视了承保的质量，甚至还存

---

① 丁孜山、丁蔚：《保险发展与创新》，复旦大学出版社 2006 年版，第 26 页。

② 王国军、徐高林等：《后金融危机时代：保险业的风险防范与战略选择》，法律出版社 2009 年版，第 281 页。

③ 林荫茂、陆爱勤：《保险违约与保险犯罪》，中国检察出版社 2002 年版，第 279—283 页。

在违规经营的现象，导致保险公司的经济利益受到损失。在保险过程中，理赔手续复杂，工作人员服务不到位，甚至有些时候还会出现无故拖延赔款、拒赔不合理等严重问题，这种方式的承保给客户造成一种“投保易，索赔难”的直观影响。另外，一些保险公司的信息披露工作容易被忽视，这样就使得投保人一方在投保前不能准确地对要投保的保险公司的信息有准确的了解，从而给保险公司的失信行为创造了条件。针对以上这些保险公司不正当的经营行为，亟须通过强有力的法律手段予以规范。结合前述保险公司的内控机制建设，建议从以下几方面规范保险公司的经营行为，从而有助于保险公司应对经营风险，实现其经营目标：(1)明确保险公司的业务范围。根据《保险法》第95条的规定，保险业务分为财产保险业务、人身保险业务和国务院保险监督管理机构批准的与保险有关的其他业务。保险公司只能在被核定的业务范围内从事保险经营活动。同时，基于人身保险与财产保险各自具有自身的特点，其经营与管理模式以及保费的计算和缴纳方面有很大区别，为了提高经营质量，避免业务上的混乱和经营庞杂，保证保险业的偿付能力，保障被保险人的利益，一般而言，就有必要禁止兼营。[①]应当说，保险法中不得兼营的规定正是出于国家对保险进行宏观管理的目的，客观地认识保险的经营方式，使保险公司通过各自业务的精确划分更好地调整自身的经营，以适应保险需求市场，并为被保险人提供更好的保险产品和服务。[②]此外，《保险法》第8条规定：“保险业和银行业、证券业、信托业实行分业经营、分业管理，保险公司与银行、证券、信托业务机构分别设立。国家另有规定的除外。”这说明我国保险法对保险公司的禁止兼业作出了明确规定。禁止兼业是指保险公司不得经营保险业以外的其他业务和非保险业者不得经营任何保险业务。禁止兼业的目的主要在于避免保险公司分散精力，以便于保险监督机构的监督管理。可以说，为保障广大被保险人的利益，绝大多数国家均通过立法确立商业保险专营原则，未经国家主管机构批准，擅自开办保险业务的法人或个人属非法经营，国家主管机构将勒令其停业并予以经济上乃至刑事上的处罚。同样，保险人也不得经营非保险业务，如银行业务、信托投资业务、房地产业务等，甚至不得从事未经核准的其他性质的保险业务，如社会

---

① 《保险法》第95条第2款规定：“保险人不得兼营人身保险业务和财产保险业务。但是，经营财产保险业务的保险公司经国务院保险监督管理机构批准，可以经营短期健康保险业务和意外伤害保险业务。”其中，由于短期健康保险业务和意外伤害保险业务具有特殊性，它们兼有人身保险和财产保险的双重性质，归入任何一方都有失偏颇，所以世界上许多国家的保险立法都将其视为“第三领域”，规定人身保险公司和财产保险公司都可以经营。为此，我国随着保险业的发展和对外开放，也在立法上作了如上特殊规定。

② 刘金章编著：《保险学导论》，清华大学出版社、北京交通大学出版社2009年版，第171页。

保险业务等，如此一来，禁止兼业的规定在一定程度上起到了银行、证券、保险之间的防火墙的作用。我国亦不例外，在保险法中也确立了分业经营、分业监管的原则，如此立法规定的确是正视了其可以实现专业化经营、提高经营质量的优点。[①]不过值得注意的是，由于全球金融体系发展及信息技术突飞猛进，国际间金融市场愈趋紧密结合，并朝向全球化发展。这不仅促使金融产品推陈出新，更使银行、证券、保险间业务差异渐趋模糊，导致金融跨业经营。正是在这个背景下，有的国家纷纷修改保险法和其他金融法案，实现保险与银行、证券等其他金融行业的综合经营，金融业的混业经营似乎是一种趋势。[②]所以，在此背景下，在坚持分业经营、分业监管原则的前提下，《保险法》第 8 条又作出了“国家另有规定的除外”之例外规定，这可视为在法律的框架内为我国金融体制的进一步改革预留了空间。综上，我国的保险法之所以为保险公司核定了严格的业务范围，主要还是在于考虑到保险经营的特殊性，此种特殊性主要涉及保险公司经营对象、经营范围、产品特征、经营规则等不同于一般企业，而且风险的社会化决定了保险公司必须有足够的承保能力以及处理自身风险的能力，能够及时调整或改变保险经营方式，同时还应考虑整个社会的福利，增加保险公司的社会责任。[③]如果在业务范围上无所限制，那么就会和保险经营的特殊性无法吻合，也难以实现上述目标。据此，如果保险公司超出其业务范围从事保险业务，必然要为此承担相应的法律责任，情节严重的，甚至会以非法经营罪追究刑事责任；(2)加强对保险资金运用的监管。资金运用是保险经营的主要业务范畴，是保险公司收入的一项重要来源，也是扩大保险社会影响的重要手段。保险资金之所以能够运用，是因为资金形成与保险赔付之间存在着时间差，特别是长期人身保险业务，积存的保险资金有很长的闲置时间，保险公司通过资金运用，可以增强其偿付能力和竞争能力。[④]保险资金来源于自有资金和外来资金两个方面。前者包括资本金、公积金、公益金和未分配盈余，后者包括未满期保费准备金、责任准备金、赔款准备金和特别准备金。国家对保险资金运用进行监管的目的在于：确保资金运用的安全，维护保险公司的偿付能力。同时，提高资金运用的收益，增强保险公司的经营实力。另外，提高资金运用的流动性，维持保险公司的变现能力，防止投机性或不当投资行为的发生，促进保险公司履行社会责任。由此可见，在保险资金的科学运用方面，要以保持安全性为原则，

① 傅廷中：《保险法论》，清华大学出版社 2011 年版，第 257 页。
② 祁敬宇主编：《金融监管学》，西安交通大学出版社 2013 年版，第 258—259 页。
③ 江生忠主编：《保险学理论研究》，中国金融出版社 2007 年版，第 271—273 页。
④ 方乐华：《保险与保险法》，北京大学出版社 2009 年版，第 393 页。

争取较好的流动性，实现经营效益的最大化。从这个意义上说，安全性是根本，收益性是目的，流动性是前提。①为了满足保险资金运用的上述"三性"要求，我国保险法专门对保险资金的运用作出了严格监管的规定，具体而言，《保险法》第106条就对保险公司运用保险资金的原则、方式以及管理办法等作出了详尽的规定，②同时，保监会还专门就保险资金的运用制定了一系列作为实施细则的规章，例如《保险机构投资者股票投资管理暂行办法》、《保险资金间接投资基础设施项目试点管理办法》、《保险资金境外投资管理暂行办法》等。这样，我国的保险资金运用就可逐步实现专业化、规范化和市场化的目标；(3)重视对保险公司偿付能力的监管。如前所述，这正是保险监管中的一项主要内容。诚然，保险业是专门经营危险的行业，通过保险公司组织的经营活动，在社会成员之间实现危险的集中和转移，维持社会生产和社会生活的稳定，这最终体现在保险公司向被保险人进行保险赔偿或给付保险金，因此，保险公司的偿付能力就是至关重要的。③目前，世界上大多数国家在保险业管理的立法上都充分地重视保险公司的偿付能力监管问题，具体表现在各国均在各自保险业历史发展的基础上进一步完善偿付能力监管体系，逐步形成了基本适合本国经济特点的保险监管系统。其中，又以美国的监管最为先进。美国是世界第一保险大国，无论是初步监管的保险监管信息系统(TRIS)、财务分析追踪系统(FAST)和风险资本要求法(RBC)，还是动态的现金流测试(CFT)均处于世界领先水平，而且，许多国家都参照美国的TRIS体系来建立自己的保险偿付能力监管指标体系。如英国的"偿付准备金法"、加拿大的最低持续资本和盈余要求(MCCSR)以及日本的"最低偿付能力标准制度"，均是有自己特色且值得借鉴的监管方式。④随着保险业发展的国际化，保险监管也应该实现国际化，所以，我国也应科学、客观地检视传统的保险偿付能力监管模式，再结合自身保险市场的特点加以借鉴与完善，探索我国保险偿付能力的监管模式。在此方面，近年来我国对于保险公司偿付能力的监管不可谓不重视，不仅在《保险法》第101、138、139、145条均涉及保险公司的偿付能力，而且与之配套，保监会于2008年专门制定发布了《保险公司偿付能力管理规定》，据此构筑起了对保险公司偿付能力状况监测的两

① 傅廷中：《保险法论》，清华大学出版社2011年版，第271页。

② 《保险法》第106条规定："保险公司的资金运用必须稳健，遵循安全性原则。保险公司的资金运用限于下列形式：(一)银行存款；(二)买卖债券、股票、证券投资基金份额等有价证券；(三)投资不动产；(四)国务院规定的其他资金运用形式。保险公司资金运用的具体管理办法，由国务院保险监督管理机构依照前两款的规定制定。"

③ 尹田主编：《中国保险市场的法律调控》，社会科学文献出版社2000年版，第76页。

④ 李建英、刘婷婷：《保险偿付能力监管的国际比较与启示》，《江西财经大学学报》2004年第6期。

道防线:第一道防线是通过监管指标体系对保险公司的偿付能力状态和变化趋势进行监测。第二道防线是强制性的偿付能力额度监管。①并且,从我国的保险公司偿付能力监管体系的内容来看,显然包含着资产管理、负债管理、资产负债匹配管理、资本管理等程序和具体措施。由此可见,我国的保险公司偿付能力监管体系正逐步与国际接轨,并处于与时俱进,不断完善的进程之中。总之,由于保险经营具有风险长期隐蔽性的特点,客观上要求加强其偿付能力的管理,同时,偿付能力风险是保险公司的信用风险,保险公司的偿付能力状况关系到保险业乃至整个金融业的稳健发展。②因此,对保险公司偿付能力的监管应当贯穿于规范保险公司经营行为之始终。

除了保险公司外,保险代理人、保险经纪人和保险公估人等保险中介机构或个人也是市场运行的主体,是完整和发达的保险市场不可缺少的重要组成部分,许多保险业务正是通过保险中介机构和个人开展或经营的,所以,对保险中介的行为也有必要进行规范。不可否认,保险中介业的建立和发展极大地推动了保险业的发育和成熟,其地位和作用在保险业的发展中显得日益重要,但与此同时,我国的保险中介市场中亦存在着一定风险,如不对其加以控制,可能会发展演变成为保险中介市场的突出问题,从而影响到整个保险业的长远发展。这些风险包括:(1)由发展模式不合理引起的,影响行业整体发展的系统性风险;(2)由监管政策和市场变化引起的,由一个领域向另一个领域转移或集中的结构性风险;(3)影响限于部分地区、部分机构,但涉及人员较多,可能酿成群访群诉事件的群体性风险。③因此,为了规避上述风险的侵害,稳定保险中介市场,就必须考虑采取行之有效的监管举措。主要应从以下几方面着手:(1)严格保险中介的市场准入。针对目前市场准入门槛过低,保险中介参与主体多而杂,以及准入标准不好把握,特别是在能否核准资格和核准险种上因存在理解差异而导致的尺度弹性过大等缺陷,应着力提高保险中介市场主体的进入门槛,包括机构、高管和保险营销员等,并在宏观上限制发展兼业代理,规范发展专业中介。2013 年 4 月 27 日,保监会颁布《关于修改〈保险经纪机构监管现定〉的决定》和《关于修改〈保险专业代理机构监管规定〉的决定》,其将保险专业中介机构注册资本的最低限额提升为人民币 5 000 万元,但提高准入门槛只能解决部分问题,要推动整个行业更加规范发展,除了提高机构准入门槛,还要提高人员

① 李玉泉主编:《保险法学——理论与实务》,高等教育出版社 2010 年版,第 392 页。
② 王婷:《保险公司偿付能力管理分析》,《上海保险》2011 年第 2 期。
③ 周良文、陈书涵:《当前保险中介市场主要风险及政策建议》,《福建金融》2012 年第 1 期。

准入门槛。保险中介人员准入是通过规定保险中介人员的条件，确立其进入保险中介市场的资格。而保险中介人员准入的主要方式是实施严格的等级资格考试和登记制度，一方面，这是保险中介人员素质的重要保证，可以满足中介人员的职业化、层次化的要求，另一方面，这能够使得保险监管部门及时掌握保险中介人员的基本情况，从而成为强化保险中介人员管理的重要依据和保证。①总之，通过适度提高保险中介的市场准入门槛，既有利于引导投资者理性投资，也有利于公司转变发展方式，从而促进保险中介市场的健康发展；②(2)严格保险中介的市场行为监管。这主要是对保险中介的业务合规性所进行的监管，各国保险法均规定，保险中介人在开展保险业务时不得采用不良手段从事非法经营，不良手段包括越权和超范围代理业务、误导陈述、恶意招揽和保费回扣等行为。③保险中介的上述不良市场行为直接关系到保险中介的质量与竞争是否公平合理，也直接影响到保险潜在需求向有效需求的转化。所以，从立法上防范和整治保险中介业务的乱象是很有必要的，即以“合规要求”作为保险中介的市场行为监管的总体要求，细化对中介渠道、销售人员、代理关系等方面的管理，从而从源头上规范保险中介市场的秩序。在此方面，我国保险法已做出了明确的回应性规定，即《保险法》第131条除严格禁止以上提及的不良市场行为外，还补充规定了其他一些应予禁止的行为。④总之，对保险中介市场行为的严格监管是维护保险市场的公平竞争和有序经营的重要手段；(3)完善保险中介的内控制度。完善保险中介的内控制度也是完善保险中介制度的重要内容，不可否认，目前保险中介市场中出现的诸多风险很多是由于主体自身内控管理薄弱、违法违规问题突出所导致的。首先，公司治理结构失衡。许多中介机构组织架构不健全，股权过度集中，产权与经营权界定不清，董事会、监事会、经营管理层之间的制衡机制还未真正建立起来，管理层缺乏独立性，公司治理形同虚设，制约着机构的健康发展。其次，大多保险中介机构未能建立事前防范、事中控制

① 刘冬姣：《保险中介制度研究》，中国金融出版社2000年版，第201页。

② 安秀洪、王晓东、丁洪生：《保险中介市场风险状况及监管对策》，《保险研究》2009年第6期。

③ 刘金章编著：《保险学导论》，清华大学出版社、北京交通大学出版社2009年版，第326页。

④ 《保险法》第131条规定：“保险代理人、保险经纪人及其从业人员在办理保险业务活动中不得有下列行为：(一)欺骗保险人、投保人、被保险人或者受益人；(二)隐瞒与保险合同有关的重要情况；(三)阻碍投保人履行本法规定的如实告知义务，或者诱导其不履行本法规定的如实告知义务；(四)给予或者承诺给予投保人、被保险人或者受益人保险合同约定以外的利益；(五)利用行政权力、职务或者职业便利以及其他不正当手段强迫、引诱或者限制投保人订立保险合同；(六)伪造、擅自变更保险合同，或者为保险合同当事人提供虚假证明材料；(七)挪用、截留、侵占保险费或者保险金；(八)利用业务便利为其他机构或者个人牟取不正当利益；(九)串通投保人、被保险人或者受益人，骗取保险金；(十)泄露在业务活动中知悉的保险人、投保人、被保险人的商业秘密。”

和事后评价的内部控制动态机制，各类业务、财务和人事管理等制度随意运作，产生诸多漏洞，且中介机构的资格管理形同虚设，市场上充斥着“无证代理”等多种违规现象。①由于保险中介机构是金融企业，所以应当按照法律和监管部门的要求，使保险中介机构的所有者、董事会、监事会和高级经理人员形成一定的制衡关系，确保相关法律规定和规章制度的贯彻执行，同时要建立有关的规章制度和业务档案，建立专门账簿以真实反映和记载保险中介业的收支状况，并定期向主管部门送交财务报表。②另外，还必须将保险中介的风险控制的重点放在控制业务风险、财务风险和道德风险三个方面。在强化业务风险控制方面，应严格控制风险集中的关键环节，按照专业化管理要求，加强单证、收费管理，防范业务经营中的操作风险。在强化财务风险控制方面，建立完善的稽核审计体系，完善专业监督检查制度。建立独立账户，减少保险中介机构挪用、侵占客户资金或代收保费的风险。建立垂直领导的内部审计、内部稽核审计等制度，完善内控制度体系。在强化道德风险控制方面，严格按照保险中介从业人员职业道德指引要求，提高中介从业人员的道德水准和政治素质，从源头上控制道德风险的发生；(4)加强保险中介的市场退出监管。完整的保险中介市场应该是有进有出的公开透明市场，经过一段时间的运行，一些保险中介机构由于自身内部经营和外部环境等原因，可能选择退出市场，因此，需要鼓励保险中介机构依法进行合理竞争，优胜劣汰，让长期经营不善的公司退出市场。当然，更为重要的是建立健全保险市场退出机制，其中很重要的环节就是尽快完善保险专业中介机构和保险兼业代理机构的营业保证金缴纳制度，用于解散、破产清算时清偿债务。③把营业保证金作为一道“防火墙”，可以切实发挥其防范化解风险的作用。

三、提升公众保险安全意识

在保险活动领域中，之所以保险欺诈、虚假理赔、非法经营等屡见不鲜，危害日增，固然有保险机制不健全，制度保障不完善等原因，其实还同公众的保险安全意识淡薄有着很大的关联。特别在我国，保险业可能仍处于大发展的初期，人们虽然感觉到保险保障的必要性，产生对保险的需求，但可能对保险还知之不多，或只知其然而不知其所以然，这主要是因为保险双方存在着严重的信

---

① 邹茵：《保险中介市场风险防范对策研究》，《东南学术》2014 年第 2 期。

② 孙祁祥等：《中国保险业：矛盾、挑战与对策》，中国金融出版社 2000 年版，第 164 页。

③ 安秀洪、王晓东、丁洪生：《保险中介市场风险状况及监管对策》，《保险研究》2009 年第 6 期。

息不对称，为避免逆向选择和道德风险，有的保险公司只能通过一些比较繁复的制度设计——从保单基本责任的确定、除外责任的规定、费率厘算、防灾防损、核保理赔等诸多环节进行风险控制。这样就使保险交易过程相对其他金融产品繁琐得多。而对于普通消费者来说，面对品种众多、内容繁杂、技术含量极高的保险产品，如果没有一定的保险知识背景，要完全理解和接受保险产品相当困难，所以就不难理解为什么相当多的人对保险的认识仍停留在感知阶段，或一知半解，或半信半疑，使得他们不懂得运用保险机制去防范和化解风险，甚至盲目投保而不知自身应尽的义务，客观上潜伏着违约的危机。同时，我国公众法律意识还不强，对保险合同所具有的约束力以及严肃性也认识不足，缺乏履约的自觉性。①当然，在保险法律关系中，投保人一方因为对保险缺乏正确的认识，除了可能导致他们自身的保险利益受损外，也极有可能进行具有危害性的欺诈活动，如有的投保人总认为交付保险费后，如果在保险期限内没有发生保险事故而得不到赔款，自己等于白白地送钱给保险人，因此，投保人往往会想办法从保险人手中将保险金要回来，于是欺诈成了他们最好的手段。②实际上，这恰是投保人对保险的互助共济特性的曲解所致。除此之外，保险人一方也完全可能基于保险的道德风险，违背诚实信用原则，凭借保险双方的信息不对称以及自身在信息占有方面的优势，并利用公众保险安全意识的淡薄，进行误导欺诈，虚假承诺，侵占、挪用甚至携保费潜逃，拖赔欠款，惜赔滥赔等，由此引发的法律纠纷增多，破坏保险行业整体形象，引发公众误解，更有甚者，就由此衍生出了大量的涉保险犯罪。

综上，为了维护保险业在社会公众中的信任度，增进社会公众对保险的关注和理解，改善保险领域的不诚信状况，就有必要着力提升公众的保险安全意识，同时这也是防治涉保险犯罪的一项必要举措。具体而言，要使社会公众能够真正认识和了解保险，并接受和运用保险，保险业就必须承担起对社会公众的责任，有效加强保险行业的诚信建设，除了提升自己的产品和服务品质外，还要利用各种有效途径和载体，加大对社会公众的保险法、刑法等法律法规以及与保险有关的知识的宣传教育。一方面提高公众遵纪守法、严格履约的自觉性，另一方面增强其对保险违法行为及涉保险犯罪的识别能力。对于片面理解保险合同，轻视合同义务，只注重自身权利，以为保险万能，一旦签约就万事大吉，从此无需承担有关保险标的任何义务的不负责任者，应加强保险原则、保险

① 林荫茂、陆爱勤：《保险违约与保险犯罪》，中国检察出版社2002年版，第280页。

② 李玉泉主编：《保险欺诈及其法律对策》，人民法院出版社1999年版，第9页。

合同性质以及保险法规教育，让其认清保险的互助共济之特性，即保险是以大数法则和概率论为理论基础的，并在损失机会均等条件下的一种互助。①对于有意违约，但尚未构成违法犯罪的，则需加强保险法规和法制教育，使其认识到自身行为的严重性以及承担的法律后果。此外，还可通过典型案例的分析，警戒世人，形成高压态势，从而在全社会形成一个良好的保险经营环境。

第二节　涉保险犯罪的微观防治对策

一、建立科学规范的保险理赔制度

保险理赔是保险人履行保险赔偿和给付责任，被保险人或受益人享受保险权利的具体表现，所以保险理赔是保险补偿职能的体现，它在保险业务经营中占有很重要的地位。另一方面，由于保险理赔是保险政策和作用的具体体现，保险的优越性及保险给予被保险人或受益人的经济补偿很大程度上都是通过理赔工作来实现的，所以保险理赔无疑是实现保险功能的最关键重要的环节，同时也是经营风险防范的最后一道关口和道德风险防范的最重要的部位。可以说，实践中各种欺诈骗赔案件正是将犯罪黑手伸向保险公司，所以保险公司为了加大防范和打击的力度，加强风险管理，就必须编织一张严密的保护网，减少疏漏，不给保险诈骗犯罪人以可乘之机，从而维护保险公司的合法权益。其中，通过保险理赔工作来识破各种保险诈骗行为，形成阻止保险诈骗结果发生的严密防线是至关重要的。正如有学者指出，保险理赔从某种意义上来说是防范涉保险犯罪，避免恶用保险得逞的最重要环节，是保险违法、犯罪实现其骗取保险金目的必须经历的关口，当然这也是保险内控监管机制审核的重点和最后防线。②基于此，笔者认为，建立科学规范的保险理赔制度显然具有紧迫性和必要性。

目前，就我国的保险理赔现状而言，虽然保险在我国快速增长，保费收入也增长迅速，但普遍存在重业务、轻管理的倾向，导致理赔风险逐年增大，保险资金大量流失，严重影响了保险业的健康发展。究其原因，主要还是因为国内保险市场受风险认识能力和认识水平的影响，对风险控制及管理没有形成一套严

---

① 王晓东主编：《当代金融犯罪防治对策研究》，山东人民出版社2006年版，第230页。

② 林荫茂、陆爱勤：《保险违约与保险犯罪》，中国检察出版社2002年版，第287页。

格、科学的约束机制和具体的量化考核办法，致使风险管理相对滞后。同时，随着保险市场化进程的加快，保险业竞争加剧，保险理赔风险呈上升趋势，由于受利益机制的影响，有的保险公司在处理理赔案件时，对投保人的无理要求姑息纵容，助长了一些投保人不正常的投保心理和索赔心态，还有的保险人不顾风险质量，盲目承保和理赔，更有甚者，有些保险从业人员自律意识不高，内外勾结，损害保险公司利益，或者收受投保人好处，做出不利于保险公司的责任认定和出具有损保险公司利益的证明，可以说，"上游"或"中游"堵塞不严，导致"下游"问题成堆，给保险理赔工作带来相当大的难度。此外，保险理赔是一项专业性极强的工作，不仅保险标的涉及面广，而且标的风险的成因十分复杂，加之处理索赔案件时，程序过于繁琐，大大影响了理赔效率，长此以往，使投保人大为不满，减弱了人们的投保愿望，甚至造成大量的投保人退保，使保险公司业务陷入被动，影响了保险业的长期发展。①如上保险理赔的弊端亟待改观，就应当从多方面入手，全面提高我国的保险理赔风险管理的水平。

首先，必须做到承保和理赔相分离，互相监督，互相制约，建立专门的、高水平的理赔队伍。可以说，承保与理赔相分离能够使得保险公司主要经营环节的专业化程度大为提高，过去，曾有保险公司将承保、查勘、理赔都在一个部门完成，这在程序上给串谋性欺诈留下了很大的漏洞，因此，通过使专职人员专门从事理赔事务，有利于其积累经验并形成规模经济，同时严格保险理赔人员的责、权、利，可以有效防止内部串谋欺诈的情况。须知，承保和理赔是控制道德风险的两个最重要的环节，它们分别独立设置，可以起到相互制约、相互验证的作用。②当然，笔者认为，在实现承保和理赔的职能分离之后，鉴于保险理赔是一项专业技术要求极高的工作，所以必须建立专门的、高水平的理赔队伍。理赔队伍要由德才兼备的人员组成，既要有强烈的责任心，能自觉维护保险的公正性和公司的信誉，又要具备专业知识和敏感性，以高度负责的精神履行好理赔职责。如此看来，就对保险理赔人员提出了较高的要求，保险理赔人员特别是估损、定损、查勘取证、索赔单证审核、赔款计算等方面的人员，应具有相应的专业知识、丰富的理赔经验、较强的辨伪能力。而现有的理赔人员，大多数并不具有这些知识和能力，致使在理赔过程中心有余而力不足，办事效率低下，对道德风险的防范既缺乏信心，更缺乏强有力的手段。每当出现复杂理赔案件时，往往难以做出准确判断。有鉴于此，保险公司必须加强对理赔人员定期分批的业务

① 王化军：《我国保险理赔现状》，《合作经济与科技》2007年第1期。

② 陶存文：《中国保险交易制度成本研究》，立信会计出版社2005年版，第201页。

培训和素质教育，以提高理赔人员的素质，增强其应付各种理赔风险的能力，具体而言，可包括以下几个方面：(1)具有应付各种突发事故的能力；(2)具有从复杂的理赔案件中去伪存真，由表及里的分析问题能力；(3)具有明察秋毫的洞察能力；(4)具有掌握识别各种欺、诈、骗手段及运用现代科学技术处理理赔案件的能力；(5)具有强烈的责任心、使命感，运用法律武器保护保险公司利益的能力。[①]唯其如此，才能为预防保险诈骗犯罪奠定坚实的基础。

其次，应依法进行保险理赔，建立健全理赔机制。须知，保险理赔是一种法律行为，保险必须履行保险合同义务。为此，一旦发生保险理赔案件，在处理时必须遵照合同条款，依法办案。具体而言，要做到现场勘察，严格审查，确立合理的理赔审查流程程序。申言之，应按接报登记、查阅档案、初审保险单责任、现场勘察、调查原因、审核证明材料、定损复核、出示事故调查报告、理赔审批的先后顺序，步步深入核查。其中，当保险人在接到被保险人关于保险事故发生的通知后，应尽可能地细致勘察事故现场，弄清保险事故发生的原因和损失情况，对索赔人员提交的有关单证，要仔细审查是否齐全，是否属实，并尽可能地搜集相关证据，这是发现骗赔蛛丝马迹的重要环节。[②]另外，保险公司在现场勘查后，根据勘查报告，审定损失责任。如果损失属于保险责任。就要确定保险人的保险赔偿责任和赔偿范围，如果损失不属于保险责任，保险人必须向被保险人或受益人发出拒绝赔偿或给付保险金的书面通知。如果涉及第三者责任，还必须分清责任。保险人在审定保险责任的基础上，确定保险赔偿责任和赔偿范围，并根据保险标的的保险金额和保险人的承保条件决定赔偿方式，同时根据实际损失情况，依照保险合同的约定履行赔偿或给付保险金的义务。如上即为保险理赔审查的全部流程，当然，在此过程中，要求保险理赔人员谨守职业道德规范，坚持理赔原则，严格遵守法定条款，做到不滥赔、不惜赔，并在实际工作中，防止人情赔付、以赔谋私之现象出现。为此，为了预防保险理赔过程中出现的有违职业道德的状况，就应当切实建立起查勘定损与理赔经办人岗位分离制度，杜绝“一人包办到底”的现象，实行不定期轮岗制度，以避免在同一工作岗位时间过长而引发的违法违规行为，这样就可起到各司其职、人人把关、互相监督的效果，从而避免理赔人员与投保人或受益人串通牟利骗赔，对维护各方合法权益、维护保险业的声誉大有裨益。[③]总之，作为保险经营过程中的关键环节，保

① 王彩霞、林略：《当前我国保险理赔中的问题透视》，《经济问题》2001 年第 4 期。

② 吴忆萍：《金融诈骗罪新论》，西南师范大学出版社 2005 年版，第 366 页。

③ 王晓东主编：《当代金融犯罪防治对策研究》，山东人民出版社 2006 年版，第 232 页。

险理赔的宗旨应该是“质量第一、信誉至上，依法有据、公平合理”。笔者认为，其中的“依法有据、公平合理”尤为重要，这意味着在确立了合理的理赔审查流程程序的基础上，保险公司在保险理赔时必须依据《保险法》和保险合同的规定，正确认定保险责任和范围，准确核定赔付金额，做到公平合理，并确保理赔质量，严格遵循理赔的原则，防止和控制理赔工作的错赔、乱赔、滥赔现象，提高保险公司的信誉。笔者深信，通过依法理赔，必然使得保险理赔机制更健全、更完善、更合理。

再次，在保险理赔过程中要重视保险公估人的作用。保险公估人是保险市场完整体系中主体的一部分，由保险公估人完成理赔工作，这样可以减轻保险人的工作量，降低保险经营成本，提高保险服务质量，促进保险业的发展。保险公估人从事的理赔工作是化解保险关系双方矛盾的有效途径，保险公估人是通过精通业务技术的专业手段和经验，将保险理赔原则与专业技术相结合，对问题作出客观、公正、合理的解决，避免或减少保险双方在保险理赔案件处理中所产生的矛盾和分歧。可以说，保险公估人这一角色的存在是当前我国保险业参与国际保险市场竞争的客观要求，因为发达国家普遍通行的保险公估人理赔制度，其理赔效率高，尤其是对保险市场的扩展具有巨大的引擎作用，这种社会知识的增加既提供了我国保险理赔制度变迁新的制度选择，同时更强化了我国保险理赔制度创新的动机。①诚然，保险公估人以其特有的专业权威性、独立性，客观公正性，同时又具备保险专业的知识，以中立的第三者身份帮助保险双方处理理赔公估业务，可以有效杜绝保险理赔中人情赔付、以赔谋私的现象，同时可以协助保险公司解决理赔领域中一些专业性、技术性较强的问题，缩短理赔时间，增强理赔效率，促进保险运作在理赔领域顺利进行，从而实现了保险理赔工作的专业化分工，这种分工有利于保险理赔技术的升级和交流。另外，对被保险人而言，由第三方处理赔付公正客观、准确及时，被保险人亦能够迅速得到补偿。综上，保险公司在保险理赔中加强与保险公估人的合作，合理利用其独特地位和特有职能，不失为改进目前我国保险理赔现状的一条理想路径。

二、健全保险机构的内部管理机制

从健全保险机构的内部管理而言，严格照章办事，落实各项制度规定，是有效地预防保险诈骗犯罪发生的重要举措。前文在论及保险监管时已经谈到保

① 刘友芝：《中国保险理赔制度变迁的经济学分析》，《中南财经政法大学学报》2003 年第 2 期。

险公司内控机制建设的重要性，其实这正是同健全保险机构的内部管理机制高度契合的。在此基础上，保险机构的内部管理机制的健全应当包含以下几方面的内容。

首先，应加强对保险机构发展规划和决策目标的管理，保证其科学性与合理性。在此方面，应当明确保险机构发展规划的流程和相关事项，一般包括信息收集和分析、决策制定和审批、战略执行和反馈等流程和规则。同时，需要研究分析可能影响保险业务发展的宏观经济形势、保险市场状况、同业公司竞争情况等，并结合自身的业务发展情况，制订科学战略发展规划，并为业务经营活动提供决策支持。在明确了保险机构的发展规划和决策目标之后，还应根据相关需要，设计、制定、调整保险机构的经营管理流程和组织结构设置，并对各级机构设定具体的绩效考核目标。最后，对保险机构业务经营情况、管理状况和财务状况进行监控，实时监督各级机构的经营计划执行情况和绩效指标完成情况，并提出督导意见，保证其发展规划和决策目标得以贯彻和落实。

其次，应加强对保险机构内部人员的管理。在此方面，应当对保险机构内部的岗位设置、人员招聘和辞退、薪酬体系、绩效考核、人员培训、奖惩等重大事项进行规定，同时根据保险机构的组织体系，合理设置岗位、制定岗位职责、明确任职资格并组织招聘。制定在岗员工的绩效考核指标体系，明确考核的方式和程序，实现合理的人才激励和约束。更为重要的是，需要帮助员工设计职业发展规划，有系统地组织员工培训，提高员工的专业技能，从而为保险机构储备优秀的经营管理人才。

再次，应加强对保险机构财务和资金运用的管理。在此方面，保险监管部门要确保保险机构具备足够的偿付能力，就必须对保险业的财务活动实行实质性的规范和监督，概言之，保险机构的各种准备金的提取必须充足、资产结构必须合理，并需保证安全和可靠。也即保险机构应按照会计准则和保险监管的要求，建立统一的财务核算制度体系会计核算流程，并根据法律和监管政策的要求及时更新相关控制要求，同时定期接受财务方面的经常性检查，以便及时发现经营管理中存在的问题，有效防止职务侵占、挪用公款、违规支付等违法、违规及犯罪行为；①另外，保险机构的资金运用是保险机构经营活动中相对独立的组成部分，也是保险机构管理控制的重点领域。保险机构的资金运用应按照安全性、收益性和流动性的原则，进行集中、统一、专业的运作，

① 林荫茂、陆爱勤：《保险违约与保险犯罪》，中国检察出版社 2002 年版，第 296 页。

规范组织资金运用控制活动。具体来说,保险机构的资金运用管理主要包括资产战略配置、资产负债匹配、投资决策管理、投资交易管理和资产托管等诸多方面。

最后,应加强对保险机构的业务管理,这可以说是健全保险机构内部管理机制最重要的一项内容。其具体包括:(1)严格承保审核制度。对承保的管理属于一种事中管理,也是一种基层管理,保险机构应该针对承保活动制订一系列的规章制度,搭建清晰的承保操作流程和业务审核流程,规范核保授权、投保、保前查勘、核保保单打印等工作,同时对承保过程中的各种信息资料进行审核,确保这些资料符合保险机构的管理要求和外部监管规定;(2)严格理赔审核制度,理赔管理对于承保管理来说属于一种事后管理,对理赔业务处理来说则是事中管理,它们都是一种基层管理。对于保险理赔之重要性,前文已有提及,故无需赘言。总之,保险理赔要把好"三关":一是坚持双人或多人查勘定损,全面、准确地收集证据,为理赔案件的定性提供依据。二是坚持理赔案件复核制度,认真审核证据材料,及时发现疑点,提出问题。三是坚持领导审批制度,严把理赔质量关;①(3)严格对再保险业务的管理。《保险法》第 28 条第 1 款规定:"保险人将其承担的保险业务,以分保形式部分转移给其他保险人的,为再保险。"可见,再保险是保险之保险,再保险的方式有利于分散风险,不仅能充分保障被保险人,使其能够获得充分赔偿,而且有利于保险公司的稳健经营,使其不至于因发生巨额赔付而在经济上一蹶不振。②但是,对再保险业务也需严格规范,主要就是要求建立规范的再保险管理制度和操作流程。一般而言,保险人在制订再保险规划时必须要从业务的经营管理和技术上考虑其可行性和稳定性,使再保险规划在合同条款和条件方面符合再保险的实务手续和市场发展趋势,因此,保险人在制定再保险规划时应着重考虑以下几点:风险损失的评估、再保险方式的选择、再保险人的资格审查以及再保险合同的商订等。这样,才能保证保险人的业务风险得到及时的分散,同时降低再保险安排的成本。

三、提高保险从业人员的整体素质

如上所述,保险机构在加强内部管理机制建设方面应重视对其内部人员的管理,毕竟保险业的主体是人——保险从业人员,这就意味着必须着力提高保

---

① 王晓东主编:《当代金融犯罪防治对策研究》,山东人民出版社 2006 年版,第 233 页。

② 傅廷中:《保险法论》,清华大学出版社 2011 年版,第 15 页。

险从业人员的整体素质。保险从业人员的素质是指保险从业人员在从事保险业的实践活动中作为职业行为内在基础的品质。可以说，保险从业人员的素质在其必要性上表现了保险从业人员的角色地位和职能作用的客观要求，在其现实性上则是保险从业人员个人从业实践及素质提升所达到的结果，因此，保险从业人员的素质包括了品德素质、知识素质、能力素质、心理素质等各个方面。笔者认为，提高保险从业人员的整体素质正是防范其产生道德风险，有效应对涉保险犯罪的根本性对策。

首先，应注重保险从业人员业务素质的提升。须知，保险行业有着不同于其他行业的鲜明特点，它要求从业人员不但要熟悉自身行业的基本特点，在不同险种的承保和理赔中，其还要熟悉并掌握有关保险标的基本知识及所在行业的一般情况，而且保险业又是以风险为经营对象的特殊行业，风险管理有其特殊的规律和特定的技术要求，所以，“工欲善其事，必先利其器”。作为保险从业人员，必须具备相应的专业知识和辨伪能力。如果保险从业人员的业务素质较低，不熟悉专业知识，不懂得如何从事保险业务，那么错赔、被骗可能就在所难免，或者有的保险从业人员好大喜功，盲目承保，出了事故后又盲目理赔，实际上导致赚少赔多，虚盈实亏，直接损害了保险人的利益，同时也给了保险诈骗犯罪人以可乘之机。为此，加强保险从业人员的业务培训，提升他们的业务素质乃是防止保险诈骗等犯罪行为的当务之急。具体而言，保险从业人员的业务培训是一个系统化、长期化的工作，要达到保险从业人员业务素质不间断地提高，需做到以下几点：(1)提高培训的规划性和系统性，将培训目标从提高实际操作能力转移到提高整体素质；(2)在培训体系中要体现出专业性和灵活性的特点，既要在培训中导入专业和规范要求，又要面对市场，注重实际效果；(3)在培训机制中应引进效果评价体系，及时发现问题并采取纠正措施。[①]总之，通过对保险从业人员有针对性地开展业务技能和辨伪防骗知识的培训，可以增强他们的防范意识和责任心，提高识别保险诈骗行为的能力，减少从事保险业务过程中的失误和疏漏，以免给保险诈骗打开方便之门。同时，保险从业人员的业务素质得到提高后，不仅能自觉避免各种保险诈骗行为的发生，而且在工作中发现保险诈骗行为后，保险从业人员亦能够本着维护自身合法权益和被保险人利益的精神，及时向有关部门揭发、检举，让保险诈骗行为人受到应有的行政或刑事处罚，从而使意图实施保险诈骗的人不敢骗、不能骗、骗不成，如此看来，提升保险从业人员的业务素质对于保险诈骗犯罪的预防效果是极

① 裘红霞:《提高保险从业人员素质　促进保险事业稳定发展》,《兰州商学院学报》2003 年第 6 期。

其显著的。

其次，应加强对保险从业人员的社会伦理、法制观念和职业道德的教育。这是避免保险从业人员道德风险的重要途径，也是预防保险从业人员职务犯罪的有效举措。可以说，保险从业人员的思想品质、法制观念和职业道德水平的高低直接制约着保险业的风险，有的保险从业人员自身素质不高，责任心不强，法制观念淡薄，就容易使得道德风险的产生有了现实的依托，于是衍生了许多保险违法甚至犯罪行为，例如诈骗、挪用、贪污保险金，在理赔活动中索贿、受贿，在承保业务中代理人私自用高手续费、高返还、埋单、倒签单，做鸳鸯单等手段代理"劣质业务"等，更有甚者，有的保险从业人员与投保人一方内外勾结，沆瀣一气，合谋实施保险诈骗，主要表现为承保、核保人员与投保人一方相互勾结，进行欺诈性的保险业务，勘查、理赔人员与投保人一方相互勾结，制造假赔案或人为扩大损失程度以骗取保险金等等。①应当尽力消除和控制保险从业人员的道德风险，树立行业监管的威信，因此就凸显了对保险从业人员社会伦理、法制观念和职业道德的教育的重要性。具体而言，各级保险机构要教育和引导员工树立正确的人生观、价值观，并及时了解和掌握其思想动态，一旦发现有不良苗头的，要立即制止和纠正，必要时将其调离重要岗位和部门。②同时，要强化保险从业人员的法制观念，使其遵纪守法，廉洁从业。在保险从业过程中，保险从业人员不仅要遵守国家宪法和法律，还要严格执行保险法规，如《保险法》、《合同法》以及其他保险业的法律法规等，不仅要遵守政治纪律、财经纪律，还要把法律意识化为内在信念，在心理上形成稳定的观念，从而自觉地约束自己的行为。另外，保险从业人员还必须廉洁从业，不得利用职务上的便利，故意编造未曾发生的保险事故进行虚假理赔，骗取保险金或进行其他职务犯罪行为。总之，通过对保险从业人员的法制观念教育，可以促使其忠于职守，廉洁奉公，提高自律意识。最后，必须加强保险从业人员的职业道德教育，为保险诚信体系的建设提供支持。可以说，保险从业人员必须具备良好的职业道德，这是最基本的素质要求。须知，以现代企业制度为内涵而建立起来的保险公司理应十分注重塑造自身在社会上的形象，注重提高社会声誉，其中加强保险诚信体系建设自然是应有之义，所以，保险公司从树立各具特色的企业文化精神以及对员工严格管理入手，也应加强职业道德教育。③具体而言，应当以道德教育为载体，

---

① 刘海蕃主编：《中国金融问题风险控制和化解》，中共中央党校出版社 2002 年版，第 171 页。

② 李永升主编：《金融犯罪研究》，中国检察出版社 2010 年版，第 551 页。

③ 林荫茂、陆爱勤：《保险违约与保险犯罪》，中国检察出版社 2002 年版，第 304 页。

引导保险从业人员树立正确的义利观，正确处理二者之间的关系。同时，要以企业文化建设为契机，引导保险从业人员“用心经营，诚信服务”，努力“与客户同忧乐”，把诚信服务根植于保险公司的核心理念中。更重要的是，应以制度落实为保证，引导保险从业人员自觉遵守基本的诚信规范，以诚信道德观为指导，制定诚信行为准则，从而将道德教育落到实处，建立起完善的职业道德操守规则。

结　　语

保险是顺应社会生产力发展的要求而产生的，是伴随着人类社会的前进而不断完善的复杂经济行为，同时保险又是现代经济的重要产业，是社会风险管理和财富管理的基本手段。保险对人类社会的进步做出了巨大贡献，社会对保险的依赖程度也越来越高。可以说，现代保险已发展成为一个非常完善的体系，渗透到社会的每个角落，并与人们的生活生产息息相关，成为整个社会体系中不可缺少的重要组成部分。所以，维系保险业的稳定经营和健康发展必然是促进经济社会全局发展的重要支撑和有效保障。毕竟，保险的发展是与社会各种制度变迁的交织中实现的，保险业的监管制度、市场制度、企业制度、保险消费文化等与整个社会经济制度环境必须紧密衔接，因此保险业作为社会组成部分深化了制度变迁与经济社会的发展，从多个侧面凸显出社会发展的状况。相应地，保险的科学发展就包括了保险体制、经营方式和整个市场的变化发展，不仅涉及经济利益，更多涉及社会利益，是站在保险行业和社会的高度来配置保险资源，扩大保险覆盖范围、加强保险保障作用、增强对经济社会的影响力以及提高公众对保险的认可度和依赖度。①更为重要的是，如前所述，在人类逐步进入全球风险社会的背景之下，作为一种市场化的风险分散机制，保险将愈发凸显出它的风险控制和风险管理功能。须知，风险社会是一种高速变迁、高风险的社会形态，在这样的社会形态中，突出表现为自然风险、社会风险、经济风险以及人为的制度性风险等各种风险互相交织、互相结合，并且关联性、敏感性越来越强，潜藏着巨大的并发性危险，从而形成了特殊的综合系统化风险这一显著特征。当面临综合系统化风险的巨大影响和挑战，特别是这种风险作为可能导致社会冲突、危及社会稳定的一种不确定性危险，已成为诱发社会危机、影响社会和谐稳定的突出因素时，采取什么样的治理形式来实现理想的社会秩序，以规避和减少风险，恐怕就成为任何个人、组织、国家以及社会诸层面所共同关心且不容回避的主题。而从风险的角度来说，治理所要达到的秩序目标可以具体化为三个：选择风险、分担风险以及规避和减小风险。②通过保险来实现上述

① 胡皖、王海霞：《社会学视野下保险业的科学发展》，《保险研究》2009 年第 3 期。

② 杨雪冬等著：《风险社会与秩序重建》，社会科学文献出版社 2006 年版，第 46 页。

秩序目标无疑是最为合适的，因为美国著名经济学家肯尼斯·J·阿罗早就说过，风险的转移才是保险最本质的东西。①诚然，保险活动与风险发生机制的联系日益紧密，这就意味着风险的存在和变化促使了保险活动的加强和完善，保险亦是风险控制和风险管理的理想方法。风险控制和风险管理就是通过对风险的识别、衡量和控制，以最低的成本使风险所致的各种损失降到最低限度的管理方式，保险活动正是通过对风险的识别、衡量、预测和分析，采取相应对策处置风险和不确定性，力求以最小成本保障最大安全和最佳效能的一项活动。从此意义上说，由于保险经营的对象是风险，保险活动的核心也是风险，风险的控制与管理活动应该成为保险本质意义上的主题。②所以，风险社会迫切需要保险提供的风险管控、补偿保障等功能来分散和防范日益增大的风险发生的不确定性。这正如有学者所指出的，在充满风险的社会里，人们要最大限度地把风险和不确定性因素转化为机会，必须有一套完整的规避风险的制度，那就是保险。③要使保险的上述功能得以良性发挥，最重要的莫过于构建起一整套较为完备的，融经济补偿、资金融通和社会管理等多项功能于一体的保险机制。保险机制是社会经济运行维系机制的重要内容，它具有维护和调节的作用：一方面，保险机制能够维护社会再生产过程中时间上的连续性和空间上的平衡性；另一方面，保险机制对资源配置、资金市场、收入分配、个人消费、心理等方面能够起到调节作用。④因此，只有在保险机制的整体动态运行之下，保险活动才能发挥出风险选择、损失补偿以及资金运用等方面的积极作用。

然而，不容否认的是，在保险领域中出现的各种欺诈行为、违法违规行为以及严重的犯罪活动已对保险机制的有效运行造成了极大的威胁，其中尤以涉保险犯罪的危害为剧。从本质上看，保险是建立在“我为人人，人人为我”这一社会互助基础之上的，其科学性在于只要团体或个人缴纳了保险费，就与其他被保险人形成互助共济的关系，将风险从个人转移到团体，从共同建立的保险基金中，补偿其因意外所遭受的经济损失。这原本是众人共同抵御风险的方法，是一种科学而又先进的制度。然而保险诈骗、虚假理赔、非法经营等涉保险犯罪行为却是对这种进步制度的一个反动，因而可以毫不夸张地说，涉保险犯罪

① [美]肯尼斯·J·阿罗：《社会选择与个人价值》，丁建锋译，上海人民出版社2010年版，第72页。

② 魏华林、皮曙初：《“风险社会”保险业的功能定位》，《武汉大学学报（哲学社会科学版）》2008年第4期。

③ 郑伟：《全球化与“第三条道路”》，湖南人民出版社2003年版，第203页。

④ 刘平编著：《保险学原理与应用》，清华大学出版社2009年版，第257—261页。

乃是保险机制的天敌。诚然，涉保险犯罪是一种世界性的犯罪，有保险业的地方就有涉保险犯罪。同时，涉保险犯罪又是风险社会中出现的典型的犯罪类型，它会随着国家政治、经济和社会生活的发展变化而日趋复杂化、多样化，尤其呈现出犯罪主体多元化、社会危害多重性、发案率增多、涉案金额巨大、多罪并发、犯罪暗数增高、复合化态势明显等特点。[①]因此，如何全面认识并有效惩防涉保险犯罪是保险界研究的永恒主题，也是社会大众关注的主要问题之一，尤其在一国保险业大发展和国际化的进程中，更需要从法律制度、管理机制、保险行业道德以及社会公众舆论监督机制上倾注更多的力量，着力在规范化经营和程序化管理上构建公平、公正的保险交易秩序，以充分发挥保险社会稳定器和减震器的保障作用。[②]笔者正是以此作为写作本书的立意，即着眼于保险业的整体运行和发展，对运用刑法预防和惩治涉保险犯罪的必要性予以阐述，并着力尝试对涉保险犯罪的构成、形态、界定和处罚等诸多问题开展系统研究，尽可能全面、详尽地展示涉保险犯罪的法律全貌和丰富内涵，最终主张严密刑事法网，构建起全面、系统的涉保险犯罪罪刑体系，这亦是笔者的良好愿景所在。当然，由于笔者学力所限，本书中的许多内容和观点尚属管窥之见，甚至浅尝辄止，但笔者仍然希望藉此有所收获。

---

① 杨正鸣主编：《经济犯罪侦查新论》，中国方正出版社 2004 年版，第 398—400 页。

② 林荫茂、陆爱勤：《保险违约与保险犯罪》，中国检察出版社 2002 年版，第 308 页。

主要参考文献

一、著作类

1. 林荫茂、陆爱勤:《保险违约与保险犯罪》,中国检察出版社 2002 年版。

2. 张利兆:《保险诈骗罪研究》,中国检察出版社 2007 年版。

3. 刘宪权:《金融风险防范与犯罪惩治》,立信会计出版社 1998 年版。

4. 刘宪权:《金融犯罪刑法理论与实践》,北京大学出版社 2008 年版。

5. 赵秉志主编:《金融诈骗罪新论》,人民法院出版社 2001 年版。

6. 赵秉志:《刑法分则问题专论》,法律出版社 2004 年版。

7. 赵秉志、杨诚主编:《金融犯罪比较研究》,法律出版社 2004 年版。

8. 张明楷:《诈骗罪与金融诈骗罪研究》,清华大学出版社 2006 年版。

9. 张明楷:《刑法学》(第 2 版),法律出版社 2003 年版。

10. 张明楷:《刑法分则的解释原理》,中国人民大学出版社 2009 年版。

11. 陈兴良:《本体刑法学》,商务印书馆 2001 年版。

12. 陈兴良:《刑法适用总论》,法律出版社 1999 年版。

13. 陈兴良主编:《罪名指南》,中国政法大学出版社 2000 年版。

14. 刘艳红:《罪名研究》,中国方正出版社 2000 年版。

15. 高铭暄、赵秉志主编:《犯罪总论比较研究》,北京大学出版社 2008 年版。

16. 高铭暄、赵秉志主编:《刑罚总论比较研究》,北京大学出版社 2008 年版。

17. 高铭暄主编:《刑法学原理》,中国人民大学出版社 1993 年版。

18. 马克昌主编:《犯罪通论》,武汉大学出版社 1999 年版。

19. 马克昌主编:《刑罚通论》,武汉大学出版社 1999 年版。

20. 李希慧主编:《刑法各论》,武汉大学出版社 2009 年版。

21. 周光权:《刑法各论》,中国人民大学出版社 2008 年版。

22. 郭立新、黄明儒主编:《刑法分则适用典型疑难问题新释新解》,中国检察出版社 2010 年版。

23. 王作富主编:《刑法分则实务研究》,中国方正出版社 2010 年版。

24. 姜伟:《犯罪形态通论》,法律出版社 1994 年版。

25. 刘远:《金融诈骗罪研究》,中国检察出版社 2002 年版。

26. 王新:《金融刑法导论》,北京大学出版社 1998 年版。

27. 薛瑞麟主编:《金融犯罪再研究》,中国政法大学出版社 2007 年版。

28. 顾肖荣、倪瑞平主编:《金融犯罪惩治规制国际化研究》,法律出版社 2005 年版。

29. 单晓华:《金融诈骗罪基本问题研究》,中国法制出版社 2007 年版。

30. 李文燕主编:《金融诈骗犯罪研究》,中国人民公安大学出版社 2002 年版。

31. 白建军主编:《金融犯罪研究》,法律出版社 2000 年版。

32. 吴忆萍:《金融诈骗罪新论》,西南师范大学出版社 2005 年版。

33. 王凤垒:《金融犯罪研究》,中国检察出版社 2008 年版。

34. 李永升主编:《金融犯罪研究》,中国检察出版社 2010 年版。

35. 鲜铁可:《金融犯罪的定罪与量刑》,人民法院出版社 1999 年版。

36. 李邦友、高艳东:《金融诈骗罪研究》,人民法院出版社 2003 年版。

37. 孙军工:《金融诈骗罪》,中国人民公安大学出版社 2003 年版。

38. 胡启忠:《金融刑法适用论》,中国检察出版社 2003 年版。

39. 刘明祥:《财产罪比较研究》,中国政法大学出版社 2001 年版。

40. 王晨:《诈骗犯罪研究》,人民法院出版社 2003 年版。

41. 邓宇琼、许成磊:《危害金融安全、利益和管理秩序犯罪司法适用》,法律出版社 2005 年版。

42. 张军主编:《破坏金融管理秩序罪》,中国人民公安大学出版社 2003 年版。

43. 彭辅顺等编著:《非法经营罪专题整理》,中国人民公安大学出版社 2007 年版。

44. 闫爱青等:《经济犯罪研究》,中国民主法制出版社 2007 年版。

45. 杨兴培、李翔主编:《经济犯罪和经济刑法研究》,北京大学出版社 2009 年版。

46. 梁根林:《刑罚结构论》,北京大学出版社 1998 年版。

47. 禹钟华编著:《金融功能的扩展与提升——功能观视角下的金融发展》,中国金融出版社 2005 年版。

48. 邓成明:《中外保险法律制度比较研究》,知识产权出版社 2002 年版。

49. 江生忠主编:《保险学理论研究》,中国金融出版社 2007 年版。

50. 刘金章编著:《保险学导论》,清华大学出版社、北京交通大学出版社2009年版。

51. 刘平编著:《保险学原理与应用》,清华大学出版社2009年版。

52. 关浣非译著:《保险欺诈》,中国检察出版社1992年版。

53. 万里虹:《人身保险欺诈及其防范》,中国金融出版社1997年版。

54. 傅廷中:《保险法论》,清华大学出版社2011年版。

55. 李玉泉主编:《保险法学——理论与实务》,高等教育出版社2010年版。

56. 覃有土、樊启荣:《保险法学》,高等教育出版社2003年版。

57. 方乐华:《保险与保险法》,北京大学出版社2009年版。

58. 许崇苗、李利:《最新保险法适用与案例精解》,法律出版社2009年版。

59. 李玉泉主编:《保险欺诈及其法律对策》,人民法院出版社1999年版。

60. 边文霞:《保险欺诈博弈研究》,首都经济贸易大学出版社2006年版。

61. 庄洪胜、刘志新主编:《保险欺诈骗赔特征与对策》,人民法院出版社1999年版。

62. 孙祁祥等:《中国保险业:矛盾、挑战与对策》,中国金融出版社2000年版。

63. 尹田主编:《中国保险市场的法律调控》,社会科学文献出版社2000年版。

64. 龙卫洋等编著:《保险学》,复旦大学出版社2005年版。

65. 李虹、廖中新主编:《保险欺诈与陷阱案例汇编》,西南财经大学出版社2007年版。

66. 刘茂山主编:《保险发展学》,中国金融出版社2005年版。

67. 孟咸美:《金融监管法律制度研究》,经济日报出版社2014年版。

68. 祁敬宇主编:《金融监管学》,西安交通大学出版社2013年版。

69. 韩笑:《均衡之路——中国商业保险监管制度研究》,人民出版社2006年版。

70. 丁孜山、丁蔚:《保险发展与创新》,复旦大学出版社2006年版。

71. 王国军、徐高林等:《后金融危机时代:保险业的风险防范与战略选择》,法律出版社2009年版。

72. 王晓东主编:《当代金融犯罪防治对策研究》,山东人民出版社2006年版。

73. 杨雪冬等:《风险社会与秩序重建》,社会科学文献出版社2006年版。

74. [英]约翰·T·斯蒂尔:《保险的原则与实务》,孟兴国等译,中国金融出版社 1992 年版。

75. [日]芝原邦尔:《经济刑法》,金光旭译,法律出版社 2002 年版。

76. [德]汉斯·海因里希·耶赛克、托马斯·魏根特:《德国刑法教科书(总论)》,徐久生译,中国法制出版社 2001 年版。

77. [德]克劳斯·罗克辛:《德国刑法学总论》(第 1 卷),王世洲译,法律出版社 2005 年版。

78. [日]川端博:《刑法总论二十五讲》,余振华译,中国政法大学出版社 2003 年版。

79. [日]大塚仁:《刑法概说》(总论),冯军译,中国人民大学出版社 2003 年版。

80. [日]西田典之:《日本刑法各论》,刘明祥、王昭武译,中国人民大学出版社 2007 年版。

81. [日]西原春夫:《犯罪实行行为论》,戴波、江溯译,北京大学出版社 2006 年版。

82. [日]大谷实:《刑法讲义总论》,黎宏译,中国人民大学出版社 2008 年版。

二、论文类

1. 池晶:《论世界保险业的金融化趋势》,《保险研究》2000 年第 7 期。

2. 罗亚玲:《制约我国保险业进一步发展的主要因素及其完善措施》,《社会科学家》2007 年第 3 期。

3. 樊启荣:《中国保险立法之反思与前瞻——为纪念中国保险法制百年而作》,《法商研究》2011 年第 6 期。

4. 李秀芬:《保险欺诈的成因及对策》,《山东大学学报(哲学社会科学版)》2001 年第 6 期。

5. 范红旗:《保险欺诈的犯罪化及刑事责任》,《上海保险》1999 年第 4 期。

6. 孙谦、尹伊君:《国家工作人员职务犯罪论》,《法学研究》1998 年第 4 期。

7. 张康之、刘晶:《寻找预防职务犯罪的路径》,《中共浙江省委党校学报》2010 年第 6 期。

8. 李希慧、杜国强:《身份犯及其相关概念辨析》,《现代法学》2005 年第 2 期。

9. 肖乾利:《保险诈骗罪若干问题之审视》,《广西社会科学》2006 年第 4 期。

10. 张秀全:《人身保险利益质疑》,《郑州大学学报(社会科学版)》2000 年第 6 期。

11. 王新红、伍云:《对保险利益法律制度的再审视——从约束保险人的角度》,《广西经济管理干部学院学报》2005 年第 1 期。

12. 何国华、肖兰华:《保险中的道德风险及其防范》,《武汉大学学报(哲学社会科学版)》2007 年第 2 期。

13. 官爵明:《罪名概念与罪状间关系新探》,《深圳大学学报(哲学社会科学版)》2003 年第 5 期。

14. 叶高峰、王俊平:《保险诈骗罪比较研究》,《郑州大学学报(哲学社会科学版)》2001 年第 5 期。

15. 魏迎宁:《保险诈骗罪研究》,《保险研究》2010 年第 9 期。

16. 张明楷:《规范的构成要件要素》,《法学研究》2007 年第 6 期。

17. 张明楷:《违法阻却事由与犯罪构成体系》,《法学家》2010 年第 1 期。

18. 陈兴良:《犯罪构成论:从四要件到三阶层一个学术史的考察》,《中外法学》2010 年第 1 期。

19. 刘艳红:《犯罪构成体系平面化之批判》,《法学研究》2011 年第 5 期。

20. 黎宏:《我国犯罪构成体系不必重构》,《法学研究》2006 年第 1 期。

21. 高铭暄:《论四要件犯罪构成理论的合理性暨对中国刑法学体系的坚持》,《中国法学》2009 年第 2 期。

22. 赵秉志、彭文华:《文化模式与犯罪构成模式》,《法学研究》2011 年第 5 期。

23. 杨兴培:《论我国传统犯罪客体理论的缺陷》,《华东政法学院学报》1999 年第 1 期。

24. 陈兴良:《犯罪客体的去魅——一个学术史的考察》,《政治与法律》2009 年第 12 期。

25. 李希慧、童伟华:《"犯罪客体不要说"之检讨——从比较法的视角考察》,《法商研究》2005 年第 4 期。

26. 刘士心:《保险诈骗罪新探》,《当代法学》2002 年第 3 期。

27. 肖晚祥:《保险诈骗罪的若干问题研究》,《政治与法律》2010 年第 1 期。

28. 韩玲:《保险诈骗罪中几种特殊行为方式的司法认定》,《政治与法律》2005 年第 4 期。

29. 郭庆茂、顾尧:《事后投保骗取保险金构成保险诈骗罪》,《人民司法》2008 年第 22 期。

30. 岳书锋:《核保核赔,保险企业发展的"双核引擎"》,《上海保险》2007 年第 4 期。

31. 钱小平、魏昌东:《保险诈骗罪疑难问题探析》,《云南大学学报(法学版)》2006 年第 3 期。

32. 杨毓显:《保险诈骗罪疑难问题研究》,《学术探索》2004 年第 8 期。

33. 林亚刚:《论想象竞合犯的若干问题》,《法律科学(西北政法学院学报)》2004 年第 1 期。

34. 韩广道:《论片面帮助犯的成立要件》,《中国刑事法杂志》2002 年第 1 期。

35. 杜国强:《保险诈骗罪共犯问题研究》,《人民检察》2005 年第 1 期。

36. 王志祥、姚兵:《论目的犯目的的本质》,《刑法论丛》2008 年第 1 期,第 293 页。

37. 陈兴良:《目的犯的法理探究》,《法学研究》2004 年第 3 期。

38. 董玉庭:《主观超过因素新论》,《法学研究》2005 年第 3 期。

39. 刘艳红:《论非法定目的犯的构成要件构造及其适用》,《法律科学(西北政法大学学报)》2002 年第 5 期。

40. 孙文红:《保险诈骗罪若干问题研究》,《国家检察官学院学报》2003 年第 3 期。

41. 童伟华:《数额犯若干问题研究》,《华侨大学学报(人文社会科学版)》2001 年第 4 期。

42. 张明楷:《财产性利益是诈骗罪的对象》,《法律科学(西北政法学院学报)》2005 年第 3 期。

43. 刘之雄:《刑罚根据完整化上的犯罪分类——侵害犯、危险犯、结果犯、行为犯的关系论纲》,《中国法学》2005 年第 5 期。

44. 卢建平、叶良芳:《重罪轻罪的划分及其意义》,《法学杂志》2005 年第 5 期。

45. 潘庸鲁:《论刑罚权适用的有限性》,《广西社会科学》2008 年第 8 期。

46. 张伟:《数额犯若干问题研究》,《中国刑事法杂志》2010 年第 3 期。

47. 冯亚东、胡东飞:《犯罪既遂标准新论——以刑法目的为视角的剖析》,《法学》2002 年第 9 期。

48. 于改之:《保险诈骗罪的司法认定》,《法律适用》2003 年第 7 期。

49. 董玉庭:《论盗窃罪既遂标准的实践把握》,《国家检察官学院学报》2004 年第 2 期。

50. 吴访非、赵双娟:《盗窃罪既遂与未遂界限研究》,《社会科学辑刊》2006

年第 4 期。

51. 劳东燕:《论实行的着手与不法的成立根据》,《中外法学》2011 年第 6 期。

52. 高艳东:《着手理论的消解与可罚行为起点的重构》,《现代法学》2007 年第 1 期。

53. 周铭川:《论实行的着手》,《中国刑事法杂志》2009 年第 4 期。

54. 龙洋:《论保险诈骗罪的着手》,《法学评论》2009 年第 5 期。

55. 欧阳竹筠:《保险诈骗罪着手的认定》,《湖北社会科学》2005 年第 4 期。

56. 周铭川、张泽吾:《保险诈骗行为着手的认定》,《福建公安高等专科学校学报——社会公共安全研究》2002 年第 6 期。

57. 刘宪权:《罪数形态理论正本清源》,《法学研究》2009 年第 4 期。

58. 黄京平:《牵连犯处断原则辨析》,《中国人民大学学报》1993 年第 3 期。

59. 陆诗忠:《牵连犯之基本问题新论》,《甘肃政法学院学报》2008 年第 5 期。

60. 张利兆:《牵连犯数罪并罚问题研究》,《浙江工商大学学报》2005 年第 5 期。

61. 高铭暄、叶良芳:《再论牵连犯》,《现代法学》2005 年第 2 期。

62. 游伟、谢锡美:《对牵连犯处罚的思考》,《上海政法学院学报(法治论丛)》2006 年第 6 期。

63. 林亚刚:《身份与共同犯罪关系散论》,《法学家》2003 年第 3 期。

64. 徐立、周铭川:《身份犯共犯之定罪量刑问题新论》,《法学评论》2006 年第 5 期。

65. 杜国强:《无身份者与有身份者共同犯罪定性问题研究》,《国家检察官学院学报》2004 年第 3 期。

66. 张明楷:《论身份犯的间接正犯——以保险诈骗罪为中心》,《法学评论》2012 年第 6 期。

67. 古加锦:《保险诈骗罪若干疑难问题探究》,《行政与法》2013 年第 6 期。

68. 王立志:《被保险人自残后骗取保险金行为定性之困境及因应——兼论保险诈骗罪罪状设计》,《政治与法律》2012 年第 3 期。

69. 张秋芳:《保险诈骗罪的犯罪构成特征及立法完善》,《浙江金融》2008 年第 7 期。

70. 黄守华:《保险诈骗罪适用法律的几个问题》,《贵州民族学院学报(哲学社会科学版)》2002 年第 2 期。

71. 郭理蓉:《自由刑政策研究》,《法学家》2005 年第 2 期。

72. 敦宁:《自由刑的效益之维》,《甘肃政法学院学报》2014 年第 6 期。

73. 刘守芬、汪明亮:《试论罪刑均衡的功能性蕴涵》,《法制与社会发展》2001 年第 5 期。

74. 陈山、蔡鹤:《罪刑法定原则、罪刑相均衡原则与法条竞合之特别关系》,《中国刑事法杂志》2013 年第 2 期。

75. 高铭暄、孙晓:《宽严相济刑事政策与罚金刑改革》,《法学论坛》2009 年第 2 期。

76. 季金华、徐骏:《20 世纪罚金刑的兴盛机理与制度化发展趋势》,《南京师大学报(社会科学版)》2007 年第 6 期。

77. 孙景仙:《罚金刑制度论》,《黑龙江政法管理干部学院学报》2004 年第 3 期。

78. 郝守才:《罚金刑种类的比较研究》,《河南大学学报(社会科学版)》1998 年第 1 期。

79. 唐稷尧:《困境与根源:刑法对经济犯罪的控制》,《四川师范大学学报(社会科学版)》2001 年第 1 期。

80. 胡鹰、沈建敏:《现代资格刑发展趋势》,《法律科学(西北政法学院学报)》1991 年第 6 期。

81. 曾粤兴、何静:《法人资格刑制度研究》,《法治研究》2012 年第 7 期。

82. 刘瑞瑞、张大志、石泉:《论金融犯罪的刑罚配置》,《行政与法》2006 年第 1 期。

83. 卢勤忠:《WTO 与我国保险刑法制度的改革》,《法商研究》2004 年第 2 期。

84. 刘宁生:《擅自设立金融机构罪研究》,《兰州商学院学报》2002 年第 3 期。

85. 侯富强:《论危害金融犯罪的特点成因及防治对策》,《河北法学》2001 年第 4 期。

86. 李加明:《保险犯罪的罪名适用》,《保险研究》1998 年第 7 期。

87. 吴占英:《擅自设立金融机构罪研究》,《中南民族学院学报(人文社会科学版)》2001 年第 2 期。

88. 张惠芳:《擅自设立金融机构罪有关问题的探讨》,《北京人民警察学院学报》2000 年第 2 期。

89. 黄京平、彭辅顺:《论选择性罪名》,《山东公安专科学校学报》2004 年第

2 期。

90. 蒋兰香:《论选择性罪名》,《河南省政法管理干部学院学报》2001 年第 1 期。

91. 张光宇:《窘境与突围:选择性罪名的命运》,《福建警察学院学报》2008 年第 1 期。

92. 何全民、甘娅:《吸收犯与牵连犯探微》,《东北财经大学学报》2002 年第 1 期。

93. 曲新久:《论吸收犯》,《中国法学》1992 年第 2 期。

94. 耿军:《吸收犯初探》,《东北农业大学学报(社会科学版)》2009 年第 1 期。

95. 张宇、刘军善:《保险从业人员"道德风险"问题研究》,《产业与科技论坛》2006 年第 12 期。

96. 肖中华、闵凯:《职务侵占罪认定中的三个争议问题剖析》,《政治与法律》2007 年第 3 期。

97. 陈正云:《认定国家工作人员职务犯罪若干问题研究》,《政法论坛》1999 年第 4 期。

98. 阮世能:《贪污罪主体和共犯问题研究》,《现代法学》2003 年第 6 期。

99. 唐世月:《贪污罪犯罪对象研究》,《中国法学》2000 年第 1 期。

100. 刘秀:《挪用资金罪构成要件探析》,《贵州警官职业学院学报》2009 年第 2 期。

101. 徐虹:《挪用公款"归个人使用"立法解释的理解与适用》,《华东刑事司法评论》2002 年第 2 期。

102. 韩玉蓉、曹晓晔:《论挪用型犯罪中"营利活动"的司法认定》,《中国刑事法杂志》2005 年第 2 期。

103. 孙国祥:《挪用公款罪争议问题研究》,《南京大学法律评论》2002 年第 1 期。

104. 王作富:《挪用公款罪司法认定若干问题研究》,《政法论坛》2001 年第 4 期。

105. 陈泽宪:《非法经营罪若干问题研究》,《人民检察》2000 年第 2 期。

106. 张天虹:《罪刑法定视野下的非法经营罪》,《政法论坛》2004 年第 3 期。

107. 陆焕强、沈琳梅:《从非法经营罪的设置评析空白罪状的缺陷》,《法治论丛》2006 年第 6 期。

108. 唐稷尧:《论我国经济犯罪的立法模式选择——兼谈空白罪状内涵的

解释与补充》,《四川师范大学学报》(社会科学版)2006 年第 6 期。

109. 马松建:《非法经营罪疑难问题研究》,《郑州大学学报》(哲学社会科学版)2004 年第 5 期。

110. 何全民:《驳牵连关系是因果性联系的观点》,《河北法学》1991 年第 2 期。

111. 张小虎:《犯罪预防与犯罪控制的基本理念》,《河南省政法管理干部学院学报》2008 年第 1 期。

112. 付江:《论保险监管体系建设》,《保险研究》2003 年第 10 期。

113. 孙学致:《有效保险监管制度的法律建构》,《社会科学战线》2012 年第 12 期。

114. 祝杰:《保险监管制度的国际演进与中国式发展》,《学术交流》2013 年第 5 期。

115. 崔晓东、曹家和:《我国保险监管问题研究》,《技术经济与管理研究》2011 年第 1 期。

116. 李建英、刘婷婷:《保险偿付能力监管的国际比较与启示》,《江西财经大学学报》2004 年第 6 期。

117. 王婷:《保险公司偿付能力管理分析》,《上海保险》2011 年第 2 期。

118. 周良文、陈书涵:《当前保险中介市场主要风险及政策建议》,《福建金融》2012 年第 1 期。

119. 安秀洪、王晓东、丁洪生:《保险中介市场风险状况及监管对策》,《保险研究》2009 年第 6 期。

120. 邹茵:《保险中介市场风险防范对策研究》,《东南学术》2014 年第 2 期。

121. 王化军:《我国保险理赔现状》,《合作经济与科技》2007 年第 1 期。

122. 王彩霞、林略:《当前我国保险理赔中的问题透视》,《经济问题》2001 年第 4 期。

123. 刘友芝:《中国保险理赔制度变迁的经济学分析》,《中南财经政法大学学报》2003 年第 2 期。

124. 裘红霞:《提高保险从业人员素质　促进保险事业稳定发展》,《兰州商学院学报》2003 年第 6 期。

125. 胡皖、王海霞:《社会学视野下保险业的科学发展》,《保险研究》2009 年第 3 期。

126. 魏华林、皮曙初:《“风险社会”保险业的功能定位》,《武汉大学学报(哲学社会科学版)》2008 年第 4 期。

后　记

本书是在我的同名博士后报告《涉保险犯罪研究》的基础上加以修改完善而成的，也是华东政法大学刑法学科金融犯罪研究系列丛书之一。

保险业是金融业的重要组成部分，所以涉保险犯罪也是一类重要的金融犯罪。从刑法学的研究动态和方向来看，关于涉保险犯罪的问题应当成为学者们关注的重点。长期以来，对这一领域的研究，大多是围绕保险诈骗罪这一个罪而展开，并且研究成果也散见于各类教科书或金融犯罪的著作以及各种期刊论文中，而系统完整地研究涉保险犯罪的著作在我国目前尚不多见。实际上，随着入世后我国保险市场开放程度的逐步深入，以及世界经济一体化和金融全球化进程的加快，保险业也正面临着前所未有的发展机遇。与此同时，涉保险犯罪在犯罪形式、犯罪特征和犯罪态势等方面亦呈现出许多新情况和新特点，由此产生了不少困扰刑事立法和刑事司法的疑难问题。有鉴于此，在总结归纳国内外有关涉保险犯罪理论和实践的研究基础上，对涉保险犯罪进行更为深入细致和系统全面的研究是非常必要的，其具有充分的理论意义和实践价值。

本书的写作历时三年，从内容构思、资料收集与整理、书稿撰写到最终成书，的确倾注了我大量的心血。在此，我要特别感谢我从事博士后研究工作的指导老师，华东政法大学法律学院院长、博士生导师刘宪权教授。刘老师是我国著名的刑法学家，多年来，他带领华东政法大学刑法学科团队开展金融刑法学研究，在金融犯罪方面有着独到的见解，并取得了丰硕的研究成果。所以当时在我对选择博士后研究主题感觉迷茫时，刘老师建议我对涉保险犯罪开展研究，这给我的写作添加了动力和灵感。在本书写作过程中，刘老师始终给予我悉心的指导和尽心的帮助，他为人宽厚随和，但学风严谨，一丝不苟，不仅提出了宝贵的建议和严格的要求，而且在书稿即将成书之际，刘老师又不辞辛苦进行审阅，指出了其中存在的问题，并提出了修改意见。可以说，正是在刘老师的关心和鼓励之下，才使本书得以顺利完成并出版，我向他表示由衷的敬意和诚挚的谢意。

在本书付梓之际，我还深感惶恐和忐忑，由于我知识水平有限，理论功底尚浅，实践经验欠缺，所以本书难免存在许多不足和疏漏的地方，在此敬请广大学界同仁不吝批评与指正。

最后，我要感谢上海人民出版社及其编辑龙敏博士在本书出版过程中给予的大力支持，并对一直以来给予我关心和支持的家人、亲友、同事、同学等表示感谢。

杨俊　谨识

2015 年 10 月于苏州

图书在版编目(CIP)数据

涉保险犯罪刑法理论与实务/杨俊著.—上海：
上海人民出版社，2015.12
(金融犯罪研究丛书)
ISBN 978-7-208-13373-0

Ⅰ.①涉… Ⅱ.①杨… Ⅲ.①保险-刑事犯罪-刑法-研究-中国 Ⅳ.①D924.334

中国版本图书馆 CIP 数据核字(2015)第 252712 号

责任编辑 龙 敏
封面装帧 甘晓培

涉保险犯罪刑法理论与实务
杨 俊著
世 纪 出 版 集 团
上海人民出版社出版
(200001 上海福建中路 193 号 www.ewen.co)
世纪出版集团发行中心发行
常熟市新骅印刷有限公司印刷
开本 720×1000 1/16 印张 18.5 插页 2 字数 316,000
2015 年 11 月第 1 版 2015 年 11 月第 1 次印刷
ISBN 978-7-208-13373-0/D・2754
定价 45.00 元